HEYNE
BÜCHER

W0072686

ESOTERISCHES
WISSEN

Herausgeber dieser Reihe Michael Görden

Charles Tart

Hellwach und bewußt leben

Aus der Trance
des Alltagsbewußtseins erwachen
und zur spirituellen Wachheit
finden

WILHELM HEYNE VERLAG

MÜNCHEN

HEYNE ESOTERISCHES WISSEN
08/9594

Aus dem Amerikanischen übertragen
von Theo Kierdorf

Titel der Originalausgabe:
WAKING UP

Copyright © 1986 by Charles Tart
Copyright © 1988 der deutschen Ausgabe by Scherz Verlag,
Bern, München, Wien, für das Otto Wilhelm Barth-Programm
Genehmigte Taschenbuchausgabe
Printed in Germany 1991
Umschlaggestaltung: Atelier Adolf Bachmann, Reischach
Umschlagillustration: Silvestris Fotoservice, Kastl/Obb.
Satz: Kort Satz GmbH, München
Druck und Bindung: Presse Druck Augsburg

ISBN 3-453-04962-4

Inhalt

Einführung

Dieses Buch möchte Ihnen helfen, etwas zu finden, was Sie längst zu haben glauben, nämlich freien Willen, Intelligenz und Bewußtsein Ihrer selbst. Sicher erscheint Ihnen dieser Anspruch absurd.

Ich werde Ihnen jedoch zeigen, daß Ihr Wille weitgehend eine mechanische Reaktion ist, die auf Konditionierung basiert, daß Ihre Intelligenz, gemessen an Ihren Möglichkeiten, äußerst begrenzt ist und daß Ihr Leben weder von einem wahren Selbst noch vom Zustand echten Selbst-Bewußtseins gesteuert wird. Anschließend werden wir uns anschauen, was an dieser Situation zu ändern ist. Sie können tatsächlich weitaus mehr sein, als Sie derzeit sind!

Um das Problem gleich zu Anfang deutlich zu demonstrieren, möchte ich Sie jetzt bitten, ein Experiment zu machen. Schauen Sie auf die Sekundenanzeige Ihrer Uhr. Registrieren Sie die Uhrzeit. Nun nehmen Sie all Ihre Willenskraft zusammen und entschließen Sie sich, während der nächsten fünf Minuten Ihre *gesamte* Aufmerksamkeit auf die Bewegung des Sekundenzeigers oder auf die Veränderungen der digitalen Sekundenanzeige zu richten, während Sie geichzeitig Ihres Atems gewahr sind und an *nichts anderes* denken.

Wenn Ihr Wille und Ihre Aufmerksamkeit nicht hinreichen, eine derart einfache und emotional neutrale Aufgabe zu bewältigen, wie wollen Sie dann dem Streß des alltäglichen Lebens begegnen? Wenn es Ihnen gelingen sollte, während der nächsten fünf Minuten Ihre ununterbrochene Aufmerksamkeit auf die Sekundenanzeige zu richten und gleichzeitig Ihres Atems gewahr zu sein sowie an nichts anderes zu denken, dann verfügen Sie über ein außerordentliches Konzentrationsvermögen. Konzentration allein genügt aber nicht, wie dieses Buch zeigen wird.

Probieren Sie die Übung *jetzt* aus, bevor Sie weiterlesen.

Angesichts der drohenden nuklearen Vernichtung der Welt betrachtet es sicher jeder als die dringlichste Aufgabe aller Menschen, die Grundlagen für einen dauerhaften Frieden zu schaffen. Die geistigen und spirituellen Aspekte dieser Aufgabe sind wesentlich wichtiger als die offensichtlicheren, die politischen und ökonomischen Aspekte, denn ohne starke psychische und spirituelle Grundlagen wird es nicht möglich sein, die sogenannten praktischen Aufgaben effektiv zu bewältigen.

Kürzlich hörte ich einen Vortrag des Dalai Lama über die Möglichkeiten, den Weltfrieden zu fördern. Der Vortrag ging mir sehr nahe, weil er aus dem Herzen und zugleich aus dem Geist kam. Detailliert erläuterte er, daß viele äußere Konflikte zwischen Völkern und Nationen ihren Ursprung in inneren Konflikten der Beteiligten haben. Meist seien äußere Ursachen allein nicht ausschlaggebend. Natürlich müßten wir uns auch mit den äußeren Gründen der Konflikte befassen, doch um dauerhaften äußeren Frieden zu schaffen, müsse zunächst eine solide Grundlage persönlichen, inneren Friedens vorhanden sein.

Bei dieser Zusammenkunft traten auch noch andere Redner auf. Dem Vortrag des Dalai Lama folgte der einer Frau, die aus feministischer Sicht über den Frieden sprach. Sie redete über die Unterdrückung der Frauen in den verschiedenen Kulturen und darüber, daß der Krieg eine Männersache sei, unter der Frauen litten. Sie rief die Frauen auf, ihre ganze Kraft zur Beendigung aller Kriege einzusetzen. Ihre Analysen, wie Sexismus den Krieg fördert, eröffneten mir neue Perspektiven. Intellektuell konnte ich ihren Darstellungen nur zustimmen, denn sie waren klar, messerscharf und sehr praxisbezogen.

Emotional jedoch erlebte ich die Situation ganz anders. ›Unlogischerweise‹ wurde ich immer wütender auf die Rednerin und auf alles, was sie repräsentierte. Meiner Frau ging es ebenso und offenbar auch allen anderen Zuhörern, mit denen wir später darüber sprachen. Dieses Gefühl der Wut verwirrte mich, denn mir war klar, daß es irrational war und außerdem im Widerspruch zu meiner allgemeinen Sympathie für die feministische Sicht stand.

Indem ich mich selbst befragte, erkannte ich: Der gedankliche Inhalt dessen, was diese Frau vorgetragen hatte, war tatsächlich gut, ja sogar überaus nobel, doch sie hatte aus einem Gefühl der Wut und Aggression heraus gesprochen und so bei den Zuhörern automatischen emotionalen Widerstand hervorgerufen. Obwohl ihre Gedanken intellektuell akzeptiert wurden, hatte sie konditionierte Reaktionen ausgelöst. So hatte sie unabsichtlich demonstriert, was der Dalai Lama zuvor gesagt hatte: Wenn man den Frieden nicht in sich selbst trägt, können Bemühungen um äußeren Frieden sich gegen den Betreffenden richten und unter Umständen noch mehr Feindseligkeit erzeugen. Dieses Buch handelt von den unbewußten Elementen in uns, die unsere Chancen zunichte machen, wahren Frieden zu finden.

Die Tatsache, daß ich und andere Zuhörer beim Vortrag jener Frau automatisch wütend geworden waren, illustriert außerdem einen weiteren Aspekt der mißlichen menschlichen Situation: Wir handeln viel zu oft automatisch. Wir sind regelrechte Automaten — dies ist das zweite wichtige Thema dieses Buches.

Unsere Betrachtung der menschlichen Situation wird sich um eine zentrale, aber nur selten akzeptierte beziehungsweise verstandene Behauptung drehen: Gemessen an dem, was wir tatsächlich sein können, ›schlafen‹ wir. Wir träumen. Wir befinden uns in Trance. Wir handeln automatisch. Wir sind in Illusionen verstrickt und glauben doch, die Realität zu sehen. Jene Rednerin, die nach dem Dalai Lama sprach, befand sich im Zustand des Schlafs, des Träumens, der Trance; sie war sich der Tatsache nicht bewußt, daß bestimmte Teile ihrer Persönlichkeit zu den übrigen Teilen im Widerspruch standen und deren Aktivität sabotierten. Und so wie ihr geht es auch uns. Wir müssen zur Wirklichkeit erwachen und die Probleme erkennen, die unser zersplittertes Selbst verursacht. Nur so können wir unser tieferes Selbst und die Wirklichkeit unserer Welt frei von den Verzerrungen unseres Trancezustandes erkennen.

Dieses Buch handelt vom Erwachen, einem notwendigen Schritt auf dem Weg zum inneren Frieden und zur besseren Erfüllung unserer Aufgaben in der Welt. Es beleuchtet jene psychischen und kulturellen Prozesse, die innere Konflikte, Selbsttäuschung, unnötiges Leiden und Feindseligkeit in uns hervorrufen, die uns unnötig von anderen trennen und uns in einen noch tieferen Schlaf versetzen. Nur wenige von uns vermögen unmittelbar auf den Weltfrieden Einfluß zu nehmen. Doch indem wir unsere inneren Möglichkeiten kultivieren, fördern wir bei uns selbst und bei den Menschen, mit denen wir Kontakt haben, Friedfertigkeit und Tatkraft, und auf diese Weise kann sich der Impuls weiter ausbreiten. Wenn wir unseren Nächsten gegenüber weniger feindselig sind und uns statt dessen mehr um ihr Wohl kümmern, so ist dies ein Anfang zur Beeinflussung jener politischen Prozesse, die aus verborgenen psychologischen Gründen Feinde *brauchen*. Ich habe die Hoffnung, daß es den äußeren Frieden fördert, Menschen zu innerem Frieden zu führen.

Das innere Licht

William Wordsworth beschreibt in seiner Ode ›Ahnungen der Unsterblichkeit‹ äußerst treffend eine sehr weit verbreitete menschliche Situation. Sie zu erkennen kann sehr deprimierend, aber auch der Anfang einer Entdeckungsreise sein:

Vorzeiten schienen mir Wiese, Strom und Hain,
die Erde, jede Alltagssicht
umhüllt zu sein
von paradiesisch reinem Licht
und eines Traums verklärend frischem Schein.

In unserer Kindheit gab es einmal eine Zeit, einen Zustand der Lebenslust, der Frische und Würze, des Verlangens nach Schönheit und der Liebe zu ihr. Es war der Himmel auf Erden. Licht ist eine gute Metapher für diesen Zustand, eine in mancher Hinsicht *buchstäblich* wahre Metapher. Leider wurde jenes Licht, das wir einmal erfahren haben, überdeckt und scheint nun verloren. Wordsworth fährt fort:

Doch heut' ist dieses Wunder lang schon her,
Wohin ich mich auch wenden mag,
Nacht oder Tag:
Das Licht, das ich einst sah,
Das seh' ich heute nimmermehr.

Niemand schätzt wohl das Gefühl, daß etwas Wertvolles für immer verloren ist. Und wenn Sie persönlich das Licht verloren haben, so ist das auch für alle anderen Menschen ein Verlust. Jeder will etwas dagegen unternehmen. Wenn uns ein Verlust bewußt wird, so kann das deprimierend sein und/oder einen Prozeß inneren Wachsens einleiten. Als Erwachsene erleben wir gelegentlich noch ein kurzes Aufblitzen jenes Lichtes, das uns motiviert, weiter nach ihm zu suchen.

Oft endet dieses Suchen in Enttäuschung. Man kann die Stimme der Unzufriedenheit ersticken, indem man sein Leben auf eine äußerliche Weise intensiviert, beispielsweise nach der üblichen Art von ›mehr‹ strebt: nach mehr Geld, mehr Macht, mehr Sex, mehr Ruhm, mehr Auf- und Anregung, mehr äußerem Glanz. Man kann das Gefühl der Leere auch in Alkohol oder anderen Drogen ersticken. Andere werden bitter und hadern mit der Welt, weil diese ihnen etwas genommen hat, was ihnen wertvoll war, obgleich sie nicht einmal so recht wissen, was sie verloren haben. Oft ärgern wir uns über Menschen, die das Licht in sich zu tragen scheinen, oder wir begegnen ihnen sogar feindselig, weil sie uns an unsere eigene innere Leere erinnern. Oder wir versuchen, uns mit einer Religion zu trösten, die behauptet, in irgendeinem künftigen Zustand werde alles gut werden — doch das Jetzt bleibt leer.

Wir können aber auch nach innen schauen, um das Licht zu suchen.

Viele Wege sind möglich bei der Suche nach dem inneren Licht. Am Anfang steht immer die Erkenntnis, daß es dort innen etwas Kostbares gibt, das zu suchen sich lohnt, trotz des gesellschaftlichen Drucks, der darauf zielt, unsere Aufmerksamkeit nach außen zu lenken, so daß wir unser Glück im Konsum äußerer Güter suchen. Natürlich muß man als Suchender ständig gegen den gesellschaftlichen Strom schwimmen. Menschen, die sich nach innen orientieren, gelten als gefährlich und unberechenbar. Die Gesellschaft mißtraut ihnen, entmutigt sie und bestraft sie sogar häufig.

Die Wege nach innen haben einige Menschen zum Glück geführt, andere wurden enttäuscht, wieder andere erlagen seichten Selbsttäuschungen, und manche wurden sogar in den Wahnsinn getrieben. Einige spirituelle Pfade sind sehr machtvoll, andere waren dies zwar einmal, sind es jedoch heute nicht mehr, und manche sind sogar gefährlich. Einige sind nichts weiter als Phantasien über Pfade, andere sind gefährliche Neurosen, die sich als spirituelle Pfade maskieren. Alle echten inneren Pfade erfordern den Mut, gegen den gesellschaftlichen Strom zu schwimmen, den Mut, sich selbst so zu sehen, wie man *wirklich* ist, und den Mut, Risiken einzugehen. Das Fortschreiten eines Menschen auf einem authentischen Pfad ist ein Geschenk für uns alle und ein Gewinn für ihn selbst.

Ich möchte in diesem Buch einige der Einsichten vermitteln, die mir geholfen haben zu sehen, warum wir vom Licht abgeschnitten sind. Ich möchte auch beschreiben, was mir und anderen geholfen hat, genügend von jenem Licht zu erhaschen, um die Reise zu ihm hin antreten und fortsetzen zu können. Meine Einsichten entspringen meinen psychologischen Forschungen und Erkenntnissen sowie meiner persönlichen Suche auf mehreren traditionellen spirituellen Pfaden.

Meine bisherigen Bücher waren wissenschaftliche Arbeiten. Zwar beruht auch ein großer Teil des vorliegenden Buches auf wissenschaftlichen Erkenntnissen der modernen Psychologie, doch kann sich die Suche nach dem Licht nicht auf das beschränken, was bis heute wissenschaftlich erforscht und abgesichert ist: Die Wissenschaft ist noch zu jung, zu spezialisiert, zu eng, um sich mit einigen der wichtigsten Aspekte des menschlichen Lebens auseinandersetzen zu können, und vielleicht wird sie auch nie dazu in der Lage sein. Der tiefere Sinn des Lebens muß aber *jetzt* gefunden werden, die Suche darf nicht auf die vage Hoffnung hin verschoben werden, daß die Wissenschaft eines Tages alles leichter machen wird. Deshalb schreibe ich dieses Buch hauptsächlich als Weggefährte jener, die auf der Suche nach dem Licht sind, erst in zweiter Linie als Psychologe.

Ich vermeide bewußt, zahlreiche Quellenangaben zu machen, um jeden einzelnen Gedanken abzusichern, wie man es bei wissenschaftlichen Abhandlungen zu tun pflegt. Ich wünsche mir, daß Sie meine Aussagen anhand Ihrer eigenen Erfahrung überprüfen, statt sich von irgendwelchen fernen Autoritäten beeindrucken zu lassen. Sie sollten den Inhalt dieses Buches empirisch begreifen, als Wissen über Ihr eigenes Sein. Eine wissenschaftliche Darstellung würde zwar möglicherweise die intellektuelle Einsicht darüber fördern, was in anderen Menschen vorgeht, doch wäre es enttäuschend für mich, wenn das Buch weiter nichts bewirken würde.

Auch meine Erfahrungen als Techniker haben die Schreibweise beeinflußt, denn ich habe mich um eine möglichst realistische, praktische und anschauliche Darstellung bemüht. Ich bin ganz und gar für edle und transzendente Ziele, aber ich möchte immer so genau wie möglich wissen, wie etwas funktioniert. Sie werden beim Lesen viele detaillierte Beschreibungen menschlicher Probleme finden, und erst solche detaillierten Beschreibungen ermöglichen Problemlösungen durch spezifisches, planvolles Handeln.

Der Weg, den ich hier beschreibe, ist nicht *Der Weg:* Gott bewahre, daß ich jemals glaube, ich hätte die Wahrheit ›gepachtet‹! Ich möchte bezweifeln, daß es *einen* Weg gibt, der für alle Menschen gleichermaßen geeignet ist. Verschiedene Menschentypen kommen auf verschiedenen spirituellen Pfaden voran, auch wenn das Ziel letztlich das gleiche ist.

Wie gut sich der Weg, dem ich gefolgt bin, für andere Menschen eignet, vermag ich nicht zu sagen. Mir selbst jedenfalls hat er sehr geholfen. Und da es vermutlich viele Menschen gibt, die mir ähneln, könnte das Verständnis, das ich auf diesem Wege erworben habe, auch ihnen helfen. Besonders nützlich könnte es für diejenigen sein, die sich nicht aus dem Alltagsleben zurückziehen können oder wollen, denn dieser Weg geht ausdrücklich davon aus, daß es wichtig ist, *in der* Welt, aber nicht *von der* Welt zu sein.

G. I. Gurdjieff

Von den spirituellen Methoden, mit denen ich mich praktisch auseinandergesetzt habe, hat der ›Vierte Weg‹ mir am meisten geholfen. Georg Iwanowitsch Gurdjieff hat diesen Weg im Westen bekanntgemacht. Mein Verständnis des Vierten Weges und meine persönlichen Ergänzungen dazu bilden die Grundlage dieses Buches.

Gurdjieff suchte das Licht. Er wurde irgendwann zwischen 1872 und 1877 in Alexandropol im Kaukasus geboren. Um die Jahrhundertwende bereiste er den Orient; damals waren solche Reisen noch recht abenteuerliche Unternehmungen. Gurdjieff studierte bei Christen, Moslems, Indern, Tibetern und geheimen Bruderschaften. Unermüdlich suchte er nach jenem Kern spiritueller Wahrheit, der nach seiner festen Überzeugung unter den degenerierten äußeren Formen der konventionellen Religion verborgen sein mußte.

Er fand eine unvorstellbare Menge theoretischen und praktischen Wissens, das im Westen noch weitgehend unbekannt war. Er beschloß, seine Erkenntnisse weiterzugeben, doch vermied er, sie wie in einem Gemischtwarenladen anzubieten. Was für Menschen des Ostens richtig war, brauchte in der westlichen Gesellschaft noch lange nicht wirksam zu sein. Deshalb entwickelte Gurdjieff ein Lehrsystem, das auf die Menschen der westlichen Welt in der ersten Hälfte des 20. Jahrhunderts zugeschnitten war. Gurdjieff starb 1946, doch seine Arbeit wird noch heute von vielen weitergeführt.

Gurdjieff hat angedeutet, der Kern seiner Arbeit leite sich von den planvollen Bestrebungen einer geheimen Schule von Weisen her, wobei viele glauben, daß es sich um die legendäre Sarmouni-Bruderschaft handelt. Diese Vorstellung gefällt mir, denn ich möchte nur zu gern glauben, daß es fortgeschrittene und weise Menschen gibt, die uns übrigen helfen, sich zu entwickeln; das können wir sicherlich gut gebrauchen! Ich weiß allerdings nicht, ob es tatsächlich eine solche Schule der Weisen gibt, und für die Zielsetzung meines Buches ist es unerheblich. Als Psychologe mit praktischem und theoretischem Wissen über den menschlichen Geist und als Mensch, der auf der Suche nach dem Licht ein wenig fortgeschritten ist, weiß ich, daß Gurdjieffs Aussagen über die innere Situation des Menschen und viele seiner Methoden zur Arbeit am eigenen Selbst zutreffend, scharfsinnig und sehr wirksam sind. Deshalb halte ich es für sinnvoll, seine Ideen und Methoden zu vermitteln.

Nach Gurdjieffs Tod bildeten sich verschiedene Gruppen, die seine Ideen und seine Arbeit weiterführten. Leider tendieren die meisten derartigen Gruppen zu dem Glauben, sie allein seien im Besitz der ›wahren Lehre‹, während die anderen Gruppen im besten Falle aus wohlmeinenden Imitatoren bestünden, die die Zeit der Menschen verschwenden, schlimmstenfalls sogar Scharlatane seien, die Menschen schaden unter dem Vorwand, sie befreien zu wollen. Gurdjieffs Methode kann leicht mißbraucht werden, wie im 22. Kapitel erörtert wird. Ich möchte es vermeiden, mich in Diskussionen über die ›wahre Lehre‹ verwickeln zu lassen, und ich erhebe auch selbst nicht den Anspruch, Gurdjieffs Ideen in reiner Form wiederzugeben.

Den Mittelpunkt meiner Darstellung bilden Gurdjieffs psychologische Ideen, so wie ich sie verstehe. Wo ich meine eigenen Gedanken oder moderne psychologische Erkenntnisse für eine Bereicherung hielt, habe ich sie herangezogen. Einige von Gurdjieffs Ideen habe ich bewußt nicht erwähnt, insbesondere die kosmologischen; der Grund ist entweder, daß ich mir nicht sicher bin, ob ich selbst sie richtig verstanden habe, in einigen Fällen auch, ob sie vertretbar sind. Gurdjieff war ein Genie, aber auch Genies können sich wie wir alle in vieler Hinsicht irren. Wenn Ihnen die beschriebenen Ideen und Methoden zusagen und Sie weitere Lektüre von oder über Gurdjieff suchen, so finden Sie im Anhang entsprechende Hinweise. Denken Sie aber daran: Letztlich können uns andere niemals Wissen geben. Wir können uns nur von ihnen anregen lassen. Unser Wissen müssen wir selbst entwickeln.

Betrachten Sie die in diesem Buch beschriebenen Ideen und Methoden als Anregungen. Wenn sie etwas in Ihrem Inneren zum Schwingen bringen, so stellen Sie das Beschriebene auf die Probe. Entspricht es Ihren persönlichen Erfahrungen? Erweitert es Ihren Horizont? Bedarf es der Abwandlung? Spricht es die schlechteren oder die besseren Seiten Ihrer Persönlichkeit an? Ist einiges davon abzulehnen? Gurdjieff selbst hat stets betont, man solle von seinen Lehren *nichts glauben* — und das gilt für meine Darstellung dieser Lehren natürlich auch. Wenn die Gedanken und Übungen Sie ansprechen, so lassen Sie sie auf sich wirken, bis Sie das Gefühl haben, Ihr Wesen zu verstehen, und erproben Sie sie dann. Wenn Sie etwas damit anfangen können, dann nehmen Sie das als Ausgangsbasis, und gehen Sie von dort weiter.

Ein Mensch, der ein ziemlich trostloses und ungesundes Leben führte, wurde sich seiner Situation bewußt und beschloß, in seinem Garten wunderschöne Blumen und nahrhaftes Gemüse zu ziehen. Da er nicht wußte, wie er das machen sollte, ging er ins nächste Gartencenter und schaute sich dort um. Da gab es Unmengen von Samentütchen mit wundervollen Abbildungen von herrlichen Blumen und leckerem Gemüse, Dünger in Schachteln und Dosen, kurz, alles, was er zu brauchen glaubte.

Der Mann wollte eben all dies kaufen, da kam zufällig einer seiner Freunde vorüber, der etwas mehr Sachverstand hatte. Der Freund fragte ihn, was er vorhabe. Der Mann erzählte von seinem Plan. Da der Freund den Garten des Mannes kannte, gab er ihm den folgenden Rat: »Was du vorhast, ist sehr gut, aber ich kenne deinen Garten. Er ist ohnehin schon sehr fruchtbar und von Unkraut überwuchert. Samen und Dünger brauchst du doch nicht. Zuerst mußt du lernen, das Unkraut zu erkennen, und außerdem brauchst du Werkzeuge, um es sorgfältig zu jäten. Wenn du jetzt säst und düngst, wird das Unkraut noch üppiger und Blumen und Gemüse ersticken.«

Ich würde lieber nur über Blumen und Gemüse schreiben, doch als alter Gärtner weiß ich, wie wichtig es ist, Unkraut zu jäten. Dieses Buch handelt zwar von der Suche nach dem Licht, aber es wird darin auch viel Wert gelegt auf den Umgang mit Unkräutern wie denen des Schlafs, der Trance, der Abwehrmechanismen, die unsere Energie verbrauchen und unser inneres Wesen ersticken. Leider muß ich mich in einem großen Teil des Buches auf die Ursachen und die genauen Eigenarten der menschlichen Torheit und des menschlichen Leidens konzentrieren, doch es dient dem Ziel, auf einen Weg zum Licht vorzubereiten. Dieses Buch kann jedem nützlich sein, der nach der Wahrheit sucht, sei er Wissenschaftler oder Mystiker. Bei uns allen ist eine Menge Unkraut zu jäten.

Das Buch ist in drei Hauptteile gegliedert. Der erste handelt vom Wesen der Erleuchtung und unseren Möglichkeiten, zur Vollendung unserer Evolution die Hilfsmittel vieler Bewußtseinszustände zu nutzen. Der zweite Teil ist eine detaillierte Beschreibung des Unkrauts, der Automatismen und der Abwehrmechanismen, die uns begrenzen. Der dritte Teil handelt von Techniken des Jätens und von einigen der Resultate, zu denen es führen kann.

Es gibt ein inneres Licht, einen inneren Frieden, und wir können sie finden. Unser Geist kann tatsächlich zu einem Zustand erwachen, der das gewöhnliche Bewußtsein wie einen Schlaf erscheinen läßt. Dieses Erwachen macht den Menschen in der alltäglichen Welt handlungsfähiger, nicht handlungsunfähiger, und es ermöglicht ihm, seinen Mitmenschen mehr echte Aufmerksamkeit, mehr Fürsorge und mehr Anteilnahme entgegenzubringen. Ich habe von diesem Licht etwas erspäht, nicht nur darüber nachgedacht. Ich weiß, daß es zu einem inneren Frieden führt, der auch den äußeren Frieden in der Welt fördert. Ich freue mich, soviel wie möglich von diesem Wissen mit Ihnen zu teilen.

Erster Teil

Möglichkeiten
bewußten
Lebens

1

Bewußtseinszustände
und Erleuchtung

Dieses Buch handelt von Erleuchtung und Bewußtseinszuständen, von Methoden zum Erreichen eines wichtigen Aspekts der Erleuchtung und insbesondere davon, warum wir unerleuchtet und im Zustand der Unwissenheit verbleiben.

Die Begriffe ›Bewußtseinszustand‹ und ›Erleuchtung‹ sind in unserer Kultur relativ neu. Obgleich heute persönliches Experimentieren mit veränderten Bewußtseinszuständen und der Wunsch nach Erleuchtung im Leben vieler Menschen der westlichen Welt eine wichtige Rolle spielen, sind die mit diesen Begriffen verbundenen Ideen nur selten klar. Sie sind sogar von einer unnötigen Mystifikation umgeben, die inneres Wachsen und Verstehen behindert. Deshalb werde ich in diesem Kapitel zu klären versuchen, was mit den Begriffen ›Bewußtseinszustand‹, ›veränderter Bewußtseinszustand‹ und ›Erleuchtung‹ gemeint ist. Daraus ergibt sich ein Überblick über unsere Möglichkeiten sowie ein Eindruck davon, was die vollständige Entfaltung unseres Potentials behindert. Letzteres wird im zweiten Teil dieses Buches wichtig, wo genau beschrieben wird, welche Faktoren der Erleuchtung hinderlich sind.

In diesem Kapitel werde ich mich mit drei zentralen Fragen beschäftigen: Was bedeutet der Begriff ›Erleuchtung‹? Was sind veränderte Bewußtseinszustände? Wie kann man veränderte Bewußtseinszustände für das Wachstum auf die Erleuchtung hin nutzen beziehungsweise inwiefern sind diese Bewußtseinszustände Teil der Erleuchtung?

Bewußtseinszustände

Zunächst wollen wir den Begriff ›Bewußtseinszustand‹ schärfer abgrenzen. Häufig bezeichnet er jeweils das, was man in einem bestimmten Augenblick erlebt. Allerdings ist diese weitgefaßte Verwendung nicht gerade besonders ergiebig. Wenn Sie beispielsweise einen Keks essen, befänden Sie sich im Bewußtseinszustand des ›Keksgeschmacks‹. Wenn Sie anschließend über ein finanzielles Problem nachdenken würden, befänden Sie sich im ›finanziellen‹ Bewußtseinszustand. So ist der Begriff zu weit gefaßt, als daß er noch nützlich sein könnte. Für den präzisen wissenschaftlichen Gebrauch schlug ich in *States of Consciousness* vor, den Begriff ›Bewußtseinszustand‹ für die fundamentaleren Modi deutlich unterscheidbarer Funktionsweisen des Geistes zu reservieren.[1]

Ich könnte Sie beispielsweise fragen: »Erleben Sie zur Zeit einen nächtlichen Traum, in dem Sie träumen, daß Sie dieses Buch lesen?« Ich würde nicht erwarten, daß Sie mit Ja antworten. Zwar hebt hin und wieder jemand die Hand, wenn ich eine ähnliche Frage bei Vorträgen vor großen Auditorien stellte, doch geht es solchen Leuten eher um intellektuelles Geplänkel. Wenn ich dann nämlich frage, ob der Betreffende bereit sei, mit mir um fünfzig Dollar zu wetten, daß er innerhalb von fünf Minuten im heimischen Bett aus seinem Traum aufwache, gesteht er mit Sicherheit, natürlich wisse er, daß er nicht träume.

Wir unterscheiden also mit Hilfe unseres gesunden Menschenverstandes zwischen verschiedenen Bewußtseinszuständen. Gewöhnlich arbeiten unsere geistigen Funktionen nach einem Muster, das wir überprüfen und klassifizieren können. Wenn Sie das Funktionsmuster Ihres Geistes in diesem Augenblick untersuchen, so werden Sie kaum dasjenige finden, das man üblicherweise als ›Träumen‹ bezeichnet. Vielmehr erscheint es Ihnen als das Muster, das man als Wachzustand oder als gewöhnliches Bewußtsein bezeichnet. Der Unterschied zwischen diesen Bewußtseinszuständen ist ziemlich klar, und die große Mehrheit der Menschen kann das Träumen deutlich vom gewöhnlichen Wachzustand unterscheiden.

Um es noch weiter zu präzisieren: In meiner systematischen Abhandlung zum Verständnis veränderter Bewußtseinszustände habe ich einen ›diskreten* Bewußtseinszustand eines bestimmten Individuums‹ (individuelle Unterschiede sind hier sehr wichtig) als einzigartige *Konfiguration* oder einzigartiges *System* psychischer Strukturen oder Subsysteme bezeichnet. Die Teile oder Aspekte des Geistes, die wir zu analytischen Zwecken voneinander unterscheiden können (wie das Gedächtnis, die Bewertungsprozesse und die Funktion des Identitätssinns), sind zu einem bestimmten Muster *(pattern)* oder System arrangiert. Dieses Muster oder System ist der Bewußtseinszustand. Aus der Art des Musters und der Elemente, aus denen es besteht, ergibt sich, was man in dem betreffenden Zustand tun kann und was nicht. Im Traum kann man beispielsweise durch bloßes Wollen fliegen. Ich möchte zwar nicht behaupten, daß dies im gewöhnlichen Bewußtseinszustand völlig ausgeschlossen ist, aber leicht ist es sicher nicht.

Ein Bewußtseinszustand ist etwas Dynamisches. In Einzelheiten verändert er sich ständig, wobei das übergreifende Muster aber immer erkennbar bleibt. Der konkrete Inhalt der letzten hier von mir niedergeschriebenen Sätze hat sich beispielsweise von Gedanken zu Gedanken verändert, doch alle diese Gedanken sind offensichtlich Bestandteile eines Musters, das ich mein gewöhnliches Bewußtsein nenne.

Manchmal erinnert mich ein Bewußtseinszustand an einen Jongleur, der mehrere Bälle im Kreis durch die Luft wirbelt: Die Bälle sind ständig in Bewegung, doch das Muster, das sie bilden, bleibt kreisförmig.

Das Muster eines Bewußtseinszustandes bleibt aus gutem Grunde in einer sich verändernden Welt als Ganzheit bestehen. »Die Strukturen, die innerhalb eines diskreten Bewußtseinszustandes wirksam sind, bilden ein *System,* innerhalb dessen die Tätigkeit der Teile, der psychischen Strukturen, ...einander durch Feedback-Kontrolle in ihrer Funktion stabilisieren, so daß

---

* ›Diskret‹ wird hier im wissenschaftlichen Sinn in der Bedeutung von ›einzeln, einzigartig, von anderen (Zuständen) deutlich unterschieden‹ gebraucht.

das *System* (der diskrete Bewußtseinszustand) sein übergreifendes Funktionsmuster trotz Veränderungen in der Umgebung aufrechterhalten kann.«[2]

Wenn ich in diesem Augenblick physisch in Ihrer Nähe wäre und plötzlich in die Hände klatschen würde, wären Sie sicher überrascht. Das wäre eine Veränderung in Ihrer Umgebung und in Ihrem momentanen inneren mentalen Funktionieren, aber wahrscheinlich würden Sie deshalb nicht plötzlich in eine Art ›Trance‹ verfallen, zur Erleuchtung gelangen, in Ohnmacht sinken oder ähnliches. Ihr Bewußtseinszustand bleibt als Ganzheit in einer sich verändernden Welt bestehen.

Ein Bewußtseinszustand ist dann ein ›veränderter Bewußtseinszustand‹, wenn er sich deutlich von einem Normalzustand *(baseline state of consciousness)* unterscheidet, der uns als Vergleichsmaßstab dient. Da als Vergleichsmaßstab meist das gewöhnliche Wachbewußtsein genommen wird, ist ein Bewußtseinszustand wie beispielsweise das nächtliche Träumen demzufolge ein veränderter Bewußtseinszustand. Andere wohlbekannte Beispiele für veränderte Bewußtseinszustände sind der Zustand der Hypnose, Zustände, die durch psychoaktive Drogen wie Alkohol hervorgerufen werden, Zustände, die bei starken Emotionen wie Wut, Panik, Depression und freudiger Erregung auftreten[3], und Zustände, die durch meditative Praktiken induziert werden.[4]

Schon in meiner Kindheit interessierten mich veränderte Bewußtseinszustände. Soweit ich mich zurückerinnern kann, habe ich stets ein sehr wirklichkeitsnahes und lebhaftes Traumleben gehabt. Meine Eltern, die nach den Maßstäben unserer Gesellschaft ziemlich normal waren, lehrten mich, daß Träume nicht real seien und daß ich sie nicht beachten sollte; meine unmittelbare Erfahrung jedoch widersprach dieser typisch abendländischen Einstellung. Wie konnten andere Menschen nur derart reale Aspekte des Lebens unbeachtet lassen? Besonders eine Frage faszinierte mich: Im Traum konnte ich kraft eines bestimmten Willensaktes fliegen. Warum nur war ich im Wachzustand nicht auch zu diesem Willensakt fähig, so daß ich fliegen konnte?

Die Macht veränderter Bewußtseinszustände: Hypnose

Mein kindliches Interesse an Träumen war ein wichtiger Faktor unter den Gründen, die mich veranlaßten, den Beruf des Psychologen zu wählen, und viele meiner frühen Forschungsprojekte befaßten sich mit Träumen. Der veränderte Bewußtseinszustand jedoch, der mich zu Anfang meiner Forscherlaufbahn am stärksten beeindruckte, war die Hypnose. Man kann an ihr gut die ungeheure Macht veränderter Bewußtseinszustände demonstrieren, das zu verändern, was wir als Realität wahrnehmen. (Wir werden uns im 9. Kapitel detailliert mit der Hypnose befassen, da sie uns viel über die Probleme des gewöhnlichen Bewußtseins lehrt.)

Zur Induktion einer Hypnose setzte ich mich mit einer Versuchsperson zusammen, die sich hypnotisieren lassen wollte. Wir waren beide allem Anschein nach normale Menschen. Unsere Augen sahen vermutlich den gleichen Raum, den auch andere sehen konnten; unsere Ohren hörten die üblichen realen Geräusche im Raum. Wir rochen auch die wirklich vorhandenen Gerüche und fühlten die Festigkeit der realen Objekte.

Dann fing ich an, mit der Versuchsperson zu reden. Wissenschaftler bezeichnen diese Art des Redens als ›hypnotische Induktion‹, aber im Grunde war es nichts weiter als Reden. Die Versuchsperson brauchte vor der Hypnose keine psychoaktiven Drogen einzunehmen, befand sich nicht in einer besonderen Umgebung, und auch an ihrem Gehirn wurde nicht extern manipuliert. Dennoch gelang es mir innerhalb von zwanzig Minuten, das gewohnte Universum der Versuchspersonen drastisch zu verändern.

Schon nach wenigen Worten konnte die Versuchsperson den Arm nicht mehr heben. Ein paar weitere Worte genügten, und sie hörte Stimmen, die gar nicht da waren. Noch ein paar Worte, und sie öffnete die Augen und sah etwas, das niemand außer ihr sah, oder bei entsprechender Suggestion war plötzlich ein reales Objekt, das direkt vor ihren Augen im Raum stand, für sie nicht mehr sichtbar.

Nach einer weiteren Suggestion hatte die Versuchsperson einen Traum, der stellenweise mindestens so lebendig war wie ein nächtlicher Traum. Wieder eine Suggestion, und sie vergaß die Gegenwart, war fünf Jahre alt und verhielt sich dementsprechend. Nach einer weiteren Suggestion konnte sie sich, wieder aus der Hypnose erwacht, nicht einmal mehr daran erinnern, was sie im hypnotisierten Zustand getan hatte.

Es war sogar möglich, ein so grundlegendes Gefühl wie Schmerz aufzuheben. Obwohl ich ihn oft miterlebt habe, fasziniert mich immer wieder ein Test, den wir ›anosmia to ammonia‹ (Geruchsunempfindlichkeit gegen Ammoniak) genannt haben. Ich suggeriere der Versuchsperson, sie könne nichts mehr riechen. Dann halte ich ihr eine Flasche Haushaltsammoniak direkt unter die Nase und bitte sie, tief einzuatmen. Ammoniakgeruch ist nicht nur extrem stark, sondern verursacht auch ein äußerst schmerzliches Gefühl, als hätte man eine Flamme unter den Nasenlöchern. Gut hypnotisierbare Versuchspersonen atmen dann tief ein, während ich selbst innerlich zusammenzucke. Keine Reaktion. In den Augen bilden sich keine Tränen, und der Hypnotisierte wirft auch nicht unwillkürlich den Kopf zur Seite oder zeigt andere Reaktionen.

»Haben Sie irgend etwas gerochen?« Darauf die klare Antwort: »Nein.«

Lesern, die ihre Erinnerung an den Ammoniakgeruch auffrischen wollen, möchte ich dringend raten, mit einem *sehr kleinen* Atemzug zu beginnen.

Unser gesunder Menschenverstand sagt uns, daß wir in einer realen Welt leben und diese im wesentlichen so wahrnehmen, wie sie ist. Das Buch in Ihren Händen ist real, es fühlt sich fest an, weil es eben fest ist, Sie sehen die Wörter, weil sie wirklich da stehen. Und doch kann diese nüchterne Realität innerhalb weniger Minuten durch bloßes Zureden verschwinden. Das Buch in Ihren Händen könnte vollständig verschwinden, es könnte sich weich anfühlen statt hart, und die Wörter darin könnten zu einem unverständlichen Kauderwelsch werden. Können wir den gesunden Menschenverstand des gewöhnlichen Bewußtseins also tatsächlich als Selbstverständlichkeit betrachten?

Was ist Erleuchtung

Ein Teil meines Geistes ist höchst amüsiert darüber, daß ich hier etwas über das Wesen der Erleuchtung schreiben will. Welch eine Anmaßung! Ist Erleuchtung nicht eine Eigenschaft übermenschlicher Wesen, die nur sie verstehen können? Was um alles in der Welt könnten westliche Psychologen darüber zu sagen haben?

Wie ich später noch ausführen werde, sind viele wichtige Aspekte der Erleuchtung sprachlich nicht zu erfassen. Außerdem schließt Erleuchtung bestimmte Arten von Wissen ein, ›zustandsspezifisches Wissen‹, das wir in unserem gewöhnlichen Bewußtseinszustand nicht adäquat verstehen können — auch darauf werde ich noch zurückkommen. Im Augenblick befinden wir uns also im gewöhnlichen Bewußtseinszustand und auf der Ebene verbaler Kommunikation. Natürlich ist es in gewissem Sinne töricht, über Erleuchtung etwas mit Worten aussagen zu wollen. Dennoch können Worte im gewöhnlichen Bewußtseinszustand nützlich sein, um über Erleuchtung nachzudenken, *insbesondere wenn wir darauf achten, die Worte nicht mit den Realitäten zu verwechseln.* Mit diesem Vorbehalt wollen wir nun einige Aspekte der Erleuchtung untersuchen und uns später anschauen, in welchem Verhältnis veränderte Bewußtseinszustände dazu stehen.

Zunächst einmal möchte ich feststellen, daß es mir hilfreich erscheint, sich Erleuchtung als *Kontinuum* einer Entwicklung vorzustellen, nicht als ›Alles-oder-nichts‹-Zustand. Wenn man Erleuchtung als völlig unfaßbaren Endzustand ohne vorangehende Zwischenstufen ansieht, wird es in der Tat schwierig, sich darüber zu verständigen, und ebenso schwierig, etwas zu tun, um diesen Zustand zu erreichen. Man könnte einen Piloten, verglichen mit uns restlichen Menschen, in bezug auf den Umgang mit Flugzeugen als ›erleuchtet‹ bezeichnen.* Er hat diesen Zustand

---

* Hier und an anderen Stellen wird deutlich, daß bei Tarts Verwendung des englischen Begriffs ›*enlightenment*‹ auch dessen andere Bedeutung, nämlich ›Aufklärung (durch das Licht der Vernunft)‹ mitschwingt, während ›Erleuchtung‹ in den spirituellen Traditionen eine die Verstandeskräfte transzendierende Erfahrung bezeichnet. (Anm. d. Übers.)

aber nicht durch einen einzigen magischen Akt erreicht. Er mußte eine lange Lehrzeit absolvieren und durchlief in bezug auf das Fliegen ein Kontinuum vom völlig ›unerleuchteten‹ Zustand hin zur immer vollkommeneren Meisterung dieser Kunst. Wenn wir uns Erleuchtung als Kontinuum vorstellen, können wir sie als Prozeß verstehen, nicht nur als einen Endzustand.

Innerhalb dieses allumfassenden Kontinuums gibt es jedoch ›Sprünge‹, die durch veränderte Bewußtseinszustände *(altered states of consciousness)* bewirkt werden, und hier liegt die Bedeutung zustandsspezifischen Wissens.

Man muß das Phänomen des zustandsspezifischen Wissens verstehen, um zu begreifen, warum vollständige Erleuchtung auch den Zugang zu veränderten Bewußtseinszuständen beinhalten muß. Ein bestimmter Bewußtseinszustand ermöglicht den Zugang zu bestimmten Arten von Wissen und/oder tieferes Verständnis davon, was in anderen Bewußtseinszuständen so nicht möglich ist. Wenn Ihnen also ein bestimmter Zustand verschlossen bleibt, werden Sie einige Phänomene niemals völlig begreifen. Sind diese Gegenstände zustandsspezifischen Wissens dazu noch wichtig, so ist Ihr Leben um einiges ärmer: Sie müssen sich mit partiellem und oft verzerrtem Wissen über die betreffenden Phänomene zufriedengeben, das auf den Beschreibungen anderer Menschen beruht.

Stellen Sie sich einen Menschen vor, der ohne musikalische Ausbildung oder entsprechendes Talent zum erstenmal eine Symphonie hört. Möglicherweise hat die Symphonie eine starke emotionale Wirkung auf ihn, und vielleicht erzählt er hinterher seinen Freunden, die Symphonie sei ›wundervoll‹ gewesen, habe ihn ›tief bewegt‹ oder ›schön geklungen‹. Eine solche Beschreibung entspricht in etwa dem folgenden Bericht über einen veränderten Bewußtseinszustand: »Ich habe direkt die unendliche Liebe im Herzen des Universums erfahren!« Das klingt zwar recht eindrucksvoll, ist aber nicht gerade besonders genau.

Nun stellen Sie sich vor, ein ausgebildeter Musiker hört die gleiche Symphonie. Der Musiker ist nicht nur emotional bewegt von der Musik, sondern kann sie auch (zumindest anderen Musikern) ziemlich genau in Kategorien wie Tönen, Tonart, Zeitmaß und

Rhythmik beschreiben und das Gehörte eventuell sogar in musikalischer Notation so präzise aufschreiben, daß andere Musiker die Symphonie fast genauso reproduzieren können, wie sie ursprünglich geklungen hat. Ein Musiker hat ein weitaus größeres (spezialisierteres) Verständnis der Symphonie als der musikalische Laie. Das Spezialwissen des Musikers ist analog zum zustandsspezifischen Wissen. Ebenso hat ein Mensch, der in einem veränderten Bewußtseinszustand bestimmte Arten von Wissen erfahren hat, ein wesentlich größeres Verständnis davon als ein Mensch, dessen Geist noch nie in diesem Zustand aktiv war. Es mag intellektuell anregend sein, die rückblickende philosophische Analyse einer mystischen Erfahrung der Vereinigung mit dem Universum zu lesen, doch verändert dies kaum die Grundlagen des persönlichen Lebens des Lesenden, wohingegen eine tatsächliche Erfahrung der Einheit dies wahrscheinlich tut.

Ich werde mich in diesem Kapitel auf nützliches zustandsspezifisches Wissen konzentrieren, ohne Fragen nach seiner Gültigkeit aufzuwerfen. Wir sollten jedoch im Auge behalten, daß etwas, das in einem veränderten Bewußtseinszustand offensichtlich wahr erscheint, dies nicht unbedingt sein muß. Wir sollten jede Art von Wissen, ob aus dem gewöhnlichen oder aus einem veränderten Bewußtseinszustand, möglichst immer mit anderen Aspekten unseres Wissens vergleichen. Attraktive Täuschungen gibt es in allen Bewußtseinszuständen.

Voraussetzungen

Unserer Erörterung der Erleuchtung liegen gewisse Voraussetzungen zugrunde, die man sicherlich alle in einem anderen Zusammenhang ausführlich hinterfragen könnte.

Gewahrsein ist

Zunächst einmal: Gewahrsein ist. Unsere grundlegende Fähigkeit, Erfahrungen zu machen, zu wissen, daß wir sind, verschiedener Dinge gewahr zu sein, all dies ist noch nie in befriedigender

Weise durch Bezug auf etwas anderes erklärt worden. Die gegenwärtige westliche Wissenschaft tendiert dazu, Gewahrsein oder Bewußtsein als Teil der Gehirntätigkeit zu erklären, was einer Reduktion auf ›nichts als‹ irgendeine Aktivität des Gehirns gleichkäme. Doch diese Annahme ist ein Produkt derzeitiger Glaubensströmungen und wissenschaftlicher Moden, jedoch keine gute Wissenschaft. Man kann sogar die Wissenschaft selbst als eines unter vielen Derivaten der Aktivität des Bewußtseins ansehen, und wenn dies zutrifft, brauchen wir natürlich nicht zu erwarten, daß ein Teil jemals das Ganze erklären kann.

Vielleicht werden wir nie in der Lage sein, Gewahrsein zu erklären, aber *daß* wir gewahr sein können, ist ein Axiom.

Das Bewußtsein simuliert die Außenwelt

Zweitens besteht eine der wichtigsten Funktionen des Bewußtseins darin, die äußere Umgebung zu simulieren. Mit Bewußtsein meine ich jenes ungeheuer differenzierte, durch Gewohnheiten geprägte, konditionierte System von Wahrnehmen, Denken und Fühlen, das wir gewöhnlich als unseren ›Geist‹ erfahren. Das Bewußtsein, und insbesondere seine Wahrnehmungsaspekte, schafft eine innere Repräsentation der Außenwelt, so daß wir über eine gute ›Landkarte‹ der Welt und unserer Position in ihr verfügen.

Die meisten Leser haben bestimmt schon einmal Bilder von einem Flugsimulator gesehen. Das ist ein Gerät, das bei der Ausbildung von Piloten eingesetzt wird. Man könnte einem Piloten natürlich auch eine Betriebsanleitung zu lesen geben und ihn dann gleich hinter das Steuer eines Flugzeuges setzen. Das wäre allerdings eine ausgesprochen kostspielige Schulungsmethode. Wenn der angehende Pilot auch nur einen einzigen Fehler macht, stürzt das Flugzeug ab — kein Pilotenschüler und kein Flugzeug mehr. Statt Leben und Flugzeug aufs Spiel zu setzen, kann der angehende Pilot sich aber auch in einen besonderen Raum setzen, der von innen genau wie das Cockpit des Flugzeuges aussieht, das er später fliegen will. Wenn er die Hebel bedient, die die ›Motoren‹ des Simulators anspringen lassen, hört er das Geräusch der aufheulenden Motoren, spürt ihre Vibrationen und kann auf den entsprechenden Anzeigern die Umdrehungszahl überprüfen, ebenso die Temperatur, den Öldruck und alles, was sonst noch beim Fliegen wichtig ist. Wenn er aus dem ›Cockpit-Fenster‹ schaut, sieht er vor sich die Startbahn und den Flughafen; die Szenerie verändert sich, sobald er das Flugzeug in Bewegung setzt usw. Alles ist genauso wie in einem richtigen Flugzeug, was sensorische Wahrnehmung und entsprechendes Feedback anbetrifft, mit einem winzigen Unterschied: Wenn der Flugschüler einen fatalen Fehler macht, der ein echtes Flugzeug zum Abstürzen bringen würde, stirbt er weder an den Folgen, noch wird das Flugzeug zerstört, sondern im ›Cockpit-Fenster‹ erscheint das Wort ›CRASH‹ und er kann anschließend gleich mit dem Üben fortfahren.

Wissenschaftliche Erkenntnisse über die Gehirntätigkeit und die Psychologie der Wahrnehmung haben zur Entwicklung eines sehr nützlichen Realitätsmodells geführt, demzufolge wir in einem äußerst komplexen und differenzierten Weltsimulator leben. Das Bewußtsein befindet sich nach diesem Modell innerhalb des Gehirns. Das Bewußtsein an sich hat keinen *unmittelbaren* Zugang zur äußeren Welt (wobei allerdings die Realität außersinnlicher Wahrnehmung ignoriert wird, was ja für konventionelle Wissenschaftler typisch ist), sondern nur zu Prozessen innerhalb des Gehirns. Diese Gehirnprozesse verarbeiten die Informationen, die unsere Sinne ihnen liefern, zu einer Weltsimulation, genauso wie die Maschinerie des Flugsimulators eine Simulation der Situation im Cockpit eines realen Flugzeuges schafft. Was wir ›sehen‹, ist demzufolge nicht das reale Licht, das in unsere Augen fällt, sondern ein Muster neuronaler Impulse, das durch jenes reale Licht hervorgerufen wird.

Diese Simulation des Gehirns ist unser wichtigstes Werkzeug beim Umgang mit der gewöhnlichen Realität; deshalb sollte die Simulation möglichst genau ausfallen. In dem Rahmen, in dem das Simulationsmodell nützlich ist, wäre der Genauigkeitsgrad der Simulation ein Aspekt der Erleuchtung. Je schlechter die Repräsentation der äußeren Realität ist und je mehr wir die Simulation, also die erfahrene Realität, fälschlicherweise mit der tatsächlichen Realität gleichsetzen, um so gravierender ist der Mangel an Erleuchtung. Beachten Sie bitte, daß die Realität, die wir genau zu simulieren versuchen, nicht unbedingt diejenige sein muß, die die Gesellschaft als real definiert. Auf diesen Gedanken werde ich noch häufiger zurückkommen.

Wir haben einen Wesenskern

Drittens haben wir eine von der Natur bestimmte Basis, einen Wesenskern, eine *Essenz*. Mensch zu sein bedeutet, Eigenschaften, Möglichkeiten und Grenzen zu haben. Wir sind weder Berge noch Delphine, noch Gorillas, noch Engel — wir sind Menschen. Ich werde hier nicht versuchen zu definieren, was jener Kern ist. Doch ist es äußerst wichtig, das, was unser eigentliches Wesen tatsächlich ist oder sein könnte, nicht mit dem zu verwechseln, was wir derzeit darüber denken bzw. was man uns darüber hat weismachen wollen.

Wir haben eine erworbene Persönlichkeit

Viertens haben wir auch eine erworbene Persönlichkeit. Wie unser Wesenskern auch beschaffen sein mag, im Verlaufe des Enkulturationsprozesses war er einer ungeheuren Menge von Formungen, Verbiegungen, Konditionierungen, Indoktrinationen, Entwicklungen und Repressionen ausgesetzt. Während wir zu ›normalen‹ Menschen gemacht wurden, also dem in unserer jeweiligen Kultur gängigen Normalitätsbegriff angepaßt, wurde unser Wesenskern selektiv kultiviert. Unsere Wahrnehmung, unser Denken, unsere Gefühle, unsere Vermutungen und intuitiven Eingebungen und unser Verhalten wurden allesamt stark geformt. Unser gewöhnliches Bewußtsein ist nicht ›natürlich‹, sondern erworben. Dadurch verfügen wir über eine Menge nützlicher Fähigkeiten, uns wurden aber auch viele Verrücktheiten mitgegeben, die Quellen unnötigen Leidens sind.

Es wäre ein großer Fehler, die erworbene Persönlichkeit, das Produkt unserer kulturellen und persönlichen Geschichte, mit dem Wesenskern zu verwechseln. Die meisten Menschen tun dies und berauben sich dadurch vieler grundlegender menschlicher Möglichkeiten.

Wir werden uns in den folgenden Kapiteln mit den Prozessen beschäftigen, durch die unsere Persönlichkeit den Wesenskern unterdrückt.

Um uns den erworbenen, halb-zufälligen, konditionierten Charakter unseres gewöhnlichen Bewußtseins im weiteren Verlauf dieses Buches stets klar vor Augen zu führen, werde ich von jetzt ab nicht mehr den Begriff ›gewöhnliches Bewußtsein‹ verwenden, denn darin schwingt mir zu stark die Vorstellung mit, daß es sich um den ›natürlichen‹ und ›normalen‹ Zustand handelt. Ich ersetze ihn durch den Begriff ›Konsensus-Bewußtsein‹, den ich vor einigen Jahren neu eingeführt habe. Dies soll ständig daran erinnern, wie sehr unser alltägliches Bewußtsein durch den Konsensus der Anschauungen jener Kultur geprägt ist, in der wir leben.[5]

Das Werkzeug-Gleichnis

Wir können uns nun der Frage, was Erleuchtung ist, mittels einer Analogie nähern.

Ein Zimmermann hat eine Vielzahl von konkreten Problemen zu lösen. Er benutzt Werkzeuge, um zu bauen, zu reparieren und Dinge instand zu halten. Ein guter Zimmermann, der innerhalb seines Fachgebiets sehr vielseitig ist, hat viele Werkzeuge zur Verfügung und weiß auch, wie man damit umgeht. Er besitzt Hämmer, Sägen, Lineale, Winkelmaße, Nägel, Meißel und vieles mehr. Sägen benutzt er zum Sägen, nicht zum Hämmern. Mit dem Hammer schlägt er Nägel ein, er zerkleinert keine Bretter damit. Ein schlechter Zimmermann hat entweder nicht die notwendigen Werkzeuge, um seine Arbeit zu tun, oder er kann mit den zur Verfügung stehenden Werkzeugen nicht gut genug improvisieren. Oder er hat zwar die notwendigen Werkzeuge, kann aber nicht damit umgehen oder *will* es aus irgendwelchen Gründen nicht.

Diese beiden Bedingungen für gutes Zimmern — die Verfügbarkeit der richtigen Werkzeuge und die Kenntnis ihres sachgemäßen Gebrauchs — kann man als Analogie zu den beiden wichtigsten Dimensionen des Erleuchtetseins verstehen. Die Werkzeuge entsprechen den menschlichen Fähigkeiten, zu denen auch der Zugang zu verschiedenen veränderten Bewußtseinszuständen gehört.

Wir setzen nun die einzelnen Werkzeuge mit bestimmten veränderten Bewußtseinszuständen oder mit zustandsspezifischem Wissen und Fähigkeiten gleich, die nur in einem bestimmten Bewußtseinszustand erreichbar sind.

Der Grad der Fähigkeit, ein Werkzeug intelligent, sachgemäß und seinen besonderen Eigenschaften entsprechend zu benutzen, gleicht dem Grad des Erleuchtetseins in einem bestimmten Bewußtseinszustand.

Somit gibt es bei jedem Menschen zwei voneinander unabhängige Dimensionen des Erleuchtetseins. Zu welchen Bewußtseinszuständen und zu welchen damit verbundenen besonderen Eigenschaften und Gaben hat der/die Betreffende Zugang, und mit welchen Nachteilen ist das verbunden? Dies werden wir als ›Dimension der Zustands-Zugänglichkeit des Erleuchtetseins‹ bezeichnen *(available-state dimension of enlightment). Innerhalb* jedes Bewußtseinszustandes ist wichtig, wie intelligent der Betreffende die Eigenarten des Zustandes versteht und zu nutzen vermag. Dies ist die Dimension des Verständnisses und Verhaltens innerhalb eines Bewußtseinszustands oder kürzer die ›zustandsimmanente Dimension des Erleuchtetseins‹ *(within-state dimension of enlightment).*

Ein Mensch kann bezüglich einer dieser beiden Dimensionen relativ erleuchtet sein und in der anderen nicht. Vergleichbar einem Zimmermann, der nur ganz wenige Werkzeuge besitzt, kann er im Konsensus-Bewußtsein gefangen sein, ohne Zugang zu veränderten Bewußtseinszuständen zu haben. Ein guter Zimmermann würde seine wenigen Werkzeuge dennoch mit großer Kunstfertigkeit benutzen. Dementsprechend kann ein Mensch, der im Konsensus-Bewußtsein gefangen ist, dennoch reif, intelligent und erleuchtet in der Art sein, wie er die ihm zur Verfügung stehenden geistigen Qualitäten nutzt. Er ist in diesem einen Bewußtseinszustand relativ erleuchtet, jedoch unerleuchtet hinsichtlich seiner Möglichkeiten, sich andere Bewußtseinszustände zu erschließen.

Ein anderer Mensch, ein schlechter Zimmermann, hat zwar viele Werkzeuge, kann aber nicht gut damit umgehen. Ich habe Menschen kennengelernt, die in die ausgefallensten Bewußtseinszustände eintreten konnten, deren unintelligentes und neurotisches Verhalten jedoch zeigte, daß sie in keinem dieser Zustände besonders erleuchtet waren.

Wir wollen uns nun genauer mit den zustandsimmanenten Qualitäten des Erleuchtetseins beschäftigen.

Die Eigenschaften der zustandsimmanenten Dimension des Erleuchtetseins

Die Fähigkeit, das Gewahrsein beliebig auszurichten

Ein grundlegendes Gewahrsein ist letztlich die Essenz jedes Bewußtseinszustandes. Deshalb müßte das zustandsimmanente Erleuchtetsein die Fähigkeit umfassen, das Gewahrsein innerhalb der natürlichen Grenzen eines Bewußtseinszustandes nach Belieben auszurichten. Die Grenzen sollten jedoch gezielt abgesteckt und nicht aufgrund von Voreingenommenheiten als gegeben vorausgesetzt werden, da letzteres die tatsächlichen Fähigkeiten unnötig begrenzen würde. Im Idealfall kann ein Mensch sein Gewahrsein auf jeden Aspekt des Bewußtseinszustandes bzw. der Welt richten, wie sie in diesem Zustand erfahren wird — kann er sie sich bewußtmachen.

Da ein grundlegendes Gewahrsein im allgemeinen die Voraussetzung dafür ist, daß wir eine spezielle Fähigkeit nutzen können, ist die Fähigkeit, das Gewahrsein willentlich auszurichten, gewöhnlich die Grundlage für die Entfaltung und Nutzung unserer Talente.

Die Fähigkeit, das Gewahrsein nach Bedarf auszurichten

Auch die Fähigkeit, das Gewahrsein entsprechend den Erfordernissen des Überlebenskampfes und des Wachstums ausrichten zu können, ist lebenswichtig. So könnten Sie etwa den Wunsch haben, sich auf einen angenehmen Aspekt einer Situation zu konzentrieren, in der Sie sich befinden, etwa darauf, den Geschmack eines guten Essens zu genießen. Wenn dieselbe Situation jedoch auch einen potentiell gefährlichen Aspekt hat, dann sollten Sie besser den wahrnehmen, selbst wenn das unangenehm ist und Sie sich lieber mit angenehmeren Dingen befassen möchten. Die lauernde Gestalt draußen vor dem Fenster mag Sie zwar ängstigen und Ihnen die Freude am guten Essen verderben, doch können Sie der Situation sicherlich besser begegnen, wenn Sie etwas über die dunkle Gestalt in Erfahrung bringen und sie nicht aus Ihrem Bewußtsein verbannen. Grundlegenderen Bedürfnissen den Vorzug vor weniger wichtigen Wünschen geben zu können ist eine Eigenschaft des zustandsimmanenten Erleuchtetseins.

Die Fähigkeit zur unverzerrten Wahrnehmung/Simulation

Unverzerrte Wahrnehmung/Simulation der Welt innerhalb der gegebenen Grenzen eines Bewußtseinszustandes ist ein weiteres wichtiges Element des zustandsimmanenten Erleuchtetseins. Im Zustand des Konsensus-Bewußtseins oder in einem drogeninduzierten Bewußtseinszustand beispielsweise setzt die Beschaffenheit des menschlichen Auges den visuellen Wahrnehmungsmöglichkeiten gewisse unüberwindliche Grenzen. Doch kann der konstruierende Teil des Wahrnehmungsprozesses, der der einleitenden Stimulation des Auges folgt, in der Genauigkeit sehr stark variieren. Wenn man Menschen als bedrohlich wahrnimmt, die in Wahrheit freundlich sind, so kann die Folge sein, daß man selbst feindselig wirkt und dementsprechend auch beim Gegenüber eine solche Reaktion auslöst. Dies ist unerleuchtet und führt zu unnötigem Leiden.

Die Fähigkeit, den gegenwärtigen Bewußtseinszustand zu erkennen

Ich bin mir nicht sicher, ob es irgendeinen einzelnen Bewußtseinszustand gibt, der eine vollkommen unbegrenzte und unverzerrte Wahrnehmung der Außenwelt gewährleistet oder Arten zu denken und zu fühlen, die für alle Situationen optimal sind. Jeder mir bekannte Zustand scheint perzeptive, kognitive und emotionale Vorteile in verschiedener Hinsicht und Nachteile in anderer Hinsicht mit sich zu bringen. Deshalb ist eine weitere wichtige Qualität des zustandsimmanenten Erleuchtetseins die Fähigkeit zu erkennen, in welchem Bewußtseinszustand man sich jeweils befindet; auch ist es wichtig, die Vor- und Nachteile des betreffenden Zustandes zu erkennen. Beides ermöglicht, den Zustand optimal zu nutzen. Dies wiederum lenkt unseren Blick auf eine weitere Eigenschaft des Erleuchtetseins, die sich sowohl auf die Dimension der Zustands-Zugänglichkeit als auch auf die zustandsimmanente Dimension des Erleuchtetseins bezieht, nämlich die *Fähigkeit zu erkennen, ob der Bewußtseinszustand, in dem man sich zur Zeit befindet, zur Bewältigung der aktuellen Lebenssituation möglicherweise nicht geeignet ist.*

Eigenschaften der Erleuchtung in Hinsicht auf Zustands-Zugänglichkeit

Die Fähigkeit, die Angemessenheit des gegenwärtigen Zustandes zu erkennen

Es ist wichtig, erkennen zu können, ob man sich in einem Bewußtseinszustand befindet, der nicht nützlich oder zumindest nicht der bestmögliche ist. Stellen Sie sich vor, man würde Sie bitten, einen Streit zwischen Liebenden zu schlichten, und Sie selbst befänden sich infolge einer eigenen spannungsreichen Begegnung noch in einem Zustand der Wut. Wut kann äußerst nützlich sein, wenn man angegriffen wird und sein Leben retten will. Doch hat man in dieser Verfassung sicher nicht die ruhige Sensibilität, auf die verletzten Gefühle von Liebenden einzugehen, und genau das wäre notwendig, um sie nach einem Streit an ihre grundsätzliche Zuneigung zueinander zu erinnern.

Die Fähigkeit, den Bewußtseinszustand zu wechseln

Wenn Sie Ihren derzeitigen Bewußtseinszustand erkennen können und ihn gut genug verstehen, um zu wissen, daß er für den Umgang mit Ihrer momentanen Situation nicht geeignet ist, so können Sie versuchen, *mit dem Handeln zu warten, bis Sie sich in einem geeigneteren Zustand befinden.* Dies ist eine zweite Eigenschaft der Zustands-Zugänglichkeits-Dimension des Erleuchtetseins. Eine aktive Form wäre, *zu wissen, welcher Zustand für die augenblickliche Situation der optimale ist, und zu wissen, wie man aus dem gegenwärtigen, nicht adäquaten Zustand in den optimalen gelangen kann.*

Die Fähigkeit, Wissen in einem bestimmten Zustand mit Hilfe von Wissen aus einem veränderten Bewußtseinszustand zu modifizieren

Eine dritte Eigenschaft der Zustands-Zugänglichkeits-Dimension besteht nicht nur darin, ein möglichst klares Verständnis des eigenen Wesenskern zu haben, wie er sich in Ihrem momentanen Bewußtseinszustand manifestiert; es gilt auch zu verstehen, daß dieses Wissen, wie klar und überzeugend es auch erscheinen mag, nur eine Teilansicht ist, die durch Wissen ergänzt werden muß, das Ihnen in anderen Bewußtseinszuständen zugänglich ist. *Wissen und Aktivitäten in jedem Bewußtseinszustand müssen also anhand des in anderen Bewußtseinszuständen erworbenen Wissens korrigiert werden.*

Wenn ich mich zum Beispiel in einem Zustand der Wut befinde und meinem Gegner klar überlegen bin, wäre es vollkommen natürlich und verständlich, wenn ich ihn vernichten wollte. Ich weiß außerdem, daß mir das Spaß machen würde; es wäre mir geradezu ein königliches Vergnügen! Das ist die Logik des Zustandes der Wut.

Vielleicht wirkt eine Hemmung gegen meinen Vernichtungsdrang. Möglicherweise wird er durch die emotionale Konditionierung meines Über-Ich im Zaum gehalten. Eine solche Kontrollinstanz mag vom gesellschaftlichen Standpunkt aus wünschenswert sein, doch ist das eine relativ unerleuchtete Art der Hemmung: Unser Über-Ich wurde nämlich von anderen konditioniert, es ist kein Produkt unserer eigenen Wahl — ein Gedanke, der in späteren Kapiteln wieder aufgegriffen wird.

Eine realistische Hemmung kann einsetzen, wenn ich mir — wahrscheinlich aus dem Wissensreservoir des Konsensus-Bewußtseins — meine Angst vor den Konsequenzen meiner geplanten destruktiven Handlung vor Augen führe. Eine weitere, erleuchtetere Art der Kontrolle könnte sein, daß ich mir in meinem Zustand der Wut andere Situationen und Zustände in Erinnerung rufe, in denen ich freundschaftliche Gefühle oder Mitgefühl für meinen Opponenten gehegt habe oder hätte hegen können. Dann kann ich meinen Willen benutzen (vorausgesetzt, er ist stark genug entwickelt — auch dies werden wir später ausführlich erörtern), um meinen Zustand der Wut zu beenden und in einen der Situation angemesseneren Zustand einzutreten, in einen Zustand, den mein tiefes Selbst als angemessener ansieht, *vorausgesetzt, daß meine Werte über verschiedene Bewußtseinszustände hinweg bekannt sind und manifest werden.* Wenn es mir nicht gelingt, den Zustand der Wut durch Willenskraft zu beenden, kann ich mich zumindest davon abhalten, mit vollem Einsatz entsprechend meinem derzeitigen Zustand zu handeln.

Ich will versuchen, diese Eigenschaft der Zustands-Zugänglichkeits-Dimension noch klarer zu machen. Nehmen wir an, Sie befinden sich in einem Zustand sehr starken Mitgefühls, haben es jedoch mit jemandem zu tun, der sich im Zustand der Wut befindet. Der Wutzustand wäre eventuell auch Ihnen zugänglich: Sie können instinktive emotionale Reaktionen auf die Wut des anderen benutzen, um bei sich selbst Wut zu induzieren[6], falls Sie der Ansicht wären, daß dies der optimale Zustand zum Umgang mit Ihrem wütenden Gegenüber ist. Oder Sie könnten sich daran erinnern, wie es ist, wütend zu sein, um Ihr Gegenüber völlig zu verstehen. Die Folge des Verstehens könnte sein, daß Sie aufgrund dieser Qualität der Zustands-Zugänglichkeit Ihr Mitgefühl auf sinnvollere Art einbringen können.

Die Fähigkeiten, den eigenen momentanen Zustand zu erkennen und sich wichtiges Wissen aus anderen Zuständen zunutze zu machen, sowie die Fähigkeit, nach Wunsch in andere Zustände überzuwechseln, setzen das Vorhandensein eines Aspekts Ihres Bewußtseins, des grundlegenden Gewahrseins voraus, der jeden besonderen Bewußtseinszustand, in dem wir uns gerade befinden, transzendiert. Die Natur dieses Aspekts ist von größtem Interesse. Sie zu verstehen und zu kultivieren ist das wichtigste Anliegen dieses Buches.

Die Unterscheidung des Wesenskerns von der erworbenen Persönlichkeit

Die vierte Eigenschaft der Zustands-Zugänglichkeits-Dimension der Erleuchtung besteht darin, daß der Zugang zu verschiedenen Bewußtseinszuständen eine schärfere Unterscheidung zwischen unserem Wesenskern und der später erworbenen Persönlichkeit ermöglicht. Die Gesamtheit der Konditionierungen und Formungen unserer Persönlichkeit, unsere Enkulturation, fand im Zustand des Konsensus-Bewußtseins statt oder in einem emotionalen Zustand, der gewöhnlich vom Konsensus-Bewußtsein aus erreichbar ist. Ein Teil der Enkulturation besteht darin, uns davon zu überzeugen, daß die im Verlauf dieses Prozesses erworbenen Eigenschaften natürlich sind. Deshalb ist es im Zustand des Konsensus-Bewußtseins häufig sehr schwierig, Wesenskern und Persönlichkeit zu unterscheiden. Manchmal ermöglicht ein veränderter Bewußtseinszustand (mit seinen veränderten Gefühls- und Denkfunktionen) eine andere Sicht, die einer Außenansicht der eigenen Person gleichkommt. Manchmal wird dadurch deutlich, wie konditioniert und restriktiv das Konsensus-Bewußtsein oder ein emotionaler Zustand ist. Solche Einsicht kann ausreichen, die Konditionierung in jenem anderen Zustand aufzuheben, oder zumindest kann sie die Grundlage für die Arbeit an der Aufhebung der Konditionierung sein.

Latente im Gegensatz zu entwickelten Fähigkeiten

Eine fünfte Eigenschaft der Zustands-Zugänglichkeits-Dimension der Erleuchtung ist die Möglichkeit zur realistischen Einschätzung der eigenen Fähigkeiten einschließlich des Wissens, daß einige davon zur Zeit nur angelegt sind und noch entwickelt werden müssen. Es kann erhebliche Mühe kosten, eine Art des Denkens, Fühlens oder Handelns in einem bestimmten Bewußtseinszustand dauerhaft und nutzbar zu machen. Ebenso mühsam kann es sein, diese Fähigkeit teilweise oder ganz in einen anderen Bewußtseinszustand zu transferieren, zum Beispiel in das Konsensus-Bewußtsein.

Eine Erfahrung großen Erbarmens in einem meditativen Zustand beispielsweise kann sich allem Anschein nach im Konsensus-Bewußtsein fortsetzen und Ihnen das Gefühl geben, ein sehr erleuchtetes Wesen zu sein — bis jemand Sie beleidigt. Dann weicht das Erbarmen blitzschnell handfestem Ärger. Die Fähigkeit, zwischen einer realen, entwickelten Fähigkeit und einer noch nicht entwickelten Anlage unterscheiden zu können, ist besonders wichtig, wenn jemand einer Erfahrung in einem veränderten Bewußtseinszustand übermäßig verhaftet ist, denn solches Anhaften hat zur Folge, daß der/die Betreffende glaubt, die erfahrenen Eigenschaften seien schon zu einem permanenten und funktionalen Teil seiner/ihrer selbst geworden.

Nun wollen wir uns dem wichtigsten Nutzen des Erleuchtetseins zuwenden: Leiden zu verringern.

Erleuchtung verringert Leiden

Ein großer Teil unseres Leidens ist sinnlos: Wir schaffen es selbst, ohne das zu wissen, und zwar durch Mangel an Erleuchtung sowie durch unintelligenten Gebrauch unserer menschlichen Fä-

higkeiten. Wir nehmen die Außenwelt und unsere eigenen tieferen Wünsche und Eigenschaften fehlerhaft wahr, handeln im
Widerspruch zur Realität unserer Situation und müssen schließlich die unangenehmen Konsequenzen tragen. Zustandsimma-
nentes Erleuchtetsein führt zu einer realistischeren Wahrnehmung der Welt und unserer selbst. So können wir eine sinnvollere Art des Handelns entwickeln und damit sinnloses Leiden
verhindern.

Obwohl dies in der westlichen Psychologie kaum erkannt
wird, tritt vieles von unserem Leiden in veränderten Bewußtseinszuständen (insbesondere in emotionalen Zuständen) auf
und/oder als Folge dieser Zustände. Emotionen gelten gewöhnlich als Teil des Konsensus-Bewußtseins. Das trifft zwar für
schwache Gefühle zu, für starke hingegen nicht. Wir versuchen,
über das Konsensus-Bewußtsein die Folgen starker Emotionen
zu bewältigen, jedoch oft erfolglos, denn die Prinzipien, denen
starke Emotionen unterliegen, sind diejenigen der veränderten
Bewußtseinszustände, welche durch die betreffenden Emotionen
induziert werden, und nicht die des Konsensus-Bewußtseins.

Wenn wir die Beschaffenheit veränderter Bewußtseinszustände verstehen, können wir das Leiden in jenen Zuständen lindern:
Ein Heilmittel gegen Leiden in einem bestimmten Zustand ist oft
etwas Spezifisches, nur hier Wirksames. Versuche, es in einem
anderen Zustand anzuwenden, führen zu Frustration und
neuem Leiden. So kann Angst bei einem Menschen einen veränderten Bewußtseinszustand und als Folge davon ein der Situation unangemessenes Verhalten hervorrufen. Der Betreffende
verbringt dann eventuell viele Stunden bei einem Psychotherapeuten, um zur Wurzel seiner Angst vorzudringen. Doch finden
die Therapiesitzungen im Zustand des Konsensus-Bewußtseins
statt, während der Kern seiner Angst in Erfahrungen liegt, die
ihm nur im veränderten Bewußtseinszustand des Angsthabens
zugänglich sind. Deshalb kann eine solche Therapie nur begrenzt
erfolgreich sein.

Die veränderte Selbstsicht, erreichbar durch veränderte Bewußtseinszustände, ermöglicht uns, auf negative wie auf positive
Seiten unseres gewöhnlichen Selbst einzuwirken. Am wichtig-

sten ist vielleicht, daß uns die direkte Erfahrung von Werten und Verstehensweisen, die uns im Zustand des Konsensus-Bewußtseins nicht zugänglich sind, tiefgreifender verwandeln kann als das ›Über-etwas-Bescheid-Wissen‹ des Konsensus-Bewußtseins. Die verbindende Erfahrung, daß wir alle eins sind, ist im Zustand des Konsensus-Bewußtseins für die meisten von uns eine bloße Abstraktion — für diejenigen, die dies in einem veränderten Bewußtseinszustand erfahren haben, ist es unmittelbares Wissen. Die Linderung des Leidens, die aus dem unmittelbaren Wissen resultiert, daß das Universum einen Sinn hat, ist wesentlich tiefgreifender als jede Art von spezifischer, problemorientierter Linderung.

Unsere unerleuchtete Wirklichkeit

Ich habe in diesem Kapitel ein ziemlich großartiges Bild der menschlichen Möglichkeiten entworfen. Einem erleuchteten menschlichen Wesen, so behaupte ich, ist eine große Zahl von Bewußtseinszuständen jederzeit zugänglich. Ein solcher Mensch prüft jede Lebenssituation in kluger Weise entsprechend den Möglichkeiten seines jeweiligen Bewußtseinszustandes und benutzt alle in diesem Zustand erreichbaren Hilfsmittel. Dazu gehört auch die Erinnerung, daß die gegenwärtige Situation sich aus der Perspektive eines oder mehrerer veränderter Bewußtseinszustände anders darstellen würde, was Urteil und Handeln im derzeitigen Zustand umsichtig relativiert. Die betreffende Person könnte sogar zu der Ansicht kommen, daß die Situation in einem bestimmten veränderten Bewußtseinszustand besser zu handhaben ist. In diesem Fall würde sie sich die Zeit nehmen, den Zustand zu wechseln, und könnte die Situation dann noch besser bewältigen, da ihr nun andere geistige, emotionale und intuitive Werkzeuge zur Verfügung stehen.

Wie oft entsprechen wir diesem Bild? Den größten Teil unseres Lebens befinden wir uns im Zustand des Konsensus-Bewußtseins oder in einem emotionalen Zustand, der nicht durch unsere bewußte Wahl herbeigeführt wurde. Typisch ist, daß wir einen solchen Zustand nicht so effektiv nutzen, wie es (theoretisch) möglich wäre — das wissen wir meist zum kritischen Zeitpunkt nicht, sondern erst hinterher. Oft tun und sagen wir etwas, das wir später bereuen und das uns selbst und andere unnötig leiden läßt. In spiritueller Terminologie ausgedrückt heißt dies: Wir haben die Kraft, die Realität und die Reinheit unserer wahren Natur verloren; wir haben eine Art Sündenfall aus dem Zustand der Gnade erlebt, so daß wir nun ein erbärmliches, beschränktes und unglückliches Leben führen.

Alles könnte so anders sein, *wenn* wir nur erleuchteter wären. Warum bleiben wir so weit hinter unseren Möglichkeiten zurück? Wie ist unser ›Gefallensein‹ beschaffen? Der zweite Teil dieses Buches handelt davon, warum wir uns im Zustand der Trance statt im Zustand der Erleuchtung befinden.

Zweiter Teil

Probleme
des gewöhnlichen
Bewußtseins

Gott und die Wirklichkeit

Es gibt keinen Gott außer der Wirklichkeit.
Ihn anderswo zu suchen
ist der Sündenfall.[1]

Automatisierung —
Der Mensch als Maschine

Der Mensch ist eine Maschine.

G. I. Gurdjieff

Einer der beunruhigendsten und beleidigendsten Aussprüche Gurdjieffs war, daß der Mensch eine Maschine sei. Maschinen sind lärmende, schmutzige, geistlose Dinge, die eine stupide Aufgabe endlos wiederholen, von außen kontrolliert werden, irgendwann kaputtgehen und dann unbrauchbar sind. »Und so etwas bin *ich* doch wohl nicht!«

Die Vorstellung ist für die meisten Menschen ziemlich beunruhigend. Sie streiten vehement ab, Maschinen zu gleichen, und natürlich erst recht, Maschinen zu sein. Psychologisch betrachtet, ist dies höchst interessant. Wenn die Vorstellung, daß der Mensch eine Maschine ist, wirklich unsinnig wäre, warum regt sich dann überhaupt jemand darüber auf? Die Tiefenpsychologie lehrt, wenn Menschen etwas vehement abstreiten, so enthält es oft zumindest ein Körnchen Wahrheit. Leider hatte Gurdjieff recht: In vielerlei Hinsicht *sind* wir Maschinen, ohne es zu merken. Und das *sollte* uns beunruhigen!

Die akademische Psychologie betrachtet den Menschen ebenfalls als eine Maschine, betont diesen Gedanken jedoch nur selten so stark, wie Gurdjieff es getan hat. In psychologischen Anfangssemestern wird gelehrt, die Zielsetzung der Psychologie sei, das menschliche Verhalten zu verstehen. Dieses Verstehen findet seine Bestätigung in der Verhaltensvoraussage und -kontrolle.

Prinzipiell könnte man, wenn man alles über den genetischen und biologischen Bauplan eines Menschen und über alle psychologisch relevanten Ereignisse in seiner persönlichen Geschichte wüßte, sein Verhalten vollständig vorherbestimmen. Man könnte Aussagen wie die folgenden machen: »Schmidt ist ein biologischer Typus 1376 mit einer allgemeinen psychologischen Vorgeschichte vom Typ 242, die durch Ereignisse der persönlichen Geschichte vom Typ X, Y und Z modifiziert wird. Wenn ein Mensch vom Typ A zu ihm sagt: ›Wie läuft es mit dem Projekt?‹, so wird Schmidt unter den Vorbedingungen M, N und Q erröten, ›ausgezeichnet‹ antworten und eine zwölf Sekunden dauernde Phantasie haben, wie er in einem Boot auf einem See rudert.« Eine so detaillierte Voraussage wäre dann möglich.

Absolute Kontrolle wäre die Folge einer so genauen Vorhersagbarkeit. Man müßte nur die notwendigen Bedingungen schaffen, um das gewünschte Ergebnis zu erhalten. Das Beleidigende dieses Gedankens ist einer der Gründe, weshalb akademische Psychologen so selten klar über das Mechanische, Voraussagbare und Kontrollierbare unseres Verhaltens sprechen. Wie will man von jemandem Unterstützung und Anerkennung der eigenen Tätigkeit erwarten, wenn man ihm gleichzeitig klarmacht, daß er eine Maschine ist? Und wie soll ein solcher Wissenschaftler auch nur Achtung vor sich selbst haben? Denn wenn das von ihm Postulierte stimmen würde, dann wäre er selbst ja auch eine Maschine. Die derzeitige Kontroverse über die Soziobiologie beruht daher weitgehend darauf, daß diese wissenschaftliche Disziplin eine zu klare Vorstellung über die Maschinenähnlichkeit des Menschen hat.

Gurdjieff ging es nicht um gewöhnliche, mechanische gesellschaftliche Zustimmung. Er wollte die Menschen bewußt schockieren, um so die Möglichkeit zu schaffen, mit jener Arbeit zu beginnen, die uns über das Maschine-Sein hinausführt. Die akademische Psychologie erkennt nicht an, daß es möglich ist, aufzuwachen und über ein rein mechanisches Dasein hinauszuwachsen. Deshalb verschleiert sie ihre entmenschlichenden philosophischen Grundlagen sowohl sich selbst als auch anderen gegenüber.

Indem wir Maschinen erforschen, können wir etwas über uns selbst lernen. Wenn wir jedoch unsere maschinenartigen Eigenschaften vollständig erkennen und studieren, können wir einen Schritt tun, der keiner anderen Maschine möglich ist: Wir können wirklich menschlich werden und die maschinenartigen Eigenschaften samt unserem damit verbundenen Schicksal transzendieren.

Uns selbst bewußt in unserer Maschinenähnlichkeit zu erforschen, kann sehr nützlich sein. Die Aussage »Der Mensch ist eine Maschine« ist natürlich eine Analogie, die uns allerdings zu einer einzigartigen Sicht unserer selbst verhelfen kann, wenn wir uns ernsthaft mit ihr auseinandersetzen. Bis in die jüngste Zeit verhinderten technologische Grenzen, daß wir diese Methode voll nutzen konnten. Herkömmliche Maschinen, sogar recht komplizierte, sind so offensichtlich mechanisch, begrenzt und dumm, verglichen mit dem menschlichen Leben, daß die Möglichkeiten, uns selbst darin gespiegelt zu sehen, bislang recht begrenzt waren. Vielleicht hätten wir Analogien zu einigen besonders rigiden Gewohnheiten sehen können, aber wir konnten uns stets hinter das Argument zurückziehen, daß wir letztlich doch wesentlich intelligenter und feinfühliger sind als Maschinen. Wenn wir beispielsweise eine Bewässerungspumpe betrachten, die sich dreht und dreht und Wasser aus einem Kanal in einen Graben pumpt, dann fallen uns vielleicht tatsächlich ein paar Analogien zu unserem eigenen Leben ein. Einige von uns nehmen beispielsweise ständig Papierstücke von der einen Seite des Schreibtisches weg und legen sie auf die andere Seite. Dennoch bin ich mir ganz sicher, daß ich wesentlich komplizierter funktioniere als diese Maschine; deshalb kann es mit dieser Analogie nicht besonders weit her sein. Oder etwa doch?

Automatikbetrieb

Ich bat eine meiner spirituellen Lehrerinnen um Rat, wie ich am besten Gurdjieffs Idee vermitteln könne, daß der Mensch eine Maschine ist. Dabei kam es zu folgendem Dialog:

LEHRERIN: Nun, Charly, was hast du auf dem Herzen?

ICH: Ich frage mich, mit welcher Maschinenanalogie ich Gurdjieffs Ideen am besten erklären kann.

LEHRERIN: Du bist also zu mir gekommen, weil du dich fragst, mit welcher Maschinenanalogie du Gurdjieffs Ideen am besten erklären kannst?

ICH: Ja.

LEHRERIN: Bist du dir sicher?

ICH: Das ist zur Zeit mein wichtigstes Anliegen.

LEHRERIN: Wo liegt das Problem?

ICH: Ich mache mir Sorgen, daß die Leser zu schnell entmutigt werden könnten und das wirklich Wichtige nicht lernen.

LEHRERIN: Wie lange machst du dir schon Sorgen darüber, daß die Leser zu schnell entmutigt werden könnten und das wirklich Wichtige nicht lernen?

ICH: Seit ich damit begonnen habe, dieses Buch zu schreiben. Gurdjieff verlangt ziemlich viel von den Leuten.

LEHRERIN: Was schlägst du vor?

ICH: Vielleicht sollte ich die weniger schmeichelhaften Teile ein wenig abmildern?

LEHRERIN: Das hört sich etwas unsicher an.

ICH: Ja, ich möchte den Menschen etwas sehr Wertvolles vermitteln, aber ich möchte sie nicht abschrecken und ihnen dadurch die Chance nehmen, etwas zu lernen.

LEHRERIN: So, du möchtest sie also nicht abschrecken und ihnen dadurch die Chance nehmen, etwas zu lernen?

ICH: Genau.

LEHRERIN: Aha.

ICH: Was soll ich tun?

LEHRERIN: Warum fragst du?

ICH: Ich suche Rat.

LEHRERIN: Denkst du, es ist normal, Rat zu suchen?

Meine Lehrerin demonstriert einige der Eigenschaften, die wir für einzigartig menschlich halten. Sie ist stärker an meinen Motivationen interessiert als am Inhalt meiner Aussagen, eine Eigenschaft, die ich bei mehreren Meister-Lehrern beobachtet habe.

Meine ›spirituelle Lehrerin‹ in diesem Zwiegespräch erteilt zudem eine äußerst wichtige und unangenehme Lektion. Sie heißt Eliza. ›Sie‹ ist ein Computerprogramm, und nicht einmal ein besonders kompliziertes, das nur auf einem riesigen Computer läuft, sondern ein ziemlich kleines Programm, für das mein Homecomputer ausreicht. Noch beleidigender erscheint die Tatsache, daß Eliza ursprünglich als Persiflage eines therapeutischen Gesprächs gedacht war: Das Programm sollte die Unzulänglichkeit von Simulationen menschlicher Intelligenz auf Computern illustrieren, insbesondere auf einem so diffizilen Gebiet wie dem der Psychotherapie. Das Programm funktionierte jedoch besser, als sein Erfinder vermutet hatte, und mittlerweile gibt es Leute, die ihren Computer-›Therapeuten‹ sehr schätzen und behaupten, von den Gesprächen mit ihm zu profitieren. Zwar übersteigen die höheren Bereiche menschlicher Intelligenz sicher die Möglichkeiten jeder Computersimulation, doch für vieles, was allgemein als normale Intelligenz angesehen wird, gilt dies nicht.

Ein Mensch kann scheinbar intelligent und bewußt handeln, in Wahrheit jedoch ›auf Automatikbetrieb geschaltet‹ haben. Indem er irrtümlicherweise meint, bewußt zu sein, blockiert er die Möglichkeit echten Bewußtseins. Deshalb ist es so wichtig zu verstehen, was Gurdjieff mit der Aussage meinte, der Mensch sei eine Maschine.

Gurdjieff betonte stets, fast alles menschliche Elend ergebe sich aus der Tatsache, daß unser Leben eine so automatische und mechanische Angelegenheit sei. Sie, lieber Leser, das heißt Ihr Verhalten, Ihre Gedanken und Gefühle, sind vielmehr die *Auswirkung* äußerer und historischer Ursachen, als Sie selbst *Ursache* und Initiator von Ihnen gewollter Aktionen sind. Das Tragische ist, daß wir keine Maschinen zu sein bräuchten und es doch die meiste Zeit über sind.

Was bedeutet es, eine Maschine zu sein? Wie kommt es dazu, daß wir automatisch, mechanisch leben? Wir werden uns im folgenden mit diesem Gedanken auseinandersetzen, indem wir eine Maschine konstruieren, die einen nützlichen Zweck erfüllen soll. Dabei fangen wir mit einer sehr dummen oder mechanischen Maschine an, die wir allmählich zu einer immer intelligenteren weiterentwickeln werden. Wir werden sie mit den verschiedensten Arten von Intelligenz ausstatten, denn dadurch lernen wir, besser zu verstehen, was Intelligenz ist. Außerdem hilft uns dies, Gurdjieffs Aussage zu begreifen, daß wir kein echtes Bewußtsein zu haben brauchen, um nach den üblichen sozialen Maßstäben als normal zu gelten.

Die nachfolgende Analyse ist lang, faszinierend und in ihren Konsequenzen unangenehm, aber ich verspreche mir davon, daß sie die Grundlage zum Transzendieren des Maschinen-Daseins liefert.

Eine sehr dumme Maschine

Stellen Sie sich vor, wir befänden uns in einer Lagerhalle. Rechteckige Kisten von einheitlicher Größe werden auf einem Transportband (A) in das Gebäude befördert. Sie liegen alle gleich ausgerichtet und in regelmäßigen Abständen auf dem Band. Aus irgendeinem Grund möchten wir die Kisten nicht von Lagerarbeitern abladen lassen. Eine Maschine soll jede Kiste einzeln anheben und sie auf ein anderes Transportband (B) stellen, das sie dann in eine andere Lagerhalle befördert.

Wir brauchen dazu eine Art Kran, ein Gerät, das zwei Greifer senkt, diese um die Kiste schließt, den Greifarm hochhebt, die Greifer genau im richtigen Abstand über Transportband B in Stellung bringt, die noch geschlossenen Greifer wieder senkt und sie dann öffnet, woraufhin die Kiste auf Transportband B weiterbefördert wird. Anschließend soll die Maschine den Greifarm wieder heben, die Greifer über Transportband A positionieren, wo die Kisten ankommen, dort eine bestimmte Zeitspanne warten — nämlich so lange, bis die nächste Kiste angekommen ist — und dann den neunteiligen Transferzyklus wiederholen. Diese Maschine nennen wir unseren Kran der ersten Generation.

Der Kran der ersten Generation kann nützliche Arbeit verrichten, er ist jedoch leider ziemlich anfällig für Funktionsstörungen, da er nicht genügend mechanische Intelligenz besitzt, um auf Veränderungen der Situation reagieren zu können. Unser

Kran arbeitet nur in einem genau festgelegten Funktionszyklus, ganz gleich, was in seiner Umwelt passiert. Wenn der Abstand zwischen den Kisten aus irgendeinem Grund unregelmäßig wird, also zu groß oder zu klein, schließen sich die Greifer in der Luft und befördern nichts zum Transportband B; die Kisten fallen dann am Ende des Transportbands A auf den Boden.

Sensorische Intelligenz

Wir könnten unseren Kran nun mit ein wenig ›sensorischer Intelligenz‹ ausstatten, indem wir ihm ermöglichen, seine Umgebung ›wahrzunehmen‹ und sein Verhalten dementsprechend zu korrigieren. Statt daß der Transferzyklus sich stupide immer gleich wiederholt, könnten wir beispielsweise festlegen, daß der Anfangspunkt des Zyklus das Senken der Greifer über dem Transportband A, der Endpunkt die Rückkehr in die Warteposition über Transportband A ist. An diesem Endpunkt soll der Kran halten und auf ein Signal zum erneuten Start warten.

Wenn wir nun am Ende des Transportbandes A einen Sensorschalter installieren würden, so wäre damit ein Anfang sensorischer Intelligenz geschaffen. Wir statten den Kran mit einem Tastsinn aus — das ist die Art von Sinneswahrnehmung, die das Leben als eine der ersten entwickeln mußte. Wenn eine Kiste das Ende des Förderbandes erreicht, berührt sie den Sensorschalter und bringt so den Transferzyklus in Gang. Jetzt ist es nicht mehr so wichtig, daß die Kisten in völlig gleichem Abstand auf das Band gestellt werden, denn der Transferzyklus beginnt erst, wenn eine Kiste sich in einer Position befindet, aus welcher der Kran sie hochheben und auf das andere Band befördern kann. Unser Kran der zweiten Generation mit seinem Ansatz von sensorischer Intelligenz ist schon etwas gescheiter als der Kran der ersten Generation.

Wir können nun eine Eigenschaft der Intelligenz definieren: Sie vermag zu *reagieren*. Intelligentes Verhalten resultiert aus der Wahrnehmung, daß in der Umgebung des betreffenden Organismus eine adäquate Situation tatsächlich existiert, statt automatisch davon auszugehen, daß die Situation immer adäquat ist. Ein Problem von Menschen, die wie Maschinen funktionieren, besteht darin, daß sie diese Qualität der Intelligenz nicht immer zeigen.

Die Komplexität der Welt

Der Zuwachs an mechanischer Intelligenz bei unserem Kran ist sehr gering, denn er kann nur *eine* mögliche Veränderung in seiner Umgebung wahrnehmen und darauf reagieren, nämlich die unregelmäßige Positionierung der Kisten auf Transportband A. Viele andere Unregelmäßigkeiten können jedoch ebenfalls Betriebsstörungen verursachen und manchmal sogar ›destruktives Verhalten‹ der Maschine zur Folge haben. Wir wollen nun über eine weitere Verbesserungsmöglichkeit nachdenken: Wenn Transportband B plötzlich stehenbleibt, stellt der Kran die nächste Kiste auf die vorherige, die dann ja noch da steht. Bald würden die Kisten überall auf den Boden fallen, und ihr Inhalt könnte beschädigt werden.

Ein drittes unvorhergesehenes Ereignis träte ein, wenn der Kran aus seiner Justierung ausbrechen und zu weit ausschwingen würde. Dann fielen die Kisten neben Transportband B auf den Boden. Außerdem könnten Arbeiter, die sich dort aufhalten, von den fallenden Kisten verletzt werden.

Wir können die mechanische Intelligenz unseres Krans auf die gleiche Art steigern, wie wir ihm zuvor seine Umgebung ›bewußter‹ gemacht haben. Wir müßten dazu auf Transportband B einen Bewegungssensor anbringen und von diesem über Kabel ein Stoppsignal zu Transportband A senden, um eine Anhäufung der Kisten zu vermeiden. Die zusätzliche sensorische Intelligenz, die eigentlich nur für einen spezifischen Zweck gedacht war, können wir überdies für weitere Aufgaben nutzen. Wenn wir uns später mit Gurdjieffs Ideen über Selbstbeobachtung und Selbst-Erinnern beschäftigen, werden wir auf den Gedanken zurückkommen, daß eine Steigerung der sensorischen Intelligenz unserem Leben sehr zugute kommt.

Für den Fall, daß der Kran zu weit ausschwingt, können wir den Arbeitsprozeß des Krans in zwei separate Phasen untergliedern. Die erste besteht im Anheben der Kiste und im Herüberschwingen zum Transportband B; in der zweiten Phase wird die Kiste gesenkt und abgesetzt, und der Kran kehrt wieder in seine Ausgangsposition zurück. Jetzt können wir über Transportband B einen Sensorschalter anbringen: Befindet sich der Kran in der richtigen Position über dem Band, so berührt er den Schalter; damit ist der erste Teil des Zyklus beendet. Der Kran dreht sich dann nicht mehr weiter und beginnt mit dem zweiten Teil des Zyklus, indem er seine Last senkt. Unser Kran ist mittlerweile schon viermal so intelligent wie zu Anfang, denn er reagiert auf die tatsächliche Positionierung der ankommenden Kisten, hält an, wenn Transportband A oder B nicht korrekt funktionieren, und wenn seine Justierung nicht mehr richtig eingestellt ist, schwingt er nicht zu weit aus.

Ausrichtung auf ein Ziel

Bis jetzt funktioniert die mechanische Intelligenz unseres Krans der dritten Generation nach der Regel ›Alles oder nichts‹. Entweder trifft die Kiste den Schalter, der den Kran in Gang setzt, oder nicht; das Ablage-Transportband bewegt sich oder nicht; der Kran ist entweder an die richtige Stelle geschwungen, um die Kiste abzusetzen, oder nicht. Doch nehmen wir einmal an, eine der Kisten kommt verkantet auf Transportband A an. Wird die Kiste trotz ihrer Verkantung den Startknopf des Hebezyklus richtig betätigen? Werden die Greifer die Kiste auch in dieser Position richtig halten? Könnten sie die Kiste beschädigen oder sie kurz nach dem Anheben fallen lassen?

Bei geringfügiger Verkantung würde keines der beschriebenen Probleme auftreten. Aber *wieviel* ist zuviel? Und ist dieses Zuviel bei jedem der möglichen Probleme gleich? Wir brauchen hier eine mechanische Intelligenz, die mit komplexeren als Alles-oder-nichts-Situationen zurechtzukommen vermag. Es muß eine mechanische Intelligenz sein, die die Erinnerung an ein Ziel hat, die ihre Umgebung auf *graduelle* Abweichung von diesem Ziel hin untersuchen und die feine Verhaltensanpassungen vornehmen kann, um Abweichungen auszugleichen, welche das Erreichen des Ziels gefährden könnten.

Alles-oder-nichts- oder Schwarzweiß-Wahrnehmungen und entsprechende Reaktionen gehören zu den größten Problemen des menschlichen Lebens. Jemand läßt Ihnen gegenüber eine kränkende Bemerkung fallen, und schon schießt Ihnen das Adrenalin ins Blut, Ihre Muskeln spannen sich, Ihr Körper bereitet sich auf Kampf oder Flucht vor, und Sie fühlen sich sehr bedroht, wütend oder verärgert. Und das alles wegen einer kleinen verbalen Kränkung! Eine körperliche Reaktion wäre gar nicht nötig gewesen. Wir reagieren oft zu stark oder zu schwach, nicht der realen Situation entsprechend.

Mechanische Intelligenz zur Unterscheidung von Veränderungsgraden läßt sich in computergesteuerte Maschinen in begrenztem Maße einbauen. Um es unserem Kran zu ermöglichen, verkantete Kisten zu entdecken und richtig hochzuheben, könnten wir ihn mit einer Videokamera ausrüsten, die von oben auf die Kisten ›herabschaut‹. Die von dieser Kamera aufgenommenen Bilder werden in einem Computer digitalisiert, und ein Programm registriert anschließend die viereckigen Formen der Kistenoberfläche, ganz gleich, in welchem Winkel zum Band sich die Kiste befindet. Diese Form wird mit der Definition der Kistenform verglichen, die im Gedächtnis des Computers gespeichert ist: Der Computer ›erkennt‹ die Kiste und registriert gleichzeitig ihre genaue Lage.

Das Unterscheidungs- und Kontrollprogramm unseres Krans der vierten Generation berechnet nun den Verkantungswinkel der Kiste im Verhältnis zur Normalposition auf dem Band. Da wir den Kran mittlerweile mit computergesteuerten, drehbaren Greifern ausgestattet haben, lassen sich diese nun so drehen, daß der Kran die Kiste trotz ihrer veränderten Position fest und sicher im Griff hat. Nachdem die Greifer die Kiste angehoben haben, drehen sie sie in die ursprüngliche, richtige Position. Dann kann der Kran seine Last wieder wie beabsichtigt zum Transportband B befördern.

Rigidität im Gegensatz zu Intelligenz

Es gibt noch eine andere Möglichkeit, mit dem Problem der verkanteten Kisten umzugehen, die keine Erweiterung der mechanischen Intelligenz unseres Krans voraussetzt: Wir könnten das Transportband so konstruieren, daß es genau die Breite der Kisten hat, wobei an den Seiten eine kleine Erhöhung angebracht wäre. Die Kisten müßten dann zwangsläufig gerade auf dem Band stehen, oder sie würden erst gar nicht bis zum Kran befördert.

Doch auch diese Art der Lösung hat ihren Preis, denn wenn wir jemals kleinere Kisten befördern wollten, könnten diese sich auf dem Band verkanten, und das alte Problem wäre wieder da. Größere Kisten würden gar nicht auf das Band passen. Wir müßten das Transportband umbauen, und das könnte uns teuer zu stehen kommen.

Die beiden Lösungswege zum Problem der verkanteten Kisten repräsentieren zwei Richtungen, die Menschen einschlagen, wenn sie ihre Effizienz steigern und Fehler verringern wollen. Einerseits kann man alle denkbaren Eventualitäten durch immer neue Restriktionen und Eingrenzungen auszuschließen versuchen. Durch diesen Versuch, Probleme überhaupt nicht entstehen zu lassen, wird die Situation allmählich immer starrer. Auf menschliche Aktivitäten angewendet, könnten wir immer mehr Gesetze formulieren, detailliertere Regelwerke ausklügeln, immer mehr Konventionen einführen, immer neue Verkehrszeichen aufstellen usw., um die Variabilität des menschlichen Verhaltens einzuschränken, die der Ursprung aller Probleme ist. ›Wohlerzogene‹, ›berechenbare‹, ›rigide‹ und ›mechanische‹ Menschen (unter den Adjektiven können Sie beliebig wählen) sind das Öl im Getriebe des gesellschaftlichen Systems. Im Extremfall brauchen die Menschen nichts anderes mehr zu tun, als ›getreulich‹ alle Regeln und Gesetze zu befolgen. Ein alter Spruch lautet: »Alles, was nicht vorgeschrieben ist, ist verboten.« Gemeint sind hier ebenso die äußeren Regeln und Gesetze, die sich auf die Umwelt beziehen (etwa Verkehrszeichen), wie auch internalisierte psychologische Regeln (»Anständige Menschen *denken* noch nicht einmal daran, X zu tun«). Die besten Ergebnisse lassen sich erzielen, wenn man die Befolgung beider Arten von Regeln belohnt und ihre Mißachtung bestraft. Ständige geistlose Wiederholung solcher Verhaltensweisen wirkt ebenfalls sehr verstärkend.

Die Alternative wäre, die allgemeine Intelligenz eines Menschen zu verbessern, so daß er aus eigener Initiative auf jede Situation angemessen reagieren kann. Manchmal fahre ich, um Zeit zu sparen, mit dem Auto quer über einen fast leeren Parkplatz, statt den markierten Linien zu folgen. Die meisten Menschen, denen ich dabei begegne und die dasselbe tun, weichen mir aus, obwohl es keine besonderen gesetzlichen Regeln für diagonales Fahren auf Parkplätzen gibt (das hoffe ich zumindest!). Vor einigen Wochen ist es dann doch fast passiert: Da fuhren ein paar Leute rücksichtslos über einen Parkplatz, aber da ich sie sofort als unintelligent klassifizierte, konnte ich ein Unglück vermeiden!

Wenn wir eine leichter und effizienter funktionierende und weniger gefährliche Welt schaffen wollen, können wir entweder die Menschen in noch stärkerem Maße zu Maschinen machen — zu Maschinen mit einem hohen Maß an mechanischer Intelligenz — oder viel Mühe und viele Ressourcen darauf verschwenden, die Welt so zu gestalten, daß es rein mechanisch unmöglich ist, die Gesetze zu brechen. Auf vielen Parkplätzen gibt es heute Betonerhebungen oder Grünstreifen, die diagonales Fahren über den leeren Platz unmöglich machen. Ein grundsätzlich anderer Weg wäre, die echte Intelligenz zu steigern, einschließlich der Erforschung und Kultivierung jener einzigartig menschlichen Aspekte der Intelligenz, die nicht mechanisch sind.

Es ist eine wahrhaft traurige Tatsache, daß wir Menschen so maschinenähnlich werden können. Gurdjieff beobachtete, daß Massenkräfte in Kulturen die Tendenz haben, Menschen mechanischer zu machen. Mit diesen Kräften werden wir uns in anderen Kapiteln eingehender beschäftigen. Plötzlich gibt es richtige und falsche Arten, etwas zu tun, und Gesetze, die gesellschaftlich akzeptierte Verhaltensweisen durchsetzen sollen. Gut ist dann, wer die Gesetze befolgt.

Das Problematische an dem Versuch, ein Gesetz zu schaffen, das alle Eventualitäten berücksichtigt, liegt darin, daß die Realität häufig komplexer ist, als Gesetze je erfassen können, oder daß Veränderungen sich schneller ergeben, als Gesetze sich abändern lassen. Dennoch tun viele Menschen kaum mehr, als mechanisch Gesetze zu befolgen; und sie fühlen sich rechtschaffen dabei, obgleich sie damit sich selbst und andere zerstören.

Auf Automatik schalten

Auch ein Mensch könnte die Funktionen ausführen, die wir einem intelligenten Kran übertragen haben. Ein Mensch kann sehen, ob sich Kisten auf dem Transportband befinden, selbst wenn sie in unregelmäßigen Abständen eintreffen; er kann auch die Arme ausstrecken, eine Kiste nehmen und sie richtig auf das Transportband B stellen, selbst wenn sie verkantet ist. Ein Mensch kann auch erkennen, ob die beiden Förderbänder noch richtig laufen, und er kann Transportband A anhalten, wenn Transportband B stehenbleibt. Auch Sie verfügen wie jeder andere Mensch über die Eigenschaften, die wir als Anfang mechanischer (und menschlicher) Intelligenz definiert haben: Sie erinnern sich an das Ziel, nämlich Kisten unbeschädigt von Band A auf Band B zu stellen; Sie nehmen Ihre Umwelt wahr und können eine Vielzahl von Faktoren erkennen, die Ihr Vorhaben behindern könnten; und Sie können Ihr Verhalten so anpassen, daß Veränderungen in der Umgebung, die dem Erreichen Ihres Ziels zuwiderlaufen, ausgeglichen werden.

Wie lange aber *bleiben* Sie bei einer solchen Arbeit intelligent? Anfangs haben Sie sicherlich ein gewisses Interesse. Was genau sollen Sie tun? Was ist die effizienteste Methode? Nach einer Weile jedoch (Minuten? Stunden?) haben Sie die Arbeit gut im Griff und langweilen sich. Sie sind überqualifiziert. Was nun?

Sie glauben, Sie bräuchten nun nicht mehr so genau aufzupassen, um gute Arbeit zu leisten. Tatsächlich können Sie Ihren Geist schweifen lassen, können Tagträumen nachhängen, Pläne für den Feierabend machen, darüber nachdenken, ob Sie eigentlich gut genug bezahlt werden, sich mit anderen Arbeitern an einem anderen Transportband unterhalten und dergleichen mehr. Ohne daß Sie sich dessen bewußt sind, haben Sie Ihre Tätigkeit automatisiert. Ein Großteil Ihrer Wahrnehmungs- und Urteilsfähigkeit arbeitet nur noch mechanisch. Sie erfüllen nun Ihre Aufgabe wie eine Maschine, wie ein Automat. Tagträume sind einfach unterhaltsamer als das Transportieren von Kisten, und wenn Sie träumen, sind Sie glücklicher, als wenn Sie sich auf etwas Langweiliges konzentrieren. Da Sie die Aufmerksamkeit kaum noch auf die Arbeit richten, wird es Ihnen so erscheinen, als erfordere sie nun wesentlich weniger Mühe als vorher – ein scheinbarer Vorteil der Automatisierung.

Einen begrenzten Teil unserer Wahrnehmungsfähigkeit und Intelligenz so einsetzen zu können, daß eine festumrissene Aufgabe mit wenig oder keinerlei Bewußtheit verrichtet werden kann, ist eine der größten Fähigkeiten des Menschen – und gleichzeitig eine der problematischsten.

Der Preis der Automatisierung

Im oben beschriebenen, einfachen Beispiel erscheint die Automatisierung als wünschenswert. Sie macht uns glücklicher. Wenn wir den Leerlauf unserer geistigen Aktivitäten während der Arbeit nutzen könnten, um über Verbesserungen in unserem sonstigen Leben nachzudenken, wäre unser Tun wesentlich effizienter. Wenn Ihre Wahrnehmungsfähigkeit und Ihre intellektuellen Gaben das bei Ihrer Arbeit notwendige Maß übersteigen, dann setzen Sie nur soviel ein, wie wirklich erforderlich ist, und widmen sich im übrigen Ihren eigenen Zielen.

Wäre die intelligente Nutzung brachliegender geistiger Kapazitäten das einzige oder typische Resultat der Automatisierung, so wäre es für den Menschen unproblematisch, Arbeiten automatisch zu verrichten. Probleme tauchen auf, wenn die Realität sich verändert, während Ihre automatisierten Reaktionen gleichbleiben, und/oder wenn die automatisierten Reaktionen mit (automatisierter) emotionaler Befriedigung verbunden sind.

Wenn Sie nach einem automatisierten Reaktionsmuster handeln, ist Ihre Aufmerksamkeit hochspezialisiert. Eine Situation tritt ein, die mit einer internalisierten Repräsentation dieser Situation übereinstimmt. Diese Repräsentation ist ein Stereotyp. Das Stereotyp kann eine Kiste auf einem Transportband sein, das Aussehen eines Fremden, eine verbale Äußerung, ein bestimmter Geruch oder was auch immer. Jedenfalls ähnelt das Phänomen einem in der Vergangenheit automatisierten Aspekt der Aufmerksamkeit so stark, daß das Stereotyp ›wahrgenommen‹ wurde und fälschlich für die Realität gehalten wird. Darauf folgt Ihre automatisierte Reaktion. Wenn die reale Situation jedoch stark vom Stereotyp abweicht, dann kann es allerdings vorkommen, daß Ihre automatisierte Reaktion der Situation nicht angemessen ist.

Der Schnorrer

Dazu folgendes Beispiel: Sie haben Ihr Auto geparkt und gehen über die Straße. Da kommt ein Mann auf Sie zu, der Sie offenbar ansprechen will. Sie selbst denken zwar gerade über Ihre Einkäufe in einem Laden etwas weiter unten auf der Straße nach, doch ein Teil Ihrer Aufmerksamkeit beschäftigt sich mit dem Mann, der ziemlich zerlumpt gekleidet und unrasiert ist. Ein Teil Ihres Geistes ›erkennt‹ ihn sogleich als Schnorrer, und solche Leute machen Sie immer nervös und wütend. Natürlich ist das ein Stereotyp, da es auf den Straßen einer Stadt auch andere Menschen geben könnte, die schlecht gekleidet sind und Sie ansprechen wollen. Doch das Stereotyp ist nun einmal aktiviert worden und damit auch Ihre automatisierte Reaktion auf Bettler. Ihr Gesicht nimmt einen geringschätzigen Ausdruck an, Sie drehen sich ganz offensichtlich zur Seite und haben Ihr Urteil schon gefällt, bevor der Mann Sie auch nur angesprochen hat. Vielleicht gehen Ihnen auch automatisierte Phantasien durch den Kopf: Ihre Überlegenheit als Mensch, der seinen Lebensunterhalt selbst verdient, oder: »Warum kümmert sich die Regierung nicht endlich um solche Typen?«

So könnte die Realität aussehen. Doch in der Realität, die ich mir für dieses Beispiel ausgedacht habe, ist der Mann ein College-Professor, der seinen freien Tag hat. Er hat sich seine ältesten Klamotten angezogen, weil er am Auto basteln will. In die Stadt ist er gekommen, um sich Ersatzteile zu besorgen. Zufällig hat er gesehen, daß aus Ihrem geparkten Auto Öl schnell und in großen Mengen heraustropfte. Er wollte Sie auf die Gefahr aufmerksam machen. Bei Ihrem geringschätzigen Blick und Ihrer voreiligen Ablehnung wurde er sofort wütend. Mit einem »Ach, scher dich doch zum Teufel!« dreht er ab und geht seines Wegs. Als Sie später losfahren, bekommt Ihr Motor einen Kolbenfresser. Automatisierte Wahrnehmung, automatisierte Gefühle, automatisiertes Verhalten, automatisiertes Desaster. Sie haben übersehen, daß die Realität von Ihrem Stereotyp abwich, und Sie hatten ein emotionales Motiv in der Situation (Sie wollten sich überlegen fühlen), das Sie noch starrer reagieren ließ.

Mechanische Intelligenz leistet oft nützliche Hilfsdienste, aber in einer ständig im Wandel begriffenen, komplexen Welt ist sie gefährlich. Die mechanischen, automatisierten Stereotypen, die wir als Rassismus, Sexismus und Nationalismus kennen, um nur einige Beispiele zu nennen, sind ungeheuer kostspielig. Automatisierte Wahrnehmungen, Emotionen, Gedanken und Reaktionen auf eine Situation werden oft mit automatisierten Wahrnehmungen, Emotionen, Gedanken und Reaktionen auf andere Situationen gleichgesetzt, so daß wir oft lange Zeit permanent unter völlig irrigen Voraussetzungen, im Extremfall ein Leben lang, automatisiert leben.

Automatisierung ist ein großes Hindernis, wenn wir versuchen, aus der Trance zu erwachen, die uns von der Kultur aufgezwungen wurde. Wenn es uns jedoch gelingt zu erwachen, könnte die Automatisierung zu einem nützlichen Werkzeug werden, solange sie von einer wacheren Bewußtseinsebene kontrolliert wird. Wir sind tatsächlich viel zu oft Maschinen, doch wir müssen es nicht sein.

Im nächsten Kapitel werden wir die mechanische Intelligenz unseres Krans erweitern und die menschlichen Parallelen dazu untersuchen.

4

Intelligenzentwicklung bei
Maschinenwesen

Ich werde in diesem Kapitel sehr ins Detail gehen, aber ich möchte Sie bitten, mir dennoch weiter zu folgen. Wir werden uns mit Parallelen von Maschinen und menschlichen Funktionen beschäftigen, die gewöhnlich automatisiert sind, über die oft hinweggegangen wird und die sich der bewußten Wahrnehmung entziehen.

Im vorigen Kapitel haben wir eine Maschine, unseren Kran, mit Ansätzen von Intelligenz ausgestattet. In der vierten Generation seiner Evolution konnte er verschiedene Arten von Veränderungen in seiner Umgebung registrieren und sein Verhalten so anpassen, daß er seinen Zweck erfüllen konnte, nämlich Kisten von einem Transportband auf ein anderes zu befördern.

Um die Fähigkeit zu entwickeln, auf Grade von Veränderungen zu reagieren statt nur auf Entweder-oder-Veränderungen, verbanden wir unseren Kran mit einem Computer, einem rudimentären, zentralisierten Gehirn. Da dieser Computer noch freie Arbeitskapazitäten hat, wollen wir unserem Kran der fünften Generation nun einen weiteren evolutionären Sprung ermöglichen, der ihn typisch menschlicher Intelligenz schon recht nahebringt.

Um größere Komplexität als Stimulus für die Evolution zu nutzen, soll unser Transportband A nun Kisten unterschiedlicher Größen heranschaffen, die je nach Art der Kiste auf drei B-Transportbänder zu stellen sind. Verschiedene Produkte der Fabrik müssen in bestimmte Lagerbereiche transportiert werden.

So wird der Kran der fünften Generation zu einem Kran/Sortierer, der nicht nur Kisten transportieren, sondern auch Entscheidungen fällen muß. Menschen müssen normalerweise unter vielen Möglichkeiten wählen; sie können selten immer gleich auf einen Stimulus reagieren. Und außerdem bevorzugen wir Menschen oft, Entscheidungen zu treffen, die uns fordern.

Die Kisten können unterschiedlich groß sein und unterschiedliche Produkte enthalten. Einige davon sind leicht und zerbrechlich, andere schwer und robust. Bei den schweren Kisten müssen die Greifer sehr fest zupacken, da die Kisten ihnen sonst entgleiten würden. Bei den leichten Kisten dürfen sie nicht so fest zupacken, sonst würde ihr Inhalt zerdrückt. Deshalb muß sich die Greifkraft dem Kistentyp anpassen.

Außerdem variieren auch jetzt wieder die Zwischenräume zwischen den einzelnen Kisten sowie der Grad der Verkantung: Einige Kisten liegen gerade ausgerichtet, andere völlig schief. Manchmal treffen die Kisten in großen Zeitabständen ein, manchmal folgen mehrere unmittelbar aufeinander.

Unerwartete Ereignisse

Wir würden wohl kaum gern einen Arbeiter beschäftigen, der so sehr in seine Tätigkeit vertieft ist, daß er unvorhersehbare, aber wichtige Veränderungen seiner Arbeitssituation nicht bemerken und es infolgedessen versäumen würde, auf sie zu reagieren. Wir haben uns schon damit befaßt, daß eines der B-Transportbänder plötzlich stehenbleiben kann. Nehmen wir nun einmal an, es liefe plötzlich rückwärts! Oder im Lager bräche ein Feuer aus, und Menschenleben und Material wären in Gefahr. Oder jemand beträte plötzlich unvermutet den Aktionsbereich des Krans. Oder in einer sehr kurzen Zeitspanne kämen so viele Kisten an, daß der Kran/Sortierer versagen und die Kisten sich auf dem Transportband auftürmen würden. Wenn unser Kran/Sortierer der fünften Generation in seiner Intelligenz einen Sprung vorwärts machen will, muß er auf solche Vorfälle reagieren können.

Neue Sinne

Der nächste evolutionäre Schritt besteht darin, unseren Kran/ Sortierer mit neuen Sinnen auszustatten. Einige der neuen Aufgaben können durch einfache Ja-Nein-Sensoren erfüllt werden. Unsere B-Transportbänder müssen mit Sensoren ausgestattet werden, die nicht nur registrieren, ob die Bänder laufen, sondern auch, ob sie in die richtige Richtung laufen. Als Feuerdetektor könnte ein Hochtemperatursensor fungieren. Ein einfacher Spannungssensor könnte messen, ob die Stromzufuhr zum Kran funktioniert.

Unterschiedliche Kistengrößen und gleichzeitig die Lage der Kisten zu registrieren ist schon schwieriger. Der Kran der vierten Generation verwendete eine Videokamera, die über Transportband A installiert war, in Verbindung mit einem Analyseprogramm, das Kanten und Formen registrierte. So wurden die Kiste, ihre Ausrichtung und ihr Abstand identifiziert. Zu diesem Zweck mußte das Gerät sein internes Gedächtnis befragen, das eine Definition enthielt, wie eine Kiste auf dem Videobild auszusehen hat.

Wie sollen wir nun mit Kisten von unterschiedlicher Größe (sowie gleichzeitig unterschiedlichem Gewicht und verschiedenem Zerbrechlichkeitsgrad) verfahren? Der Einfachheit halber werden wir das Kistenanalyseprogramm des Computers so abändern, daß es von einer festen Korrelation der folgenden drei Faktoren ausgeht (so machen es Menschen übrigens auch oft): Kleine Kisten sind immer leicht und zerbrechlich; größere Kisten werden entsprechend ihrer Größe allmählich schwerer, und ihr Inhalt wird robuster. Das Kisten-Analyseprogramm instruiert nun die Greifer, bei kleinen Kisten nur sehr wenig Druck auszuüben und mit zunehmender Größe entsprechend mehr.

Da unser Computer groß genug ist, um ein Kistenanalyseprogramm mit Video-Input zu verarbeiten, wollen wir noch eine zweite Kamera installieren, um das Umfeld des Krans zu beobachten, den Sicherheitsbereich, den kein Mensch betreten sollte. Das Videobild der zweiten Kamera müßte der Computer auf Anzeichen dafür untersuchen, ob sich im Sicherheitsbereich Menschen aufhalten. Diese Analyse kann jedoch sehr einfach sein. Wir brauchen beispielsweise nicht zu wissen, ob es sich um eine Frau oder einen Mann handelt, auch nicht, wie groß der Mensch ist oder welche Farbe seine Kleidung hat. Wir brauchen eigentlich nicht einmal genau zu wissen, ob es sich um einen Menschen handelt. Wenn sich nur *irgend etwas* im Sicherheitsbereich bewegt, so soll unser Programm darauf hinweisen und den Kran anhalten.

Es gibt allerdings etwas, das sich regelmäßig durch den Sicherheitsbereich bewegt und dies auch tun soll. Gemeint ist der Kran selbst. Wir wollen natürlich nicht, daß der Computer, der den Kran/Sortierer schützen soll, ihn jedesmal abschaltet, wenn er ihn selbst entdeckt. Eine der grundlegenden Intelligenzfunktionen des Lebens ist, sich selbst zu erkennen, das Selbst vom Nicht-Selbst unterscheiden zu können. Sonst würden wir uns am Ende noch selbst auffressen! Unser Analyseprogramm zur Entdekkung von Eindringlingen muß die Form und die Bewegungen des Krans auf seinem Weg durch den Sicherheitsbereich auf dem Videobild erkennen können. Das Kommando zum Anhalten des Krans soll also nur gegeben werden, wenn eine Nicht-Kran-Gestalt entdeckt wird.

Da unser Kran/Sortierer verschiedene Kisten auf verschiedene B-Transportbänder abladen muß, sollte das Kisten-Analyseprogramm die Kisten nicht nur registrieren, sondern sie auch unter die verschiedenen Kategorien aufteilen. Der Einfachheit halber soll das Programm in diesem Beispiel nur nach der Größe sortieren.

Man kann nicht alles auf einmal tun

Wir verlangen von unserem Kran/Sortierer der fünften Generation mittlerweile schon eine ganze Menge. Er muß (a) ständig beobachten, ob Kisten auf Transportband A eintreffen, (b) Größe und Lage der Kisten registrieren, die Greifer so drehen, daß sie eventuelle Verkantungen der Kiste ausgleichen und den Greifarm über der Kiste senken, (c) die Kisten mit einem ihrer Größe entsprechenden Kraftaufwand greifen und sie dann heben, (d) den Kistentyp klassifizieren und den Kran so steuern, daß er sich zum richtigen B-Transportband hinbewegt, (e) die Kiste so drehen, daß sie auf dem B-Transportband, auf das sie abgeladen werden soll, richtig ausgerichtet aufsetzt, (f) die Kiste über dem B-Transportband in Position bringen, (g) den Hebearm senken, die Greifer öffnen, (h) den Arm wieder heben und (i) in die Warteposition über Transportband A zurückkehren. Gleichzeitig muß der Kran/Sortierer die Transportbänder abschalten und/ oder den Kran anhalten sowie ein Alarmsignal ertönen lassen, wenn (j) ein Feuer ausbricht, (k) jemand den Sicherheitsbereich des Krans betritt, (l) eines der drei B-Transportbänder anhält oder plötzlich rückwärts läuft oder (m) wenn die Stromzufuhr zum Kran unterbrochen ist.

Das hört sich ziemlich kompliziert an. Durch unseren Versuch, intelligentere Maschinen zu konstruieren, ist uns mit Sicherheit schon klargeworden, wie viele unserer einfachsten Handlungen wir als selbstverständlich hinnehmen.

Das Abschalten eines Transportbandes bringt die Produktion ins Stocken, deshalb sollte wirklich nur im Notfall abgeschaltet werden. Man könnte die Regel, daß bei Ausfall oder plötzlichem Rückwärtslaufen eines der B-Transportbänder das Transportband A abgeschaltet wird, noch differenzieren. Der Computer braucht das Transportband A nur abzuschalten, wenn Kisten eintreffen, die auf das nichtfunktionierende B-Transportband abgeladen werden müssen. Unterdessen könnte ein Wartungsdienst das ausgefallene Band reparieren, und im günstigsten Fall wäre dies vor dem Eintreffen der nächsten Kiste für das reparierte Band schon erledigt.

Diese zusätzlichen Aufgaben wären nicht zu anspruchsvoll für den Kran/Sortierer, wenn der Arbeitsspeicher, das Gedächtnis unseres Computers, eine unbegrenzte Kapazität hätte. Doch haben nun einmal weder Menschen noch Computer eine unbegrenzte Arbeitskapazität. Natürlich könnte man auch viele Arbeiter beschäftigen, von denen jeder einen winzigen Teil der Gesamtaufgabe überwachen würde, oder man könnte einen riesigen Computer kaufen. Aber ökonomische Erwägungen spielen ja auch eine Rolle: Sie wollen bestimmt nicht mehr Geld als unbedingt notwendig ausgeben. Deshalb muß die ›Aufmerksamkeit‹ des Computers zwischen diesen verschiedenen Aufgaben so aufgeteilt werden, daß er im Rahmen seiner begrenzten Möglichkeiten alle Zwecke optimal erfüllt.

Es kostet den Computer eine begrenzte Zeit, jeden seiner Sinne zu überwachen, und es kostet auch eine begrenzte Zeit zu errechnen, was in Anbetracht des Ergebnisses zu tun ist. Außerdem verrichtet unser Computer nur jeweils eine Arbeit zu einer bestimmten Zeit. Er muß also eine gewisse Zeit mit einer Aufgabe zubringen, dann zur nächsten übergehen, dann zur übernächsten und so weiter. Diese Bearbeitungsfolge wird Betriebszyklus genannt. Soll er auf jede Arbeit soviel Zeit wie erforderlich verwenden? Oder gleich viel Zeit für jede einzelne Aufgabe (was für einige zuviel, für andere zu wenig sein könnte)? Soll er sich für die wichtigeren Aufgaben mehr Zeit nehmen? Oder was sonst?

Prioritäten und Werte

Die Prioritäten, die der Computer verschiedenen Aufgaben gibt, sind das mechanische Äquivalent zu den menschlichen *Werten*. Auch ohne ein detailliertes Verständnis der Emotionen ist leicht zu erkennen, was uns wertvoll ist: Es ergibt sich aus der Zeitspanne der Aufmerksamkeit und/oder aus der Priorität, die wir einer Sache geben, indem wir andere Aktivitäten unterbrechen, wenn wir meinen, die Zeit dafür sei gekommen. Ich verbringe zum Beispiel viel Zeit damit, Bücher zu lesen, was zeigt, daß ich dem Lesen einen hohen Wert beimesse. Wenn ich ein interessantes Buch lese, möchte ich von niemandem gestört werden. Wenn wir allerdings jemand mitteilen will: »Das Haus brennt!«, bin ich ihm natürlich dankbar dafür. Folglich bewerte ich mein eigenes Leben und das meiner Frau sowie die Rettung meines Hauses vor der Zerstörung höher als meine Versunkenheit in ein Buch.

Wir wollen nun unser Computerkontrollprogramm mit Werten in Form von Zeitzuweisungen und Prioritäten versehen.

Nehmen wir an, daß es den Kran/Sortierer eine Zehntelsekunde kostet, jeden Sensor zu überprüfen. Wir haben acht Sensor-Inputs (Feuer, Eindringling, B-Transportbänder 1, 2, 3 laufen und B-Transportbänder 1, 2, 3 laufen in die richtige Richtung). Wenn wir der Überprüfung jedes Sensors gleichen Wert beimessen, müssen wir den Computer so programmieren, daß er alle Sensoren immer wieder der Reihe nach prüft. Wir hätten dann einen achtphasigen Betriebszyklus zur Überprüfung der Sensoren. Wenn alle diese Inputs in Ordnung wären, könnte der Kran / Sortierer überprüfen, ob eine Kiste ankommt (die neunte Operation von 0,1 sec.), und wenn dies der Fall wäre, könnte der Kran mit dem Sortier- und Transferprogramm beginnen. Wenn keine Kiste ankäme, würde er erneut die acht Sensor-Inputs überprüfen. Dies würde er so lange wiederholen, bis eine Kiste entdeckt würde.

Bei Entdeckung einer Kiste würde diese sortiert und transportiert. Angenommen, es dauert 9,1 Sekunden, bis der Kran in seine Ausgangsposition über Transportband A zurückkehrt, so ergäbe das insgesamt einen Betriebszyklus von 10 Sekunden. In dieser Zeit würde transportiert, der Kran / Sortierer würde wieder in die Ausgangsposition zurückkehren und erneut die Überprüfung auf Feuer, Eindringlinge usw. durchführen.

Implizite Werte

Da der Transfer der Kisten 9,1 Sekunden dauert, die Überprüfung der Sensoren hingegen nur 0,9 Sekunden, haben wir damit implizit dem Kran / Sortierer Werte mitgegeben, und zwar ziemlich materialistische Werte. In anthropomorpher Form könnte man sie folgendermaßen formulieren:

Erstes Gebot: Wenn keine Arbeit zu tun ist (keine Kiste muß sortiert und transportiert werden), dann schütze das menschliche Leben und die Maschine, indem du ein Neuntel deiner Zeit darauf verwendest, zu überprüfen, ob irgendwo Feuer ausgebrochen ist, ein weiteres Neuntel, ob sich in der Sicherheitszone des Krans ein Eindringling befindet.

Zweites Gebot: Wenn Arbeit zu verrichten ist (Sortieren und Transportieren einer Kiste), dann verwende auf den Schutz menschlichen Lebens weniger Zeit. Schütze das menschliche Leben und die Maschinerie, indem du während eines Hundertstels der Zeit (0,1 Sekunde alle 10 Sekunden) überprüfst, ob irgendwo Feuer ausgebrochen ist, und während eines weiteren Hundertstels, ob sich im Gefahrenbereich des Krans ein Eindringling befindet.

Im Laufe des letzten Jahrzehnts ist immer klarer geworden, daß scheinbar simple technologische Strategien in Wirklichkeit Wertentscheidungen sind. Je weniger wir erkennen, wie komplex eine Situation ist, um so mehr zukünftige Schwierigkeiten beschwören wir durch diese Blindheit herauf. Am klügsten ist es wahrscheinlich, davon auszugehen, daß *alle* Überlegungen bezüglich der besten Verfahrensweise (und nicht nur Fragen der Technologie) Werte verkörpern, bewußte und/oder unbewußte Werte.

Die Automation unserer Denk-, Wahrnehmungs- und Gefühlsprozesse, mit der wir uns im vorigen Kapitel beschäftigt haben, trägt dazu bei, daß wir blind für unser Tun sind. Eine Situation wird zum ›technischen Problem‹ stereotypisiert, und schon stellen wir unsere Vorurteile bezüglich der Situation so hoch über die Realität, daß wir diese praktisch ausschließen.

Wir können sagen, daß der Kran/Sortierer der fünften Generation ziemlich wachsam hinsichtlich gefährlicher Situationen ist – solange er nicht arbeitet. Wenn er jedoch beschäftigt ist, verliert er sich für eine lange Zeitspanne in der Arbeit und büßt so den Bezug zur äußeren Realität ein. Die Parallele zu vielen menschlichen Aktivitäten ist nur zu klar erkennbar.

Wir könnten den Wert, den unser Kran/Sortierer auf den Schutz von Menschenleben legt, durch Abänderung des Transferprogramms höher einstufen. Bisher kümmerte sich der Kran, sobald er eine ankommende Kiste registrierte, nicht weiter um die Gefahrensensoren, bis der Transfer der Kiste abgeschlossen war. Dieser Transfer erforderte stets weitaus mehr Zeit als die Zeitspanne, in der die Sensoren geprüft wurden. Wir könnten das Transferprogramm so abändern, daß die Detektoren für die

Überprüfung des Sicherheitsbereichs auch zwischen den einzelnen Arbeitsschritten des Transferzyklus abgefragt werden. In diesem Fall kann sich unser Kran/Sortierer nicht mehr so total in seine Arbeit verlieren; er hat also einen besseren ›Realitätskontakt‹ — und zwar mit der Realität, die wir, seine Erfinder, als wichtig bewerten.

Werte haben ihren Preis

Beachten Sie, daß wir für diesen zusätzlichen Schutz menschlichen Lebens einen Preis zahlen. Bevor wir in den Transferzyklus eine zusätzliche Überprüfung auf Eindringlinge einfügten, dauerte er zusammen mit dem Gefahren-Prüfprogramm insgesamt zehn Sekunden. Wenn die Kisten schnell genug ankamen, konnten wir alle zehn Sekunden eine von ihnen sortieren und transportieren. Die Einfügung eines Prüfschritts hat den gesamten Betriebszyklus verlängert; folglich sind wir nicht mehr so produktiv wie zuvor. Sind uns Menschenleben so wichtig, daß wir ein Absinken der Produktivität dafür in Kauf nehmen? Ist die Gefahr, daß ein Mensch unbefugt in den Operationsbereich des Krans eindringt, so groß, daß eine Senkung der Produktivität uns vertretbar erscheint? Oder ist diese Möglichkeit ziemlich unwahrscheinlich, und wir sind überängstlich?

Unser Kran/Sortierer kann sich mittlerweile an eine ganze Reihe von Veränderungen in seiner Umgebung anpassen. Er arbeitet nun leistungsfähiger im Sinne der vorprogrammierten Werte: des korrekten und effizienten Transports von Kisten und des gleichzeitigen Schutzes von Menschenleben und Sachwerten. Würde ein intelligenter nichtmenschlicher Beobachter, der nicht das Vorurteil hätte, daß Leben und Intelligenz stets eine biologisch-organische Grundlage haben, unseren Kran/Sortierer als Lebewesen mit einer gewissen Intelligenz ansehen? Würde der Beobachter diesem Wesen darüber hinaus Bewußtsein unterstellen? Würde ein menschlicher Arbeiter, der die gleiche Aufgabe verrichtet wie der Kran/Sortierer, wohl als völlig gleichwertig angesehen werden?

5

Operationales Denken

Ein wichtiges Charakteristikum intelligenten Lebens besteht darin, sich selbst und das eigene Wohlbefinden zu schützen. Die Selbsterhaltung hat gewöhnlich Priorität vor fast allen anderen Zielsetzungen. Um unseren Kran/Sortierer der fünften Generation zu einem der sechsten Generation weiterzuentwickeln, müssen wir ihn mit einem Selbsterhaltungstrieb ausstatten. Dies ist jedoch nicht so einfach, wie es scheinen mag, denn dazu sind Kompromisse erforderlich. Wie Gurdjieff erkannte, behindert unser Verstricktsein in andere Aspekte des Lebens, insbesondere soweit dieses Verstricktsein unbewußt ist, die sachgemäße Funktion des Selbsterhaltungstriebes.

Selbsterhaltungstrieb

Unser Kran/Sortierer der fünften Generation besteht aus unbelebter Materie. Er hat bewegliche Teile, und bewegliche Teile verschleißen. Wir können zwar möglichst hochwertige Teile verwenden, soweit dies unter Berücksichtigung der eventuellen späteren Reparaturkosten ökonomisch vertretbar ist, doch abgesehen von der Material- und Verarbeitungsqualität wollen wir die Maschine natürlich so lange wie möglich funktionsfähig erhalten. Kurze Lebensdauer der Teile zieht hohe Ersatzteil- und Reparaturkosten nach sich, und häufige Arbeitsunterbrechungen wegen Reparaturen führen zum Absinken der Produktivität und verursachen zusätzliche Kosten.

Der Einfachheit halber gehen wir davon aus, daß der größte

Verschleiß an den Lagern auftritt, die beim Bewegen der Last beansprucht werden. Ganz gleich, wie gut ein Lager ist, eine gewisse Reibung entsteht immer. Reibung erzeugt Hitze und nutzt gleichzeitig das Lager ab. Durch Hitze trocknet das Schmiermittel im Lager aus; das erzeugt mehr Reibung, wodurch wiederum mehr Hitze erzeugt wird — ein Teufelskreis. Wenn ein Lager lange erhalten bleiben soll, darf es nicht zu heiß werden. Wenn es zu schnell erhitzt, ist es besser, die Maschine so lange nicht zu benutzen, bis das Lager wieder abgekühlt ist.

Mechanische Selbsterhaltungstriebe

Unser Kran/Sortierer der fünften Generation hat nicht das Ziel, sich selbst zu erhalten, und auch keine Möglichkeit zu erkennen, ob seine Lager zu heiß werden oder sich zu schnell abnutzen. Wenn eine Kiste sich nähert, wird sie auf eines der B-Transportbänder befördert, ganz gleich, ob die Lager heiß sind oder nicht. Obwohl die Maschine schon beachtliche Intelligenz entwickelt hat, ist sie ihrer Umgebung auf Gedeih und Verderb ausgeliefert. Wenn man weiß, was in der Umgebung des Krans/Sortierers vorgeht, kann man genau voraussagen, wie dieser sich verhalten wird. Das Adjektiv *mechanisch* beschreibt dies sehr gut, sowohl im technischen Sinne als auch im abwertenden Sinne von ›dumm‹.

Es gibt mechanische, rigide Möglichkeiten, das Leben der Lager unseres Krans/Sortierers zu verlängern. Permanentes Abschalten des Krans würde den Lagern praktisch unbegrenzte Lebensdauer garantieren, allerdings die Produktivität auch völlig zum Erliegen bringen. Würde man die Maschine andererseits permanent laufen lassen, so wäre eine Zeitlang maximale Produktivität gegeben, doch anschließend würden die hohen Reparaturkosten und die mit den Reparaturarbeiten verbundene lange Zeit des Stillstandes das kurzfristige Mehr an Produktivität zunichte machen. Würde man einen einfachen Zeitschalter anbringen, der die Maschine jeweils fünf Minuten lang laufen läßt und sie für die nächsten fünf Minuten abschaltet, so hätten die

Lager zweifellos viel Zeit zum Abkühlen. Gleichzeitig würde jedoch alle fünf Minuten die Produktion unterbrochen — ein sehr hoher Preis für Langlebigkeit. Wie können wir den Kran mit einer neuen Art von Intelligenz ausstatten, die sowohl die Produktion als auch die Lebensdauer der Maschine maximiert?

Wir werden verschiedenes tun, um das Leben unseres Krans/Sortierers zu verlängern. Zunächst statten wir ihn mit einem Temperatursensor aus, der ständig mißt, wie heiß die Lager sind. Dann informieren wir das Computergehirn über die Relation von Temperatur und Schäden in den Lagern. Solche Informationen wären etwa: »Bei 200 Grad versagen die Lager um 20 Prozent schneller als bei Normaltemperatur, bei 250 Grad um 80 Prozent schneller, bei 300 Grad um 225 Prozent schneller.« Dies ist *externes* Wissen, das Wissen eines anderen über Schäden an Lagern; wir speisen es in den Computer unseres Krans/Sortierers ein.

Drittens werden wir den Computer mit Werten programmieren, die darauf abzielen, das Leben der Maschine und die Produktion zu maximieren. Solch ein Wert bzw. solch eine Betriebsanweisung könnte lauten: »Halte den Kran und das Transportband A sofort an, wenn die Temperatur der Lager 300 Grad übersteigt, und warte vor dem erneuten Start, bis sie wieder unter 200 Grad abgesunken ist.« Dies sind *unsere* Werte, doch da wir die absolute Macht besitzen, die Maschine nach unseren Vorstellungen zu programmieren, werden sie auch zu den Werten des Krans/Sortierers. Mit seinem neuerworbenen Selbsterhaltungstrieb hat sich der Kran/Sortierer zu einer Maschine der sechsten Generation entwickelt.

Wenn Sie sich ein wenig unwohl fühlen bei dem Gedanken, Werte in etwas oder jemanden hineinzuprogrammieren, so ist dieser Vorbehalt durchaus berechtigt. Aber wie wir sehen werden, hat man genau das mit Ihnen selbst in massiver Weise getan.

Zu guter Letzt werden wir den Computer unseres Krans/Sortierers der sechsten Generation noch mit einer völlig neuen Fähigkeit ausstatten, zusätzlich zu seinem neuerworbenen Wissen und dem Vermögen, die Temperatur der Lager zu überprüfen. Er wird *lernen, seine Welt zu simulieren und zu berechnen und über bessere Methoden des Arbeitens nachzudenken.* Dieser wichtige evolutionäre Schritt macht unsere Maschine zu einem Kran/Sortierer der siebten Generation.

Das Schaffen und Organisieren eines Erfahrungsschatzes

Das Lernen aus Erfahrung ist ein Merkmal von Intelligenz. Deshalb muß auch unser Computer nun anfangen, Informationen über Ereignisse zu speichern, die ihm in der Vergangenheit widerfahren sind. Dies ist die Analogie zur Erfahrung.

Welche Erfahrungen hat unser Kran/Sortierer in seinem Leben gemacht?

Er hat die Sicherheitszone auf Eindringlinge überprüft.

Er hat seine Umgebung auf Feuer untersucht.

Er hat Kisten einschließlich ihrer Lage und Größe registriert.

Er hat Kisten von einem Transportband auf ein anderes befördert.

Er hat festgestellt, ob Transportband A oder eines der B-Transportbänder still stand oder rückwärts lief.

Er hat schließlich auch Zeiten des Stillstandes erlebt, wenn er wegen Reparaturarbeiten abgeschaltet wurde.

Ein weiterer Sensor-Input kommt neu hinzu: die Temperaturmessung an den Lagern.

Das Organisieren von Erfahrung mittels eines Zeitsinns

Wenn wir die Erfahrung unseres Computers organisieren wollen, müssen wir ihn zuvor noch mit einem weiteren äußerst wichtigen Sinn ausstatten, einem *Zeitsinn.* Wenn wir in unseren Computer eine Uhr und einen Kalender einbauen, so kann er sich an den Zeitpunkt bestimmter Ereignisse erinnern: »Kiste Größe 3 am 14 Juli 1985, 04:15:22 zu Transportband B 3 transportiert«

oder »Abschaltung wegen Lagerschaden am 10. März 1986 von 14.:10:22 bis 20:10:22, also genau 6 Stunden.«

Damit haben wir einen Erfahrungsschatz, von dem wir profitieren können. Die Erfahrung ist auch räumlich definiert, da eine bestimmte Operation des Krans/Sortierers immer in einer bestimmten Position im Raum erfolgt. Außerdem sind die Ereignisse nun auch zeitlich definiert.

Zeit zum Denken

Da wir möchten, daß ein möglichst billiger Computer seine Aufgabe möglichst gut erfüllt, haben wir natürlich nicht den größtmöglichen Computer zur Steuerung unseres Krans/Sortierers gekauft. Hätten wir dies getan, so könnte er über seine bisherigen Erfahrungen nachdenken und gleichzeitig seine Hauptfunktion ausführen, nämlich die ankommenden Kisten zu klassifizieren und auf das richtige Band zu transportieren. Wir brauchen jedoch gar nicht so viel Computerkapazität: Im Regelfall verändert sich der allgemeine Charakter der Umgebung ziemlich langsam, so daß wir nur gelegentlich darüber nachzudenken brauchen. Manchmal liegen große Zeitabstände zwischen dem Eintreffen der einzelnen Kisten, und diese Zeiten könnte man nutzen, um über anderes als nur die unmittelbar anliegenden Aufgaben nachzudenken. Deshalb reicht unser kleinerer und billigerer Computer völlig aus.

Natürlich soll das Nachdenken den Sortier- und Transportvorgang nicht behindern. Wenn Kisten auf den Boden fielen, weil der Kran/Sortierer gerade mit Nachdenken beschäftigt ist, so wäre das eine kostspielige Art, die Arbeitseffektivität zu verbessern. Ideal wäre, wenn das Nachdenken nötigenfalls sofort unterbrochen werden könnte.

Zeit zum Denken haben wir übrig, wenn die Anforderungen der Umgebung nicht besonders hoch sind (wenn keine Kisten ankommen). Selbst wenn das Nachdenken unterbrochen wird, können die Schlußfolgerungen bis zum Zeitpunkt der Unterbrechung vom Computer gespeichert werden, und der Denkprozeß könnte später genau an dieser Stelle fortgeführt werden. (Das ist immerhin besser als gewöhnliches menschliches Denken, denn wenn dieses unterbrochen wird, muß man wieder beim Nullpunkt anfangen!)

Aus Erfahrung lernen

Das Lernen aus Erfahrung setzt voraus, daß (a) Erfahrungen der Vergangenheit gespeichert worden sind, (b) die gespeicherten Erfahrungen organisiert, zum Beispiel in Raum und Zeit lokalisiert sind, (c) ausgewählte Erinnerungen aus dem Gedächtnis abgerufen werden können, (d) diese abgerufenen Erinnerungen logisch verglichen und verarbeitet werden können (der Psychologe hat das ›operationales Denken‹ genannt), (e) ein Wertesystem verfügbar ist, das die verschiedenen Ergebnisse operationalen Denkens in eine Rangfolge bringt, (f) die Ergebnisse der Überlegungen, die Einsichten und Schlüsse, wiederum gespeichert werden können und (g) daß das zukünftige Verhalten aufgrund der gespeicherten Einsichten und Schlußfolgerungen verändert werden kann.

Operationales Denken

Operationales Denken ist eine der höchsten Fähigkeiten des menschlichen Geistes. Es beinhaltet die Möglichkeit, Bilder oder andere geistige Repräsentationen der Realität zu schaffen. Die Bilder können sensorisch, abstrakt oder symbolisch sein. Außerdem kann der Mensch diese Repräsentationen manipulieren oder mit ihnen spielen, um Fragen von der Art ›Was wäre, wenn…?‹ im Raum des Geistes zu beantworten. Das Manipulieren dieser Bilder kann im Extremfall einem streng logischen System folgen (es gibt viele davon) oder im anderen Extremfall zufällig oder unlogisch, alogisch oder intuitiv vonstatten gehen. Das ist oft wesentlich ungefährlicher, als dieses ›Was wäre, wenn…?‹ in der Realität zu prüfen. Was würde beispielsweise passieren, wenn Sie von einem sieben Meter hohen Felsen herabspringen würden?

Sie könnten es natürlich durch einen Versuch herausfinden. Sie könnten sich aber auch auf Ihre gespeicherten Erfahrungen über die Aufprallhärte bei Sprüngen aus verschiedener Höhe besinnen. Ich bin einmal aus 60 cm Höhe gesprungen — kein Problem. Ich bin auch schon aus 1,20 m Höhe gesprungen — der Aufprall war zwar schon härter, aber noch nicht erwähnenswert. Als ich einmal aus 1,80 m Höhe gesprungen bin, war die Landung schon ziemlich hart. Da muß man schon sehr vorsichtig sein, um Verletzungen zu vermeiden, und ich würde es auch nur im äußersten Notfall noch einmal riskieren. Aus größerer Höhe bin ich noch nie gesprungen, aber ich kann mein operationales Denken darauf richten und mir das Ergebnis vorstellen: Bei einem Sprung aus 7 m Höhe wäre die Landung so hart, daß ich mich wahrscheinlich böse verletzen würde. Deshalb werde ich nicht aus 7 m Höhe springen. So hat mich das operationale Denken vor einer schweren Verletzung bewahrt.

Das operationale Denken ermöglicht es uns auch, effizienter zu handeln und neue Methoden des Handels zu entwickeln. Angenommen, ich möchte ein Bücherregal an einem Stück Wand von ungewöhnlicher Form aufstellen. Ich könnte eine Menge Bücherregale von verschiedenster Größe und Form bauen oder kaufen, sie nacheinander an den betreffenden Platz stellen, schauen, ob sie passen, und anschließend die nicht passenden zurückgeben oder auf den Sperrmüll werfen. Das würde eine Menge Arbeit und Geld kosten. Statt dessen kann ich mir auch *vorstellen,* wie Bücherregale verschiedener Arten und Größen aussehen würden, und auf diese Weise eine gute Lösung finden. Wenn ich den verfügbaren Raum ausmesse, so erhalte ich zusätzliche wichtige Informationen für meine Vorstellung und für mein Denken. Wenn ich mich entschließe, ein Bücherregal zu bauen, dann führe ich mir die einzelnen Arbeitsschritte vor Augen und überlege mir, welche Werkzeuge ich für jeden einzelnen Schritt brauche. Wenn ich dann zum Heimwerkermarkt gehe, müßte ich eigentlich alle Werkzeuge bei einem einzigen Besuch kaufen können, statt mehrmals hingehen zu müssen.

Natürlich habe ich meist doch etwas vergessen. Das operationale Denken mag das *Gefühl* vermitteln, es sei perfekt (ein wichtiger Makel, mit dem wir uns noch beschäftigen werden), doch rückblickend merken wir oft, daß wir irgend etwas vergessen haben oder daß wir eine falsche Schlußfolgerung gezogen haben. Dennoch ist das operationale Denken ausgesprochen leistungsfähig, und wenn wir unseren Kran/Sortierer damit ausstatten könnten, wäre das für ihn ein ungeheurer Fortschritt auf der Stufenleiter der Evolution.

Wir werden den Computer des Krans/Sortierers so programmieren, daß er sich in seiner freien Zeit dem operationalen Denken widmet, nämlich dann, wenn er gerade keine Kiste transportiert oder registriert, die sich auf dem Transportband nähert.

Überprüfen alten Wissens

Eine Art des operationalen Denkens, die wir einprogrammieren werden, soll testen, ob das gespeicherte Wissen des Computers noch der Situation angemessen ist. Wir haben ja zuvor externe Informationen über das Verhältnis zwischen Lagerversagen und Temperatur der Lager eingespeist. Außerdem haben wir den externen Wert einprogrammiert, die Lebensdauer des Krans zu maximieren und gleichzeitig die höchstmögliche Produktivität zu erzielen.

Wenn der Kran/Sortierer einige Jahre lang arbeitet, wird er mehrmals erleben, daß seine Lager ausfallen. Diese Ereignisse und den Zeitpunkt ihres Geschehens soll er sich merken. Außerdem hat er eine Menge Informationen über die Temperatur der Lager gesammelt. In seiner freien Zeit kann er über diese Fakten nachdenken, indem er die reale Beziehung zwischen verschiedenen Aspekten der Temperatur (etwa die Durchschnittstemperatur, Spitzentemperatur oder die Dauer der Aufheiz- und Abkühlzyklen) und den Zeiten zwischen den Lagerdefekten berechnet. Wie kann man Lagerdefekte am besten voraussagen? Ermöglicht eine bestimmte Kombination dieser Messungen eine zuverlässigere Prognose als irgendeine Einzelmessung? Wie könnte man die errechneten Korrelationen mit dem diesbezüglichen gespeicherten externen Wissen und den Betriebsanweisungen vergleichen? Ist die Diskrepanz zwischen alten und neuen Informationen so groß, daß es gerechtfertigt wäre, das ursprüngliche externe Wissen zu modifizieren oder gar zu verwerfen? Würde dies eine allgemeine Produktivitätssteigerung zur Folge haben? Aufgrund solcher Prozesse des operationalen Denkens könnte die Maschine ihren Betriebszyklus abändern, beispielsweise längere Ruhepausen einführen, wenn sich die Lager zu sehr erhitzt haben, oder kürzere Pausen (und dementsprechend höhere Produktivität), wenn die Lager belastbarer sind als ursprünglich angenommen.

Wertehierarchien

Wir haben nun also unseren Kran/Sortierer mit der Fähigkeit ausgestattet, seine Betriebsanweisung über das Abschalten der Anlage bei einem bestimmten Erhitzungsgrad der Lager abzuändern. Zweck dieser Veränderung war, das programmierte Ziel (bzw. den vorprogrammierten Wert) zu erreichen, das Leben des Krans zu verlängern und gleichzeitig die Produktivität zu maximieren. Wir haben dem Programm für operationales Denken *nicht* die Option gegeben, das von außen vorgegebene Ziel bzw. den Wert der Produktivitätsmaximierung bei gleichzeitiger Verlängerung der Lebensdauer des Krans in Frage zu stellen, geschweige, diese Werte zu verändern.

Auch wir Menschen haben scheinbar unwandelbare Werte. Für einen gewöhnlichen Menschen ist es beispielsweise unmöglich, sich durch Anhalten des Atems selbst zu töten. Der biologisch vorgegebene, eingebaute Wert des Überlebens hat Vorrang vor unserer Fähigkeit, unser Atemmuster zu verändern.

Nur wenige Werte sind absolut unveränderbar. Werte bilden meist eine Hierarchie: Ich möchte A und B tun, falls es nicht mit C und D kollidiert. Das Programm für operationales Denken über die Maximierung der Produktivität und die Verlängerung der Lebenszeit unseres Krans ist beispielsweise nicht absolut. Zu einem früheren Zeitpunkt seiner Evolution hatten wir dem Kran zwei höhere Werte einprogrammiert, nämlich daß die Maschine sofort abgeschaltet werden muß und ein Alarmsignal ertönen soll, wenn ein Feuer ausbricht oder ein Mensch sich in die Gefahrenzone begibt. Die Maschine anzuhalten und so ein Menschenleben zu retten steht folglich absolut betrachtet höher in der Wertehierarchie als die Maximierung der Produktion. Diese Werte haben zumindest in dem Teil des Betriebszyklus die Priorität, in dem ein großer Teil der Zeit des Krans/Sortierers dem Aufspüren eines Feuers oder Unbefugter im Arbeitsradius des Krans gewidmet ist.

Doch angenommen, wir haben den Kran/Sortierer nicht programmiert, seine Sensoren auch dann zu überprüfen, wenn er über sich selbst nachdenkt. Dies ist ein Schwachpunkt, wenn man den Schutz menschlichen Lebens als absolut höchsten Wert ansieht. Viele von uns haben einen ähnlichen Schwachpunkt. Wir verlieren uns im Denken und registrieren nicht, was in unserer Umwelt vor sich geht; dadurch geraten wir manchmal in große Gefahren.

Wir können diese offensichtliche Schwäche auch als *zustandsspezifischen Wert* bezeichnen, denn ihre Bedeutung ist abhängig vom Bewußtseinszustand (Wahrnehmen oder Denken) des Krans/Sortierers. Wie schon im 1. Kapitel ausgeführt, sind einige menschliche Werte zustandsspezifisch.

Unser Kran/Sortierer der siebten Generation hat sich nun so weit entwickelt, daß er eine der wichtigsten Eigenschaften des menschlichen Bewußtseins veranschaulicht: Unser Gehirn simuliert unsere Welt. Davon handelt das nächste Kapitel.

6

Das Leben in einem Weltsimulator

Unser Kran/Sortierer der siebten Generation ist mittlerweile schon ziemlich intelligent. Er hat Ziele und Werte. Er nimmt seine Umgebung wahr und reagiert auf Ereignisse, die für seine Ziele relevant sind — das Sortieren und Transportieren von Kisten, denn darin besteht seine Produktivität, oder das plötzliche Anhalten des Krans, wenn ein Mensch sich in die Gefahrenzone begibt, denn er bemüht sich um den Schutz menschlichen Lebens. Er zeigt eine Art Selbsterhaltungstrieb, indem er versucht, die Abnutzung seiner Lager möglichst gering zu halten. Unser Kran/Sortierer hat sogar jene Starrheit des Handelns überwunden, die normalerweise für Maschinen typisch ist, denn er kann sich an Erfahrungen aus seiner Vergangenheit erinnern und sie organisieren. Er simuliert in seinem Gehirn seine Umgebung und erarbeitet gelegentlich neue, effektivere Arbeitsmethoden, durch die er seine Ziele noch besser erreichen kann.

Wir wollen unserem Kran zwar kein echtes Bewußtsein zuschreiben, aber für unsere Diskussion nehmen wir nun doch einmal an, daß sein Computergehirn ›bewußt‹ ist. Nun stellen sich natürlich zwei Fragen: »*Was ist* sein Bewußtsein?« und »*Wessen* ist er sich bewußt?«

In einer herkömmlichen Diskussion würde die Antwort auf die Frage, was das Bewußtsein des Krans ist, schlicht lauten: Es ist das Muster elektrischer Impulse, die innerhalb eines bestimmten Systems von Schaltungen auftreten, also innerhalb dessen, was wir sein Computergehirn nennen. Wie das Computergehirn in jedem einzelnen Augenblick genau funktioniert, hängt davon ab, wo sich elektrische Impulse befinden und welche Stromkreise durch sie jeweils aktiviert werden. Die Arbeit des Computers (also sein Denken) besteht darin, daß sich die elektrischen Impulse innerhalb seiner Schaltkreise in verschiedenen Mustern bewegen. Jeder Zustand des Computers, jede seiner ›Empfindungen‹ oder ›Überlegungen‹ kann anhand der Verteilung der elektrischen Impulse in seinen Stromkreisen genau spezifiziert und verstanden werden. Für den Computer *ist* das Bewußtsein sein elektrischer Zustand.

Auch die Antwort auf die Frage, wessen sich das Computergehirn bewußt ist, ist einfach: Es ist sich elektrischer Impulse bewußt. Es sieht zum Beispiel auf Transportband A keine Kiste, denn nicht die Kisten reisen durch die Videokamera in den Computer, sondern elektrische Impulse. Die Kiste, die ins Blickfeld der Videokamera gerät, verursacht ein Muster elektrischer Impulse, das zum Computer weitergeleitet wird, und dieses Musters ist sich der Computer ›bewußt‹. Der Computer nimmt Objekte der realen Welt nicht *direkt* wahr, sondern nur elektrische Muster, die mit Ereignissen und Objekten der realen Welt assoziiert werden. Ein Feuer in der Fabrik ist demnach für den Computer nicht heiß oder gefährlich: es ist nur ein Muster elektrischer Impulse, die von einem Feuersensor stammen. Die Simulation, die der Computer von seiner Umgebung erzeugt (seine ›Bilder‹), und seine Berechnungen (seine ›Gedanken‹) sind nichts weiter als solche Muster elektrischer Impulse.

Diese nüchterne Sicht vom potentiellen Bewußtsein eines Computers ist fast identisch mit den heutigen wissenschaftlichen Ansichten über das menschliche Bewußtsein.

Angenommen, Sie schauen auf ein Feuer. Sie erfahren es als rot, Sie spüren seine Hitze auf der Haut. Wenn das Feuer Sie oder Ihren Besitz bedroht, nehmen Sie es als gefährlich wahr. In einer anderen Situation und Stimmung hingegen erleben Sie es als wundervoll. Unsere Wahrnehmung erscheint uns als direkte Wahrnehmung einer äußeren Realität, doch unser modernes Verständnis der Gehirnfunktionen besagt, daß die Wahrnehmung in Wahrheit nicht direkt ist, sondern durch viele Zwischenprozesse vermittelt wird, von denen jeder den Charakter des Wahrgenommenen verändern kann.

Nehmen wir die Erfahrung des roten Feuerscheins. Wir glauben, die physische Welt gut genug zu verstehen, um sagen zu können, daß Feuer elektromagnetische Strahlung aussendet. Ein Teil dieser Strahlung bewegt sich in einem Schwingungsbereich, der das menschliche Auge anzuregen vermag; deshalb wird die Strahlung in diesem Bereich Licht genannt. Licht einer bestimmten Frequenz hat keine Farbattribute; es ist einfach Licht, das in einer bestimmten Frequenz schwingt. Die genaueste Beschreibung ist, daß es sich schlicht um elektromagnetische Strahlung handelt. Wenn wir es ›Licht‹ nennen, so wäre genauer zu sagen, daß es für menschliche Wesen Licht ist.

Diese elektromagnetische Strahlung durchdringt die Linse unseres Auges. Die Linse kann die Wahrnehmung begrenzen; beispielsweise ist sie für die schnelleren elektromagnetischen Wellen, die wir ultraviolette Strahlung nennen, nicht durchlässig. Keine besonderen Probleme gibt es dagegen bei der elektromagnetischen Strahlung des Feuers, das wir dann als rotes Licht bezeichnen.

Die Strahlung trifft auf spezielle Strukturen in der Netzhaut, jene Kegel, die das Farbensehen ermöglichen. Die Energie des Lichts regt elektrochemische Veränderungen in den Kegeln an, so daß die Lichtfrequenz, die auf die Kegel auftrifft, ein bestimmtes Muster elektrochemischer Impulse auslöst, Nervenimpulse, die sich durch spezielle Nerven vom Auge zum Gehirn fortsetzen. Das Gehirn verändert diese Nervenimpulse auf eine komplexe Weise, die wir noch nicht völlig verstehen. Doch das größte Geheimnis ist, daß das Muster der im Gehirn ankommenden elektrochemischen Impulse in unserer Wahrnehmung dazu führt, daß wir das Feuer als rot erfahren. *Struktur und Aktivität des Gehirns und der Augen erzeugen die Erfahrung des Rot. Rot ist keine Eigenschaft der äußeren Welt.*

Wahrscheinlich haben Sie einmal eine jener merkwürdig gefärbten, von einem Computer bearbeiteten Fotografien gesehen, die spezielle Satelliten von der Erde aufnehmen. Wasser erscheint darauf möglicherweise in Schattierungen von Rot, Vegetation in Schattierungen von Blau, nackte Erde in Schattierungen von Grün. Solche Fotografien werden als ›Falschfarben-Aufnahmen‹

bezeichnet. Doch ist in einem absoluten Sinne an diesen Farben nichts falsch. Bei der Computerverarbeitung von Fotografien kommt es zu genau der gleichen Art von *willkürlicher* Simulation der Außenwelt, die auch unser Gehirn vornimmt. Das menschliche Gehirn könnte Feuer statt rot ebensogut grün oder blau darstellen. Der Konstruktions- und Simulationsprozeß ermöglicht uns das Überleben in der Welt, wenn eine gleichmäßige, verläßliche Entsprechung zwischen einem Bestandteil der Außenwelt und unserer Wahrnehmungskonstruktion davon existiert. Wenn Feuer immer grün wäre, so wäre dagegen nichts einzuwenden.

Die Farben auf einem Foto, das von einem Computer bearbeitet worden ist, sind daher in einem grundlegenden Sinne nicht falsch; sie sind nur nicht nach den Standards des menschlichen Sehsystems simuliert bzw. konstruiert. Das Rot, das Sie wahrnehmen, wenn Sie in ein Feuer schauen, ist eine willkürliche Konstruktion Ihres Gehirns. Hitze könnte das Gehirn auch so simulieren, daß wir sie mit den Empfindungen assoziieren, die wir jetzt als Kälte erleben. Solange die Beziehung zwischen der Kälteerfahrung und den Objekten und Prozessen der Außenwelt, die mit höheren Temperaturen assoziiert werden, konstant bliebe – wenn Sie also generell davon ausgehen könnten, daß etwas, das sich kalt anfühlt, Verbrennungen verursacht –, wäre das für unser Überleben ebenso nützlich wie das Assoziieren von Hitzeempfindungen mit hohen Temperaturen.

Ebenso sind die Gefährlichkeit und die Schönheit des Feuers, das Sie sehen, willkürliche Konstruktionen Ihres Gehirns, keine unmittelbaren Eigenschaften der äußeren Welt. Diese beiden Konstruktionen erfordern sogar noch komplexere Konstruktions- und Simulationsaktivitäten des Gehirns als die rote Färbung oder Hitzeempfindung, denn hier ist zur bloßen Konstruktion/Simulation des Objekts selbst die emotionale Bewertung der äußeren Welt als wundervoll oder gefährlich hinzugekommen. Wir können Feuer als Feuer erkennen und dann entscheiden, ob wir es als gefährlich oder als wundervoll empfinden, doch oft sehen wir gleich im ersten Augenblick, ob ein Feuer gefährlich oder wundervoll ist. *Was* wir direkt wahrnehmen, sind also Konstruktionen/Simulationen unseres Gehirns, es ist *nicht* die äußere Realität selbst. In diesem Sinne leben wir ›in‹ einem Weltsimulator. In einem Weltsimulator zu leben bedeutet demnach: Was wir für direkte Wahrnehmungen der physischen Welt halten, sind willkürliche Konstruktionen unseres Gehirns, nicht die Dinge selbst. Unsere scheinbar direkte Erfahrung der Welt ist in Wahrheit indirekt.

Wenn es weiter nichts bedeuten würde, in einem Weltsimulator zu leben, wäre nichts Problematisches daran. An den Wahrnehmungen des täglichen Lebens würde sich nicht viel ändern: Wie die wahre physikalische Natur des Feuers auch beschaffen sein mag: Ob es Jucken oder Frösteln oder ein Gefühl der Kälte, der Anspannung, der Entspannung oder der freudigen Erregung hervorruft, in jedem Fall weiß ich, daß Feuer Verbrennungen verursachen kann, und deshalb werde ich vorsichtig damit umgehen. Wenn ich neugierig auf die Beschaffenheit der äußeren Welt an und für sich bin, kann ich versuchen, mittels wissenschaftlicher Meßinstrumente und Tests etwas über die Eigenschaften zu erfahren, die in meiner (willkürlich konstruierten) sensorischen Wahrnehmung nicht angemessen repräsentiert sind. Leider hat es jedoch noch wesentlich wichtigere und problematischere Implikationen, in einem Weltsimulator zu leben.

Die emotionale und psychologische Konstruktion der Wahrnehmung

Wenn die Wahrnehmung das komplexe, aktive Konstruieren einer Simulation der Realität erfordert, warum sind wir uns dann nicht dieses Konstruktionsprozesses bewußt? Wenn ich meinen Kopf nach rechts wende, sehe ich sofort ein Bücherregal. Keinen Augenblick lang sehe ich unbestimmte Formen und Farben, und ich habe auch nicht das Gefühl, das Wahrgenommene mit Erkenntnissen aus der Vergangenheit zu vergleichen und dann zu entscheiden, daß ein Bücherregal die beste Konstruktion ist, die ich mit diesen Formen und Farben assoziieren kann. Meine Erfahrung ist, daß ich das Bücherregal sofort erkenne.

Wahrnehmung ist deshalb nur so schwer als eine aktive Konstruktion zu begreifen, weil die Arbeit der Wahrnehmung sehr schnell automatisiert wird und wir dann die damit verbundene Mühe nicht mehr empfinden. Das Ganze spielt sich innerhalb kürzester Zeit ab. Früh im Leben, als Kinder, mußten wir uns anstrengen, um Wahrnehmungen zu konstruieren, aber das ist lange her und vergessen. Manchmal machen wir auch heute noch die Erfahrung mehrdeutiger Wahrnehmungen: Was ist das dort im Dunkeln? Könnte es ein Busch sein? Eine kriechende Gestalt? Ein Tier? Ah, es ist ein abgestelltes Motorrad, von hinten gesehen! Wenn man es einmal als Motorrad identifiziert hat, ist es schwierig, es wieder als Busch oder Tier oder kriechende Gestalt zu sehen. Solche Erlebnisse sollten uns bewußtmachen, daß wir unsere Wahrnehmung konstruieren; aber da derartige Unsicherheiten im Vergleich zum sofortigen Erkennen von Dingen mittels unserer automatisierten Wahrnehmung relativ selten sind, machen sie wenig Eindruck auf uns.

Ein treffendes Beispiel für die Konstruktion und Automatisierung der Wahrnehmung liefert uns ein klassisches psychologisches Experiment. Man setzt einer Versuchsperson eine Spezialbrille auf. Prismen in dieser Brille drehen das Sehfeld um 180 Grad, so daß alles, was zuvor oben war, jetzt unten ist. Der Boden befindet sich oben, die Decke unten. Was links war, ist nun rechts, und umgekehrt. Die Reaktion der Versuchsperson als Verwirrung zu bezeichnen wäre stark untertrieben. Besonders schwer fällt ihr, umherzugehen, und manchen Testpersonen wird bei diesem Experiment übel. Alle gespeicherten Informationen über visuelle und motorische Simulationen der Welt aus ihrem ganzen bisherigen Leben sowie ihre Beziehung zur Welt erweisen sich plötzlich als völlig falsch.

Die Brille, die die Welt verdreht, wird bei diesem Test Tage oder gar Wochen getragen. Anfangs muß die Versuchsperson Wahrnehmung und Bewegung zu einem *bewußten* Akt machen, statt sie automatisch ihren Lauf nehmen zu lassen, denn die automatisierten Reaktionen versagen ja in dieser Situation ihren Dienst. Wenn die Versuchsperson beispielsweise ein Objekt sieht, das sie greifen möchte, und dieses Objekt befindet sich nach dem visuellen Eindruck zu ihrer Linken, dann muß sie sich in die Richtung bewegen, die ihr Körper als ›rechts‹ gespeichert hat.

Nach einigen Tage jedoch passiert etwas Erstaunliches. Plötzlich stehen die Dinge trotz der Brille nicht mehr auf dem Kopf! Ohne noch darüber nachdenken zu müssen, wo rechts und wo links ist, kann die Versuchsperson direkt und mühelos nach Dingen greifen. Ein komplettes neues System von Wahrnehmungssimulationen ist konstruiert und automatisiert worden. Die Versuchsperson hat nun wieder das Gefühl, die Realität so wahrzunehmen, wie sie ist — das gleiche Gefühl wie vor dem Aufsetzen der Brille, die alles auf den Kopf gestellt hat.

Wenn die Brille nach Abschluß dieser neuen Anpassung wieder entfernt wird, steht die Welt erneut auf dem Kopf und ist seitenverkehrt! Wieder ist es notwendig, bewußt auf links und rechts zu achten. Nach einer gewissen Zeit der visuellen Eingewöhnung jedoch hat sich das alte, ›normale‹ Sehmuster wieder etabliert. Da dieses Simulationsmuster in der Kindheit so gründlich erlernt wurde, erfolgt die Umstellung diesmal wesentlich schneller als nach dem Aufsetzen der Brille, die eine völlig neue Art der Simulation erforderlich machte. Aber im Grunde ist das alte Simulationsmuster genauso willkürlich wie das neue.

Ein weniger drastisches Beispiel, das Sie selbst ausprobieren können, bezieht sich auf das Lesen. Sie sind es natürlich gewöhnt, ›normal‹ zu lesen, also von links oben nach rechts unten, so wie unsere Schrift verläuft. Wenn Sie das Buch herumdrehen, ergibt das Ganze keinen Sinn mehr. Sie können in dieser Lage vielleicht einzelne Wörter erkennen, aber verglichen mit normalem Lesen geht das nur langsam und mühsam: Sie werden merken, daß das Erfassen des Sinns der schwarzen Zeichen vor Ihnen nun ein aktiver, mühsamer Prozeß ist.

Versuchen Sie einmal, eine oder zwei Seiten eines auf dem Kopf stehenden Buches zu lesen. Überraschenderweise hat man in psychologischen Experimenten herausgefunden, daß viele Menschen nach einer oder zwei Seiten fast in normalem Tempo weiterlesen können. Nach anfänglicher Mühe wird der Simulations- und Konstruktionsprozeß der Wahrnehmung überraschend schnell automatisiert.

Das Lesen selbst ist ein gutes Beispiel dafür, daß die Wahrnehmung konstruiert wird. Studien über die Bewegungen der Augen beim Lesen haben gezeigt, daß wir nicht auf jedes einzelne Wort schauen. Vielmehr springen unsere Augen jeweils auf mehrere Wörter gleichzeitig, und zwar viermal pro Sekunde. Unsere Sehschärfe ist jedoch so beschaffen, daß wir bei normalem Leseabstand nur jeweils ein Wort klar erkennen können. Wir sehen also ein einziges Wort richtig und haben im übrigen einen vagen Eindruck von dem, was um dieses Wort herum zu sehen ist, beispielsweise ein langer Leerraum, der das Absatzende anzeigt. Wenn wir ungefähr wissen, was wir lesen, so genügt das. Unser Geist konstruiert die Bedeutung der Wörter im Umfeld des fixierten Wortes eigenständig.

Wenn im Text unvermutet das Thema gewechselt wird, funktioniert diese Methode nicht mehr; dann müssen wir auf mehr Wörter innerhalb einer Zeile schauen. Wenn wir dies nicht tun, erhalten wir möglicherweise einen falschen Eindruck vom Sinn des Geschriebenen. Meist fahren wir mit dem großzügigen Lesen noch eine Weile fort, bis wir endlich merken, daß wir gar nicht mehr richtig verstehen, was wir gerade lesen. Dann müssen wir im Text zurückgehen und einen Teil noch einmal genauer lesen. Wie oft mag es wohl vorkommen, daß wir uns von dem korrekten Sinn dessen, was wir lesen, entfernt haben, ohne es zu merken, und deshalb einen verzerrten Eindruck von dem Geschriebenen zurückbehalten? Dies ist einer der Nachteile der automatisierten Wahrnehmung, die wir in Kauf nehmen müssen.

Daß bei der Rekonstruktion des Textzusammenhangs das tatsächlich Geschriebene nur teilweise wahrgenommen wird, ist auch einer der Gründe, weshalb Korrekturlesen so schwierig ist, insbesondere, wenn wir den zu korrigierenden Text selbst geschrieben haben. Da wir wissen, was auf dem Blatt stehen *sollte,* nehmen wir statt des tatsächlich Geschriebenen unsere Erwartungen wahr!

Die Wahrnehmungsverzerrung beim Korrekturlesen, die gewöhnlich nur auf relativ unbeteiligten intellektuellen Erwartungen beruht, ist geringfügig im Verhältnis zu dem, was passiert, wenn emotionale Erwartungen aktiv werden.

Wahrnehmungsabwehr

Die Existenz unbewußter Prozesse mentaler oder emotionaler Natur, die uns beeinflussen, die aber außerhalb unseres Bewußtseins ablaufen, wird von der modernen Psychologie weitgehend akzeptiert. Eine spezielle Form unbewußter Prozesse jedoch, die als Wahrnehmungsabwehr bezeichnet wird, ist trotz überzeugender experimenteller Nachweise noch nicht allgemein akzeptiert. Der Streit über die Existenz des Phänomens der Wahrnehmungsabwehr war zeitweise so heftig, daß sich mir der Verdacht aufdrängte, es müsse sich dabei um aktiven Widerstand gegen diese Idee handeln. Sie erinnert uns vielleicht zu eindeutig daran, *wie* mechanisch wir sind.

Wahrnehmungsabwehr ist ein Abwehrmechanismus, der uns dazu bringt, Vorgänge in der Außenwelt zu ignorieren, die unangenehme oder für uns nicht akzeptable Emotionen in uns zum Vorschein bringen würden. Dieser Effekt wurde experimentell zum erstenmal bei Untersuchungen über Wahrnehmungsschwellen erkannt. Welche Zeitspanne ist notwendig, um ein Wort bewußt zu registrieren, wenn man es kurz auf einer Leinwand erscheinen läßt?

Wenn das Wort extrem kurz auf die Leinwand projiziert wird, beispielsweise eine Hundertstelsekunde oder weniger, dann sieht man nur einen Lichtblitz, ohne auch nur die Umrisse der Buchstaben erkennen, geschweige sie identifizieren zu können. Wenn die Projektion länger dauert, etwa eine Viertelsekunde oder mehr, ist das Wort problemlos wahrnehmbar. Wenn man mit Projektionszeiten beginnt, die zu kurz sind, um das Gezeigte erkennen zu können, und dann die Dauer der Projektion allmählich vergrößert, bis sich die korrekte Wahrnehmung einstellt, ist die erforderliche Projektionszeit der Schwellenwert.

Faktoren wie Länge und Bekanntheitsgrad eines Wortes beeinflussen die Wahrnehmungsschwelle. Lange, unvertraute Wörter haben daher höhere Schwellenwerte als kurze, bekannte. Außerdem stellten die Forscher fest, daß emotional aufgeladene Wörter, insbesondere solche, die bei den Versuchspersonen möglicherweise Konflikte auslösen konnten, höhere Schwellenwerte haben als Wörter von ähnlicher Länge und Bekanntheit ohne bedrohliche emotionale Komponente. Bei Experimenten mit Versuchspersonen, die vor drei Generationen College-Studenten gewesen waren und in jener Zeit stärkerer sexueller Repression gewöhnlich noch keine sichere sexuelle Identität hatten, hatte das Wort *fuck* beispielsweise generell einen höheren Schwellenwert als ein Wort wie *flex*.

Eine andere Erklärung für diese höheren Schwellenwerte der Wahrnehmung lautet, daß die betreffenden Wörter gar keine intensivere Stimulation erfordern (also längere Projektionsdauer), um wahrgenommen zu werden; vielmehr hätte die soziale Inakzeptabilität der Wörter die Versuchspersonen zögern lassen, sie auszusprechen, bis sie sich völlig sicher gewesen seien. Weitere Untersuchungen zeigten, daß dies die Verzögerung zwar teilweise erklärt, daß aber trotzdem auch noch ein Abwehrfaktor mit im Spiel war. Eine direktere Bestätigung für Wahrnehmungsabwehr liefert die Tatsache, daß physiologische, mit Gefühlen zusammenhängende Reaktionen wie plötzliche Veränderungen des elektrischen Hautwiderstands manchmal auftreten, wenn emotional bedrohliche Wörter eindeutig unterhalb der bewußten Wahrnehmungsgrenze ›geblitzt‹ werden.

Die Psychologen schlossen daraus, daß der Wahrnehmungsprozeß in drei Phasen verläuft. Zunächst wird ein Reiz wahrgenommen bzw. erkannt; dies findet außerhalb des Bewußtseins statt. Dann wird festgestellt, ob der Reiz emotional bedrohlich sein könnte. Wenn er als bedrohlich eingestuft wird, setzt ein Einfluß vor dem dritten Teil des Prozesses die Wahrnehmungsschwelle herauf, was die bewußte Wahrnehmung des Reizes verhindert oder zumindest erschwert.

Die Wahrnehmungsschwelle wird bei Reizen aus solchen Bereichen erhöht, gegen die der Betreffende eine generelle Abwehr hat: Er beschäftigt sich einfach nicht damit. Bei denjenigen, die sich einer aktiveren Methode der Abwehr bedienen (siehe 13. Kapitel), kann bei solchen Reizen sogar eine *Herabsetzung* der Wahrnehmungsschwelle eintreten. Bei anderen Menschen oder sogar bei der gleichen Person zu einem anderen Zeitpunkt wird der Reiz eventuell verzerrt, so daß das bewußt Wahrgenommene sich so stark vom tatsächlichen Reiz unterscheidet, daß es nicht mehr bedrohlich ist.

Übertragen auf unseren Weltsimulator, ist die Wahrnehmungsabwehr ein sehr verständliches Phänomen. Ein bestimmtes Reizmuster erreicht das Gehirn, nachdem es schon durch die physische Struktur der Sinne in einem gewissen Maße abgewandelt worden ist. Dort wird mittels erlernter Prozesse eine Simulation dieses Realitätsaspekts konstruiert. Die Aktivität des Schaffens einer adäquaten Konstruktion/Wahrnehmung/Simulation besteht teilweise darin, aus dem Speicher (Gedächtnis) Daten über diese spezielle Art von Reiz abzurufen. Im Fall der Wahrnehmungsabwehr enthalten diese abgerufenen Daten die Information, daß der betreffende Reiz auf irgendeine Weise emotional bedrohlich ist. Ist dies der Fall, so werden weitere Daten abgerufen, wie mit dieser Art von emotionaler Bedrohung umzugehen ist.

Wenn die bevorzugte Abwehrmethode im einfachen Vermeiden solcher Bedrohungen besteht, wird der Reiz so simuliert, daß er dem Bewußtsein gar nicht auffällt. Und/oder die Simulation wird verändert — wenn wir das Ergebnis mit dem auslösenden Reiz vergleichen, könnten wir auch sagen ›verzerrt‹. Die Simulation, die das Bewußtsein schließlich wahrnimmt, repräsentiert dann etwas völlig anderes. Dieses andere hat zwar Ähnlichkeit mit dem ursprünglichen Reiz, ist aber nicht damit identisch. So könnte *fuck* zu einem bloßen Lichtblitz mit unidentifizierbaren Formen werden, oder die Simulation/Wahrnehmung könnte *flock* oder *duck* oder *tuck* lauten. Solange der Reiz nicht zu stark ist, nicht weit oberhalb der Wahrnehmungsschwelle liegt, kann der Simulationsprozeß diese Art von veränderter, verzerrter Konstruktion produzieren.

Diese gesamte Darstellung der Simulation könnte das Gefühl erzeugen, daß einer Simulation etwas Unwirkliches anhaftet. In gewisser Weise ist das tatsächlich so. Gehen wir jedoch von dem aus, was wir wahrnehmen, so *ist* die Simulation in unserem Geist die Wirklichkeit. Die Gestalt, die Sie im Schatten kauern sehen, ist eine völlig reale Wahrnehmung. Es ist *Ihre* Wirklichkeit zum Zeitpunkt der Wahrnehmung, selbst wenn Sie später erkennen, daß diese Wahrnehmung falsch war und es sich nur um die schlechte Simulation eines Busches in der Dunkelheit handelt. In diesem Modell ist die Wirklichkeit, in der wir leben, die Simulation.

Wir haben nun den Schlüssel zu einem wichtigen Aspekt von Gurdjieffs Aussage, der Mensch befinde sich in einem Zustand des Schlafs. In einem nächtlichen Traum sehen wir eine ganze Welt von Phänomenen, die in der Realität nicht vorhanden sind, die wir jedoch für wirklich halten. Im Wachzustand *glauben* wir, die Wirklichkeit wahrzunehmen, doch was wir tatsächlich wahrnehmen, ist eine Simulation der Wirklichkeit.[1] Wenn diese Simulation stark verzerrt ist, wir sie jedoch fälschlicherweise für die Realität halten, kann man mit Recht behaupten, daß wir gar nicht wach sind, sondern uns in einer Art Wachtraum befinden.

Bei der Untersuchung der Parallelen zwischen einer intelligenten Maschine und dem menschlichen Verhalten ist nun unvermeidlich das Thema Emotionen aufgetaucht, obgleich es dazu keine Parallele im mechanischen Bereich gibt. Im nächsten Kapitel werden wir uns intensiver mit den Emotionen befassen.

7

Emotionen als Hilfe und Hindernis

Emotionen sind für unseren Verstand ein Rätsel. Wir lieben sie, und wir hassen sie. Ohne sie wäre unser Leben sinnlos, aber sie können das Leben auch ruinieren. Wir versuchen, sie zu stimulieren und zu kontrollieren, und einige von ihnen versuchen wir generell zu vermeiden.

Unser entwickelter Kran/Sortierer unterscheidet sich immer noch stark von einem Menschen. Er hat keine Eigenschaften, die auch nur entfernt an Emotionen erinnern. Ein Mensch kann stolz sein und sich in gehobener Stimmung befinden, wenn er etwas Wichtiges geschafft hat, oder er fühlt sich deprimiert, wenn er weiß, daß er krank ist und dem Tode nahe. Aber wir können uns nicht vorstellen, daß unser Kran/Sortierer sich ›gut fühlt‹, wenn er eine Menge Kisten effizient transportiert hat oder wenn er das Leben eines Menschen gerettet hat, indem er seinen Arbeitsprozeß unterbrach, als der Betreffende in der Gefahrenzone auftauchte. Ebensowenig können wir uns vorstellen, daß er sich ›deprimiert fühlt‹, wenn seine Lager so schnell verschleißen.

Die Simulation emotionalen Verhaltens

Wir könnten jedoch das Computergehirn unseres Kran/Sortierers so programmieren, als wäre er zu derartigen Emotionen fähig. Nach einer Zeit hoher Produktivität könnte er Freude durch ›fröhliches‹ Läuten einer Glocke ausdrücken, oder er könnte nach einer Zeit niedriger Produktivität störrisch und ineffizient werden. Doch wozu? Nichts davon trüge zum optimalen

Erreichen seiner Ziele bei. Im Gegenteil, die Glocke würde Energie verbrauchen, und Energie kostet Geld. Und wenn der Kran störrisch und ineffizient arbeiten würde, sänke die Produktivität noch weiter ab.

Bei Menschen liegt die Sache völlig anders. Emotionen können einem Zweck dienen und die Leistungsfähigkeit drastisch beeinflussen. Wenn Sie sich bei der Arbeit, die Sie verrichten, gut fühlen, können Sie sie wahrscheinlich länger und besser verrichten als im gegenteiligen Fall. Negative Emotionen können sich unterschiedlich auswirken. Sie können die Leistungsfähigkeit herabsetzen, manchmal aber auch verbessern: Wenn Sie beispielsweise wütend werden, weil Sie bei Ihrer Arbeit nicht das gewünschte Ergebnis erzielen, kann es sein, daß Sie mehr Energie darauf verwenden, was dann schließlich zum Erfolg führen könnte.

Emotionen als Selbstzweck

Emotionen sind starke Motivatoren für äußeres Verhalten. Außerdem sind sie angenehm oder unangenehm, unabhängig von ihrer Verbindung zu äußeren Umständen. Wir können uns ohne jeden äußeren Grund gut oder schlecht fühlen. Weil Gefühle auch Selbstzweck sind, versuchen wir oft, gute Gefühle hervorzurufen und ungeachtet unserer äußeren Situation unangenehme Gefühle zu vermeiden. Da die äußeren Gegebenheiten nicht unbedingt mit den auftretenden Emotionen in Zusammenhang stehen müssen, ergeben sich für den menschlichen Geist Möglichkeiten und Gefahren, die für einen Kran/Sortierer nicht existieren.

Angenommen, unser Kran/Sortierer hätte soeben eine neue Strategie zur Steigerung seiner Produktivität bei gleichzeitiger größerer Schonung seiner Lager entwickelt. Er überprüft das neue Betriebsmodell in seiner aus Erfahrungen der Vergangenheit konstruierten Weltsimulation und kommt zu dem Schluß, daß die neue Arbeitsmethode tatsächlich wesentlich effektiver ist. Der Kran/Sortierer *fühlt* jedoch angesichts dieser Situation nichts: weder Stolz über die vollbrachte Leistung noch Freude über die eigene Klugheit und auch keine Befriedigung darüber, seine Sache gut gemacht zu haben. Vielmehr fängt er einfach wieder an, seine Sensoren zu überprüfen, und wartet auf die nächste ankommende Kiste. Wenn diese eintrifft, wird sie nach der neuen Methode befördert. Einige Zeit später hat sich eine neue Erfahrung herausgebildet; nun wird die neue Methode auf ihre Effektivität in der realen Welt der Kisten und Transportbänder hin bewertet und dann abgewandelt, verworfen oder beibehalten. All dies geschieht völlig leidenschaftslos und objektiv.

Würden Sie selbst diese Arbeit verrichten, so wären Sie freudig erregt, wenn Sie sich eine effektivere Arbeitsmethode ausgedacht hätten. Das *Gefühl,* klug und kompetent zu sein, träte schon bei den ersten Vorüberlegungen auf, noch bevor Sie überprüft haben, ob die Methode auch wirklich gut ist. Das Gefühl plötzlicher Einsicht wird gewöhnlich sofort emotional belohnt: Wir alle fühlen uns gern klug. Selbst wenn sich die vermeintliche Einsicht später als falsch erweist und Sie infolgedessen enttäuscht sind, haben Sie immerhin bei ihrem Auftauchen schon ein gutes Gefühl gehabt. Wenn dann der Praxistest negativ ausfällt, fluchen Sie vielleicht: »Warum kooperiert diese verdammte Welt nicht mit meinen brillanten Erkenntnissen!«

Der Kran/Sortierer erlebt weder Freude über seine Erkenntnisse noch Enttäuschungen oder Wut, wenn diese sich als wertlos erweisen. Funktioniert eine Methode besser als die bisher verwendete, so wird sie einfach übernommen; wenn nicht, folgt eine neue Berechnung.

Die Vorteile von Emotionen

Die Fähigkeit, bei dieser Arbeit Gefühle zu haben, kann sich zu Ihrem Vorteil auswirken. Da Sie sich gern klug fühlen, verbringen Sie vielleicht eine Menge Zeit damit, darüber nachzudenken, wie Sie etwas verbessern könnten, selbst wenn das niemand von Ihnen verlangt. Das Gefühl der Klugheit selbst ist schon die Belohnung. Da Sie sich nicht gern enttäuscht fühlen, könnten Ihre

Denkfehler Sie zu mehr klugem Nachdenken anspornen als ohne ein solches Motiv, was wiederum die Erfolgschancen erhöht. Zuckerbrot und Peitsche der guten und schlechten Gefühle sind mächtige Motivatoren.

Auslösen von Emotionen durch Simulationen

Bei nichtmenschlichen Wesen scheinen Emotionen fast ausschließlich durch äußere Ergebnisse ausgelöst zu werden. Furcht oder Wut fühlt ein Tier, wenn es bedroht wird, Freude, wenn etwas Angenehmes passiert, und so weiter. Im Gegensatz dazu ist eine der höchsten menschlichen Fähigkeiten und gleichzeitig einer der größten Flüche des Menschen die Fähigkeit, *Simulationen* der Welt (und seines eigenen inneren Zustandes) zu schaffen, Projektionen und Ideen über die Realität. Auch Tiere mögen ihre Welt in einem gewissen Maße simulieren, aber ich bin mir sicher, daß wir Menschen dies in einem viel größeren Ausmaß tun. Diese Simulationen, ganz gleich, ob sie die Welt akkurat wiedergeben oder nicht, können Emotionen auslösen. Emotionen sind eine Art von Energie, eine Kraftquelle. Was geschieht, wenn Sie einer Simulation der Realität Energie zuführen, insbesondere wenn es sich um eine unzutreffende Simulation handelt?

Wenn Sie an eine bessere Arbeitsmethode *denken* oder diese simulieren, können die positiven, belohnenden, verstärkenden Gefühle, die daraus folgen, ebenso mächtig sein wie die positiven Gefühle, die durch Ihre tatsächliche Situation in der Welt erzeugt werden, oder sogar mächtiger als diese. Wenn Sie sich Sorgen machen oder darüber nachdenken, daß etwas mißlingen könnte, so können Furcht, Kummer, Wut oder Depressionen, die dadurch entstehen, ebenso mächtig sein wie negative Gefühle, die durch reale Ereignisse hervorgerufen werden — oder sogar mächtiger. *Ihre Vorstellungen können ebensoviel Macht über Sie haben wie Ihre Wirklichkeit oder sogar noch mehr.*

Wenn Sie dann zu Ihrer Arbeit als Kran/Sortierer zurückkehren, könnte die Energie, die die Emotionen Ihren Simulationen der Welt zufließen lassen, Sie dazu inspirieren, gute Arbeit zu leisten und Ihre Leistungsfähigkeit zu steigern, oder die Emotionen ruinieren Ihre Leistungsfähigkeit und Sie selbst.

Angenommen, Ihnen fällt etwas ein, das Ihre Arbeitsmethode verbessern könnte, und plötzlich nähert sich auf Transportband A eine Kiste, wodurch Sie in Ihren Überlegungen gestört werden. Der Kran/Sortierer würde seine bis zu diesem Zeitpunkt angestellten Berechnungen einfach speichern, sich der Aufgabe des Sortierens zuwenden, dann die Kiste auf dem richtigen Band abstellen und schließlich, wenn wieder einmal keine Kisten eintreffen, zu seinen Berechnungen zurückkehren und genau da fortfahren, wo er zuvor aufgehört hat. Sie hingegen haben bis dahin vermutlich den Faden verloren und Schwierigkeiten, ihn wiederaufzunehmen. Vielleicht ärgern Sie sich sogar darüber, daß die verdammte Kiste Ihnen dazwischenkommen mußte, als Sie gerade kurz vor einer wichtigen Erkenntnis standen. Es mag vielleicht nicht ›logisch‹ sein, über ein totes Objekt wie eine Kiste wütend zu werden, aber so etwas tun wir recht häufig. Wenn Sie über eine solche Unterbrechung wütend genug sind, versuchen Sie vielleicht, Dampf abzulassen, indem Sie die Kiste zu kräftig packen und sie beschädigen, oder Sie warten, bis ein paar Kisten aufgelaufen sind, und transportieren sie erst an ihren Platz, wenn Sie es für richtig halten.

Emotionen und phantasierte Befriedigungen

Angenommen, Sie haben einen scheinbar brillanten Einfall, wie Sie Ihre Leistungsfähigkeit steigern könnten. Außerdem ist es charakteristisch für Ihre Persönlichkeit, daß sie sich leicht an dieser Idee und der damit verbundenen emotionalen Befriedigung festklammert. Aufgrund von Frustration in der Vergangenheit leiden Sie jedoch unter einer inneren Unsicherheit: Sie scheuen den Versuch, Ihr Gefühl der Befriedigung durch Erprobung in der Wirklichkeit gegen eine Enttäuschung einzutauschen. Die Wirklichkeit kann sehr heimtückisch sein: Vielleicht ist Ihre wundervolle Idee ihr völlig gleichgültig. Deshalb bleiben Sie lieber bei Ihrem Gefühl der Klugheit, auch wenn es nur in Ihrem eigenen Kopf, in Ihrer Weltsimulation Bestand hat. Einer von Gurdjieffs Typen falscher Persönlichkeit, der in einer späteren, angeblich aus den gleichen Quellen stammenden Überlieferung ›Ego-Plan‹ genannt wird, tendiert stark dazu, genau das zu tun. Besser ständig von wundervollen, brillanten Verbesserungen träumen, als sich mit der Welt selbst auseinanderzusetzen. In der Realität arbeiten Sie also weiterhin nach der alten Methode, die vielleicht nicht besonders effizient ist, aber immerhin haben Sie dabei ein gewisses Lächeln auf dem Gesicht, da *Sie* ja wissen, wie brillant Sie sind.

Nehmen wir an, Sie würden eine dieser hervorragenden Ideen ausprobieren. Unglücklicherweise tritt eine Komplikation auf, über die Sie vorher nicht nachgedacht hatten. Die Folge ist, daß die neue Methode schlechter funktioniert als die alte. Wenn der Kran/Sortierer eine neue Strategie erprobt hat und feststellt, daß sie nicht funktioniert, kehrt er einfach zur alten Methode zurück, bis er sich mittels seines operationalen Denkens einen neuen Verbesserungsvorschlag ausgedacht hat. Auch dieser wird wieder geprüft und ausschließlich aufgrund seiner realen Effektivität in der realen Welt übernommen oder verworfen. Sie hingegen wären wahrscheinlich wütend, daß Ihr famoser Einfall nicht funktioniert. Irgend etwas an der Welt muß verkehrt sein, nicht aber Ihre Idee. Oder Ihre Wahrnehmung ist so verzerrt, daß Sie gar nicht merken, daß Ihre neue Methode schlechter ist. Da Sie emotional an Ihrer neuen Errungenschaft festhalten, müssen Sie natürlich zwangsläufig denken, daß sie besser funktioniert!

Die Simulationsprogramme, die für den Kran/Sortierer entworfen wurden, enthalten ein klares Kriterium dafür, welche Simulationen übernommen und welche verworfen werden: Steigern oder mindern die gefundenen Methoden das optimale Erreichen der vorgegebenen Werte und Ziele? Jede simulierte Strategie, die dem Erreichen der Ziele zugute kommen könnte, ist ›gut‹ und wird daher erprobt, ohne daß Gefühle dabei irgendeine Rolle spielen.

Wir sollten unsere menschlichen Pläne, sowohl unsere eigenen als auch die von anderen, weitgehend nach dem gleichen Kriterium beurteilen. Verbessern oder mindern die neuen Methoden, die unser operationales Denken durch Simulation gefunden hat, die Möglichkeit, unsere Werte und Ziele in der Realität optimal zu erreichen? Außerdem können Simulationen aber auch Emotionen hervorrufen, so daß sie sich gut oder schlecht *anfühlen,* und dies kann — ganz abgesehen von der Zweckdienlichkeit der Simulation in der realen Welt (und oft trotz derselben) — Ihr Tun drastisch beeinflussen.

Sobald wir Emotionen mit einbeziehen, ist es nicht mehr möglich, menschliche Reaktionen weiter in Analogie zu unserem Kran/Sortierer-Modell zu verstehen, denn nun ist etwas spezifisch Menschliches hinzugekommen. Unsere Emotionen können jedoch ziemlich stark automatisiert sein und ebenso mechanisch funktionieren wie jede Maschine, worauf ich im Verlaufe dieses Buches noch oft zurückkommen werde. Wir können emotionale Maschinen sein.

Wir haben kaum angefangen, die Thematik der Emotionen anzurühren, und haben uns dabei bisher stärker auf ihre negativen als auf die positiven Seiten konzentriert. Ich werde in einigen der folgenden Kapitel auf diese Thematik zurückkommen, besonders im vierzehnten Kapitel, wo es um die Idee Gurdjieffs geht, daß Menschen ›dreihirnige‹ Wesen sind, wobei die Emotionen in ihrem Bereich ebenso intelligent sein können wie der Intellekt in seinem. Wir haben das Potential, emotional kompetent oder sogar emotionale Genies zu sein und das Licht und die Vitalität in unser Leben zurückkehren zu lassen. Um Wordsworths Vers abzuwandeln:

Das Licht, das ich einst sah,
ich werd' es wiedersehn.

Und ich werde es dann mit dem ganzen Potential und der ganzen Sensitivität eines Erwachsenen sehen.

Wir werden uns nun einigen spezifisch menschlichen Dimensionen unseres Schlafzustandes zuwenden.

8

Konditionierung —
Von Ratten und Menschen

Einer der fundamentalsten psychologischen Prozesse ist die Konditionierung. Wir möchten zwar nur zu gern glauben, daß sie nur auf niedere Organismen wirkt, doch in Wahrheit durchdringt sie in starkem Maße unser alltägliches Leben, auch wenn wir dies nicht bewußt erkennen.

Die klassische Konditionierung

Psychologen unterscheiden zwei Formen der Konditionierung, je nachdem, wie der Konditionierungsprozeß vonstatten geht.

Die klassische oder Pawlowsche Konditionierung wurde erstmals im Jahre 1937 von Iwan Pawlow demonstriert. Wenn man einem hungrigen Hund etwas zu essen zeigt, fängt er an, Speichel abzusondern. Die Nahrung wird hierbei als unkonditionierter Stimulus oder unbedingter Reiz bezeichnet, und der Speichelfluß ist die unkonditionierte (unbedingte) Reaktion. Speichelabsonderung ist eine natürliche, automatische Reaktion auf den Anblick und den Geruch von Nahrung; der Speichel erleichtert das Kauen und die Verdauung der Nahrung.

Der Versuchsleiter läßt etwa eine Sekunde, bevor der Hund die Nahrung bekommt, eine Glocke ertönen (dies bezeichnet man als konditionierten oder bedingten Reiz). Normalerweise entsteht bei Hunden auf den Klang einer Glocke hin kein Speichelfluß, doch nach einigen Konditionierungsversuchen, bei denen der

Hund nach dem Glockenton gefüttert wird, produziert dieser schon beim Läuten der Glocke Speichel. Der Speichelfluß ist zu einer konditionierten (bedingten) Reaktion auf den konditionierten (bedingten) Reiz geworden, nämlich auf den Klang der Glocke. Fast jede Art von sensorischem Reiz kann bei entsprechender Konditionierung Speichelfluß auslösen.

Die alltagslogische Interpretation der klassischen Konditionierung besagt, daß sich im Gehirn des Hundes eine Assoziation gebildet hat: Auf das Läuten folgt die Nahrung. Die Ankündigung der Nahrung aktiviert bestimmte Gehirnbereiche, was Speichelfluß zur Folge hat. Die Abfolge von Erwartung und Reaktion wird automatisiert.

Instrumentelle Konditionierung

Die zweite Form der Konditionierung wird als instrumentelle Konditionierung bezeichnet. Bei der klassischen Konditionierung ist der konditionierte (bedingte) Reiz stets mit einem unkonditionierten (unbedingten) Reiz gepaart (dem eine unkonditionierte bzw. unbedingte Reaktion folgt), unabhängig davon, was das konditionierte Tier tut. Pawlows Hund könnte bellen, winseln, gähnen, mit den Augen zwinkern, was auch immer, in jedem Fall erhält er kurz nach dem Glockenton seine Nahrung. Bei der instrumentellen Konditionierung muß sich das Tier auf eine bestimmte Weise verhalten, also eine konditionierte (bedingte) Reaktion zeigen, um die Belohnung zu erhalten. *Konditionale* (bedingende) Reaktion (›keine Arbeit, kein Geld‹) wäre eine zutreffendere Bezeichnung, doch die gebräuchliche Bezeichnung lautet *konditionierte* (bedingte) Reaktion.

Ein typischer instrumenteller Konditionierungsprozeß könnte darin bestehen, eine hungrige Ratte in eine Kiste zu setzen, aus deren Wand ein Hebel hervorragt. Eine solche Kiste bezeichnet man (nach dem Behavioristen B. F. Skinner, der damit Versuche angestellt hat) als Skinner-Box. Die Ratte sucht nach Nahrung, findet jedoch keine. Beim Erkunden der Umgebung drückt sie schließlich zufällig auf den Hebel. Ein Schalter, der mit dem

Hebel verbunden ist, aktiviert einen Fütterungsmechanismus, Nahrung fällt in einen dafür vorgesehenen Behälter und wird von der Ratte aufgefressen.

Auf Hebel zu drücken ist für Ratten kein normales Verhalten. Im Lebensraum von Ratten gibt es normalerweise keine Hebel, die mit Fütterungsapparaturen verbunden sind; deshalb kann die Ratte nur zufällig auf den Hebel drücken. Möglicherweise betätigt sie ihn danach eine ganze Weile nicht mehr, bis sie irgendwann den Fütterungsmechanismus wieder zufällig auslöst und mit Nahrung belohnt wird. Schließlich drückt die Ratte immer öfter auf den Hebel: Sie hat gelernt, daß zwischen dem Drücken und der Nahrung eine Verbindung besteht. Das Drücken des Hebels wird zur konditionierten (bedingten) Reaktion. Die unkonditionierte (unbedingte) Reaktion, die Belohnung, ist das Essen. Diese Art der Konditionierung wird als instrumentell bezeichnet, weil die konditionierte Reaktion belohnt wird.

Bei der instrumentellen Konditionierung kann die Belohnung auch im Vermeiden eines unangenehmen Reizes bestehen. Man könnte eine Ratte in eine Kiste setzen, deren Boden in zwei Bereiche unterteilt ist. Ein rotes Licht an der Wand des Behälters leuchtet auf, und unmittelbar nach dem Aufleuchten steht die linke Seite des Bodens einige Sekunden lang unter Strom. Wenn die Ratte sich dann auf diesem Teil des Bodengitters befindet, erleidet sie einen unangenehmen Schock. Sie kann jedoch eine konditionierte instrumentelle Reaktion erlernen, nämlich rasch auf die rechte Seite des Kistenbodens zu wechseln, sobald das Licht aufleuchtet. Hier besteht die Belohnung also im Vermeiden des Schocks.

Instrumentelle Konditionierung ähnelt stark dem, was wir gewöhnlich als Lernen bezeichnen. Im obigen Beispiel lernt die Ratte, daß bei rotem Licht auf der linken Seite des Kastens etwas Unangenehmes passiert. Da sie dies natürlich nicht mag, wechselt sie auf die andere Seite.

Bei der klassischen Konditionierung geht es jedoch um mehr als einfaches Lernen. Der Hund hat vielleicht gelernt, daß dem Klang der Glocke die Nahrung folgte, doch er hat danach nicht die Wahl, Speichel zu produzieren oder nicht. Der Speichelfluß, die konditionierte Reaktion, tritt automatisch ein. Eine klassische konditionierte Reaktion hat den Charakter des Unausweichlichen, sie ist zwingend und sehr mächtig.

Belohnungen aus dem Lustzentrum des Gehirns

Eine der dramatischsten Formen instrumenteller Konditionierung läßt sich demonstrieren, wenn man einem Versuchstier Elektroden ins Lustzentrum seines Gehirns einsetzt. Verbindet man einen Schalthebel mit einer elektrischen Vorrichtung, die das Lustzentrum elektrisch stimuliert, dann lernt das Tier früher oder später, den Hebel zu betätigen. Schon bald wird es sogar versuchen, dies so oft wie möglich zu tun. Es soll vorgekommen sein, daß Tiere ihre Pfoten an einem solchen Hebel wund drückten und trotz Hunger und Durst Nahrung und Wasser stehenließen, ja sogar einen paarungsbereiten Artgenossen ignorierten. Direkte Stimulation des Lustzentrums kann eine sehr mächtige Verstärkung sein!

Auch Simulationen der Wirklichkeit, ob sie realistisch sind oder nicht, können Emotionen auslösen, die ihrerseits das Lustzentrum des Gehirns beeinflussen. Wir können dazu konditioniert werden, unsere Simulationen der Wirklichkeit so zu verzerren, daß wir uns gut fühlen. Scheinbar unangenehme Gefühle sind oft mit einem verborgenen Sekundärgewinn verbunden, der ein unterschwelliges gutes Gefühl verursacht; dies fand man durch psychopathologische Untersuchungen heraus. Ebenso können Simulationen der Wirklichkeit, die uns scheinbar leiden lassen, mit einer verborgenen Belohnung verbunden sein. Ich werde hierauf später zurückkommen.

Konditionierungen jeglicher Art können sehr schnell entstehen, manchmal schon nach dem ersten Versuch. Dies gilt vor allem, wenn die unkonditionierte Reaktion starke Emotionen auslöst. Selbst wenn die Konditionierung sich zunächst nur auf einen ganz bestimmten Reiz bezog, kann die konditionierte Reaktion später verallgemeinert werden, so daß die auslösende Situation immer weniger der ursprünglichen zu ähneln braucht, um die konditionierte Reaktion zu erzeugen. Bei Menschen sind Konditionierungen oft nicht so eindeutig zu erkennen, nämlich dann, wenn es sich um konditionierte Denk- und Gefühlsreaktionen auf bestimmte Situationen handelt. Eine solche Reaktion führt möglicherweise nicht zu einem objektiv feststellbaren Verhalten, ist aber sicherlich ebenso wichtig, denn sie steuert automatisch unsere geistigen und emotionalen Prozesse und hindert uns daran zu erwachen.

Löschen

Die konditionierte Verbindung zwischen dem zuvor neutralen konditionierten (bedingten) Reiz und der konditionierten (bedingten) Reaktion entsteht durch absichtliche Verbindung eines konditionierten (bedingten) Reizes mit einer unkonditionierten (unbedingten) Reaktion. Angenommen, wir lösen nun diese Verbindung und fahren fort, den konditionierten (bedingten) Reiz zu präsentieren, lassen ihm jedoch nicht mehr den unkonditionierten (unbedingten) Reiz folgen. Was geschieht dann?

Dieser Prozeß wird als Löschung bezeichnet. Zunächst löst der konditionierte (bedingte) Reiz weiterhin die konditionierte (bedingte) Reaktion aus. Dann löst er die Reaktion nur noch gelegentlich aus, und schließlich überhaupt nicht mehr. Damit ist die konditionierte Reaktion gelöscht.

Das Konditionieren von Menschen

Was hat Konditionierung mit Menschen zu tun? Also mit *Ihrem* Leben?

Ich habe einmal versucht, in einem meiner ›Awareness Enhancement Trainings‹ (Trainingsprogramm zur Steigerung des Gewahrseins) den Teilnehmern die große Bedeutung der Konditionierung für die menschliche Entwicklung zu erklären. Nach ihrem Gesichtsausdruck zu urteilen, schienen sie nicht zu glauben, daß dies irgend etwas mit ihrem persönlichen Leben zu tun haben könnte. Konditionierung war für sie etwas Abstraktes, irgendwelche Experimente, die Psychologen mit Ratten in Skinner-Boxen durchführten. Mit ihrem eigenen Leben hatte das nicht das geringste zu tun. Um ihnen das Gegenteil zu demonstrieren, konfrontierte ich sie mit dem folgenden Beispiel einer klassischen Konditionierung bei Menschen.

Zunächst erklärte ich, was ich vorhatte, einschließlich der Tatsache, daß das Experiment etwas unangenehm werden könnte, sicherlich aber sehr lehrreich sein würde. Dann bat ich um Freiwilligenmeldungen. Alle wollten mitmachen. Ich teilte die Studenten in Paare auf. Jeweils ein Partner übernahm die aktive Rolle des ›Konditionierers‹, der andere die passive des ›zu Konditionierenden‹. Ich erklärte, daß hin und wieder ein ungewöhnliches Geräusch ertönen würde, das zum konditionierten Reiz werden solle: Ich würde zwei Lineale aus Metall aufeinanderschlagen. Die Konditionierer, die hinter ihren ›Opfern‹ standen, sollten nach jedem Zusammenklatschen der Lineale ungefähr eine Sekunde lang warten und ihnen dann leicht auf die Backe schlagen und gleichzeitig ›Böser Junge!‹ oder ›Böses Mädchen!‹ sagen. Der Schlag auf die Backe sollte ein wenig schmerzen, aber nicht zu stark. Der Schlag und die Schelte stellten den unkonditionierten Reiz dar. Der Schmerz und alle irgendwann in der Vergangenheit konditionierten unangenehmen Gefühle in Verbindung mit der Bezeichnung ›böser Junge‹ oder ›böses Mädchen‹ stellten die unkonditionierte Reaktion dar.

Dann schlug ich von Zeit zu Zeit die Lineale gegeneinander, wobei ich das Intervall zwischen den einzelnen Schlägen bewußt variierte, damit kein voraussehbarer Rhythmus entstand, denn ich wollte ja, daß die Versuchsobjekte auf das Geräusch hin konditioniert wurden, nicht auf das Zeitintervall.

Nach etwa einem Dutzend Versuchen waren die meisten Versuchspersonen offensichtlich konditioniert. Sie zuckten schon vor dem angekündigten Schlag zusammen.

Dann führte ich eine Variante ein, um die Konditionierung noch perfekter zu machen und um die Situation im alltäglichen Leben noch exakter zu simulieren. Psychologische Untersuchungen haben ergeben: Wenn dem konditionierten Reiz stets der unkonditionierte Reiz folgt, so geht zwar das Lernen, aber auch das Löschen schnell vonstatten. Damit die Konditionierung erheblich länger erhalten bleibt und das Löschen nach der einleitenden Konditionierung verzögert wird, sollte man das Objekt der Konditionierung einem unvorhersehbaren Verstärkungsplan aussetzen. Hierbei wird der konditionierte Reiz wie zuvor präsentiert, doch der unkonditionierte Reiz folgt ihm nur gelegentlich und in unregelmäßigen Abständen. Das heißt, manchmal folgt der unkonditionierte Reiz dem konditionierten und manchmal nicht. Dadurch wird die Konditionierung erheblich verstärkt.

Ich trug den Konditionierern auf, von nun an die Versuchsperson nicht mehr jedesmal auf das Aufeinanderklatschen der Lineale hin zu schlagen und ›Böser Junge!‹ oder ›Böses Mädchen!‹ zu ihr zu sagen, sondern nur gelegentlich und in unvorhersehbaren Abständen. Es folgte ein weiteres Dutzend Konditionierungsversuche unter Berücksichtigung dieser neuen Instruktion.

Nun zuckten die Versuchspersonen unwillkürlich zusammen, sobald die Lineale zusammenklatschten. Ja, diejenigen unter ihnen, die mich sehen konnten, beobachteten die Lineale in meinen Händen ganz genau und zuckten schon bei einer leichten Handbewegung zusammen. Damit war die Konditionierung perfekt.

Die Gefühle der Konditionierten

Nach diesem Experiment legte ich die Lineale zur Seite und fragte die Konditionierten, wie sie sich gefühlt hätten. Da die Studenten sich schon länger kannten und ein gewisses Vertrauen untereinander entwickelt hatten, folgten der Frage mehr ehrliche Antworten, als es bei derartigen Experimenten gewöhnlich der Fall ist. Abgesehen von einer oberflächlichen intellektuellen Ebene, waren die Äußerungen durchweg relativ negativ. »Angst.« — »Furcht.« — »Ich muß immerzu diese verdammten Lineale anschauen!« — »Ich fühle mich zum Heulen.«

Bei einem eingehenderen Gespräch über die Reaktionen stellte sich heraus, daß der Schlag auf die Wange zwar als unangenehm empfunden worden war, daß die Schelte und die Verbindung von Schelte und Schlag jedoch weitaus schlimmer gewirkt hatten. Erinnerungen an Bestrafungen in der Kindheit hatten sich eingestellt, und das Schelten war real geworden: Einige der Versuchsobjekte hatten sich tatsächlich wie böse Kinder *gefühlt*. Sie hatten starke unrealistische emotionale Reaktionen gegen ihre Konditionierer entwickelt. »Sie mag mich nicht!« – »Er *muß* mich mögen, obwohl er mich bestrafen muß, weil ich böse bin!« In psychoanalytischer Terminologie ausgedrückt, entwickelten die Konditionierten Übertragungsgefühle in bezug auf ihre Konditionierer, wobei sie unrealistischerweise Kindheitsgefühle, die früher einmal ihren Eltern gegolten hatten, nun auf die Konditionierer projizierten.

Abgesehen vom Konditionierungsphänomen selbst, einer Angstreaktion auf das Geräusch der zusammenklatschenden Lineale, hatte sich der Konditionierungsprozeß mit dem Realitätsbezug der Versuchsperson vermischt. Ihre Simulationen der Realität, insbesondere ihre Simulationen/Wahrnehmungen ihrer Konditionierer, waren allmählich verzerrt worden. Unsere Eltern, Lehrer und die, mit denen wir als Kinder Umgang hatten, haben im Verlauf unserer Entwicklung oft die Rolle von Konditionierern gespielt, und die Menschen in unserer Umgebung tun dies auch heute noch.

Bei der Diskussion tauchte auch die Thematik der Unfreiwilligkeit der Konditionierung auf. Praktisch jedes Versuchsobjekt äußerte, intellektuell natürlich gewußt zu haben, daß es unlogisch sei, zurückzuzucken und beim Geräusch der zusammenklatschenden Lineale nervös zu werden, insbesondere als die Verstärkung des Reflexes nur noch unregelmäßig erfolgte, aber man hätte es einfach nicht verhindern können. Konditionierung ist zwar nicht allmächtig, aber sie vermag unseren Willen häufig außer Kraft zu setzen.

Wenn wir uns nicht eingestehen können, daß unser Wille nicht stark genug ist, gegen etwas anzugehen, dann ist die Versuchung groß zu rationalisieren, daß es uns eigentlich ohnehin gleich ist, ob wir irgendwie dagegen ankommen. Es ist einfacher, mit dem Strom zu schwimmen.

Die Gefühle der Konditionierer

Wir sprachen auch über die Gefühle der Konditionierer. Zwei Grundreaktionen waren aufgetreten, oft miteinander vermischt. Eine Reaktion war starkes Unbehagen über die gestellte Aufgabe. »Ich habe mich beim Schlagen jedesmal schrecklich gefühlt.« – »Ich mußte mich dazu zwingen, es erschien mir so grausam.« Doch da der Auftrag von einer Autorität gerechtfertigt worden war (er wurde als förderlich für die Entwicklung präsentiert), hatten alle Konditionierer das Verlangte ausgeführt.

Eine zweite Reaktion war bei allen Konditionierern aufgetreten: Im Gegensatz zu ihren Erwartungen hatte ihnen die Arbeit des Konditionierens gefallen. »Ich hatte das Gefühl, wichtig zu sein, und daß das, was ich tat, richtig war.« – »Ein Teil von mir genoß das damit verbundene Machtgefühl.«

Beide Reaktionen waren von den Konditionierern gewöhnlich rationalisiert worden. Meist bestand die Rationalisierung darin zu sagen, sie seien ja von einer Autorität aufgefordert worden, dies zu tun. Das stimmte natürlich, allerdings hatten einige erkannt, daß dieser Gedanke stark emotional geprägt war und daß er sich irgendwie falsch anfühlte; dies hatte bei ihnen den Verdacht aufkommen lassen, daß dieses Argument auf irreale Weise benutzt worden war.

Andere Rationalisierungen waren noch weniger realitätsbezogen, etwa der Gedanke, daß die Versuchsperson vermutlich wirklich böse gewesen sei und daher ihre Bestrafung wohl auch verdient hätte!

Ebenso wie die Konditionierten hatten auch die Konditionierer festgestellt, daß sie teilweise den Kontakt zur Realität verloren hatten. Abgesehen von spezifischen Rationalisierungen für ihr Tun, hatten sie sich in ihre Phantasien verstrickt, statt auf die tatsächlichen Reaktionen ihrer Versuchsobjekte zu achten. Zeitweise waren Erinnerungen darüber aufgetaucht, daß sie selbst irgendwann einmal als Kinder bestraft worden waren, und vorübergehend hatten sie sich während des Experiments selbst wie Kinder gefühlt. Auch bei den Konditionierern hatten sich die Simulationen der Realität verzerrt.

Da ich mit diesem Versuch die Bedeutung des Faktors Konditionierung im Leben meiner Studenten demonstrieren wollte, kann mein Vorhaben als gelungen bezeichnet werden. Alle Teilnehmer verstanden anschließend, was es mit der Konditionierung auf sich hat. Sie erkannten, daß Konditionierungen nicht nur im menschlichen Leben im allgemeinen, sondern auch in ihrem persönlichen Leben eine sehr wichtige Rolle spielen. Spätere Gespräche in der Gruppe zeigten, daß die Studenten eine wesentlich größere Sensibilität für ihre eigenen Konditionierungen im Lauf ihrer persönlichen Entwicklung gewonnen hatten.

Für mich selbst war diese Demonstration ebenso beunruhigend wie für meine Studenten. Doch hatte diese bedrückende Erfahrung auch ihren unbestreitbaren Wert. Wenn man nicht weiß, daß man konditioniert worden ist, hat man kaum eine Chance, jemals etwas dagegen unternehmen zu können. Ein wenig Leiden ist ein verhältnismäßig geringer Preis für eine so wertvolle Einsicht. Oft erzähle ich den Teilnehmern meiner Workshops von diesem Experiment, doch wiederhole ich es nur selten.

Die Demonstration der Konditionierung war damit abgeschlossen, doch es wäre nicht richtig gewesen, an diesem Punkt aufzuhören. Es folgte das Löschen: Ich klatschte wiederholt die beiden Lineale zusammen, ohne daß die Konditionierer durch Schlagen oder Schelten aktiv wurden, bis sich die Angstreaktionen bei allen Versuchspersonen verloren hatten. Da es sich nicht um eine standardisierte Konditionierungsprozedur handelte, zerbrach ich anschließend die Lineale, warf sie auf den Boden und ließ alle Anwesenden, Konditionierer wie Konditionierte, darauf herumtrampeln. Dann umarmten die beiden Parteien einander, und abgesehen von der Lektion war die Konditionierung gelöscht.

Die Analogie zur Konditionierung bei unserem Kran/Sortierer ist das Programmieren. Wir programmieren sein Gehirn so, daß auf Ereignis/Reiz A Reaktion B folgt, ganz gleich, ob irgendeine natürliche Verbindung zwischen A und B besteht. Wir können dabei ›konditionieren‹, was wir wollen, und wir können es immer mit einem einzigen Versuch erreichen. Einen Menschen zu konditionieren kann hingegen viele Versuche erfordern, manchmal allerdings auch nur einen einzigen Versuch; letzteres gilt insbesondere, wenn die Situation intensive Emotionen auslöst. Einen Menschen zu konditionieren ähnelt dem Programmieren eines Computers. Da bei einem immer größeren Teil unserer Erfahrungen und Handlungen Muster konditionierter Reaktionen eine Rolle spielen, werden wir immer stärker automatisiert.

Eine wie große Rolle spielt die Konditionierung in Ihrem eigenen Leben? Wieviel von dem, was Ihnen in Ihrem Leben bisher wie eine natürliche Reaktion erschien, entstammt nicht Ihrem Wesenskern, sondern ist Resultat einer erzwungenen Verbindung von Ereignissen durch Menschen und Bedingungen?

9

Hypnose — Die suggerierte Wirklichkeit

Durch Hypnose, so sagt man, werden wir in Trance versetzt. Das Wort ›Trance‹ hat für uns gewöhnlich einen negativen Beigeschmack. Wenn jemand sich töricht verhält, heißt es häufig, er handle wie in Trance. Trance braucht jedoch nicht unbedingt passive Torheit zu sein, sondern kann durchaus auch als das aktive, organisierte Verfolgen falscher Ziele verstanden werden. Wenn wir das Gefühl haben, jemand befinde sich in Trance, dann ermahnen wir ihn, aufzuwachen.

›Trance‹ ist heute kein gängiger wissenschaftlicher Begriff mehr, teilweise, weil er einen negativen Beigeschmack hat, teilweise auch, weil er nie eindeutig definiert worden ist.[1] Ein wissenschaftlicher Begriff sollte ein Phänomen möglichst klar beschreiben, ohne das, was es ist, mit dem zu verwechseln, was wir dabei empfinden. Wir werden uns hier mit dem negativen Beigeschmack des Begriffs Trance beschäftigen.

Die positiven Resultate der Hypnose in Medizin und Psychotherapie sowie bei ihrem Einsatz als Lernhilfe werden mittlerweile kaum noch angezweifelt, und verantwortungsbewußte Wissenschaftler versuchen seit mindestens zwei Jahrzehnten, die Öffentlichkeit zu einer positiven Einstellung zur Hypnose zu bewegen. Dennoch wird der Begriff Hypnose im alltäglichen Sprachgebrauch gewöhnlich immer noch mit Trance gleichgesetzt. Auch der Begriff Hypnose hat einen negativen Beigeschmack: Man ist der Ansicht, ein hypnotisierter Mensch sei leblos, befinde sich in einer Art Halbschlaf und sei dem überlegenen Geist und Willen des Hypnotiseurs ausgeliefert, in dessen Gewalt er sich befinde und der ihn manipuliere.

Gibt es vielleicht einen tieferen Grund dafür, daß sich das negative Image der Hypnose sowie der Trance hartnäckig hält?

Gurdjieff war unter anderem ein perfekter Hypnotiseur. Er kannte im Osten praktizierte Arten der Hypnose und deren Anwendung, die bis heute im Westen kaum bekannt sind. Er wußte, *daß Hypnose in ihren verschiedenen Formen ein wichtiger Bestandteil des alltäglichen Lebens fast aller Menschen ist.* Wenn Hypnose nach einer der herkömmlichen Methoden praktiziert wird, mit einem zuvor festgelegten ›Versuchsobjekt‹ und einem ›Hypnotiseur‹, mit einem festumrissenen Induktionsprozeß, einer Überprüfung, der Anwendung und einem Abschluß, dann können wir ihre große Macht erkennen. Wenn hypnoseartige Prozesse und Zustände mit vielen Aktivitäten des alltäglichen Lebens verwoben sind, so ist die Wirkung weniger offensichtlich, doch kann sie genauso groß sein. Wir werden uns nun detailliert mit der Hypnose beschäftigen, denn das kann uns helfen, ähnliche, weniger offensichtliche Vorgänge zu durchschauen, die Teil unseres alltäglichen Lebens sind.

Hypnose faszinierte mich seit meiner frühesten Jugend und war das wichtigste Thema des ersten Jahrzehnts meiner Forschungstätigkeit. Meine Magisterarbeit und meine Dissertation waren Studien über neue Anwendungsmöglichkeiten für die Hypnose. Hauptsächlich ging es dabei um die aktive Beeinflussung sowohl der Prozesse als auch der Inhalte nächtlicher Träume. Ich verbrachte zwei Jahre mit intensiven Studien über Hypnose an der Stanford University und forschte auch danach noch mehrere Jahre lang über dieses Thema. Man könnte also vermuten, ich müsse ein Hypnose-Experte sein. Doch trotz meiner jahrelangen Studien erscheint mir das Phänomen Hypnose immer noch ziemlich unglaublich.

Setting und Vorbereitungen

Schauen wir uns nun eine moderne Hypnoseprozedur an, nämlich die Durchführung der ›Stanford Hypnotic Susceptibility Scale‹, Form C. Dies ist ein standardisierter psychologischer Test, mit dem man die Hypnotisierbarkeit einer Testperson prüfen kann.

Die Durchführung dieses Tests hat nichts Theatralisches oder Mysteriöses. Der Hypnotiseur trägt keine Robe und vollführt auch keine ›hypnotischen Gesten‹. Gefasel wie »Schauen Sie mir in die Augen!« fehlt ebenfalls gänzlich. Der Testverlauf ist völlig standardisiert. Nach einem Gespräch zum gegenseitigen Kennenlernen wird Wort für Wort von einer gedruckten Vorlage abgelesen. Die Reaktionen der Testperson werden nach einem standardisierten Schema bewertet. Beispielsweise: »Bewegt sich der Arm der Versuchsperson weniger als x cm in y Sekunden?«

Die Atmosphäre ist sehr sachlich. Die Versuchsperson, oft ein College-Student, befindet sich in einem Raum für psychologische Tests: einem ruhigen Raum mit einem bequemen Stuhl. Die Versuchsperson hat den Hypnotiseur gewöhnlich vorher noch nie gesehen und weiß auch nichts über ihn, außer, daß er vermutlich die Fähigkeit hat, andere Menschen zu hypnotisieren. Nach einem kurzen Gespräch und nach dem Ausfüllen einiger Formblätter, dem üblichen Ritual des Kennenlernens, bittet der Hypnotiseur die Versuchsperson, es sich auf dem Stuhl bequem zu machen. Er versichert, daß das, was geschehen wird, weder gefährlich noch bedrohlich ist und daß es ein völlig normaler Vorgang ist, hypnotisiert zu werden.

Der Beginn der Induktion

Eine herkömmliche hypnotische Induktion beginnt damit, daß die Versuchsperson gebeten wird, fest auf einen kleinen glänzenden Punkt (zum Beispiel auf einen Reißnagel mit verchromtem Kopf) zu schauen und dabei gleichzeitig dem Hypnotiseur zuzuhören. Der Fixierungspunkt wird als ›Ziel‹ bezeichnet.

Einige Suggestionen, die Gedanken und Wahrnehmungen der Versuchsperson lenken sollen, werden ständig wiederholt. ›Suggestionen‹ sind hier genau das, was der Begriff im alltäglichen englischen Sprachgebrauch bedeutet: Vorschläge, also verbale Äußerungen, die die Gedanken der Versuchsperson steuern sollen. Ein Beispiel hierfür ist: »Stellen Sie sich vor, Sie fühlen sich sehr entspannt und schläfrig.« Die Textvorlage enthält leichte sprachliche Variationen, es gibt also keine einfachen, immer gleichen Wiederholungen, und der Hypnotiseur spricht gewöhnlich ohne längere Pausen, damit sich der Geist der Versuchsperson ununterbrochen mit den Suggestionen beschäftigt.

Der Hypnotiseur suggeriert, daß die Versuchsperson ständig auf das Ziel schaut und daß sie hypnotisiert werden kann, wenn sie auf das Ziel schaut, den Instruktionen des Hypnotiseurs folgt und sich auf das konzentriert, was er sagt. Der Hypnotiseur suggeriert, schon allein die Anwesenheit der Versuchsperson bedeute, daß sie sich hypnotisieren lassen wolle; sie solle sich gehenlassen, einfach alles geschehen lassen.

Der Hypnotiseur fährt fort, indem er suggeriert, wenn die Aufmerksamkeit der Versuchsperson sich von der Stimme des Hypnotiseurs entferne, solle sie sie sanft wieder darauf zurücklenken. Eingestreut in diese Suggestionen werden Beteuerungen, daß Hypnose etwas völlig Normales sei und daß sie bereits bekannten Erlebnissen ähnele: etwa wenn durch die Versunkenheit in ein Gespräch beim Autofahren die vorüberhuschende Landschaft nicht wahrgenommen werde. Weiter versichert der Hypnotiseur, daß das bevorstehende Erlebnis hochinteressant sein werde.

Unterdessen hat die Versuchsperson ununterbrochen auf das Ziel gestarrt. Die meisten Menschen machen sich keine Gedanken darüber, daß unentwegtes Starren auf einen bestimmten Punkt das Auge ermüdet und daß infolgedessen das wahrgenommene Bild die merkwürdigsten Veränderungen durchläuft. Teile können verschwinden oder heller werden, Farben können sich verändern, Schatten können auftauchen oder verschwinden. Zu Anfang der Induktion hat der Hypnotiseur suggeriert, daß diese Veränderungen auftreten würden. Wenn sie dann tatsächlich auftreten, interpretiert die Versuchsperson dies als Auswirkung des Induktionsprozesses und somit als Anzeichen für den Beginn der Hypnose. Einerseits ist dies ein Trick, denn die Veränderungen würden auch ohne die hypnotische Induktion auftreten; andererseits ist es eine effektive und nützliche Möglichkeit, eine Verbindung zwischen Vorstellungen und Erfahrungen herzustellen, zwischen den Suggestionen des Hypnotiseurs und dem, was tatsächlich passiert. Offenbar wirken die Suggestionen des Hypnotiseurs, und dies wiederum stärkt den Glauben der Versuchsperson, daß der Hypnotiseur tatsächlich zu hypnotisieren vermag. Wenn die Wirkung der Suggestionen schon eingesetzt hat, ist das Gefühl der Schwere in den Augen ebenfalls eine natürliche Folge.

Die Schlaf-Analogie

Nach einigen Minuten suggeriert der Hypnotiseur, daß die Augen der Versuchsperson sich müde anfühlen (was sie höchstwahrscheinlich infolge des intensiven Starrens tatsächlich sind), daß es sehr angenehm sein könnte, sie zu schließen, und daß er es begrüßen würde, wenn sich die Augen schließen würden. Er suggeriert, daß die Versuchsperson nun schon sehr entspannt ist und sich noch weiter entspannen wird. An Entspannung zu denken fördert dieselbe: Der Körper des Hypnotisierten wird empfindungslos und schwer, die Augenlider sind schwer, der Atem geht frei und tief, und der Betreffende fühlt sich in zunehmendem Maße schläfrig. (Vielleicht werden Sie bemerken, daß diese Suggestionen sogar ein schläfriges Gefühl erzeugen, wenn Sie nur diese Zeilen lesen. Kämpfen Sie standhaft dagegen an!) Der Hypnotiseur suggeriert, der Hypnotisierte solle aufhören zu versuchen, sein Erleben aktiv zu beeinflussen, sich vielmehr einfach entspannen und die angenehmen Gefühle der Schläfrigkeit und Entspannung genießen. Er spüre angenehme, warme Empfindungen im Körper, und er werde tief schlafen. Dennoch könne er den Hypnotiseur klar und leicht hören, und er werde einwilligen zu tun, was der Hypnotiseur ihm auftrage.

Der Vergleich mit dem Schlaf und die wiederholte Suggestion von Schläfrigkeit sind äußerst wirksam. Man muß bei der hypnotischen Induktion nicht unbedingt die Parallele zum Schlaf ziehen, aber es ist die gebräuchlichste Methode. Schlaf ist nun einmal der allen Menschen bekannte veränderte Bewußtseinszustand. Natürlich besteht ein unausgesprochenes Einverständnis zwischen Hypnotiseur und Versuchsperson, daß hier kein gewöhnlicher Schlaf, sondern hypnotischer Schlaf gemeint ist, ein besonderer, schlafähnlicher Zustand, in dem das Versuchsobjekt noch hören und auf den Hypnotiseur reagieren kann.

Die Schlafsuggestionen werden mit dem Fortschreiten der Induktion allmählich immer häufiger und immer direkter. An die Stelle der Aussage, daß die Versuchsperson sich schläfrig fühle, tritt nun, daß sie schlafe und mit der Zeit immer tiefer schlafen werde. Andere Suggestionen kommen hinzu, etwa, daß nichts die Annehmlichkeit des Schlafs stören werde, daß der Hypnotisierte im Zustand tiefen Schlafs verbleiben und erleben werde, was der Hypnotiseur suggeriere, bis der ihn wieder aufwecken werde. Auch wird dem Hypnotisierten induziert, er werde sich als Reaktion auf die Suggestionen des Hypnotiseurs sogar bewegen oder reden oder die Augen öffnen können, ohne dadurch aufzuwachen.

Diese standardisierte hypnotische Induktion dauert gewöhnlich zwölf bis fünfzehn Minuten, je nachdem, wie schnell der Hypnotiseur den Text abliest. Auf diese Induktion folgt eine ebenfalls standardisierte Serie von Instruktionen, anhand derer getestet werden soll, wie gut der Hypnotisierte auf die Hypnose anspricht und wie tief sie ist.

Hypnotisierbarkeit

Die Reaktionen auf diese Induktionsprozedur sind recht unterschiedlich. Im Extremfall steht eine Versuchsperson plötzlich auf und sagt: »Wann passiert denn nun endlich was? Mir wird's allmählich langweilig.« Meist jedoch wird der Blick der Versuchsperson starr, die Augenlider sinken herab und schließen sich später. Das wirkt so, als schlössen sie sich von alleine statt durch willentlichen Einfluß des/der Betreffenden, und oft bestätigt ein Versuchsobjekt dies später auch.

Die zwölf Standardtests zur Suggestibilität der ›Stanford Hypnotic Susceptibility Scale‹, die der Induktion folgen, sollen ermitteln, in welchem Maße das Verhalten der Versuchsperson den klassischen Verhaltensweisen von Hypnotisierten entspricht. Die ersten Tests sind ziemlich einfach, und viele Versuchspersonen vermögen sie zu erfüllen; die späteren werden immer schwerer. Wenn man die Anzahl der bestandenen Tests als Maßstab für die Hypnotisierbarkeit ansieht, so ergibt sich fast eine Normalverteilung – eine glockenförmige Kurve. Die meisten Menschen sind in einem gewissen Maße suggestibel oder hypnotisierbar, ein paar sind überhaupt nicht hypnotisierbar und einige wenige sehr stark. Die Normalverteilung wird deshalb nur ›fast‹ erreicht, weil wesentlich mehr Versuchspersonen zum Extrem hoher als zu dem niedriger Hypnotisierbarkeit tendieren. Man hat interpretiert, daß Empfänglichkeit für Hypnose einer Normalverteilung (einer normalen statistischen Kurve) entspricht, in der fast jeder erfaßt wird; doch gebe es eine kleine Gruppe von Menschen mit besonderer hypnotischer Begabung. Dadurch werde die Zahl der überdurchschnittlich Begabten, die alle Tests bestehen, unverhältnismäßig groß. Grob geschätzt zeigen etwa 5 Prozent so gut wie keinerlei Reaktion auf diese (und ähnliche) hypnotische Tests; sie sind also nicht hypnotisierbar. Die meisten Menschen zeigen leichte Reaktionen; sie sind leicht bis mittelmäßig hypnotisierbar. Etwa 10 Prozent der Getesteten reagieren sehr stark, und einige von ihnen vermögen extrem tiefe hypnotische Zustände zu erreichen.

Im Gegensatz zu populären Vorurteilen steht der Grad der Hypnotisierbarkeit eines Menschen in keiner nennenswerten Korrelation zu offensichtlichen Charaktereigenschaften. Ein Mensch, der für Hypnose sehr empfänglich ist, muß nicht unbedingt intelligenter oder dümmer sein als der Durchschnitt, mehr oder weniger leichtgläubig, männlich oder weiblich, extrovertiert oder introvertiert, gesund oder neurotisch. Die Vorstellung, ein souveräner Hypnotiseur könne seinen Willen dazu benutzen, einen dummen, subalternen oder leichtgläubigen Menschen zu beeinflussen, hat mit der Realität nicht viel zu tun.

Wir werden uns jetzt mit den möglichen Auswirkungen des hypnotischen Zustandes befassen. Der Einfachheit halber werde ich sie so beschreiben, wie sie bei talentierten hypnotischen Medien auftreten.

Die Auswirkungen der Hypnose

Der erste Anhaltspunkt für die Ermittlung der Wirksamkeit der Induktion ist, ob sich die Augen der Versuchsperson zu einem bestimmten Zeitpunkt während der Induktion von selbst schließen. Wenn sie dies nicht tun, bittet der Hypnotiseur die Versuchsperson, die Augen willentlich zu schließen.

Die Versuchsperson wird daraufhin gebeten, einen Arm horizontal vor den Körper zu halten und sich vorzustellen, daß der Arm sehr schwer werde. Der Arm werde sich dann schwer anfühlen, zu schwer, um ihn weiter hochzuhalten, und die Versuchsperson werde ihn allmählich senken, bis er schließlich wieder auf den Oberschenkeln ruhe.

Dann erhält die Versuchsperson den Auftrag, die Arme im Abstand von 30 cm horizontal auszustrecken. Unterdessen wird suggeriert, daß sich zwischen den beiden Händen eine Kraft entwickele, die sie auseinanderdrücke. Dies wird oft als magnetische Abstoßung erlebt. Die beiden Hände entfernen sich ohne Einfluß des bewußten Willens voneinander.

Dann folgt eine Wahrnehmungssuggestion: Eine lästige Mücke befinde sich im Raum und lande auf dem Kopf der Versuchsperson. Klatsch! Gute Hypnosemedien töten die Mücke, bevor sie stechen kann. Später berichten sie, sie hätten das Summen gehört und die Landung des Insekts auf dem Kopf gespürt.

Der Hypnotiseur modifiziert die Wahrnehmung weiter, indem er suggeriert, der Hypnotisierte nehme einen süßen oder sauren Geschmack wahr. Dabei kann sich der Mund der Versuchsperson zusammenziehen, und das Geschmackserlebnis ist manchmal ziemlich intensiv.

Die obigen Suggestionen werden von einer beträchtlichen Zahl von Versuchspersonen schwach oder manchmal auch sehr intensiv erlebt. Die nachfolgenden Suggestionen sind schwieriger, aber von begabten Hypnosemedien werden sie ganz realistisch (manchmal sogar ›realer‹ als real) erlebt.

Noch einmal wird die Versuchsperson gebeten, einen Arm vorzustrecken. Dann heißt es, der Arm werde nun von selbst steif, und zwar so steif, daß er sich nicht mehr beugen lasse. Trotz größter Mühe ist es der Versuchsperson unmöglich, den Arm zu beugen. Die normale muskuläre Kontrolle über den Arm existiert nicht mehr.

Die Wahrnehmung von Körper und Realität ist damit verändert, und es geht nun weiter nach innen. Der Versuchsperson wird gesagt, sie werde einen Traum haben, einen sehr lebhaften Traum. Dann folgt eine Zeit der Stille. Wenn man die Versuchsperson später bittet, das Erlebte zu beschreiben, erzählt sie häufig tatsächlich einen sehr lebhaften Traum. Wenn man Hypnotisierte bittet, die Realität dieses Traums mit derjenigen nächtlicher Träume zu vergleichen, so berichten sie, diese Träume seien manchmal ebenso real, manchmal sogar noch intensiver gewesen. Auch der Trauminhalt kann durch Suggestion beeinflußt werden. Beispielsweise kann man suggerieren, der Traum werde darstellen, wie es sei, hypnotisiert zu sein.

Altersregression ist eines der dramatischsten hypnotischen Phänomene. Man induziert der Versuchsperson, sie werde in der Zeit zurückkreisen; sie sei nun nicht mehr erwachsen, sondern wesentlich jünger. Oft wird ein besonderer Zeitpunkt suggeriert, zu dem der/die Betreffende regredieren soll, etwa zu einem Geburtstagsfest in einem bestimmten Alter. Der Grad der Wirkung variiert, aber die begabtesten Hypnosemedien erleben sich tatsächlich wieder als Kinder. Ihre Art zu sprechen und zu schreiben kann sich verändern, und sie haben das Gefühl, tatsächlich einen früheren Teil ihres Lebens wiederzuerleben. Es handelt sich also nicht nur um eine bloße Erinnerung.

Ein anderes erstaunliches Phänomen ist die Anosmie, der Verlust des Geruchssinns. Obwohl ich diesem Test schon viele Male beigewohnt und ihn mit eigenen Augen beobachtet habe, verblüfft er mich noch heute. Nachdem der Versuchsperson suggeriert wurde, sie könne nichts mehr riechen, hält man ihr eine Flasche Haushaltsammoniak unter die Nase und bittet sie, tief einzuatmen. Talentierte Hypnosemedien im Zustand tiefer Hypnose atmen tief ein, zeigen keinerlei Reaktion und bestreiten, auch nur irgend etwas gerochen zu haben. Ammoniakgeruch ist nicht nur extrem stark, sondern in unserem gewöhnlichen Bewußtseinszustand sogar ziemlich schmerzhaft. Die hier beschriebene

Testform C enthält nur einen Test dieser Art, doch wird bei einigen anderen standardisierten Hypnosetests eine Vielzahl von schmerzhaften Stimuli eingesetzt, nachdem zuvor Schmerzunempfindlichkeit suggeriert wurde. Die Möglichkeit, Schmerz zu verringern oder sogar völlig zu eliminieren, ist einer der erstaunlichsten (und nützlichsten) Aspekte der Hypnose.

Bisher ging es darum, daß äußere Empfindungen in der Hypnose umgedeutet oder gelöscht und daß äußere Wahrnehmungen durch einen Traum ersetzt werden können. Man kann sie jedoch auch durch halluzinierte Wahrnehmungen ohne jede reale Grundlage ersetzen. Im nächsten Test wird dem Hypnotisierten gesagt, die Sekretärin des Forschungsinstituts habe vergessen, ein paar Formalitäten zu klären, deshalb würden nun über die Gegensprechanlage des Versuchsraums einige Fragen gestellt. Besonders talentierte Versuchspersonen hören daraufhin tatsächlich die (nichtexistenten) Fragen und beantworten sie sogar!

Als nächstes wird eine extreme Veränderung der Wahrnehmung getestet, eine negative Halluzination. Man sagt der Versuchsperson, wenn sie die Augen öffne, werde sie zwei Kästen auf einem Tisch vor sich stehen sehen. In Wirklichkeit sind es drei Kästen, aber eine talentierte Versuchsperson sieht mit Sicherheit nur zwei. Auch ist schon allein die Fähigkeit, mit geöffneten Augen im hypnotischen Zustand verbleiben zu können, ein Zeichen für ein hohes Maß hypnotischer Begabung.

Schließlich suggeriert der Hypnotiseur, wenn die Versuchsperson aus der Hypnose erwache, werde sie sich an nichts von dem, was geschehen sei, erinnern. Auf ein bestimmtes Stichwort des Hypnotiseurs hin jedoch werde die Erinnerung an das Geschehene zurückkehren. Anschließend wird der/die Hypnotisierte aus der Hypnose aufgeweckt und befragt, was vorgefallen sei. Ein talentiertes Hypnosemedium berichtet dann, es sei hypnotisiert worden, habe sich hingesetzt und entspannt und müsse dann wohl eingeschlafen sein, denn es könne sich an nichts weiter erinnern. Auf das zuvor festgelegte Zeichen hin kehrt jedoch die vollständige Erinnerung an das Vorgefallene zurück.

Ein anderer verbreiteter hypnotischer Effekt, der routinemäßig überprüft wird, obgleich er nicht in der oben beschriebenen

Testreihe enthalten ist, ist die posthypnotische Suggestion. Während die Versuchsperson sich in Hypnose befindet, wird suggeriert, daß irgendwann nach dem Aufwachen aus der Hypnose der Hypnotiseur eine Art Stichwort geben werde, etwas wie »Heute ist es ja ziemlich warm«. Jedesmal, wenn die Versuchsperson dieses Stichwort hört, soll sie etwas Bestimmtes tun, beispielsweise eine Tür öffnen und in die Diele schauen. Außerdem wird suggeriert, die Versuchsperson werde keinerlei Erinnerung an diese posthypnotische Suggestion haben.

Nachdem die Hypnose aufgehoben ist und die Versuchsperson sich allem Anschein nach wieder in ihrem gewöhnlichen Bewußtseinszustand befindet, läßt der Hypnotiseur gelegentlich das Stichwort fallen, meist wie zufällig im Verlauf einer normalen Unterhaltung. Spricht die Versuchsperson gut auf die Hypnose an, so führt sie das Suggerierte aus, ohne sich daran zu erinnern, daß es eine Reaktion auf eine posthypnotische Suggestion ist.

Wenn die posthypnotische Suggestion besagt, die Versuchsperson solle die Tür öffnen und in die Diele schauen, so könnte man meinen, die meisten Menschen würden dies spätestens nachdem es mehrmals passiert ist merkwürdig finden. Einem guten Hypnosemedium hingegen fällt immer eine Rationalisierung für sein merkwürdiges Verhalten ein. Oft werden diese ›Gründe‹ sogar genannt, ohne daß überhaupt danach gefragt worden ist. »Ich habe draußen ein merkwürdiges Geräusch gehört«, oder »Ziemlich stickig hier; ein wenig Luft kann wohl nicht schaden«. Posthypnotische Suggestionen zeigen eindeutig, daß uns die Motive unseres Verhaltens völlig unbewußt sein können.

Trotz ihrer großen Macht ermöglicht die Hypnose dem Hypnotiseur keineswegs absolute Kontrolle über Menschen, die er hypnotisiert hat. Wenn der Hypnotiseur beispielsweise einem Hypnotisierten suggeriert, er solle etwas ziemlich Gefährliches und Antisoziales tun, etwa jemanden erschießen, so wird dieser gewöhnlich die Suggestion ignorieren oder aus der Hypnose aufwachen, manchmal sehr aufgebracht. Die übliche Interpretation dazu lautet, daß hypnotische Suggestionen nur so lange wirken könnten, wie sie mit unseren tiefsten Überzeugungen in Einklang stünden.

Es gibt jedoch auch eine wesentlich beunruhigendere Erklärung, die Sie besser verstehen werden, wenn Sie das nächste Kapitel über Konsensus-Trance gelesen haben. Wenn jemand hypnotisiert worden ist, kann der Hypnotiseur posthypnotisch suggerieren, daß der Hypnotisierte von niemand anderem hypnotisiert werden kann. Bis diese Suggestion ihre Wirkung verliert — was in einigen Fällen mehrere Stunden, in anderen Monate dauern kann —, reagiert der/die Betreffende tatsächlich nicht auf hypnotische Induktionen anderer Hypnotiseure. Die Suggestion kann auch so abgewandelt werden, daß der/die Hypnotisierte zwar von anderen hypnotisierbar ist, jedoch auf bestimmte Arten von Suggestionen nicht anspricht. Wenn wir später die Beschaffenheit des gewöhnlichen Bewußtseins und seine tranceartige Qualität untersuchen, werden wir erkennen, daß Widerstand gegen antisoziale Suggestionen im Zustand der Hypnose zwar tatsächlich aufgrund eines moralischen Werts erfolgen kann, jedoch auch einfach bedeuten kann, daß der ursprünglich tätige Hypnotiseur, nämlich die Kultur selbst, eine Art posthypnotischer Suggestion hinterlassen hat, die noch wirksam ist und spätere Veränderungsversuche blockiert.

Zweifel an der Realität des Phänomens Hypnose

Wenn ein Teil Ihres Geistes das hier Beschriebene nicht so recht glauben mag, so ist das verständlich — insbesondere, wenn ich hinzufüge, daß es noch weitaus eindrucksvollere hypnotische Phänomene gibt als die von den ›Stanford Hypnotic Susceptibility Scales‹, Form C, erfaßten. Für besonders begabte Hypnosemedien haben wir nämlich noch ganz andere Tests entwickelt!

Ich selbst habe Menschen mit diesen standardisierten Tests hypnotisiert und die Phänomene viele Dutzend Male mit eigenen Augen beobachtet. Ich muß die Realität der Phänomene akzeptieren, weil ich sie selbst wiederholt beobachtet habe.

Zugegeben, sie riechen ein wenig nach Magie. Jedoch waren weder Drogen noch überwältigende Emotionen im Spiel, mit denen man Menschen zu extremen Handlungsweisen veranlassen kann. Und doch veränderte sich die Realität der Hypnotisierten auf drastische, fast unglaublich erscheinende Weise. Und ist das etwa nicht mit jener Magie zu vergleichen, bei der der Magier mittels eines Zauberspruchs (also durch Worte) die Realität verändert?

Erklärungen für Hypnose

Die Theoretiker, die versucht haben, die Hypnose zu verstehen und zu erklären, lassen sich in zwei Klassen einteilen: die der Leichtgläubigen und die der Skeptiker. Die leichtgläubigen Theoretiker nehmen Verhalten und Berichte der Versuchspersonen für bare Münze: Wenn die Versuchsperson auf das Einatmen von Ammoniak nicht reagiert und behauptet, nichts gerochen zu haben, dann hat sie eben tatsächlich nichts gerochen. Skeptische Theoretiker sehen das Phänomen der Hypnose als von Natur aus unwahrscheinlich oder unmöglich an; folglich muß die Versuchsperson etwas vorspiegeln: Sie hat das Ammoniak gerochen, und es war schmerzhaft, doch sie hat so getan, als ob sie nichts gerochen hätte, und hat auch später gelogen.

Empirische Theorien über Hypnose

Ich vermute, die Bezeichnung der ersten Theoretikergruppe als ›leichtgläubig‹ ist von einem skeptischen Theoretiker geprägt worden, da das Wort leichtgläubig einen Beigeschmack von Naivität hat. Ich werde daher den Begriff durch empirisch ersetzen, um auf neutralere Art darauf hinzuweisen, daß diese Theoretiker das Verhalten und die Berichte der Hypnotisierten als einigermaßen verläßliche Anhaltspunkte für ihre Erlebnisse ansehen.

Die empirischen Theoretiker haben Schwierigkeiten, die Erlebnisse der Hypnotisierten zu erklären. *Warum* kann deren Erfahrung sich in so starkem Maße verändern? Eine der Hauptlinien der Spekulation war, daß es bei der Hypnose zu starken physiologischen Veränderungen im Nervensystem kommt, die mit dem

Schlaf und mit durch Drogen induzierten Zuständen vergleichbar sind. Leider sind derartige Veränderungen nie nachgewiesen worden. Gehirnwellen sind zwar ohnehin nur ein ziemlich grober Maßstab, doch entsprechen die Gehirnwellenmuster von Hypnotisierten ziemlich genau denen von Menschen in gewöhnlichen Bewußtseinszuständen. Andere physiologische Veränderungen im Körper sind offenbar auf die Entspannung zurückzuführen, die gewöhnlich gleichzeitig mit der Hypnose eintritt. Man kann die Entspannung und die damit verbundenen physiologischen Veränderungen jedoch mittels Suggestion ausschalten, ohne daß die Versuchsperson deshalb den Zustand der Hypnose verlassen muß.

Mit ziemlicher Sicherheit werden wir irgendwann einmal mit einem weiterentwickelten, äußerst sensiblen Instrumentarium physiologische Veränderungen im Zustand der Hypnose nachweisen können. Schon heute gibt es Hinweise auf Veränderungen bei den im Gehirn aktivierten Potentialen im Falle negativer Halluzinationen, doch starke Veränderungen, die zu erklären vermöchten, was Hypnose ist, sind bisher nicht entdeckt worden. Gravierender ist, daß wir noch immer nicht erklären können, wieso man durch bloßes Reden bei einem Menschen so starke Veränderungen hervorrufen kann.

Skeptische Theorien über Hypnose

Die skeptischen Theoretiker nehmen an, daß Verhaltensweisen, die mit der Hypnose in Verbindung stehen, ›normal‹ sind, daß sie also die normalen Grenzen menschlichen Verhaltens nicht überschreiten. Nur seien sie selten und ungewöhnlich. Sehe man eine Menge dieser Verhaltensweisen im Hypnose genannten Kontext, so komme fälschlich der Gedanke auf, daß es doch etwas Besonderes sei. Außerdem ist nach Ansicht der meisten skeptischen Theoretiker das offensichtliche Eingehen auf die Suggestionen größtenteils Schauspielerei. Die Versuchsperson befinde sich keineswegs in einem hypnotischen ›Zustand‹, sondern *spiele* im Normalzustand *die Rolle* des Hypnotisierten.

Skeptische Theoretiker gibt es, seit die Hypnose durch Anton Mesmers Wirken unter der Bezeichnung ›animalischer Magnetismus‹ im Westen bekannt wurde. James Esdaile, ein britischer Arzt, der in Indien praktizierte, entdeckte, daß man Hypnose in vielen Fällen bei Operationen zur Betäubung verwenden kann. Chemische Anästhesie gab es damals noch nicht. 95 Prozent der Operierten starben an den Operationsfolgen und litten außerdem furchtbare Schmerzen. Esdaile berichtete, daß seinen (hypnotisierten) indischen Patienten nicht nur die Schmerzen erspart blieben, sondern daß sie auch zu 95 Prozent die Operation überlebten.

Die medizinischen Zeitschriften Großbritanniens weigerten sich damals, Esdailes Schriften zu veröffentlichen. Als er nach England zurückkehrte, demonstrierte er vor Kollegen vom Britischen College für Ärzte und Chirurgen seine Erkenntnisse. Er hypnotisierte einen Mann mit einem gangränösen Bein (Raucherbein) und amputierte das kranke Bein vor dem Auditorium, während der Patient ruhig lächelnd dalag. Und welchen Schluß zogen die skeptischen Kollegen? Esdaile müsse ein Betrüger sein! Er habe wohl für ein Goldstück einen abgebrühten Saufbold engagiert, der nur so täte, als spüre er keine Schmerzen.

Damals muß es ziemlich harte Burschen gegeben haben.

Drei Dimensionen der Hypnose

Ich vermute, daß es in Wahrheit eine Vielzahl von Reaktionen auf hypnotische Induktionen gibt und daß sowohl die empirische wie auch die skeptische Position teilweise zutreffend ist.

Ronald Shor, ein prominenter Erforscher der Hypnose, sprach von drei Dimensionen hypnotischer Tiefe[2], drei verschiedenen Arten von Veränderungen psychischer Funktionen, die infolge der Induktion sowohl einzeln wie auch in Kombinationen auftreten können. Diese drei Dimensionen sind Eintauchen in das Rollenspiel, Trance und archaische Regression. Veränderungen unserer mentalen Funktionsweise, die diesen Dimensionen entsprechen, treten seiner Ansicht nach auch im alltäglichen Leben auf.

Eintauchen in das Rollenspiel

Was mit Eintauchen in das Rollenspiel gemeint ist, verstehen wir wohl alle. Ein Schauspieler spielt Hamlet auf der Bühne, aber er weiß, daß er nicht Hamlet ist, er spielt Hamlet nur. Wir spielen im Leben verschiedene Rollen, die eindeutig künstlich sind; wir *sind* diese Rollen nicht. Wenn der Versuchsperson im oben beschriebenen Standardtest gesagt wird, die Sekretärin des Labors müsse über die Gegensprechanlage ein paar Fragen stellen, denkt sich jemand, der die Rolle eines Menschen in tiefer Hypnose spielt, Fragen aus, die in dieser Situation vermutlich gestellt werden müßten, und spricht laut einige vernünftig klingende Antworten. Was als absichtliches Rollenspiel beginnt, kann sich aber auch verändern. Das Konzept des Eintauchens in das Rollenspiel bezieht sich auf die Tatsache, daß wir leicht anfangen, uns mit einer Rolle, die wir spielen, zu identifizieren, anstatt sie nur bewußt zu spielen. Wir sind dann plötzlich mit Leib und Seele bei der Sache und vergessen, daß es nur eine Rolle ist. Die Rolle kann uns überwältigen und dann praktisch *uns* spielen.

Einige Menschen mögen durchaus als Reaktion auf die Induktion die Rolle des Hypnotisierten spielen, aber für die meisten automatisiert sich die Rolle irgendwann, was in unterschiedlichem Maße unbewußt sein kann. Im Extremfall zeigt eine Versuchsperson, die sehr tief in ihre Rolle eingetaucht ist, das ganze äußere Verhalten eines Menschen im Zustand tiefer Hypnose. Es ist dem Betreffenden nicht einmal klar, daß irgendeine andere Möglichkeit auch nur existiert. Vielmehr verhält er sich automatisch in Übereinstimmung mit den eigenen Mutmaßungen über das Verhalten Hypnotisierter und vergißt dabei, daß er eine Rolle spielt. Wenn man ihn später über seine inneren Erlebnisse befragt, wird er wahrscheinlich berichten, er habe nichts Außergewöhnliches erlebt. Sein Arm habe sich nicht schwer angefühlt, aber es sei einfach nichts Sinnvolleres zu tun gewesen, als den Arm so zu senken, als ob er sich schwer angefühlt hätte. Eintauchen in das Rollenspiel ist eine Form der Identifikation, und Identifikation ist ein machtvoller Prozeß, den wir in den Kapiteln 11 und 12 untersuchen werden.

Die Dimension der Trance bezieht sich auf das Verschwinden der intellektuellen Strukturen, mit deren Hilfe wir ständig automatisch unsere Erfahrungen auswerten. Short nannte diese Strukturen die ›generalisierte Realitätsorientierung‹. Ich selbst habe sie als ›Konsensus-Realitätsorientierung‹ (CRO) bezeichnet, um jenen Beigeschmack einer offensichtlichen Wahrhaftigkeit zu meiden, den das Wort ›generell‹ impliziert, und um uns daran zu erinnern, daß unsere Orientierung an der Realität größtenteils ein Produkt unseres speziellen kulturellen Konsensus (der für unsere Kultur spezifischen Übereinkünfte über Realität und Wichtigkeit) ist. In späteren Kapiteln werden wir uns mit diesen kulturellen Faktoren ausführlich befassen.

Wenn jemand etwas zu Ihnen sagt, dann wird es gewöhnlich sofort und automatisch in Bezug zu jenem angesammelten Wissen bewertet, das einen Teil der Konsensus-Realitätsorientierung (CRO) bildet. Wenn ein Vertreter sagt: »Das ist das beste Produkt auf dem Markt«, dann bewerten Sie diese Aussage sofort und automatisch im Sinne Ihres CRO-Wissens darüber, daß Vertreter gewöhnlich übertreiben oder sogar lügen, wenn sie ihre Produkte verhökern wollen. Sie hören sich die Aussage zwar an, aber Sie fügen ihr innerlich sofort die Einschränkung hinzu, daß ihr Wahrheitsgehalt zweifelhaft ist.

Da die Konsensus-Realitätsorientierung infolge hypnotischer Induktion verblaßt, findet keine automatische Auswertung der Aussagen des Hypnotiseurs statt. Zu Anfang der Induktion könnte der Hypnotiseur beispielsweise suggerieren: »Es wäre so angenehm, jetzt sanft in den Schlaf hinüberzugleiten.« Bei voll funktionierender CRO könnten Sie denken: »Will ich denn wirklich jetzt schlafen? Ist Schlaf wirklich so angenehm? Könnte ich etwas versäumen, wenn ich jetzt einschlafe? Er hat suggeriert, daß ich schon schläfrig bin, aber fühle ich mich denn wirklich schläfrig?« Beim Ausfallen der automatischen Tätigkeit der Konsensus-Realitätsorientierung im Zustand fortgeschrittener Hypnose wird die Suggestion des Hypnotiseurs zu einer einfachen, unbewerteten Tatsachenaussage: Es wäre so angenehm, jetzt sanft in den Schlaf hinüberzugleiten. Die Erlebnisse des Hypnotisierten werden ›dissoziiert‹, sie werden also nicht mehr automatisch oder bewußt mit relevanter Information assoziiert. Auch hiermit werden wir uns später noch ausführlich befassen.

In der Dimension der Trance erscheinen demnach Erfahrungen isoliert, ohne automatische und bewußte Bewertung im Hinblick auf das allgemeine CRO-Wissen des Hypnotisierten. Entweder findet keinerlei Bewertung statt, oder die Bewertung wird nur im Hinblick auf eine spezialisierte Art von Wissen durchgeführt, die für den Zustand der Trance charakteristisch ist. Eine Versuchsperson im Zustand tiefer Hypnose erlebt in der Dimension der Trance alle klassischen Phänomene: Sie sind für den Hypnotisierten völlig real, und seine äußere Reaktion, die zu bestätigen scheint, daß er die besagten Phänomene erlebt, ist eine unmittelbare Spiegelung seiner inneren Erfahrungen.

Archaische Regression

Die dritte Dimension der Hypnose, die archaische Regression, entsteht aus den Erlebnissen, die wir alle als Kinder mit unseren Eltern hatten. Wir waren klein, unwissend und fast machtlos, hatten nur wenig Verständnis unserer selbst und kaum Kontrolle über die Vorgänge in unserem eigenen Inneren. Unsere Eltern waren Giganten, im Besitz von Wissen, Kontrolle und Macht weit jenseits unserer Verständnismöglichkeiten. Verglichen mit uns waren sie wie Götter. Wir entwickelten eine automatisierte Wahrnehmung von ihnen, sahen sie als gottähnliche Wesen, die uns verstanden, aber auch unbedingten Gehorsam erwarteten. Dafür belohnten sie uns, indem sie für unsere physischen Bedürfnisse sorgten und uns liebten. Unsere Erwartungen wurden allem Anschein nach bestätigt.

Unter der Oberfläche unseres komplizierten Erwachsenen-Selbst existiert diese Struktur von automatisierten Verhaltensweisen immer noch, und sie kann aktiv werden, ohne daß es uns auffällt. Freud nannte dies ›Übertragung‹: Wir übertragen das kindliche kognitive/emotionale Verhalten auf bestimmte Menschen in unserer subjektiven Welt, oft mit verwirrenden und katastrophalen Folgen. Angenommen, Ihr Chef bittet Sie, für ihn eine Aufgabe zu übernehmen, und bei deren Ausführung macht ein Teil Ihrer Seele ihn zu Ihrem Vater. In diesem Fall färben alle Ihre Erwartungen darüber, wie Ihr Vater sich Ihnen gegenüber verhalten sollte, Ihre Beziehung zu Ihrem Chef. Da Sie ohne sein Wissen von ihm erwarten, daß er Sie liebt und Ihre tiefsten Gefühle versteht, ohne daß Sie ihm diese offen zeigen müssen, wirkt sein Verhalten, da es Ihre Bedürfnisse ignoriert, wie eine Zurückweisung. Sie denken folglich, er mag Sie nicht, und ein Mißverständnis kommt zum anderen.

Eine Reaktion auf die Induktion von Hypnose ist, die Einstellung, die Sie dem einen oder anderen Elternteil (oder beiden) gegenüber hatten, auf den Hypnotiseur zu übertragen. Er hat dann für Sie die gleiche Art magischer Eigenschaften, wie Ihre Eltern sie hatten, als Sie noch ein Kind waren. Natürlich *muß* das, was er suggeriert, unter dieser Voraussetzung wahr werden. Es wäre *böse,* wenn Sie nicht gehorchten und nicht die Dinge erleben würden, die der Hypnotiseur bzw. die Vater- oder Mutterfigur von Ihnen erwartet. Dies kann gelegentlich zu intensiven emotionalen Episoden im Umfeld des hypnotischen Prozesses sowie zu offener äußerer Einwilligung in die Suggestionen des Hypnotiseurs führen. Innerlich werden die Suggestionen dabei meist sehr real erfahren.

Bei einem Hypnotisierten können starke psychische Veränderungen im Sinne der beschriebenen drei Dimensionen auftreten. Alle diese veränderten psychischen Funktionsweisen betreffen uns im alltäglichen Leben weitaus mehr, als wir merken.

Aversion gegen ›Trance‹

Beim Verfassen der obigen Beschreibung der Hypnose und einiger innerer Prozesse, die ihr zugrunde liegen, habe ich mich um wissenschaftliche Neutralität bemüht, nach dem Motto »Hier sind die Fakten, ich habe keine Urteile darüber«; diese Methode zeichnet vorgeblich den objektiven Wissenschaftler aus.[3] Nun wäre es abgesehen davon interessant zu erfahren, was für ein Gefühl man gegenüber einem Hypnotisierten entwickelt. Zwar hat der/die Betreffende ja grundsätzlich in die Hypnose eingewilligt, aber hat er/sie nicht den Willen einem anderen Menschen überantwortet und damit einer primitiveren Art psychischen Funktionierens nachgegeben? Der Hypnotiseur hat nun einen extrem großen Einfluß auf die Realität der Versuchsperson.

Ein Teil unserer Aversion gegen einen Zustand der Trance wie den der Hypnose scheint mit daher zu rühren, daß uns ein höchst unangenehmes Faktum längst klar ist. Wir befinden uns nämlich bereits in Trance. Wir haben einen viel zu großen Teil unseres Lebens in der einen oder anderen Form von Trance zugebracht. Unser Verhalten und unsere inneren Erfahrungen *werden* sehr stark von anderen beeinflußt, und es besteht kaum ein Grund zu der Hoffnung, daß sich daran einmal etwas ändern wird. Hypnose ist nur eine besonders auffällige Form von ›Trance‹, weil die Verhaltensweisen, die wir in diesem Zustand an den Tag legen, in der Gesellschaft, in der wir leben, als ungewöhnlich gelten.

Die moderne psychologische Forschung hat viele der Mechanismen entdeckt, die unseren tranceartigen Zustand induziert haben und ihn seither aufrechterhalten. Die Tatsache selbst, daß wir uns im Zustand der Trance befinden, blieb jedoch weitgehend verborgen. Gurdjieff erkannte das Tranceartige unseres Normalzustandes und studierte diesen detailliert, um exakt herauszufinden, was uns in jenem Zustand der wachen Trance hält. So schenkte er uns die Hoffnung, daß wir aufwachen können, und lehrte uns auch die Methoden, dies zu erreichen. Wenn ein Außenstehender (ein Hypnotiseur) einen so großen Einfluß auf uns haben kann, was wäre dann erst möglich, wenn wir selbst die Herrschaft über unseren Geist hätten? Ein Hypnotiseur ist schon allein deshalb in seiner Wirkungsmöglichkeit eingeschränkt, weil er sich wahrscheinlich ebenso in Trance befindet wie wir selbst. *Stellen Sie sich vor, Sie würden Ihr Leben tatsächlich selbst bestimmen und wären wirklich wach!* Damit wären wir beim Hauptthema dieses Buchs angelangt: der Beschaffenheit der Trance im Wachzustand und unseren Möglichkeiten, aus dieser Trance zu erwachen.

10

Die alltägliche Trance

Konsensus-Trance –
der Schlaf des gewöhnlichen Bewußtseins

Trance
1. Ein Zustand teilweise aufgehobener Lebendigkeit bzw. der
Aufhebung der Funktionsfähigkeit; Benommenheit; Erstarrung.
2. Ein Zustand starker geistiger oder spiritueller Zurückgezogenheit wie bei der religiösen Kontemplation; Ekstase.
3. Ein schlafartiger Zustand wie in tiefer Hypnose.

Webster's New Collegiate Dictionary (1973)

In diesem Kapitel werden wir unseren alltäglichen, ›normalen‹
Bewußtseinszustand untersuchen, und zwar werden wir ihn so
betrachten, wie wir es bei den Phänomenen der Hypnose getan
haben. In welchem Kontext entwickelt sich der gewöhnliche Bewußtseinszustand, das Alltagsbewußtsein? Welche Induktions-
prozeduren lassen es entstehen? Welche Phänomene kann der
›Hypnotiseur‹ hervorrufen? Ich bezeichne den gewöhnlichen Bewußtseinszustand in diesem Buch nicht umsonst als ›Konsensus-
Trance‹. Der Hypnotiseur ist in diesem Fall die Kultur. Die ›Versuchsperson‹, also das Objekt dieses Prozesses, sind Sie selbst.

Dies mag zunächst etwas künstlich erscheinen, doch werden
wir sehen, daß die Konsensus-Trance wesentlich universeller,
mächtiger und ein sehr viel künstlicherer Zustand ist als gewöhnliche Hypnose und daß sie in starkem Maße die Eigenschaften
der Trance aufweist. Die Konsensus-Trance beraubt uns eines
großen Teils unserer Vitalität. Sie ist ein Zustand teilweiser

Funktionsunfähigkeit, der Benommenheit, der Erstarrung. Außerdem ist es ein Zustand tiefen Versunkenseins, ein starker Rückzug aus der unmittelbaren sensorisch/intellektuellen Realität in Abstraktionen über die Realität. So wie Trance als Zustand der Ekstase gilt, gibt es auch im Fall der Konsensus-Trance gewisse Belohnungen, doch wäre es verfehlt, diese ›Ekstase‹ zu nennen.

Denken Sie daran, daß der Schwerpunkt dieses zweiten Hauptteils meiner Darstellung eine Diagnose der Psychopathologie des alltäglichen menschlichen Lebens ist: Was fehlt im Leben der Menschen? Was macht sie unglücklich? Mit Liebe, Mut, Erbarmen, Kreativität und anderen positiven Aspekten werden wir uns später beschäftigen. Zunächst möchte ich die negativen Seiten der Kultur und der Induktion der Konsensus-Trance beleuchten. Zweifellos brauchen wir die Kultur. Wir verdanken ihr viel, und sie ist die Matrix, aus der unsere weitere Evolution hervorgehen muß. Vergessen Sie auch nie, daß der Induktionsprozeß der Konsensus-Trance nicht perfekt ist. Wir alle haben unsere persönliche Geschichte, die unser Alltagsbewußtsein auf einzigartige Weise geprägt hat. So wie wir in verschiedenem Maße hypnotisierbar sind, ist auch die Konsensus-Trance bei uns allen verschieden tief. Deshalb ist das weiter unten gezeichnete Bild mit Sicherheit stereotyp und stark vereinfacht… und doch leider auch recht zutreffend.

Kultur

Die Anthropologie definiert eine Kultur als eine Gruppe von Menschen, denen gewisse Grundanschauungen über die Welt sowie Verhaltensweisen im Umgang mit derselben gemeinsam sind. Die Mitglieder einer solchen Gruppe stehen in einer Interaktion miteinander, die das Überleben der Gruppe sowie die Verstärkung und Fortschreibung ihrer Grundanschauungen sichert. Wenn wir vom chinesischen Volk sprechen, so ist uns implizit klar, daß Chinesen völlig andere Anschauungen haben als Eskimos oder Anglo-Amerikaner.

Die Relativität der Kulturen

Die Anthropologie hat einen einzigartigen Beitrag zu unserem Verständnis der Welt geleistet. Wenn wir uns im Detail mit den Unterschieden wie auch mit den Ähnlichkeiten der vielen Kulturen beschäftigen, haben wir als einzelne die Möglichkeit, die Relativität vieler (wenn nicht gar der meisten) unserer kulturell bedingten Anschauungen zu erkennen. Gesellschaften von intelligenten Menschen, die den grundlegenden Test bestanden haben, als Kultur zu überleben, haben sehr verschiedene Ansichten über viele Dinge, die wir für selbstverständlich oder gar heilig halten.

Vieles, was uns in bezug auf die Welt als selbstverständlich erscheint, vieles, was wir als heilige Wahrheiten ansehen, könnte und sollte in Frage gestellt werden.

Um dies zu demonstrieren, konfrontiere ich meine Studenten oft mit der folgenden hypothetischen Situation: »Stellen Sie sich vor, Ihr Bruder ist soeben ermordet worden. Sie wissen, wer der Mörder ist. Wer von Ihnen würde die Polizei rufen?« Gewöhnlich hebt jeder Anwesende die Hand. Wenn ich anschließend frage, wie viele sich beschämt und entehrt fühlen würden, weil sie die Polizei rufen müssen, ernte ich gewöhnlich Stirnrunzeln. Was soll denn das nun wieder?

Nach den Wertmaßstäben einer ganzen Reihe von Kulturen haben sich die Studenten soeben selbst als Abschaum der menschlichen Gesellschaft entlarvt, als beschämende Existenzen, die man meiden sollte. Wenn ein Blutsverwandter ermordet worden ist, dann ist das eine *Familienangelegenheit!* Die persönliche Ehre verlangt, selbst Rache zu üben, wenn es um Mitglieder der eigenen Familie geht.

Stellen sich diese Leute der ehrenvollen Aufgabe, den Mord persönlich zu rächen? Nein, sie wollen die Angelegenheit einer Gruppe von Fremden (der Polizei) übergeben, die gegen Bezahlung arbeiten!

Wie tief kann der Mensch nur sinken! Kein Wunder, daß man Ausländern nicht trauen kann und daß die Welt ein so furchtbarer Ort geworden ist!

Enkulturation

Wenn wir geboren werden, sind wir ein Bündel von Potentialen, von Möglichkeiten, die darauf warten, entwickelt zu werden. Die Umgebung, in die wir hineingeboren werden, ist in bezug auf unsere Potentiale weder völlig neutral, noch ist ihr daran gelegen, alle unsere Potentiale zu entwickeln. Wir werden mit dem Potential geboren, persönlich Rache an einem Menschen zu nehmen, der ein Mitglied der Familie ermordet hat, und dann stolz darauf zu sein, etwas Anständiges und Ehrbares getan zu haben. Wir werden auch mit dem Potential geboren, uns gut zu fühlen, wenn die Sache von der Polizei geregelt wird. Unwahrscheinlich ist allerdings, daß diese beiden Potentiale bei einem Menschen in gleichem Maße entwickelt werden.

Jeder von uns wird in eine bestimmte Kultur hineingeboren, eine Gruppe von Menschen mit gemeinsamen Anschauungen, mit einem Konsens darüber, wie die Dinge sind und wie sie sein sollten. Sobald wir geboren werden, beginnt die Kultur hauptsächlich durch Vermittlung der Eltern, aus der Gesamtheit unserer Potentiale eine Auswahl zu treffen. Einige werden gutgeheißen und daher gefördert. Denken Sie über das folgende Beispiel nach, das in unserer Kultur lange als recht und billig galt, jedoch heute in Frage gestellt wird: »Du bist ein gutes Mädchen, weil du dem Lehrer gesagt hast, welches Kind deinen kleinen Bruder geschlagen hat. Ich bin stolz auf dich!« Andere Potentiale gelten als böse, und ihre Entwicklung wird behindert und bestraft. »Du warst ein böses Mädchen, weil du den Jungen geschlagen hast, der deinen Bruder geschlagen hat. Du solltest so etwas nicht tun. Nette kleine Mädchen tun so etwas nicht! Wie soll ich dich liebhaben, wenn du so etwas tust? Geh in dein Zimmer!«

›Normalität‹ und Zugehörigkeit zu einer Kultur

›Normal‹ und ein vollwertiges Mitglied der eigenen Kultur zu werden setzt eine selektive Formung voraus, die Entwicklung geschätzter (›natürlicher‹, ›rechtschaffener‹, ›vornehmer‹, ›zivilisierter‹) Potentiale und die Unterdrückung nichtgeschätzter (›böser‹, ›krimineller‹, ›verbrecherischer‹, ›respektloser‹) Potentiale. Rein theoretisch wäre es natürlich möglich, die Übereinstimmung mit gesellschaftlichen Rollen nur vorzutäuschen, sie also nicht zu internalisieren, doch ist das für die meisten Menschen in der Praxis schwierig. Das Interesse einer Kultur wird wesentlich besser gewahrt, wenn die alltägliche Funktionsweise des menschlichen Geistes (die habituelle, automatisierte Art, zu denken und zu fühlen) die dem allgemeinen Konsensus entsprechenden Ansichten und Werte widerspiegelt. Dann stellen sich automatisch die ›richtigen‹ Wahrnehmungen und Interpretationen ein, und es wird so gleichsam ›natürlich‹, auf die kulturell erwünschte Weise zu agieren, selbst wenn keine Vertreter des gesellschaftlichen Zwangs in der Nähe sind. Wenn Sie automatisch ›normal‹ denken, sich ›normal‹ verhalten und fühlen, wenn die Aktivitäten Ihres Geistes automatisch die meisten Werte und Anschauungen Ihrer Kultur widerspiegeln, dann haben Sie den Zustand der kulturellen Konsensus-Trance erreicht. Diese Verkettung von Anschauungen umfaßt auch die, daß wir gar kein ›System von Überzeugungen‹ haben. Fremde haben merkwürdige ›Ansichten‹, aber wir wissen, was richtig ist!

Kulturen ermutigen ihre Mitglieder fast nie, sie in Frage zu stellen. Während des größten Teils der Menschheitsgeschichte war für die meisten Menschen das bloße physische Überleben stets ungesichert. Daher rührt das tiefe latente Gefühl, unsere Kultur habe uns in einer gefährlichen Welt das Überleben gesichert. Also: Keine Fragen stellen, denn Ruhe ist die erste Bürgerpflicht!

Dennoch ist es vielen intelligenten Menschen aufgrund von persönlichen Erlebnissen gelungen, die Relativität zumindest einiger ihrer kulturellen Werte zu erkennen. Früher waren das meist diejenigen, die viel reisten und offen genug waren, um erkennen zu können, daß nicht jeder andere, unbekannte Mensch ein ›Wilder‹ oder ein ›verdächtiger Fremder‹ ist. Einzigartig an unserer Zeit, daß die enorme Menge an verfügbarem anthropologischem Material über kulturelle Relativität deren Erkenntnis der Allgemeinheit wesentlich erleichtert, also auch Menschen, die nicht viel reisen. Die Art von Selbst-Beobachtung, die Gurdjieff lehrte, kann ebenfalls dazu beitragen, die kulturellen Grenzen zu überwinden.

Essenz

Gurdjieff charakterisierte ein Neugeborenes als reine ›Essenz‹. Die Essenz ist Ihr authentisches, innerstes Selbst, Ihre Wünsche, Ihr Geschmack, Ihre Vorlieben und Abneigungen sowie jene Potentiale, die in Ihnen waren, bevor der Induktionsprozeß der Konsensus-Trance anfing, Sie zu verändern. Die Essenz ist, was bzw. wer wir wirklich waren, als wir in diese Welt kamen.

Natürlich haben wir als Neugeborene nur ein begrenztes Repertoire an Verhaltensmöglichkeiten. Zu unseren Charakteristika kann beispielsweise gehören, daß wir gut (= regelmäßig) oder unregelmäßig schlafen, daß wir allgemein zufrieden oder leicht reizbar sind und daß wir bestimmte Geschmacksrichtungen bevorzugen, andere hingegen nicht ausstehen können. Die Essenz umfaßt außerdem bei allen, die ›normal‹ werden, die Fähigkeit, eine Sprache zu erlernen und eine Kultur zu internalisieren. Allerdings sind wir keine *Tabula rasa,* kein unbeschriebenes Blatt, auf das die Kultur schreiben kann, wie es ihr beliebt, ohne daß dies für uns irgendwelche Konsequenzen hätte. Außerdem haben wir auch einzigartige genetische und spirituelle Gaben, die sich manifestieren, während wir aufwachsen. So kann es sein, daß wir Sport verabscheuen, aber gerne im Wald spazierengehen. Oder wir empfinden den Geschmack von Karotten als ekelhaft und mögen den Geruch von Schweiß. Oder wir erfreuen uns an Poesie, Mathematik jedoch ist uns langweilig. Oder wir suchen nach dem inneren Licht, obwohl sich andere deshalb über uns lustig machen.

Die Induktion der Konsensus-Trance ist der Prozeß der Formung von Verhalten und Bewußtsein des Babys als des Objekts der Hypnose. Dieser Prozeß soll garantieren, daß das Kleinkind sich ›normal‹ entwickelt, was wiederum garantiert, daß bei allen Menschen einer Kultur Verhalten und Bewußtsein in einem hohen Maße standardisiert sind und den sozialen Normen entsprechen. Um Amerikaner zu sein, muß man gutes Englisch sprechen und einigermaßen gute Manieren haben – und zwar nach den Maßstäben der eigenen Kultur. Außerdem muß man nach beiden Seiten schauen, bevor man eine Straße überquert, Eltern, Lehrer und die amerikanische Flagge respektieren usw. Sie können nach Belieben fünftausend Anschauungen hinzufügen, die Ihnen besonders wichtig erscheinen.

Wir Hypnotiseure unserer Kultur merken natürlich nicht, daß und wie wir Konsensus-Trance induzieren. Die meisten von uns werden sicherlich schockiert sein über die Vorstellung, daß sie selbst bei ihren Kindern eine Trance induzieren, die eine Minderung des Lebendigseins und des Realitätskontakts zur Folge hat und an Stupor erinnert. Wir halten das, was wir mit Kindern anstellen, ernstlich für ›Erziehung‹, da wir ihnen doch Fähigkeiten vermitteln, die sie haben müssen, um ein glückliches Leben führen zu können. Wir *helfen* den Kindern, wir versetzen sie doch nicht in Trance! Das ist natürlich in mancher Hinsicht wahr. Ein Kind *muß* beispielsweise lernen, nach beiden Seiten zu schauen, bevor es eine Straße überquert, sonst könnte es überfahren werden. Jedoch: So wie ein gewöhnlicher Hypnotiseur die Wahrheit benutzt, um den Zustand der herkömmlichen Hypnose zu induzieren (Ihre Sicht wird *tatsächlich* verschwommen, und Sie *sehen* Farben um den Konzentrationspunkt herum), so nutzt der kulturelle Hypnotiseur bei der Induktion der Konsensus-Trance viele Wahrheiten.

Was geschieht bei der Induktion der Konsensus-Trance mit der Essenz, jenem Ursprünglichen im Menschen?

Unterdrückung der Essenz

Wenn jemand das Glück hat, daß die meisten Charakteristika seiner persönlichen Essenz zufällig in seiner Kultur geschätzt werden, verläuft die Induktion der Konsensus-Trance bei ihm ziemlich sanft und konfliktfrei. Als Erwachsener ist er dann wahrscheinlich ›normal‹ und erfolgreich. Ist Ihre Essenz beispielsweise hitzig und aggressiv und Sie sind in eine Kultur hineingeboren worden, die harte, stolze Krieger bewundert, dann haben Sie vielleicht mit den realen Folgen des Lebens in einer derartigen Welt zu kämpfen, aber man wird kaum anzweifeln, daß Sie normal sind. Nehmen wir hingegen an, Ihr essentielles Wesen ist hitzig und aggressiv, aber Sie sind zufällig als Frau in eine Kultur hineingeboren worden, in der man von Frauen erwartet, daß sie fügsam und unterwürfig sind. In diesem Fall könnten Sie eine Menge Schwierigkeiten bekommen, wenn Ihr Temperament zum Vorschein kommt.

Noch katastrophaler wäre in diesem Fall, daß dieser Aspekt Ihrer Essenz wahrscheinlich so lange unterdrückt und bestraft würde, bis seine äußeren Manifestationen verschwunden wären. Als Erwachsene würden Sie dann fügsam und unterwürfig handeln und auch versuchen, innerlich entsprechend zu empfinden. Sie würden sich selbst einreden, daß Sie ein guter Mensch, ein normaler Mensch sind. Andere würden Sie darin bestätigen und Sie als Freundin akzeptieren, was Ihr fügsames Verhalten und Ihr inneres Gefühl des Gutseins wiederum weiter bestärken würde. Doch irgendwo in Ihrem Inneren wäre dadurch ein Teil Ihrer Essenz zermalmt worden. Wenn dies in starkem Maße geschehen wäre, würden Sie Ihr wahres launisches Temperament nicht einmal mehr spüren. Vielmehr hätten Sie nur das vage Gefühl, daß irgend etwas nicht in Ordnung ist. Sie würden sich nicht glücklich fühlen, obwohl doch ›eigentlich‹ kein Grund dafür besteht. Ein Teil Ihrer Lebendigkeit, Ihrer essentiellen Energie, wäre verlorengegangen, damit die Konsensus-Trance aufrechterhalten bleiben könnte.

Wenn die Unterdrückung nicht so perfekt wäre und Sie wüßten, daß viele Dinge Sie wütend machen, Sie jedoch diese Wut nicht ausdrücken können oder wollen, dann würden Sie sich vermutlich sorgen: »Bin ich normal? Ich dürfte so etwas nicht fühlen; normale Frauen würden in solchen Situationen niemals aufbrausen.« Ein Teil Ihrer essentiellen Energie wäre verlorengegangen, weil sie verknotet wäre, ein anderer Teil würde im ›neurotischen‹ Klagen über den Mangel an Normalität verpuffen. Wieder hätten Sie einen Teil Ihrer Lebendigkeit verloren.

Nun können wir damit anfangen, die Induktion der Konsens-Trance mit der einer herkömmlichen hypnotischen Trance zu vergleichen.

Setting und Vorbereitungen für die kulturelle Hypnose

Wir wollen uns das Setting unseres modellhaften hypnotischen Prozesses in Erinnerung rufen. Die Tests nach der Stanford Hypnotic Susceptibility Scale wurden in einer ziemlich normalen Umgebung durchgeführt, einem ruhigen Raum mit einem bequemen Stuhl. Die Vorstellung, hypnotisiert zu werden, gibt dem Setting und der ganzen Prozedur ein wenig Glamour, aber gewöhnlich ist eine solche Testsituation ziemlich kühl und wirkt jeder Mystifizierung entgegen. Der Hypnotiseur ist vielleicht etwas älter als die Versuchsperson oder hat ein höheres gesellschaftliches Prestige — in jedem Fall ist er ein ›Experte‹ —, doch die Beziehung ist im Grunde eine zwischen zwei normalen und in wesentlichen Anschauungen übereinstimmenden Erwachsenen.

Die Beschränkungen einer normalen hypnotischen Induktion

Zwar wird dies selten ausdrücklich erwähnt, aber eine herkömmliche Hypnose unterliegt mit Sicherheit einigen eindeutigen Beschränkungen:

a) Sie ist zeitlich begrenzt, gewöhnlich auf eine oder zwei Stunden.

b) Die Versuchsperson muß nicht befürchten, vom Hypnotiseur terrorisiert, bedroht oder geschädigt zu werden.

c) Wenn die Hypnose nicht erfolgreich verläuft, macht der Hypnotiseur die Versuchsperson nicht dafür verantwortlich.

d) Selbst wenn die Hypnose gut gelingt und eine tiefe ›Trance‹ eintritt, kann der Hypnotisierte davon ausgehen, daß die Wirkung nur zeitweilig ist und daß er aus diesem Erlebnis nicht in seinen Grundlagen verändert hervorgeht.

Grundsätzlich findet die herkömmliche hypnotische Induktion in einer freiwilligen und begrenzten Beziehung zwischen gleichgestellten Erwachsenen statt und erfolgt aus wissenschaftlichen oder pädagogischen Gründen. Die Macht, die die Versuchsperson dem Hypnotiseur gibt, ist sowohl zeitlich als auch durch die übrigen oben aufgeführten ethischen Begrenzungen eingeschränkt. Zeitweilig kann es zwar zu einer starken Veränderung des Erlebens kommen, aber man erwartet von dem/der Hypnotisierten keine grundlegenden oder langzeitigen Persönlichkeitsveränderungen.

Hingegen erfolgt die Induktion der Konsensus-Trance unter Bedingungen, die dem kulturellen Hypnotiseur wesentlich mehr Macht und Einfluß geben, als es bei einer gewöhnlichen hypnotischen Induktion je der Fall ist.

Die Unfreiwilligkeit der Induktion der Konsensus-Trance

Zunächst einmal beginnt die Induktion der Konsensus-Trance nicht in einer bewußt gewollten und begrenzten Beziehung zwischen zwei gleichgestellten und verständigen Erwachsenen, sondern bei der Geburt.[1] Körper und Nervensystem des Neugeborenen sind noch nicht voll entwickelt; deshalb ist das Baby hinsichtlich seines Überlebens und Wohlbefindens völlig von seinen Eltern abhängig. Zwar ist eine Art natürlicher Bereitschaft zu lernen schon vorhanden, doch die elterliche Macht setzt diese Bereitschaft unter einen sehr starken Zwang.

Während das Kind allmählich Bewußtsein und Fähigkeiten entwickelt und mit deren Hilfe seine Bedürfnisse in zunehmendem Maße selbst zu erfüllen lernt, bleibt die Macht-Beziehung viele Jahre lang in einem *sehr* starken Ungleichgewicht. Tatsächlich ähnelt dieses Machtverhältnis eher jenem von Menschen ersonnener Mythen, also dem zwischen Göttern und Sterblichen, nicht aber zwischen erwachsenen Menschen. Die Eltern und andere Repräsentanten der Kultur, die kulturellen Hypnotiseure, sind verglichen mit denjenigen, die von ihnen abhängig sind, relativ allwissend und allmächtig. Somit ist beim Setting für die Induktion der Konsensus-Trance wesentlich mehr Macht von seiten des Hypnotiseurs im Spiel als bei einer gewöhnlichen hypnotischen Induktion.

Unbegrenzte Zeit für die Induktion der Konsensus-Trance

Zweitens beschränkt sich die Induktion der Konsensus-Trance nicht auf eine einstündige Sitzung. Vielmehr werden die Induktionen *jahrelang* wiederholt, und dies gilt auch für die Verstärkung der Ergebnisse vorheriger Induktionen. Gemessen daran, wie Kinder Zeit erleben, stehen den Hypnotiseuren der Kultur wahre Ewigkeiten zur Verfügung, um ihre Objekte zu beeinflussen. Außerdem zielt die Konsensus-Trance darauf ab, ein Leben lang aufrechterhalten zu bleiben: Kein kultureller Hypnotiseur wartet darauf, Sie mit Hilfe einer Suggestion wieder aufzuwecken.

Dieses Buch ist eine Suggestion, eine Aufforderung aufzuwachen. Ich freue mich, daß die Macht der Kultur nicht so groß ist, daß diese Suggestion verhindert wird.

Die Anwendung physischer Gewalt

Drittens können gewöhnliche Hypnotiseure keine Gewalt anwenden, um ihre Hypnosemedien dazu zu bringen, beim Prozeß des Hypnotisiert-Werdens mitzuwirken. Im normalen hypnotischen Setting würde dies sogar das Gegenteil des Gewünschten bewirken. Kulturelle Hypnotiseure hingegen können nach Belieben mit körperlicher Züchtigung drohen und, wenn es ihnen nötig erscheint, Schläge verabreichen, Privilegien entziehen oder Spielzeug wegnehmen. Die Angst vor Bestrafung und Schmerz macht das Objekt der kulturellen Hypnose den Wünschen des kulturellen Hypnotiseurs sehr gefügig und veranlaßt es, auf die gewünschte Weise zu handeln. Da es am einfachsten ist, in der

kulturell erwünschten Weise zu handeln, wenn man sich innerlich danach fühlt, hilft die Angst vor der Strafe, die inneren
seelischen und emotionalen Prozesse auf eine von der Kultur
erwünschte Weise zu strukturieren.

Die Anwendung emotionaler Gewalt

Kulturelle Hypnotiseure brauchen sich nicht auf physische Dro-
hungen und Bestrafungen zu beschränken. Da die Eltern für das
Kind die wichtigste Quelle der Liebe und der Selbstachtung sind,
können sie auch drohen, ihm Liebe und Anerkennung zu entziehen bzw. dies tatsächlich tun, bis die gewünschte Einwilligung
erreicht ist. »Ich kann einen schmutzigen kleinen Jungen nicht
liebhaben!« Eine andere Variante besteht darin, die natürliche
Liebe zu manipulieren, die Kinder für ihre Eltern hegen: »Du
würdest so etwas nicht tun, wenn du Mami wirklich liebhättest!«
Viele Psychologen sind der Ansicht, daß solche Liebe mit Bedingungen (Ich liebe dich, wenn…) in Verbindung mit der Entwer-
tung der Wahrnehmungen und Gefühle des Kindes wesentlich
tiefgreifendere Auswirkungen haben als rein körperliche Strafen.
Da Liebe und Zuneigung so real und so wichtig sind, eignen sie
sich besonders gut zur Manipulation. Die Tatsache, daß es in den
meisten Eltern-Kind-Beziehungen so viel echte Liebe gibt, trägt
noch zu jener Verwirrung bei, die die Induktion der Konsensus-
Trance fördert: Wann ist Verhalten manipulativ, und wann ist es
Liebe?

Liebe und Bestätigung als Belohnung für Konformität

Viertens können die Hypnotiseure der Kultur Liebe und persönliche Bestätigung als Belohnung für williges Verhalten bieten.
»Was für ein netter Gedanke, den du da gehabt hast. Du bist ein
gutes Mädchen. Ich liebe dich!« — »Lauter Einsen! Du bist so
klug!« Der gewöhnliche Hypnotiseur kann sich zwar auch beifäl-
lig äußern (»Sie machen das ausgezeichnet!«), aber nur selten hat

er soviel Macht, wie dies Liebe und Bestätigung der Eltern für das Kind darstellen.[2]

Persönliche Bestätigung ist bei der Induktion der Konsensus-Trance ein sehr wichtiger Faktor. Wir alle haben einen ›sozialen Instinkt‹, den Wunsch, von anderen akzeptiert zu werden, Freunde zu haben, in unserer sozialen Welt einen Platz zu haben, geachtet zu werden, ›normal‹ zu sein. Am Anfang des Lebens werden diese Gefühle des Akzeptiert-Werdens und der Bestätigung fast ausschließlich von den Eltern vermittelt. Wenn das Kind soziale Beziehungen zu anderen Erwachsenen und Kindern aufnimmt (die ebenfalls als Repräsentanten der Kultur fungieren), lernt es mehr darüber, wie es handeln muß, um akzeptiert zu werden. Wenn diese erwünschten Gewohnheiten des Handelns sich etabliert haben und belohnt worden sind, strukturieren sie die Gewohnheitsmuster des seelischen Funktionierens weiter. Angst vor Zurückweisung ist eine mächtige Motivationsquelle. Wir alle haben vermutlich Erinnerungen an kindliche Ängste, ob wir wohl ›normal‹ seien.

Schuld

Fünftens ist das Objekt der kulturellen Hypnose, das Kind, eindeutig im Unrecht, wenn es nicht auf die kulturell erwünschte Weise handelt. »Gute Mädchen machen ihre Hausaufgaben!« Wenn man seine Hausaufgaben nicht macht, ist man ein böses Mädchen. Niemand möchte gerne böse sein. Deshalb ist es wesentlich wichtiger, dem kulturellen Hypnotiseur zu gefallen als einem gewöhnlichen Hypnotiseur. Man spricht uns auf so viele verschiedene Arten jeglichen Wert ab, daß leicht ein allgemeines Gefühl der Wertlosigkeit und der Schuld entstehen kann. Neu hinzukommende Verdammungen und Abwertungen aktivieren diese im Laufe der Zeit angesammelten Schuldgefühle wieder und geben dem aktuellen Ereignis eine Macht weit jenseits des Realen. Dies wiederum trägt weiter zu den untergründigen Gefühlen des Nicht-Genügens und der Schuld bei. Urmythen über die Erbsünde machen die Sache noch schlimmer.

Dissoziation

Ein weiterer Faktor verleiht dem Prozeß der Induktion der Konsensus-Trance große Macht: Der geistige Zustand eines kleinen Kindes ähnelt in vieler Hinsicht dem eines Menschen in tiefer Hypnose. Dies vergrößert die Macht der ›Suggestionen‹, die der kulturelle Hypnotiseur dem Kind gibt.

Beispielsweise verblaßt im Zustand tiefer Hypnose die Konsensus-Realitätsorientierung (CRO). Wenn eine bestimmte Erfahrung suggeriert wird, treten die Suggestion und das suggerierte Erlebnis weitgehend isoliert von anderen seelischen Prozessen auf. Angenommen, der Hypnotiseur suggeriert, daß Ihr Arm schwer wird: Dann tauchen nicht sogleich eine Fülle von Erfahrungen über Funktionsweisen des Arms und soziale Situationen in Ihrem Geist auf und ziehen Energie von der Hypnose ab.

In unserem gewöhnlichen Bewußtseinszustand werden automatisch gleich alle möglichen Assoziationen des schon angesammelten Wissens mit den neu eintreffenden Reizen hergestellt. Wenn etwas passiert, helfen diese automatischen Assoziationen zu entscheiden, wie mit der Situation umzugehen ist. Stellen Sie sich beispielsweise vor, Sie gehen die Straße entlang und ein Mann fängt an, auf Sie einzureden. Ihnen fällt auf, daß er seltsame Kleidung trägt, eine merkwürdige Aussprache und einen sehr merkwürdigen Blick hat. Scheinbar ohne bewußt über die Situation nachzudenken, ›erkennen Sie sofort‹, daß es sich um einen Verrückten handeln muß. Ihr angesammeltes, von Ihrer Heimatkultur bestätigtes Wissen gibt Ihnen den eindringlichen Rat, sich mit diesem ›Verrückten‹ nicht ›einzulassen‹. Wer weiß, was sonst passieren könnte?

Diese Art von Assoziation verläuft so automatisch, daß wir den Vorgang gewöhnlich gar nicht bemerken. Wir müssen schon einen Blick auf die *Dissoziation* werfen, um die Allgegenwart und Bedeutung der *Assoziation* zu erkennen. Der mentale Zustand des Kindes ähnelt dem eines Menschen im Zustand tiefer Hypnose, dessen CRO weitgehend deaktiviert ist. Ihm kommt kaum andere, ältere Information automatisch in den Sinn, und auch der Assoziationsprozeß verläuft bei ihm nicht so automatisch, daß die laufenden Ereignisse stets in einem größeren Zusammenhang gesehen werden. Deshalb entfalten sich die Suggestionen des kulturellen Hypnotiseurs in einem dissoziierten, also nichtassoziierten Zustand, was ihre Macht noch vergrößert.

Ein großer Teil unserer frühen Enkulturation und Konditionierung entsteht, bevor wir halbwegs im Besitz sprachlichen Ausdrucksvermögens sind. Ich habe den Eindruck, daß die Sprache unsere Fähigkeit, Informationen zu assoziieren, erheblich vergrößert. Ein Fehlen sprachlichen Ausdrucksvermögens trüge demnach ebenfalls zur Dissoziation des kindlichen Geistes bei. Wenn wir als vorwiegend verbal denkende Erwachsene versuchen, uns an die Prozesse unserer Enkulturation und Konditionierung zu erinnern, so fällt uns das gewöhnlich sehr schwer, da diese Erinnerungen nicht in verbaler Form gespeichert sind. Auch dies vergrößert die Macht der frühen Enkulturation.

Instinktives Vertrauen zu den Eltern

Ein Mensch im Zustand tiefer Hypnose, insbesondere wenn sie tief ist in Hinsicht auf die Dimension der archaischen Regression, hat großes Vertrauen zum Hypnotiseur. Dieses Vertrauen hat eine beinahe magische Kraft. Sind nicht gerade erst einige sehr erstaunliche Dinge geschehen, genauso wie der Hypnotiseur es vorausgesagt hat? Kinder haben ein ähnlich tiefes Vertrauen zu ihren Eltern. Wie schon erwähnt, erscheinen Eltern ihren Kindern oft allwissend und allmächtig. Auch das kindliche Vertrauen hat also einen magischen Charakter, und auch das macht das Kind als Objekt der kulturellen Hypnose für Suggestionen empfänglicher.

Erwartungen hinsichtlich der Dauerhaftigkeit

Schließlich das Wichtigste: Von der Konsensus-Trance wird erwartet, daß sie *dauerhaft* ist, nicht nur ein interessantes, aber zeitlich begrenztes Erlebnis. Die mentalen, emotionalen und körperlichen Verhaltensgewohnheiten unseres ganzen Lebens werden in unserer Kindheit festgelegt, in einer Zeit also, in der wir noch besonders verletzlich und beeinflußbar sind. Viele dieser Gewohnheiten erlernen wir nicht einfach, sie werden konditioniert; das heißt, sie haben jenes Zwingende, das Konditionierungen eigen ist. Da diese Gewohnheiten früh automatisiert worden sind, benötigen sie nicht die Unterstützung speziell definierter Situationen, wie dies bei der herkömmlichen Hypnose gewöhnlich der Fall ist. Vielmehr sind sie unter fast jeder Voraussetzung funktionsfähig. Es kostet keine weitere Mühe, die Konsensus-Trance aufrechtzuerhalten: Sie ist automatisiert.

Ein Mensch könnte erkennen, daß alles, was man ihn gelehrt hat, für wichtig zu erachten, nur den wunderlichen Vorstellungen seines Volkes entspricht, in das er hineingeboren worden ist, keineswegs aber universelle Wahrheit ist. Doch den meisten von uns ist dies in bezug auf den Inhalt der Konsensus-Trance, die uns induziert wurde, nicht möglich. Es ist leider nur zu wahr, daß wir uns in vielerlei Hinsicht im Zustand der Trance befinden.

Die Induktion der Konsensus-Trance

Wir haben nun gesehen, daß der kulturelle Hypnotiseur bei der Induktion der Konsensus-Trance eine wesentlich bessere Ausgangsposition hat als der herkömmliche Hypnotiseur beim Induzieren der Hypnose: Ihm stehen mehr Macht, Wissen, Hilfsmittel und Schliche zur Verfügung, als der gewöhnliche Hypnotiseur je haben kann. Weiterhin kommt dem kulturellen Hypnotiseur die ›Macht der Unschuld‹ zugute: Er ist sich seiner eigenen Konsensus-Trance nicht bewußt – ihm ist nicht klar, daß er sich selbst in diesem Zustand befindet; vielmehr hält er seine Handlungsweise schlicht für ›natürlich‹. Das Kind, das sich in seiner Macht befindet, weiß wenig und ist tatsächlich vom Repräsentanten der Kultur abhängig, da dieser sein Überleben garantiert und ihm Liebe, Glück und Selbstwertgefühl gibt. Kein Wunder also, daß ein unter derartigen Voraussetzungen ins Werk gesetzter Prozeß eine lebenslange Trance zu erzeugen vermag.

Die Induktion der kulturellen Trance besteht aus mehreren Hauptgruppen von Suggestionen. Jede Gruppe wird unzählige Male wiederholt, jeweils in abgewandelter Form. Wer sich weigert mitzumachen, wird bestraft, und es erfolgen dann zusätzliche Suggestionen, die besagen, daß der Betreffende durchaus in der Lage sei mitzuspielen, wenn er sich nur wirklich bemühe, wenn er ›gut‹ sei. Belohnungen für das ›Mitmachen‹ sind Liebe, Freude und allgemeine Anerkennung.

Standards für das ›Gutsein‹

Eine wichtige Gruppe von Suggestionen bezieht sich auf die Entwicklung derjenigen Potentiale, die die jeweilige Heimatkultur als gut ansieht. »Du *kannst* mit dem Sohn des (ehrenwerten) Nachbarn zurechtkommen.« – »Du *kannst* Mathematik lernen; du solltest sogar dahin kommen, daß es dir Spaß macht, dich damit zu beschäftigen; du brauchst es, um im Leben vorwärtszukommen.« – »Sei nett zu deinem Onkel; er mag dich wirklich, auch wenn du es nicht glaubst.« Die Entwicklung von Potentialen, die die Kultur wertschätzt, wird sofort belohnt. Die Kultur verspricht implizit und explizit, daß alles Glück zu erreichen ist, wenn man die kulturell erwünschten Potentiale entwickelt, also indem man *normal* wird. Ein Beispiel hierfür, das sich regelrecht aufdrängt, ist der ›Große Amerikanische Traum‹, der besagt, daß jeder durch harte Arbeit Millionär werden kann.

Unterdrückung abweichender Gedanken und Verhaltensweisen

Eine zweite wichtige Gruppe von Suggestionen konzentriert sich darauf, zunächst unerwünschte Verhaltensweisen zu unterdrücken und schließlich auch das innere Erfahren jener Gedanken und Gefühle, die in der betreffenden Kultur als böse gelten. »Du solltest dich nicht mit deinem Lehrer streiten!« – »Es ist unhöflich (böse), andere Menschen anzuschreien.«[3] – »Normale Menschen sprechen sachlich über ihre Differenzen, sie schreien nicht.« – »Dein Lehrer hat in Wirklichkeit nichts gegen dich, deshalb hast du auch keinen Grund, wild zu werden.« – »Du bist ein guter Junge, weil du allmählich lernst, dein Temperament im Zaum zu halten; du bist viel netter geworden.« Viele Suggestionen der Konsensus-Trance zielen darauf ab, unerwünschte oder innerhalb des kulturellen Konsensus unbekannte innere Erfahrungen derart zu unterdrücken, daß sie gar nicht erst auftreten. »Du hast nur geträumt, daß du gestern abend einen merkwürdigen Mann in deinem Zimmer gesehen hast, Johnny, ganz gleich, wie real dir das erschienen sein mag.« – »Es war nur Einbildung.« – »Nette Mädchen denken nie an…«

Ein Pflichtgefühl wird geschaffen

Eine dritte wichtige Gruppe von Suggestionen konzentriert sich darauf, ein Pflichtgefühl gegenüber den kulturellen Normen zu schaffen. »Wir sind stolz darauf, Amerikaner zu sein!« – »Was willst du werden, wenn du erwachsen bist? Arzt?« – »Sicher ist es lustig, Müllmann zu sein, aber wenn du älter wirst, willst du vielleicht doch etwas Wichtigeres werden, zum Beispiel Rechtsanwalt oder Geschäftsmann.« Der Kultur wird zugute gehalten, daß sie das Leben sicher, sinnvoll und wertvoll macht. Die Gegenleistung ist, daß man die von ihr für positiv gehaltenen Werte und ihre Vorurteile übernimmt.

Unsere Kultur neigt zu der Anschauung, daß das Universum ein kalter, feindlicher Ort ist, und sie bietet sich dann auch gleich an, uns vor jenem feindlichen Universum zu schützen – also als unsere scheinbar einzige Hoffnung. Deshalb haben wir die völlig natürliche Pflicht, diese Kultur zu schützen.

Selbstverständlich hat man uns auch beigebracht, daß wir die Besten sind. Wenn man der Beste ist, können andere Kulturen bestenfalls wunderlich sein, im schlimmsten Fall sind sie unmenschlich. Dies gilt insbesondere, wenn ihre Aktivitäten dazu führen könnten, daß wir unsere kulturellen Werte in Frage stellen müssen.

Alles, was nicht erlaubt ist, ist verboten

Es gibt eine Redensart, die sich über autoritäre Organisationen und Kulturen lustig macht: »Alles, was nicht erlaubt ist, ist verboten! Alles, was erlaubt ist, ist Plicht!« Leider trifft dies in vielfältiger Weise auf alle Kulturen zu. Glücklicherweise gibt es Möglichkeiten, die die Kultur nie verboten hat, und Unangepaßte oder Außenseiter − oft die wirklich reifen Menschen − suchen ständig nach neuen Möglichkeiten zu leben und zu erleben, auch wenn diese dem Bereich des Verbotenen angehören mögen. Auch unsere Essenz will leben und wachsen, und sie wird es trotz aller kulturellen Beschränkungen immer versuchen. Dazu kommt, daß unsere Kultur in dieser Zeit des schnellen Wandels mit Widersprüchen und Inkonsequenzen nur so gespickt ist, so daß ein Mensch, der dies erkennt, durch einen der vielen ›Risse‹ schlüpfen kann.

Parallelen zwischen hypnotischer Trance und Konsensus-Trance

Wir wollen uns nun einige Parallelen zwischen den im vorigen Kapitel dargestellten Phänomenen der hypnotischen Trance und jenen der Konsensus-Trance, unseres alltäglichen Bewußtseinszustandes, anschauen.

Automatisierte Körperbewegungen

Hypnotische Phänomene wie das Zufallen der Augen, das Absinken der Arme oder das Auseinandergetriebenwerden der Hände sind drei Beispiele für automatisierte Körperbewegungen. Gemeinsam ist diesen hypnotischen Phänomenen, daß durch die Suggestionen des Hypnotiseurs ein mentales Bild der Körperbewegung geschaffen wird und die entsprechende Bewegung dann automatisch vom Körper des Hypnotisierten ausgeführt wird. Der Schlüsselbegriff ist *automatisch.* Der Hypnotisierte hat nicht

150

das Gefühl, daß er die Bewegungen willentlich vollführt. Seine Augen schließen sich, oder seine Hände bewegen sich unwillkürlich, so als besäßen sie einen eigenen Willen und als wäre er selbst nur ein passiver Beobachter.

Auf den ersten Blick wirken diese Phänomene ungewöhnlich: Im alltäglichen Leben bewegt sich unser Körper aus eigener Kraft, aber nur dann, wenn wir es wollen. Oder vielleicht doch nicht?

Denken Sie nur an das Aufrechterhalten des ›persönlichen Raums‹. Der Psychologe Robert Sommer von der University of California in Davis und andere haben nachgewiesen, daß Menschen ein halbbewußtes oder unbewußtes Gefühl für den sie umgebenden Raum haben und daß sie unruhig werden, wenn andere in diesen Raum eindringen. Bei einem Gespräch beispielsweise halten die beiden Beteiligten stets einen bestimmten Abstand voneinander. Rückt der eine näher, so rückt der andere weiter ab. Dies geschieht gewöhnlich völlig unbewußt, *automatisch;* es erfordert keine bewußte Aufmerksamkeit. Der Körper wahrt genau den richtigen Abstand, ohne das Bewußtsein diesbezüglich mit Informationen zu belasten. Der kulturelle Hypnotiseur hat hierzu suggeriert: »Normale Menschen halten soundsoviel Zentimeter Abstand voneinander, es sei denn, es handelt sich um intime Freunde oder Geliebte und die Situation ist als Umarmung definiert. Und du willst doch schließlich normal sein!«

Natürlich war es vermutlich keine so explizite Suggestion. Kinder sind begabte Imitatoren. Wir sahen, welchen Abstand unsere Eltern (automatisch) von anderen Menschen hielten. Wir beobachteten, wie sie sich zurückzogen, wenn andere Menschen ihnen zu nahe kamen. Vielleicht wurden wir später, als wir älter waren, auch einmal dafür bestraft, daß wir ihnen zu nahe kamen. Wir imitierten sie, vermutlich zuerst bewußt, aber schon bald unbewußt und automatisch. Jetzt halten wir automatisch den ›richtigen‹ Abstand von anderen Menschen. Das fühlt sich zwar ›natürlich‹ an, ist jedoch ziemlich künstlich − wie so viele Verhaltensweisen im Zustand der Konsensus-Trance.

Dies ist ein relativ harmloses Beispiel für automatisiertes Verhalten, da die Gewohnheiten des Abstandhaltens meist leicht bewußtzumachen sind, wenn man die Aufmerksamkeit der Betroffenen darauf lenkt und sie auffordert, sich selbst zu beobachten.[4] Wenn eine unbewußte Verhaltensweise automatisiert wird, so ist es oft schwierig, sie wieder bewußtzumachen, insbesondere, wenn unangenehme emotionale Erlebnisse damit verbunden sind. Nehmen wir an, ein Junge ist als ›Vatersöhnchen‹ bezeichnet worden, weil er häufig seinen Vater umarmt hat und ihm ständig ›auf der Pelle hing‹. Möglicherweise existiert dann im Unbewußten die Gleichung: Zu nah = Papi mag mich nicht.

Interessant wird es, wenn Menschen aufeinandertreffen, deren Kulturen verschiedene Definitionen vom ›richtigen‹ zwischenmenschlichen Abstand haben. Typischerweise stehen Südeuropäer bei Unterhaltungen enger beieinander als Amerikaner. Wenn ein Südeuropäer sich auf einer Cocktailparty mit einem Amerikaner unterhält, kann man manchmal beobachten, wie der Amerikaner allmählich rückwärts durch den ganzen Raum wandert. Der Amerikaner bemüht sich vermutlich verzweifelt, den ›normalen‹ Abstand wiederherzustellen. Der Südeuropäer hingegen könnte sich zurückgewiesen fühlen: Auch er versucht, den ›normalen‹ Abstand herzustellen. Gewisse Umstände können erzwingen, daß die Regeln über den ›richtigen Abstand‹ ins Bewußtsein rücken. Wenn jedoch bei einem Menschen die unbewußte Gleichsetzung ›Zu nah = Papi mag mich nicht‹ ihre Wirkung tut, werden die kulturellen Regeln über Distanz möglicherweise nicht bewußt. Der Amerikaner könnte sich an seine Angst erinnern, von seinem Vater nicht geliebt zu werden. Er könnte sich aus dieser Situation mit der folgenden zweckdienlichen Rationalisierung retten: »Europäer sind aufdringliche Leute. Der Charakter dieses Mannes geht mir gegen den Strich.«

Dieses Aufrechterhalten des persönlichen Raums ähnelt einer hypnotischen Suggestion. Der Reiz der zu großen oder zu geringen Nähe eines Menschen aktiviert die nichtbewußten, konditionierten, automatisierten Teile des Geistes, und der Abstand wird korrigiert.

Gurdjieff sagte, unsere Bewegungen seien stark automatisiert. Wir verfügen über eine gewisse Anzahl von für uns charakteristischen Bewegungen, Gesten, Haltungen, Definitionen über angemessenen persönlichen Raum und dergleichen mehr, wobei jede dieser Spezifikationen mit bestimmten Situationen oder Teilpersönlichkeiten in Verbindung steht, die die betreffenden Eigenarten zum Vorschein bringen. Mit dem Phänomen der Teilpersönlichkeit werden wir uns in späteren Kapiteln beschäftigen.

Einstellungen

Die Mücken-Halluzination ist ein Beispiel für die hypnotische Erzeugung einer Einstellung, nämlich einer Wahrnehmung des Belästigtwerdens. Der Hypnotiseur suggeriert, daß eine Mücke umherfliegt, auf dem Nacken des Hypnotisierten landet und ihn stechen will, wobei der Hypnotiseur betont, daß die Mücke dem Hypnotisierten unangenehm sei und daß er sie erschlagen könne. Viele Hypnotisierte reagieren auf das Gefühl des Belästigtwerdens, indem sie nach der Mücke schlagen. Einige hören die Mücke sogar. Wir werden uns hier auf das suggerierte Belästigtwerden und auf die muskuläre Reaktion konzentrieren und die Halluzination selbst erst später untersuchen. Das Grundphänomen ist: Als Reaktion auf ein Stichwort drückt jemand Ärger aus und reagiert auf eine ›Gefahr‹, die in Wirklichkeit überhaupt nicht existiert.

Wie oft lesen Sie Zeitungsartikel über unangenehme Ereignisse, die anderen Menschen geschadet haben, und regen sich darüber auf? Sie lesen über einen Mord in einer anderen Stadt, bekommen Angst und machen sich dann Sorgen, ob dies auch Ihnen passieren könnte. Solche Sorgen können Ihnen den weiteren Abend verderben.

Eine der größten menschlichen Fähigkeiten besteht darin, daß wir, wenn wir etwas über eine Gefahr an einem anderen Ort lesen, realistisch über Parallelen im eigenen Leben nachdenken können (operationales Denken). Wir simulieren also mental unsere Welt, verändern experimentell die Voraussetzungen und beobachten, was daraufhin in unserer inneren Simulation geschieht; anschließend ziehen wir Schlüsse darüber, was zu tun ist. Dies alles können wir tun, ohne uns in der realen Welt irgendeinem Risiko auszusetzen. Im Anschluß an diese Analyse können wir Maßnahmen treffen, um das Risiko zu verringern. Vielleicht wäre es besser, die Eingangstür zu Ihrer Wohnung mit zusätzlichen Schlössern zu sichern? Oder Sie beschließen, nachts auf dem Heimweg nicht mehr durch eine bestimmte, schlechtbeleuchtete Straße zu gehen.

Aber warum tritt dieses Gefühl der Furcht beim Zeitunglesen überhaupt auf? Wahrscheinlich haben Sie zum tausendsten Mal etwas über einen Mord gelesen. Schon seit langem verläuft Ihr Leben so geordnet, daß es keine eindeutig unnötigen Risiken mehr enthält. Warum lesen Sie immer noch Geschichten über Morde in weit entfernten Städten, wenn Sie wissen, daß Sie es dann mit der Angst zu tun bekommen?

Auf irgendeine Weise hat der kulturelle Hypnotiseur Ihnen suggeriert, daß gefährliche und tragische ferne Ereignisse Sie ängstigen werden. Es verhält sich genauso wie bei der posthypnotischen Suggestion. Vielleicht ist es durch einfache kindliche Imitation dazu gekommen: Ihre Tante hat immer solche Geschichten gelesen und bekam es dann auch regelmäßig mit der Angst zu tun; später haben Sie Ihre Tante imitiert. War sie denn nicht eine Erwachsene, eine jener gottähnlichen Kreaturen mit überlegenem Wissen? Wenn es Ihrer Tante Angst eingejagt hat, dann Ihnen doch erst recht! Vielleicht hat einer der kulturellen Hypnotiseure, beispielsweise Ihre Mutter, Sie stets getröstet, wenn Ihnen solche Geschichten Angst eingejagt hatten? Wenn das so war, dann haben wir es wieder mit einer unbewußten Gleichung zu tun[5]: Angst haben = Mami hat mich lieb! Außerdem wurde Angst bei den meisten von uns in der Kindheit bewußt als Herrschaftsmittel eingesetzt: »Wenn du böse bist, holt dich der schwarze Mann!« Dies kann zu einer weiteren unbewußten Gleichsetzung führen: Wenn ich Angst habe, bin ich gut = Mami hat mich lieb.

Diese Art von automatisierten und konditionierten Reaktionen verzerrt die authentische Fähigkeit des Erbarmens anderer Menschen gegenüber und steht ihr im Wege. Außerdem ist es wichtig, die eigene Sterblichkeit und Verletzlichkeit zu erfahren, allerdings auf reale, nicht auf konditionierte Weise.

Sekundärgewinn

Psychotherapeuten haben ein Phänomen beobachtet, das als *Sekundärgewinn* bezeichnet wird. Es entsteht, wenn ein Gefühl oder Verhalten, das auf der offensichtlichen Ebene unglücklich macht, sich auf eine verborgene, gewöhnlich unbewußte Weise für den Betroffenen dennoch auszahlt. Dieser verborgene Lohn läßt oft ein unangenehmes oder von der Allgemeinheit nicht geschätztes Verhalten als erstrebenswert erscheinen. Sekundärgewinn kann einen sehr mächtigen Einfluß auf das Erleben und Verhalten haben.

Gurdjieff beobachtete, daß es leicht war, seine Schüler dazu zu bringen, furchterregende, unangenehme und anstrengende Aufgaben auszuführen, jedoch nahezu unmöglich, sie dazu zu bringen, ihr Leiden aufzugeben. Ich habe dies bei meinen Studenten ebenfalls beobachtet. An einem unangenehmen Zug Ihrer Persönlichkeit arbeiten? Ja! Fünf Minuten glücklich und nett zu sich selbst sein? Auf gar keinen Fall!

Der kulturelle Hypnotiseur hat viele Reaktionen samt den daraus resultierenden Verhaltensweisen mit einer Vielzahl von Reizen verbunden. Viele dieser Verbindungen würde ein objektiver Beobachter mit jenen oben beschriebenen Sorgen über imaginäre Gefahren vergleichen. Wir ärgern uns über eine Menge Mücken, die gar nicht existieren. Warum aber sollte Ihrer Kultur daran gelegen sein, daß Sie sich unsicher fühlen? Weil Sie dann die Kultur zu Ihrem Schutz brauchen. Denn dann werden Sie sie kaum in Frage stellen oder auf wirksame Weise gegen sie rebellieren.

Verzerrte Wahrnehmungen

Die Mücken-Halluzination, die Wahrnehmung eines süßen oder sauren Geschmacks und die halluzinierte Stimme sind Beispiele für hypnotische Suggestionen, die die Wahrnehmung der Welt drastisch verändern, indem sie eine definitive Wahrnehmung erzeugen, für die es keine ›reale‹ Grundlage gibt. Es gab weder eine Mücke, noch wurde etwas in den Mund des Hypnotisierten gesteckt, und es hat auch niemand über die Gegensprechanlage ge-sprochen. Dennoch wurde eine Mücke gehört und gespürt, süß und sauer wurden geschmeckt, und eine Stimme stellte Fragen.

Die Psychologie unterscheidet zwischen Illusionen und Hallu-zinationen. Eine Illusion ist die verzerrte Wahrnehmung eines realen physischen Reizes in der Umgebung. Eine Halluzination ist die freie Erfindung einer Wahrnehmung, die keine reale Grundlage hat. Wenn Sie einen spärlich beleuchteten Raum be-treten und im ersten Moment einen Mantel auf einem Kleider-ständer für einen Menschen halten, der in der Dunkelheit lauert, dann ist das eine Illusion. Wenn dieser (für die restlichen Men-schen) nichtexistierende Mann Sie in die hell erleuchtete Diele verfolgt, dann handelt es sich um eine Halluzination.[6] Wir kön-nen Illusionen und Halluzinationen als Extreme eines Kontinu-ums der Weltsimulation verstehen. Bei der Illusion beginnt die Si-mulation mit dem sensorischen Reiz (der Erregung), doch ist die Simulation eine sehr schlechte Repräsentation der Realität. Im anderen Extremfall, dem der Halluzination, erzeugt der Simula-tionsprozeß eine Wahrnehmung, eine innere Simulation, der kein äußerer Reiz zugrunde liegt.

Die drei zu Anfang dieses Abschnitts erwähnten hypnotischen Phänomene sind Halluzinationen. Halluzinationen können im Zustand der Konsensus-Trance auftreten, doch gewöhnlich wer-den sie (von anderen Menschen, die sich ebenfalls im Zustand der Konsensus-Trance befinden) als so ungewöhnlich angesehen, daß sie als verrückt bezeichnet werden. Illusionen andererseits kommen ständig vor und werden nicht immer als solche erkannt. Wenn es sich um geringfügige Verzerrungen der Außenwelt han-delt oder wenn andere Menschen, die Sie sehr schätzen und die sich ebenfalls im Zustand der Konsensus-Trance befinden (wich-tige ›normale‹ Leute), ähnliche Illusionen haben, dann kommt niemand auf den Gedanken, daß es sich um Illusionen handeln könnte. Wir alle glauben natürlich, daß wir in Kontakt mit der Realität sind.

Denken Sie an die immer wieder in Zeitungen berichteten Fälle, in denen ein scheinbar angenehmer, normaler junger Mann plötzlich als abartiger Sexualmörder entlarvt wird. Hat er es so gut verstanden, sich zu verstellen? Zweifellos hat er das, aber er muß sich auch viele Male ›seltsam‹ verhalten haben. Unser Wahrnehmungsinstrumentarium ist ungeheuer sensibel, wenn es richtig funktioniert. Wie ist es nur möglich, daß die Nachbarn keine jener merkwürdigen Einzelheiten bemerkten?

Später fielen den Nachbarn vermutlich gewisse Merkwürdigkeiten in dem auf, was der junge Mann gesagt oder getan hatte. Zum Zeitpunkt des Geschehens hatten sie die Einzelheiten zwar registriert, jedoch nicht ›bewußt‹. Da sie nicht in ihre Erwartungen vom Verhalten des jungen Mannes hineinpaßten, hatten sie sie nicht zur Kenntnis genommen. Folglich waren diese Fakten in ihrer Simulation der äußeren Realität nicht berücksichtigt worden. Unsere amerikanische Kultur ist notorisch freundlich, und wir möchten gerne alle Menschen als ›nett‹ wahrnehmen. Vielleicht hatten ein paar ›verdächtige Typen‹ Merkwürdigkeiten bei jenem Mann registriert, doch die Mehrheit erlebte die Welt weiterhin auf die gewohnte ›anständige‹ Weise. Unsere Wahrnehmungen sind Konstruktionen. Wir filtern (oder vielmehr: unsere automatischen Gewohnheiten filtern) aus der großen Masse der Umwelteindrücke genau die heraus, die zu unseren Erwartungen passen.

Viele Menschen verzerren ihre Wahrnehmungen natürlich auch in die entgegengesetzte Richtung. Sie sehen finstere Absichten hinter Vorgängen, die im Grunde ziemlich harmlos sind. Ihre automatisierten Simulationen der Realität betonen die negativen statt der positiven Aspekte einer Situation. In Gurdjieffs System von Grundtypen zur Beschreibung falscher Persönlichkeiten gibt es einen Typ, der ständig solche Zeichen für finstere Absichten im Verhalten anderer sieht.[7]

Träume und Tagträume

In der Hypnose ›träumt‹ der Hypnotisierte auf entsprechende Suggestionen hin. Oft vermag der Hypnotiseur sogar den Inhalt des Traums zu spezifizieren. Viele Hypnosemedien erleben den hypnotischen Traum als lebhafte Phantasie. Für einige ist er in vieler Hinsicht genauso lebhaft und real wie ein nächtlicher Traum. Leser, die hierzu detaillierte Informationen suchen, verweise ich auf meine Literaturbesprechung zum Phänomen des hypnotischen Traums.[8]

Unsere westliche Kultur macht kaum den Versuch, den Inhalt nächtlicher Träume zu beeinflussen, doch lehrt sie viele (jedoch nicht alle) Menschen, Träume als Belanglosigkeiten anzusehen, die kaum der Mühe, sich an sie zu erinnern, wert sind und die man nicht ernst zu nehmen braucht. Wesentlich mehr Mühe wird darauf verwendet, Art und Inhalt unserer Tagträume und Phantasien zu beeinflussen.

Wann haben Sie beispielsweise zum letztenmal einen Tagtraum gehabt, der von einer Reise durch die Welt der Geister handelte? Bei den meisten von uns wird die Antwort lauten, daß es vor sehr langer Zeit war, wenn es überhaupt jemals vorgekommen ist. Einige werden sagen ›gestern‹, aber diese wenigen haben selten das Bedürfnis, über solche Dinge in der Öffentlichkeit zu sprechen. Sie wissen, daß ›normale‹ Menschen über so etwas keine Tagträume haben sollten. Geld, Sex, Macht, gefährliche Abenteuer, Reisen in der realen Welt, das sind die Themen, die in den Tagträumen von Bewohnern der westlichen Welt vorkommen dürfen, aber nicht dieser überirdische Kram. Die Inhalte unserer Träume und Tagträume spiegeln gewöhnlich ausgezeichnet die Normen der Konsensus-Realität. Die meisten ›verbotenen‹ Dinge, über die wir Tagträume haben, sind unserer Kultur sogar wohlbekannt. Eine kluge Kultur hat ihre eingebauten Sicherheitsventile; das sind offiziell verbotene Aktivitäten, die aber benutzt werden, um Spannungen abzubauen. Wenn sie zu bloßen ›Tagträumen‹ heruntergespielt werden, wird die Angst davor verringert, sie zum Spannungsabbau zu benutzen.

Persönlichkeitsveränderungen

Der Effekt der Altersregression in der Hypnose hat in der Konsensus-Trance eine enge Parallele im Phänomen der multiplen Selbste oder Teilpersönlichkeiten. Wenn Sie sich so erfahren, wie

Sie im Alter von fünf Jahren waren, sind Sie praktisch eine andere Persönlichkeit. In einer bestimmten Situation handeln wir nicht nur gemäß einer bestimmten Rolle, sondern wir identifizieren uns mit jener Rolle und beleben damit die entsprechende Teilpersönlichkeit. Die Veränderungen erfolgen automatisch entsprechend den Erfordernissen der jeweiligen Situation. Das Phänomen der Teilpersönlichkeiten ist so universell und so wichtig, daß ich ihm eines der folgenden Kapitel widmen werde.

Nichtwahrnehmung

Das hypnotische Phänomen der Geruchsunempfindlichkeit für Ammoniak und die negative Halluzination, die uns nur zwei statt drei Kästen sehen läßt, sind extreme Beispiele für Nichtwahrnehmung. In diesen Fällen ist etwas für Ihre Sinnesorgane physisch präsent, aber Sie sehen es trotzdem nicht. Im einfachsten Fall nehmen Sie einfach keine Notiz davon; Ihre Weltsimulation ist ein wenig getrübt. In der extremen Form blenden Sie das für die Wahrnehmung blockierte Objekt nicht nur aus, sondern halluzinieren außerdem ein passendes und gebilligtes Ersatzobjekt, so daß in Ihrem Wahrnehmungsfeld keine Lücke entsteht. Ein besonders begabtes Hypnosemedium nimmt an der Stelle, wo sich die dritte Kiste befindet, keine Lücke und auch keinen ›verschwommenen Punkt‹ wahr. Vielmehr sieht der/die Betreffende die Maserung der Tischplatte, wo tatsächlich die dritte Kiste steht, so als stünde tatsächlich nichts an dieser Stelle des Tisches.

In der Konsensus-Trance sehen wir ebenfalls die verschiedensten Dinge nicht, die der kulturelle Hypnotiseur durch seine Suggestionen ›ausgeblendet‹ hat. Über ein besonders krasses Beispiel hierfür berichtet die anthropologische Literatur. Es betrifft die Südsee-Insulaner zu der Zeit, als sie noch keine Weißen gesehen hatten und auch noch kein Schiff, das größer war als ein Kanu. Als Captain Cook zum erstenmal auf einer Südseeinsel an Land ging, schienen die Insulaner sein großes Schiff gar nicht zu bemerken, obwohl es sich direkt vor ihren Augen befand. Als

Cooks Leute jedoch ein Boot zu Wasser ließen, um an Land zu gehen, versetzte dies die Eingeborenen in helle Aufregung, da das kleine Gefährt für sie wie aus dem Nichts zu kommen schien. Der Gedanke, daß ein Wasserfahrzeug so groß sein könnte wie das Schiff von Captain Cook, war für sie unvorstellbar. Boote gehörten für sie generell zu einer bestimmten Größenordnung von Dingen, und folglich hatten sie offenbar zunächst eine negative Halluzination von Cooks Schiff.

Es fällt uns schwer, diesen Gedanken in unser persönliches Leben zu übertragen. Wie kann etwas, das sich unmittelbar vor unseren Augen befindet, von uns nicht wahrgenommen werden? Denken wir noch einmal an den Sexualmörder: Gab es nicht, im nachhinein betrachtet, eine Menge kleiner, seltsamer Verhaltensweisen, die andere Menschen hätten warnen können?

Geruchsunempfindlichkeit wie die erwähnte Anosmie ist ein interessantes Phänomen. In unserer Kultur sind wir zwar überzeugt davon, daß Tiere einen ausgezeichneten Geruchssinn haben, halten diesen jedoch beim Menschen für ziemlich verkümmert. In Wahrheit ist der menschliche Geruchssinn recht sensibel, weitaus sensibler jedenfalls, als wir vermuten. Wir wissen heute, daß Menschen Pheromone ausströmen, chemische Verbindungen mit starkem Einfluß auf die Umgebung. Bei Frauen beispielsweise, die in einem Gemeinschaftsraum schlafen, gleichen sich die individuellen Menstruationszyklen nach wenigen Monaten einander an. Hausfrauen können benutzte Kleidung von Familienmitgliedern von der von Fremden anhand des Geruchs von kleinen Mengen von Schweiß unterscheiden.

Viele Menschen, denen es gelungen ist, die kulturellen Tabus in bezug auf Gerüche zu durchbrechen, behaupten, sie könnten anhand des Geruchs etwas über den emotionalen Zustand anderer Menschen aussagen. Einige Psychiater behaupten schon seit langem, daß sie Schizophrenie anhand eines gewissen ›merkwürdigen Geruchs‹ diagnostizieren könnten, der Schizophrenen anhafte. Trifft dies zu (und meine Erfahrungen bestätigen dies), könnte man sich fragen: Wenn wir wirklich wissen wollen, wie es einem anderen geht (»Hallo, wie geht es Ihnen?«), warum schnüffeln wir dann nicht einfach an seinen Achselhöhlen? Warum besprühen wir unsere Achselhöhlen regelmäßig mit Chemikalien, die unseren wahren Geruch verschleiern?

Als Kultur sind wir nicht besonders interessiert am Prozeß der Induktion der Konsensus-Trance an sich. Wir interessieren uns zwar stark für ›Erziehung‹, sind uns jedoch kaum bewußt, wieviel von dem, was Erziehung genannt wird, im wesentlichen Induktion von Konsensus-Trance ist. Wir sind daran interessiert, ›verläßliche, normale‹ Menschen aufzuziehen, durch Repräsentanten der Kultur in Trance versetzte Marionetten, die in jeder Situation, vor die sie die äußere Welt stellt, automatisch das Richtige erleben und tun. Wenn normale Menschen A sehen, fühlen sie ›natürlich‹ B und tun C. Vergleichbar wäre, daß man bei einer herkömmlichen Hypnose der Versuchsperson suggerieren würde, wenn sie X sehe, werde sie Y erleben und Z tun.

Die Induktion wird fortgesetzt

Da wir uns auf die frühe Kindheit als die Zeit der intensivsten Konsensus-Trance-Induktion konzentriert haben, könnte der Eindruck entstanden sein, daß der Induktionsprozeß beendet ist, wenn wir erst einmal erwachsen sind.

Die Konsensus-Trance wird in Wahrheit jedoch ständig verstärkt und vertieft. Teilweise geschieht dies bewußt, wie etwa bei der Produktwerbung im Fernsehen oder (was heute so ziemlich auf das gleiche herauskommt) bei politischen Veranstaltungen, die dazu dienen, Kandidaten und das Programm ihrer Partei zu verkaufen. Werbung basiert auf der großen Ähnlichkeit unserer Assoziationen und Konditionierungen. Aufgrund dieses Faktums können uns die richtigen Botschaften so manipulieren, daß wir das Produkt haben wollen. Der Appell an das rationale Denken, der in einem Teil der Werbung zu finden ist, ist gewöhnlich ebenfalls manipulativ: Für bestimmte Arten von Menschen ist es wichtig zu glauben, daß sie rational sind, deshalb geben die Werbefachleute ihnen Material, das sie in diesem Glauben bestärkt, fahren aber gleichzeitig mit der Manipulation fort, die letztlich zum Kauf des Produkts führen soll.

Ein großer Teil der Bemühungen, die auf die Verstärkung der Konsensus-Trance ziehen, erfolgt weder absichtlich noch bewußt, sondern einfach mechanisch. Jedesmal, wenn Sie auf automatisierte, konditionierte Weise reagieren und damit zurechtkommen oder gar dafür belohnt werden, verstärkt das die Konsensus-Trance. Ein großer Teil unserer sozialen Interaktion hat diese Wirkung. Ich handle normal, du handelst normal, und unsere Gewohnheiten, normal zu sein, werden so ein wenig stärker. Unangenehme Konsequenzen unserer normalen Handlungen können ein wahrer Segen sein, wenn sie in uns den Wunsch aufzuwachen erwecken, aber wir können uns nicht darauf verlassen, zufällig auf genau die richtige Kombination unangenehmer Umstände zu treffen, die uns aufwachen läßt. Außerdem hat uns die Kultur so konditioniert, daß wir die Dinge nie *zu* tiefgreifend in Frage stellen, selbst wenn unser Leben in der Hoffnung, daß später einmal alles besser werden wird, dahinkümmert. Es wird noch die Rede davon sein, daß kontinuierliche Bemühungen erforderlich sind, um die Suggestionen zu neutralisieren, die uns unaufhörlich dazu verführen, uns eines angenehmen Schlafs im Zustand der Konsensus-Trance zu erfreuen. Es kostet Mühe, zu begreifen, wie diese Trance sich entwickelt hat, und es kostet Mühe, daraus zu erwachen.

Wir alle befinden uns in der tiefen Trance des Konsensus-Bewußtseins, eines Zustands teilweise aufgehobener Lebendigkeit, des Stupors, der Unfähigkeit, mit maximaler Energie zu leben. Automatisierte und konditionierte Muster der Wahrnehmung, des Denkens, Fühlens und Verhaltens bestimmen unser Leben. Wir ähneln während eines großen Teils unseres Lebens unserem weiterentwickelten Kran/Sortierer: Wir scheinen intelligent und bewußt zu sein, doch handelt es sich in Wahrheit nur um automatisierte Programme. Viele von diesen automatisierten und konditionierten Mustern waren irgendwann einmal flexibel, aber das ist längst nicht mehr so: Sie könnten uns sogar vernichten. Wir leben in einem Zustand des Massenwahns und tragen selbst dazu bei.

»Aber«, könnten Sie nun sagen, »ich habe doch gar nicht das *Gefühl,* daß ich in Trance bin!« Natürlich haben Sie das nicht.

Wir stellen uns Trance als etwas im Vergleich zu unserem gewöhnlichen Bewußtseinszustand Ungewöhnliches vor. Wir können nur erkennen, daß wir uns in Trance befinden, indem wir darüber nachdenken, so wie wir es in diesem Kapitel getan haben, und/oder indem wir erleben, wie es ist, sich *nicht* in Trance zu befinden, wach zu sein. Wir werden in den nächsten Kapiteln fortfahren, das Konsensus-Bewußtsein zu untersuchen. Im Anschluß daran werden wir uns mit Methoden befassen, die zu jenen Augenblicken der Wahrheit führen, die das Konzept der Konsensus-Trance auf eine direkte, empirische Weise bestätigen.

11

Identifikation –
Die Macht der ›Ich‹-Empfindung

Denken Sie an den Monat und Tag Ihrer Geburt. Wir werden ihn M-Tag nennen. Mein Geburtstag ist der 29. April. Lesen Sie nun die beiden folgenden Aussagen laut, und denken Sie an Ihren Geburtstag, wenn es in der zweiten Aussage ›M-Tag‹ heißt:

Menschen, die am 29. April geboren sind, sind langweilige Spinner.
Menschen, die am M-Tag geboren sind, sind langweilige Spinner.

Was für ein Gefühl haben Sie bei diesen beiden Aussagen?

Wenn Sie so reagieren wie die meisten anderen Menschen, dann ist die erste Aussage über Menschen, die an *meinem* Geburtstag geboren sind, für Sie nichts weiter als eine Information – vielleicht eine etwas gewagte Aussage, aber prinzipiell auch nichts anderes als »Die Temperatur beträgt zur Zeit in Fairbanks, Alaska, 39 Grad.« Also einfach Daten. Die gleiche Aussage über Menschen, die an *Ihrem* Geburtstag geboren sind (also auch Sie!), ist etwas völlig anderes. »Wer behauptet da, ich sei ein Spinner?«

Das Subsystem ›Identitätsgefühl‹

Als ich vor einigen Jahren das Wesen veränderter Bewußtseinszustände einschließlich des gewöhnlichen Bewußtseins und ihre

Funktionsweise analysierte, bezeichnete ich eine der Komponenten oder eines der Subsysteme des Bewußtseins als ›Identitätsgefühl‹.

Das Subsystem Identitätsgefühl hat primär die Funktion, bestimmten Aspekten des Erlebens und bestimmten Informationen im Bewußtsein eine ›Das bin ich‹-Qualität zu verleihen und so ein Ich-Gefühl zu schaffen. Vermutlich gibt es semi-permanente Strukturen, die Kriterien dafür liefern, welche Phänomene mit der ›Das bin ich‹-Qualität versehen werden sollen... Jede Information, der diese Qualität angeheftet wird, gewinnt erhebliche zusätzliche Potenz; sie kann dann starke Emotionen hervorrufen oder auf andere Weise die Energie der Aufmerksamkeit/Bewußtheit beherrschen. Wenn ich zu Ihnen sage: »Das Gesicht eines Menschen, den Sie nicht kennen, eines Herrn Johnson, ist häßlich und abstoßend«, dann wird diese Information Sie wahrscheinlich nicht sonderlich interessieren. Wenn ich hingegen sage: »*Ihr* Gesicht ist häßlich und abstoßend«, dann ist das etwas völlig anderes!

Unter bestimmten Umständen könnte eine solche Aussage einem noch aggressiveren Verhalten vorausgehen, gegen das Sie sich verteidigen wollen. Doch meist ziehen derartige Bemerkungen nichts als weitere verbale Äußerungen der gleichen Art nach sich. Und doch reagieren Sie darauf, als würden Sie tatsächlich körperlich angegriffen.

Wenn einer Information die Ego-Qualität hinzugefügt wird, so verändert das *radikal* die Art, wie diese Information vom Gesamtsystem des Bewußtseins behandelt wird.[1]

Ungeachtet der wahren Natur der zugrunde liegenden Strukturen ist der Prozeß der Identifikation einer der wichtigsten für das menschliche Leben. Dieser Prozeß definiert Sie als nur einen Bruchteil dessen, was Sie sein könnten. Wir wollen uns mit dem Prozeß der Identifikation beschäftigen, ohne im Augenblick näher auf die exakten Eigenarten der Identifikationsobjekte einzugehen, jener Dinge, Menschen, Konzepte usw., denen die Qualität ›Das bin ich‹ aufgeprägt wird.

Die Allgegenwart der Identifikation

Ein Grund, weshalb wir uns im Augenblick nicht mit den Objekten der Identifikation zu beschäftigen brauchen, ist, daß der Prozeß so intensiv und allgegenwärtig ist, daß ich den Verdacht habe, ein Mensch kann sich mit allem und jedem identifizieren. Ihr Name, ihr Körper, ihre Besitztümer, ihre Familie, ihre Arbeit, die Werkzeuge, die sie bei ihrer Arbeit benutzen, eine Gemeinschaft, ›die Sache‹, das Land, die Menschheit, der Planet, das Universum, Gott, ihr Fingernagel, ein Opfer in einer Zeitungsstory… Die Liste der Objekte, mit denen sich Menschen schon identifiziert haben, ist schier endlos.

Wenn die Identifikation mit einem Objekt erst einmal zustande gekommen ist, erfährt es bevorzugte Aufmerksamkeit und gewinnt erheblich an psychologischer Macht verglichen mit den Objekten oder Ideen, die nur irgendwelche Dinge oder Informationen sind. Ich werde an diesen Zusammenhang erinnern, wenn ich mich weiter unten ausführlicher mit dem ›Ich‹ befassen werde. Dieser Machtzuwachs kann sich auf das Maß an Aufmerksamkeit beschränken, das man dem Identifikationsobjekt zukommen läßt, kann aber auch umfassender werden, wenn diese Macht bewußt oder unbewußt mit sehr tiefen Emotionen verbunden wird, die den biologischen Selbstschutz betreffen. Eine verbale Beleidigung beispielsweise bedroht einen Teil von Ihnen, mit dem Sie sich gerade identifizieren; dies aktiviert jedoch die Überlebensinstinkte Ihres Körpers, und der Adrenalinspiegel im Blut steigt, als läge eine echte physische Bedrohung vor. Folglich steht Ihnen zur Reaktion auf diese Bedrohung eine große Menge Energie zur Verfügung. Die Bedrohung eines Identifikationsobjektes ist eine Bedrohung für das ›Ich‹.

Ein praktisches Beispiel

Um das Phänomen der Identifikation in Workshops zu demonstrieren, lege ich manchmal eine Papiertüte in der Mitte des Raumes auf den Boden. Es ist nichts Besonderes an der Tüte — noch nicht. Eine leere Pappschachtel erfüllt den Zweck ebensogut. Dann bitte ich die Workshop-Teilnehmer, ihren Blick und ihre Aufmerksamkeit auf die Tüte zu konzentrieren und zu versuchen, sich mit der Tüte zu identifizieren, sich vorzustellen, ›Das bin ich‹, die Tüte zu lieben und sie so anzusehen wie sich selbst. Dies ist keine komplexe hypnotische Induktion oder Meditation; ich spreche einfach im Verlauf eines normalen Gesprächs darüber und wiederhole die Instruktionen zwei- oder dreimal innerhalb einer Minute. Die Teilnehmer werden auf diese Weise aufgefordert, über den normalerweise unwillkürlichen Prozeß der Identifikation willentliche Kontrolle auszuüben.

Dann gehe ich plötzlich zu der Tüte hin und trample darauf herum. Erschrecktes Aufstöhnen folgt. Einige Teilnehmer springen auf; ihre Mienen deuten auf einen abrupten Gefühlsumschwung hin. Manchmal beklagen sie sich über meine Grausamkeit. Viele berichten später, sie hätten einen körperlichen Schmerz verspürt, als ich die Tüte zertrat. Viele sind genauso schockiert, als hätte ich sie selbst geschlagen. Alle verstehen, was das Experiment zeigen sollte. Nur zu leicht heftet man sein Identitätsgefühl an irgend etwas und büßt dadurch einen Teil der eigenen Kraft ein.

Bei manchen Objekten fällt die Identifikation leichter als bei anderen. Dazu gehören natürlicherweise Ihr Körper und seine Empfindungen. Mit Gedanken und Gefühlen (»Ich habe zuerst daran gedacht«; »ich bin deprimiert«) kann man sich ebenfalls leicht identifizieren, denn gewöhnlich halten wir es uns zugute, unsere Gedanken hervorgebracht zu haben, und unsere Gefühle erleben ganz eindeutig wir. Besonders stark identifizieren wir uns mit unserem Namen.

Korzybski, der Begründer der modernen Semantik, wies ständig drauf hin, daß die Landkarte nicht das Territorium ist. Als Psychologe muß ich dem zustimmen, und ich muß hinzufügen, daß die Menschen die meiste Zeit die Landkarte dem Territorium selbst vorziehen! Oft ist es leichter, eine Karte (also die innere Simulation der Realität) dazu zu bringen, so zu sein, wie man will, als sich mit dem Territorium selbst auseinanderzusetzen, also mit der äußeren Welt.

Worte verletzen

Kennen Sie den folgenden alten englischen Kinderreim?

Sticks and Stones will hurt my bones,
But names will never hurt me!
Call me this and call me that,
And call yourself a dirty rat!

Als Erwachsene können wir erkennen, daß dieser Reim der Charakterstärkung dienen soll, aber er enthält eindeutig eine Lüge. Die meisten von uns werden sicher nicht allzu häufig durch Stökke und Steine oder andere Formen von körperlichem Angriff verletzt, aber wie oft verletzen uns die verbalen Beleidigungen anderer Menschen? Wir identifizieren uns mit einer großen Vielfalt von Konzepten und Objekten, und diese tragen gewöhnlich Namen. Folglich kann man uns durch Angriff auf diese ›Namen‹ psychisch verletzen.

Wir alle haben schon von ›primitiven‹ Kulturen gelesen, in denen die Menschen geheime Namen haben. Diese ›Primitiven‹ sind angeblich so dumm, daß sie glauben, sie würden sich magischen Angriffen aussetzen, wenn unfreundlich gesonnene Menschen ihre Geheimnamen erführen. Ist das Aberglaube, oder sind diese ›Primitiven‹ möglicherweise psychologisch feinsinniger als wir?

Die Vorteile der Identifikation

Gewöhnlich leben wir in einer Reihe von gesellschaftlich definierten Rollen, mit denen wir uns identifizieren, etwa in der des Vaters oder der Mutter, des Gebildeten, des guten Zuhörers, des politischen Aktivisten oder der Stütze der Gemeinschaft. Wir identifizieren uns oft auch mit anderen Menschen: Wenn mein Ehepartner beleidigt wird, dann fühle ich mich auch beleidigt und dergleichen mehr. Auch die Identifikation mit Menschen, die wir für modellhafte Verkörperer einer Rolle halten, also Hel-

168

den und Heldinnen, ist recht häufig. Diese ›Helden‹ und ›Heldinnen‹ können nach den herrschenden gesellschaftlichen Maßstäben durchaus Verlierer sein — denken Sie an das im vorigen Kapitel erläuterte Phänomen des Sekundärgewinns.

Vom Standpunkt des kulturellen Hypnotiseurs aus gesehen, ist die Identifikation ein nützlicher Prozeß, zumindest wenn jemand, der sich im Zustand der Konsensus-Trance befindet, dazu konditioniert wurde, sich mit den gesellschaftlich anerkannten Rollen und Werten zu identifizieren. Solche Identifikation ist Teil der (impliziten) Definition der Normalität einer bestimmten Kultur. Auf Menschen, die sich automatisch mit der Nationalflagge identifizieren und sich persönlich beleidigt fühlen, wenn sie über eine Flaggenverbrennung lesen, kann die Gesellschaft sich verlassen.

Der Prozeß der Identifikation kann auch aus persönlicher Sicht nützlich erscheinen. Wenn eine Studentin zu mir kommt und mir eine Frage stellt, wird sofort meine Professoren-Identität induziert, ohne daß ich mich dazu bewußt anstrengen müßte. Ich entspreche meiner beruflichen Rolle und gebe der Studentin die Antwort oder sage ihr, wie sie das Gefragte selbst herausfinden kann. *Sie* wird in *ihrer* Weltsicht bestärkt, in der Professoren eben die Fragen von Studenten beantworten. *Ich* werde in *meiner* Weltsicht bestärkt, in der ich ein Professor bin, der die Antworten kennt und von den Studenten geachtet wird, die Antworten hören wollen.

Alles erscheint so mühelos (obgleich es in Wirklichkeit eine Menge Energie kostet). Es erfordert in der Tat bewußte Willenskontrolle (worüber wir später detailliert im Zusammenhang mit dem Gurdjieffschen Selbsterinnern sprechen werden), wenn ich in dieser Situation nicht automatisch in mein Professoren-Selbst verfallen will.

Ein anderes Beispiel für die scheinbare Nützlichkeit der Identifikation: Angenommen, ich bin mitten in einer langen und langweiligen Arbeit, die ich aber unbedingt zu Ende bringen muß. Ich würde nur zu gerne damit aufhören und mich ausruhen oder spielen, einfach irgend etwas Interessanteres tun. Immer neue interessante Dinge fallen mir ein, die ich statt meiner Arbeit tun könnte und möchte: Ich sollte wirklich einmal meinen Schreibtisch aufräumen, ich muß unbedingt noch Anrufe erledigen, und ein paar Sicherheitskopien von meinen Computerdisketten wären auch längst fällig. Diese Gedanken (egal, ob sie der Wahrheit entsprechen oder nicht) fungieren als Rationalisierungen, die mir helfen sollen, mich vor der notwendigen, aber langweiligen Fortführung meiner Arbeit zu drücken. Es kostet mich große Mühe, mich zum Weitermachen zu zwingen. Aber halt! Soeben erinnere ich mich daran, daß ich als äußerst zuverlässig gelte. Ich habe also eine Identität als verläßlicher Mensch, eine Identität, auf die man stolz sein kann.

Wenn ich meine Arbeit abschließe, werde ich damit belohnt werden, daß ich mich stolz fühlen darf, denn ein zuverlässiger Mensch kann mit Recht stolz auf sich sein. Diese Vorwegnahme meiner (inneren) Belohnung hilft mir jetzt dabei, mit der Arbeit fortzufahren.

Wenn wir weiter über dieses Beispiel nachdenken, erkennen wir, daß es oft eher darum geht, die Identifikation zu wechseln, als aus einem nicht-identifizierten Zustand in einen identifizierten überzuwechseln. Arbeiten sind weder langweilig noch aufregend, sondern sie sind ganz einfach das, was sie sind. *Menschen* langweilen sich oder fühlen sich angeregt. Dennoch kann das, was für den einen eine anregende oder zumindest neutrale Arbeit ist, für einen anderen langweilig sein. War meine anfängliche Langeweile vielleicht nur die Folge der unbewußten Identifikation mit einem Selbst-Konzept unter vielen möglichen, das sich bei dieser Arbeit langweilt?

Identifikation scheint demnach ein nützlicher Prozeß zur automatischen (und effizienten?) Mobilisierung von Aufmerksamkeit und Energie zu nützlichen Zwecken zu sein. Allerdings kann es auch ein sehr kostspieliger Prozeß sein.

Der Preis der Identifikation

Identifikation hat ihren Preis. Damit sind Konsequenzen gemeint, die wir nicht mögen.

Ein statischer Prozeß in einer sich verändernden Welt

Identifikation ist zunächst einmal kostspielig, weil sie einen ›statischen‹ Charakter hat. Wir identifizieren uns mit Objekten, denen wir im Geist unterstellen, daß sie dauerhaft sind (beispielsweise mit Körpern, Autos, Besitztümern und Ereignissen der Vergangenheit). Auf der logischen und bewußten Ebene sind wir natürlich klüger, aber wir denken nur selten logisch und völlig bewußt über Objekte nach, mit denen wir uns identifiziert haben. Auch geistige Konzepte, mit denen wir uns identifizieren, haben für uns gewöhnlich eine feste, ›dinghafte‹ Qualität: Was Sie vor einer Minute gesagt haben, an dem läßt sich nicht rütteln; Ihre Entscheidungen sollen für alle Zeiten Gültigkeit haben. Unser momentanes Weltverständnis soll immer die absolute Wahrheit sein. – Es müßte doch möglich sein, sich dauernd gut zu fühlen.

Die Schwierigkeit bei der Identifikation mit irgendeinem Objekt der materiellen Welt wie auch unseres Geistes besteht darin, daß die Realität sich ständig verändert. Viele Philosophen und spirituelle Traditionen haben darauf hingewiesen, daß die Realität sich ständig verändert. Wenn Sie sich also mit etwas identifizieren, so wird sich dieses Etwas verändern. Es wird nicht das bleiben, was es war, als Sie sich damit identifizierten. Irgendwann werden Sie enttäuscht sein, weil die Realität des Identifikationsobjekts nicht mehr die ursprüngliche ist. Wie oft haben wir schon die Klage gehört: »Er/Sie ist nicht mehr der wunderbare Mensch, der er/sie war, als wir heirateten. Er/Sie hat sich *verändert!*« Wenn Sie dies vermeiden wollen, müssen Sie sich zwingen, Ihre Identifikation mit dem veränderten Objekt aufzugeben. Gewöhnlich sperren sich unsere Identifikationen gegen absichtliche Veränderungen, auch wenn der Identifikationsprozeß auf unbewußter Ebene ständig vielen raschen Veränderungen unterliegt.

Der Körper, der ›Ich‹ ist, wird krank, alt und stirbt schließlich. *Mein* Auto fährt irgendwann nicht mehr. *Mein* Besitz fällt dem Zahn der Zeit zum Opfer, er nutzt sich ab, wird gestohlen. Ich kann versuchen, *meine* Erinnerungen an Ereignisse der Vergangenheit zu pflegen, aber Erinnerungen verblassen irgendwann, und andere Menschen können bezweifeln, ob sich die Dinge wirklich so abgespielt haben. Außerdem ist eine Erinnerung nie so befriedigend wie die Realität selbst. Die scheinbar brillante Einsicht, die ich vergangenes Jahr hatte, fängt an zu verschwimmen: War sie überhaupt jemals richtig? Ein Student hebt die Hand: »Auf Seite 157 Ihres Buches *States of Consciousness* haben Sie gesagt...« Ich bin mir mittlerweile gar nicht mehr so sicher, ob diese Aussage *so* zu halten ist, aber ich muß sie doch verteidigen, oder? Die Identifikation mit Dingen macht uns verletzbar durch ihren eventuellen Verlust. Die Unsicherheit, die aus der verbreiteten kulturell induzierten Anschauung resultiert, daß das Universum feindlich ist und daß wir schwach und gebrechlich sind, macht Identifikation als scheinbaren Schutz gegen Veränderung noch attraktiver.

Wer hat Ihre Identifikation ausgewählt

Ein weiterer wichtiger Preis der Identifikation ergibt sich dadurch, daß wir die meisten Dinge und Rollen, mit denen wir uns automatisch identifizieren, gar nicht selbst ausgewählt haben. Als Teil des Prozesses der Enkulturation, der Induktion von Konsensus-Trance, wurden wir beschwatzt und konditioniert, uns mit vielen Rollen, Gedanken, Menschen, Ursachen und Werten zu identifizieren, die für unsere Essenz von keinerlei oder nur von geringem Interesse sind oder diese sogar unterdrücken. Einige Menschen, mit denen wir uns identifizierten, haben eindeutig viele unerwünschte und psychopathologische Züge, und durch die Identifikation mit ihnen haben wir einige ihrer Unzulänglichkeiten übernommen. *Dies gilt insbesondere für unsere Eltern.*

Meist entdecken wir Aspekte dieser unwillkürlichen Identifikation erst ziemlich spät im Leben. Oft hört man Aussagen wie: »Ich habe mich dazu gezwungen, das Jurastudium abzuschließen, und habe zwanzig Jahre lang als Rechtsanwalt praktiziert, bis mir eines Tages klar wurde, daß ich nie wirklich Interesse an diesem Beruf hatte. Meine Eltern haben mich ständig mit der Erwartung bombardiert, ich müsse in die Fußstapfen meines Vaters treten. Irgend etwas in mir hat immer den Streß gehabt, den dieser Beruf mit sich bringt. Schließlich habe ich Magengeschwüre und Bluthochdruck bekommen. Ich habe den größten Teil meines Lebens damit vergeudet, etwas zu tun, was ich gar nicht tun wollte!«

Denken Sie daran, daß die Identifikation ihren Objekten Aufmerksamkeit und Energie schenkt. Da uns keine unbegrenzten Mengen an Aufmerksamkeit und Energie zur Verfügung stehen, müssen wir sie, wenn wir sie dem einen Objekt geben, von anderen abziehen. Die Identifikation mit Objekten entsprechend unserer Konditionierung und ungeachtet der Bedürfnisse unserer Essenz ist ein wichtiger Aspekt unseres Lebens bzw. unserer Persönlichkeit. Die Tatsache, daß wir uns automatisch mit so vielen Dingen identifizieren, die wir nicht selbst gewählt haben, ist einer der Gründe, deretwegen Gurdjieff die Persönlichkeit generell als ›falsche Persönlichkeit‹ bezeichnete.

Die Automatisierung der Identifikation

Die Identifikation kommt uns auch deshalb teuer zu stehen, weil der Prozeß zu automatisch abläuft. Würden Ihre verschiedenen gutentwickelten Identitäten Kleidungsstücken ähneln und Sie könnten *bewußt* wählen, welches Kostüm bzw. welche Identität für eine bestimmte Gelegenheit nach Ihrem besten Wissen am geeignetsten ist, dann wären Identitäten in der Tat nützliche Werkzeuge. Gewöhnlich aktiviert jedoch die Situation K immer *automatisch* die Identität K.

Wenn die Situation wirklich so komplex ist, daß Identität K nicht damit zurechtkommt, kann es sein, daß die Identität K (die Sie zu diesem Zeitpunkt ›sind‹) ihre Aufgabe schlecht erfüllt. All Ihre übrigen Identitäten und was auch immer tatsächlich in ›Ihnen‹ stecken mag, müssen die Konsequenzen dessen tragen, was Identität K in jener Situation angestellt hat. Gurdjieff beschrieb dies so: Jede unserer vierten Identitäten kann einen Scheck oder Vertrag unterschreiben, doch der ganze Rest von uns muß zahlen, ob uns bzw. den übrigen Identitäten dies nun gefällt oder nicht. Wie oft haben wir uns wohl schon gefragt: »Warum habe ich jemals versprochen, dieses oder jenes zu tun?« Die Teilpersönlichkeit, die dies fragt, ist vermutlich nicht diejenige, die das Versprechen gab.

Der letzte Kostenfaktor der Identifikation ergibt sich daraus, daß die ständige automatische Verfügbarkeit konditionierter Identitäten Ihnen die Tatsache verbergen kann, daß Sie Ihre wahre Identität nicht kennen, Ihre Essenz, Ihr inneres Selbst hinter diesen Oberflächenmanifestationen. *Sind* Sie *wirklich* Ihr Name? Ihre Rollen? Ihre Gefühle? Ihr Intellekt? Ihr Körper?

Sie sind weit mehr als alles, womit Sie sich identifizieren.

Im nächsten Kapitel werden wir uns mit den Folgen habitueller Identifikation befassen − mit den Identitätszuständen.

12

Identitätszustände —
Viele Seelen in einer Brust

Die Einheit des Bewußtseins ist eine Illusion. Der Mensch tut ständig mehrere Dinge auf einmal, und die bewußte Repräsentation dieser Handlungen ist nie vollständig... Als aktiv Handelnder trifft er unentwegt Entscheidungen und entwirft Pläne oder setzt sie in die Tat um, und er möchte gern glauben, daß er die Kontrolle über sein Tun hat. Jedoch täuscht er sich vermutlich oft über die Ursachen seines Verhaltens... Die Einheit des Bewußtseins ist eine Illusion, die teilweise entsteht, da Gedächtnislücken durch Wiedererkennen und Wiedererinnern ausgefüllt werden.

In einem größeren Zusammenhang wirft das Problem des Wollens die Frage der Einheit der Persönlichkeit auf. Ist Willensstärke eine universelle Qualität, die die Zeit überdauert und dem Charakter des Individuums Einheit verleiht, oder ist sie etwas Fragmentarisches und wird durch die Begrenztheit der unmittelbaren Situation beeinflußt? Eine generelle Antwort hierauf muß lauten: Die Persönlichkeit ist in wesentlich geringerem Maße eine Einheit, als wir es glauben möchten, und der Wille ist Dissoziationen ebenso unterworfen wie die Wahrnehmungsprozesse.

Welches dieser beiden Zitate, glauben Sie, stammt von einem führenden und anerkannten Psychologen und welches von einem spirituellen Meister?

Im vorigen Kapitel haben wir uns mit der Allgegenwart des Identifikationsprozesses befaßt, mit dem Faktum, daß die ›Das bin ich‹-Qualität fast allem angeheftet werden kann. Wir können uns mit vielem identifizieren, doch außerdem gibt es habitualisierte, automatisierte Identifikationsmuster, miteinander in Beziehung stehende Gruppen von Identifikationsobjekten, die erkennbare ›Identitätszustände‹ bilden. Das vorliegende Kapitel ist diesen Identitätszuständen, unseren Teil-Selbsten (auch Sub-Selbsten) gewidmet.

Unsere Teil-Selbste

Wir verstehen uns als Einheit. Mein Name, Charles Tart, bezeichnet — zumindest scheinbar — einen einheitlichen Organismus. Der Prozeß der Identifikation läßt uns automatisch ›Ich‹ zu fast allem sagen, was durch unser Bewußtsein zieht. Manchmal jedoch, wenn wir zeitweilige, aber ziemlich drastische Veränderungen in uns bemerken, beschreiben wir uns, als wären wir jemand anders: »Ich war einfach nicht ich selbst.«

Identitätswechsel in veränderten
Bewußtseinszuständen

In der Psychiatrie gibt es die alte Maxime, daß das Pathologische, weil es eine Übertreibung des Normalen ist, das Normale sichtbar macht. Es ist einfach so auffällig, daß man es nicht übersehen kann. Jene drastischen Veränderungen, die wir verallgemeinernd als veränderte Bewußtseinszustände bezeichnen, sind offensichtliche Beispiele für Veränderungen im Identitätsmuster, etwa wenn ein Mensch unter starkem Alkoholeinfluß oder unter dem Einfluß einer anderen bewußtseinsverändernden Droge steht oder wenn er träumt. Manchmal können wir auch beobachten, daß unser Ich-Gefühl — unser Gefühl dafür, wer wir sind — sich unter großem Streß drastisch verändert. Solche extremen Veränderungen ermöglichen es, den Prozeß der Identifikation und den Wechsel der Identifikationsobjekte zu beobachten, was gewöhnlich unbeachtet bleibt und als selbstverständlich hingenommen wird. Wenn wir jedoch meinen, daß diese starken Veränderungen sich erheblich von den Sprüngen unterscheiden, die ständig in unserem gewöhnlichen, Einheit vorspiegelnden Bewußtsein vor sich gehen, dann unterliegen wir einem großen, weitverbreiteten Irrtum.

Der Körper als ein Ursprung der Identität

Wir sind tatsächlich im Besitz einer grundlegenden Einheit. Gemeint ist unser tagaus, tagein gleicher physischer Körper. Eine weitere Einheit bildet die große Menge von Tatsachenerinnerungen, die uns fast ständig zuverlässig zur Verfügung stehen. Diese Erinnerungen sind alle im Hinblick auf die sensorischen Wahrnehmungen eines einzigen Körpers organisiert, so daß man leicht auf die Idee kommen kann, daß sie zu einem einzigen Selbst gehören. Außerdem nennen andere Menschen uns (oder genauer gesagt unseren Körper) ständig mit dem gleichen Namen und haben feste Erwartungen bezüglich unserer Reaktionen.

Dies alles sind jedoch in Wahrheit keine besonders überzeugenden Argumente für die Einheit des Bewußtseins. Alle diese Tatsachen über unser Leben ließen sich vermutlich in einem einzigen Computer speichern, so daß sie zuverlässig in einem einzigen ›Körper‹ verfügbar wären. Der Computer würde stets mit dem gleichen Namen benannt, und die Menschen hätten feste Erwartungen bezüglich seiner Aktivitäten. Auch unser Kran/Sortierer der siebten Generation hatte sich schon bis zu diesem Niveau entwickelt. Würden wir dem Computer deshalb jedoch Bewußtsein oder gar einheitliches Bewußtsein zusprechen?

Die Illusion der Einheit

Im vorigen Kapitel ging es um die Allgegenwart des Identifikationsprozesses. Allem und jedem kann ›Ich‹-Qualität verliehen werden, und dies kann mit großer Macht und fast augenblicklich geschehen. Gurdjieff formuliert das so:

Einer der Hauptirrtümer des Menschen, ...den man sich immer vor Augen halten muß, ist seine Täuschung in bezug auf sein Ich. ... Sein Ich wechselt mit gleicher Geschwindigkeit wie seine Gedanken, Gefühle und Stimmungen, und er begeht einen gewaltigen Irrtum, wenn er sich immer für ein und dieselbe Person hält; in Wirklichkeit ist er *immer eine andere Person,* nicht die gleiche, die er kurz vorher war... *Der Mensch hat kein bleibendes und unveränderliches Ich.* Jeder Gedanke, jede Stimmung, jede Begierde, jede Empfindung sagt ›Ich‹. Und in jedem Fall hält man es für selbstverständlich, daß dieses Ich zum *Ganzen* gehört, zum ganzen Menschen.[1]

Diese Äußerungen Gurdjieffs, die er zu Anfang des 20. Jahrhunderts machte, schienen damals allem im Westen bisher für wahr Gehaltenen zu widersprechen, und sicherlich waren sie eine Beleidigung all dessen, was die Menschen so gern über sich selbst glauben wollten. Ich habe weiter oben gefragt, welches der beiden Zitate über den Mangel an Einheit zu Anfang des Kapitels wohl von einem spirituellen Meister stammt. Die Antwort lautet: keines von beiden. Beide stammen von Ernest R. Hilgard, einem emeritierten Professor der Psychologie der Stanford University.[2] Er ist einer der wichtigsten Psychologen der USA, eine hochangesehene, führende Persönlichkeit der psychologischen Wissenschaft, und niemand betrachtet ihn als Verfechter ›ausgefallener‹ Ideen. Ich hatte das Glück, nach dem Doktorexamen in seinem Institut ein Stipendium zu erhalten.

Um die Einheit oder den Mangel an Einheit in unserer Persönlichkeit zu verstehen, müssen wir wesentlich mehr tun, als die im Gedächtnis gespeicherten Daten zu prüfen, die mit einem einzigen Körper assoziiert sind. Wir müssen außerdem die Vorlieben und Abneigungen berücksichtigen, ebenso Werte, emotionale Erlebnisse, Hoffnungen und Ängste, Intentionen, unbewußte Prozesse (gesunde und ungesunde) und noch viele andere subtile psychische Vorgänge. Wenn wir alle unsere psychischen Funktionen untersuchen, so werden wir durch ehrliche Beobachtung unserer selbst wie auch anderer Menschen erkennen, daß wir nicht *eine* Person, sondern *viele* sind. Eine geistige ›Fotografie‹, zu einem bestimmten Zeitpunkt aufgenommen, kann eine völlig andere Person zeigen als eine Fotografie von einem anderen Augenblick. Würde man vom identischen Körper und dem größten Teil des Tatsachengedächtnisses sowie dem allgemein üblichen Namen und den festen Erwartungen eines Menschen absehen, so könnte es manchmal unglaublich erscheinen, daß diese beiden Persönlichkeiten auch nur *irgend etwas* miteinander gemeinsam haben sollen.

An Extremfällen ist dies leicht zu verdeutlichen. Angenommen, Sie würden sich im Zustand starker Bedrohung oder Wut beobachten bzw. in einem Augenblick, in dem Sie sich besonders geborgen und liebevoll fühlen, oder aber, wenn Sie völlig in eine interessante und anspruchsvolle Arbeit vertieft sind. Sie würden vermutlich denken, Sie hätten verschiedene Personen vor sich. Gurdjieff betonte, die drastischen Unterschiede zwischen unseren verschiedenen Selbsten seien nichts Außergewöhnliches. ›Ich‹ kann von Augenblick zu Augenblick eine andere Person sein.

Ich werde jetzt den Begriff ›Identitätszustand‹ in ähnlicher Weise definieren, wie ich es im ersten Kapitel mit dem Begriff ›Bewußtseinszustand‹ getan habe.

Ein Identitätszustand eines bestimmten Individuums (individuelle Unterschiede sind hierbei sehr wichtig!) ist eine einzigartige *Konfiguration* oder ein einzigartiges *System* psychischer Strukturen oder Subsysteme. Die Teile oder Aspekte des Geistes, die wir zu analytischen Zwecken unterscheiden können (wie Erinnerungen, Werte und Fähigkeiten), werden zu einem bestimmten Muster oder System arrangiert, dem das ›Ich‹-Gefühl angeheftet wird. Dieses Muster oder System ist der Identitätszustand. Das Muster und seine Elemente bestimmen, was der Betreffende im jeweiligen Zustand tun kann und was nicht. In einem Identitätszustand, der beispielsweise durch die Attribute ›fähig‹ und ›selbstbewußt‹ gekennzeichnet ist, kann ein Mensch Aufgaben anpacken, an die er sich in anderen Identitätszuständen nicht heranwagen würde.

Einem Identitätszustand ist eine gewisse Dynamik eigen. In Einzelheiten verändert er sich ständig, wobei das übergreifende

Muster eindeutig erhalten bleibt. Zum Beispiel hat sich der konkrete Sinn meiner letzten Gedanken von Satz zu Satz verändert, doch bewegen sie sich offensichtlich alle innerhalb eines Musters, das ich meinen ›Schriftsteller‹ nennen möchte. Manchmal stelle ich mir einen Identitätszustand wie einen Jongleur vor, der mehrere Bälle im Kreis durch die Luft wirft: Die einzelnen Bälle bewegen sich zwar ständig, doch das kreisförmige Muster, das sie bilden, bleibt erhalten.

Das Muster eines Identitätszustandes ist so lange ziemlich stabil, bis ein äußeres oder inneres Ereignis oder deren mehrere stattfinden, die als initiierender Reiz für einen anderen Identitätszustand fungieren. Emotionen sind häufig Auslöser für Wechsel des Identitätszustands. Das Spektrum von Identitätszuständen, innerhalb dessen wir uns gewöhnlich bewegen und das meist als ›Persönlichkeit‹ bezeichnet wird, wurde von Gurdjieff ›falsche Persönlichkeit‹ genannt (siehe auch Kapitel 15), weil diese Identitätszustände uns durch den Enkulturationsprozeß aufgezwungen wurden; sie wurden nicht von unserer Essenz oder von unserem höheren Bewußtsein gewählt. Das Spektrum der gewöhnlichen Identitätszustände bewegt sich hauptsächlich innerhalb jener übergeordneten Struktur, die wir als gewöhnliches Bewußtsein (Konsensus-Trance) bezeichnen.

Die Dauer eines ›Ich‹

Manchmal dauert ein bestimmtes ›Ich‹ nur wenige Minuten, manchmal auch einige Stunden. Doch Gurdjieff behauptet nachdrücklich, daß dies nicht unser Verdienst sei, sondern eine mechanische Folge der Dauer der Umstände, die dieses ›Ich‹ aktiviert hätten. Erinnern Sie sich an die in der Einleitung dieses Buches gestellte Aufgabe: Was geschah mit jenem ›Ich‹, das in der Übung den Entschluß faßte, den Sekundenzeiger völlig bewußt zu verfolgen? Ohne äußere Verstärkung wurde es vermutlich schon nach wenigen Augenblicken von einem anderen ›Ich‹ abgelöst, das keinerlei Interesse an dem Entschluß hatte, beim Beobachten des Sekundenzeigers bewußt zu bleiben. Der im vorigen Kapitel erläuterte Prozeß der Identifikation läßt uns ›Ich‹ zu jedem Identitätszustand sagen, der zufällig des Weges kommt, doch erhalten wir dadurch kein dauerhaftes, selbstbestimmtes Ich. Die Manifestation verschiedener ›Ich‹ in der Konsensus-Trance ist direkt analog zu den posthypnotischen Suggestionen der gewöhnlichen Hypnose: Wenn der suggerierte/konditionierte Reiz auftaucht, erscheint auch das mit ihm verbundene Verhalten, die konditionierte Reaktion, das spezielle ›Ich‹.

Identitätszustände

Wir werden die verschiedenen ›Ich‹ mit einem Begriff bezeichnen, den ich einführte, als ich die verschiedenen Bewußtseinszustände untersuchte, nämlich als *Identitätszustände*.[3] Ein Identitätszustand ist eine vorübergehende Konstellation psychischer Faktoren, die erkennbare übergreifende Qualität hat, welche es dem Betreffenden (sofern er im Sinne noch zu behandelnder Kriterien in der Selbstbeobachtung erfahren ist) oder Beobachtern ermöglicht, die Konstellation als eindeutig unterscheidbare Wesenheit zu identifizieren. Das Erkennen durch andere erfolgt in Form allbekannter Stereotype wie »Jochen ist schon wieder betrunken« oder »Claudia hat wieder eine ihrer Launen« oder »Ellen will heute unbedingt Streit anfangen«. Ein Identitätszustand ist wie jeder Bewußtseinszustand eine Konstruktion. Bestimmte Charakteristika (Erinnerungen, Identifikationsobjekte, Neigen zu bestimmten Gemütsverfassungen, Phantasien, Fähigkeiten usw.) verbinden sich zeitweise zu einem erkennbaren Ganzen und fungieren als solches. Diesem Ganzen ist ein bestimmter ›Geschmack‹ eigen. Der Identitätszustand legt weiterhin fest, wie ein Mensch seine Umwelt simuliert, und damit auch, wie er sich selbst und die Welt wahrnimmt.

Ein Mensch, der in einem bestimmten Identitätszustand gefangen ist, weiß gewöhnlich nicht, daß er sich in einem bestimmten Zustand befindet, und er weiß auch nicht, daß jener Zustand ihn nicht gänzlich repräsentiert — und das ist das eigentliche Übel am Zustand der Konsensus-Trance. Das gesamte Bewußtsein ist mit dem jeweiligen Zustand identifiziert; nichts bleibt außerhalb, wodurch man darauf aufmerksam werden könnte, was da vor sich geht. Würde ein Mensch gleich zu Anfang des Geschehens erkennen, daß ein bestimmter Identitätszustand mit bekannten Charakteristika in ihm aktiviert wird, dann könnte er wesentlich besser damit umgehen. Er könnte dann nämlich *wählen,* ob er die Induktion dieses Identitätszustandes fördern oder behindern will. Selbst wenn er sich schon in dem Zustand befände, könnte er unter dieser Voraussetzung immer noch entscheiden, ob er darin bleiben will oder nicht. »Hier kommt Zustand D, und ich bin Situation X. Ist Zustand D nützlich, wenn ich meine Ziele in Situation X erreichen will?« Diese Fähigkeit, einen Identitätszustand zu wählen, entspricht einem der Aspekte des Erleuchtetseins, die im ersten Kapitel beschrieben wurden: der Fähigkeit, einen Bewußtseinszustand zu wählen, der der Situation, in der man sich befindet, am angemessensten ist. Ein Identitätszustand wäre dann ebenso wie ein veränderter Bewußtseinszustand ein *Werkzeug,* und man könnte sich ein Werkzeug aussuchen, das der jeweiligen Aufgabe entspricht.

Wenn Sie beispielsweise aufgrund von Erfahrungen der Vergangenheit wissen, daß ein bestimmter Zustand Sie in einer bestimmten Situation stets in Schwierigkeiten bringt, dann könnten Sie lernen, diesen Zustand zu deaktivieren. Oder Sie wären in der Lage, den Zustand willentlich einzusetzen, im Licht Ihrer höheren Ziele und Ihres höheren Wissens, ohne sich mit ihm zu identifizieren. Doch gewöhnlich können wir das nicht. Wir sagen automatisch ›Ich‹ zu praktisch allen unseren Identitätszuständen, oft mit tiefgreifenden Konsequenzen für unsere restlichen Identitäten und für unser wahres Selbst.

Komplikationen, die durch Identitätszustände verursacht werden

Die offensichtlichsten Schwierigkeiten, die sich aus der Tatsache ergeben, daß wir viele Selbste haben, treten in Fällen von multipler Persönlichkeit auf. Multiple Persönlichkeiten vergessen in ihrem jeweiligen Zustand oft vollständig die Erlebnisse und Handlungen ihrer übrigen Selbste. Jedes Selbst kann große Erinnerungslücken haben, plötzlich erwachen und sich in einer Situation mit einem völlig Fremden wiederfinden. Sogar körperliche Reaktionen auf Krankheiten oder auf Drogen können sich von einer Persönlichkeit zur anderen verändern. Crabtrees *Multiple Man* (1985) und Keyes' *The Minds of Billie Milligan* (1981) sind ausgezeichnete Beschreibungen multipler Persönlichkeiten. Wir werden jedoch hier bei der unauffälligeren Multiplizität gewöhnlicher Menschen wie du und ich bleiben.

Um die Komplikationen, die unsere vielfältigen Identitätszustände verursachen, ein wenig näher zu untersuchen, benutze ich ein Beispiel, das auf Erlebnissen aus meinem eigenen Leben basiert.

Objektiv ist die Situation folgende: Durch meinen Garten fließt ein Bach. Ich habe am Vortag ein wenig am Bett des Bachs gearbeitet und eine kleine Brücke repariert. Eine Leiter ist zurückgeblieben. Nachts hat es unerwartet geregnet, der Bach ist stark angeschwollen und hat die Leiter fortgespült. Nun möchte ich meine Leiter zurückhaben, was bedeutet, daß ich dem Bach stromabwärts durch die Hintergärten anderer Leute folgen muß, bis ich entweder die Leiter finde oder mich mit dem Verlust abfinde.

Wie werde ich bachabwärts gehen? Wer wird bachabwärts gehen?

Zustand 1: Der Entdecker

Ich habe drei leicht verfügbare Identitätszustände. Zustand 1 hat seine Wurzeln in der Kindheit. Wir können ihn den Entdecker nennen. Der Entdecker streift gern umher auf der Suche nach Neuem. Diese Identität verkörpert wichtige Aspekte meiner Essenz, da ich immer neugierig auf fast alles gewesen bin. Der Entdecker glaubt auch, daß er das *Recht* hat, draußen umherzuziehen, und es ist ihm zuwider, daß andere Menschen Zäune und andere Hindernisse errichten.

Zustand 2: Der gute Nachbar

Zustand 2 könnte der gute Nachbar genannt werden. Er hat sich später im Leben entwickelt. Wenn ich mich in diesem Identitätszustand befinde, sehe ich mich selbst als Grundbesitzer, als Eigentümer, dem Ungestörtheit und die ausschließliche Verfügungsgewalt über sein Eigentum wichtig sind. Der gute Nachbar ist außerdem ein freundlicher Mensch, der gern ein gutes Verhältnis zu seinen Nachbarn unterhält.

Zustand 3: Der Eindringling

Zustand 3 hat wie der Entdecker seine Wurzeln in der frühen Kindheit. Wir nennen ihn den Eindringling. Seine Welt ist angefüllt mit interessanten Orten, die jedoch leider mächtigen, unfreundlichen Erwachsenen gehören, die kleine Jungen anschreien, wenn diese ihr Eigentum betreten wollen, die sie bestrafen und sie in Schwierigkeiten mit ihren Eltern bringen. Die Welt der Eindringlinge ist von unumstößlichen Gesetzen geprägt.

Mein physisches Ich geht nun zum Bach hinunter und hält nach der Leiter Ausschau. Aus einem offenen Fenster an der Rückfront eines Hauses, zu dessen Bewohnern ich keinen Kontakt habe, schaut ein Mann und ruft: »Was machen Sie denn da?« Wir werden uns jetzt noch nicht damit befassen, in welchem Identitätszustand sich dieser Mann befindet und wie dieser Zustand die Art seines Ausrufs beeinflußt. Verstehen Sie das Rufen vorläufig als eine vereinfachte Beschreibung dessen, was tatsächlich passiert.

Wie werde ich auf das Rufen reagieren? Meine innere Reaktion, die nachfolgende äußere und was daraufhin passiert, sind weitgehend eine Funktion des Identitätszustandes, in dem ich mich befinde, wenn der Mann mich anbrüllt.

Angenommen, in diesem Augenblick hat der Entdecker das Übergewicht. In meinen Wahrnehmungen wird dann die Tatsache hervorgehoben, daß der Mann mich angeschrien hat, was eindeutig ein feindseliger Akt ist. Ich tue nichts Böses, indem ich durch seinen Garten gehe; deshalb ist es ungerecht, daß er wütend auf mich ist. Ich verstärke mein Gefühl, ungerecht behandelt worden zu sein, indem ich mir in Erinnerung rufe, daß fließende Gewässer öffentliches Eigentum sind. Der Mann hat also gar kein *Recht,* mich daran zu hindern, dem Lauf des Baches zu folgen. Schließlich befinde ich mich gar nicht auf seinem Eigentum. Diese ›Besinnung‹ kann durchaus freie Erfindung und gar keine reale Erinnerung sein, aber sie wird mir in diesem Identitätszustand wahrscheinlich als reale Erinnerung erscheinen, da sie mein Bedürfnis erfüllt, mich zu schützen. Außerdem freue ich mich, ein neues Gebiet zu erkunden, und dieser Mensch versucht, mein Vergnügen zu hindern.

Das unangenehme Gefühl, das sein Schreien in mir erzeugt, steigert sich schnell zur Wut: Ich muß mich verteidigen. (›Ich‹ bin in diesem Fall der Entdecker, doch das ist in diesem Augenblick mein ganzes ›Selbst‹.) Ich fühle mich veranlaßt, etwas zurückzuschreien wie: »Wer sind *Sie* denn!« oder »Was geht *Sie* das denn an?« oder »Woher nehmen Sie das Recht zu fragen?« Offensichtlich ist hier eine Reaktion erforderlich, um mich zu schützen.

Angenommen, Zustand 2, der gute Nachbar, ist im kritischen Augenblick dominant. Ich bin verdutzt über das Geschrei, aber mir wird sofort klar, daß dieser Mann der Grundstückseigentümer sein muß. Das heißt, er ist ein Grundbesitzer *wie ich.* Es ist sein gutes Recht zu fragen, wer ich bin und was ich in seinem Garten zu suchen habe; ich würde es umgekehrt genauso machen. Als guter Nachbar bemühe ich mich, einen guten Kontakt zu dem Mann herzustellen, ihm zu zeigen, daß ich seine Rechte respektiere (so wie ich es auch von ihm erwarte), und ihn mit der Auskunft zu beruhigen, wer ich bin und was ich hier zu suchen habe.

Meine Reaktion wird freundlich ausfallen, etwa: »Hallo, ich bin Charly Tart. Ich bin Ihr Nachbar — ich lebe ein Stück weiter oberhalb am Bach. Entschuldigen Sie, daß ich Ihren Garten ohne Erlaubnis betreten habe, aber ich suche nach meiner Leiter; der Regen gestern nacht hat sie fortgeschwemmt. Das war ja ein

Regen! Haben Sie zufällig eine kleine Holzleiter gesehen? Macht es Ihnen etwas aus, wenn ich weiter am Bach entlanggehe, um meine Leiter zu suchen?« Mein Identitätszustand wird verstärkt, weil ich so handele, wie ein guter Nachbar handeln würde. Da ich mich innerlich mit den Gefühlen des guten Nachbarn identifiziere, ist es kein ›So tun, als ob‹; es ist das ›wahre Ich‹, zumindest in diesem Augenblick.

Ganz anders sähe die Situation aus, wenn der Eindringling im entscheidenden Augenblick mein dominanter Identitätszustand wäre. Ich würde mich dann genauso angeschrien fühlen wie damals, als ich noch ein Kind war und der Willkür mächtiger, unangenehmer Erwachsener ausgeliefert war. Ich würde den Mann als einen mächtigen Erwachsenen erleben und mich selbst als ziemlich ohnmächtig, als jemanden, der im Unrecht ist und es verdient, angebrüllt zu werden. Ich habe mir einen Rechtsbruch zuschulden kommen lassen! Außerdem ist dann vielleicht meine Wahrnehmung so verzerrt, daß der Mann größer auf mich wirkt, als er tatsächlich ist, und meinen eigenen Körper erlebe ich kleiner, als er in Wirklichkeit ist.

Da der Eindringling jedoch mittlerweile ein Erwachsener ist, versuche ich nicht, einfach möglichst schnell wegzulaufen, sondern ich antworte. Ich könnte etwas sagen wie: »Entschuldigen Sie, ich wollte Sie nicht belästigen, ich bin Ihr Nachbar, wohne ein Stück weiter oben am Bach und suche nach einer Leiter, die der Regen letzte Nacht fortgespült hat.« Der Eindringling versucht sofort, die Erwachsenenautorität zu beschwichtigen, indem er implizit seine Schuld eingesteht und Reue zeigt, obgleich er oberflächlich betrachtet wie ein normaler Erwachsener redet.

Der Identitätszustand des Gegenübers

Was als nächstes geschieht, hängt stark vom Identitätszustand des Mannes ab, der mich angebrüllt hat. Wenn er sich in einem Zustand befindet, in dem er sich seiner selbst nicht sicher ist, und ich der Entdecker bin, könnte mein Gegenangriff seine Unsicherheit verstärken und ihn dazu bringen zu erklären, daß er hier wohne (was schon eine wesentlich schwächere Position ist als die des Grundstückeigentümers) und daß er habe wissen wollen, was da vor sich gehe (eine wesentlich weniger fordernde Haltung). Dann kann ich großzügig erklären, daß ich nach meiner Leiter suche, doch das entscheidende psychologische Ereignis ist hier, daß ich *meine* Integrität (die des Entdeckers) erfolgreich verteidigt habe.

Wenn er sich seiner selbst unsicher ist und ich der gute Nachbar bin, kann er in eine ähnliche Guter-Nachbar-Identität schlüpfen und wir können dann die Angelegenheit schnell klären und uns vielleicht sogar miteinander anfreunden. Wenn ich in der Rolle des Eindringlings bin, könnte der Nachbar mein Schuldgefühl spüren; das würde die Chancen vergrößern, daß er in den Identitätszustand eines autoritären Erwachsenen überwechselt und mich dann noch mehr das Fürchten lehrt.

Wenn der Mann, der mich angebrüllt hat, sich in einem Identitätszustand befindet, in dem er sich als gestandener Grundbesitzer sieht, könnte seine Reaktion auf den Entdecker ziemlich feindselig ausfallen, und er könnte mir befehlen, sein Grundstück zu verlassen. Seine Reaktion auf meine Identität als guter Nachbar hingegen könnte freundlich sein.

Sein Identitätszustand in dem Moment, in dem er mich sieht, könnte weiterhin schon vor meinem Auftauchen von etwas völlig anderem ausgelöst worden sein, das für die gegenwärtige Situation von keinerlei Bedeutung ist, etwa durch einen Streit, den er mit seiner Frau hatte. Sein Geschrei kann ziemlich laut sein und doch wenig mit mir oder mit der realen Situation zu tun haben, daß ich mich im Augenblick auf seinem Grundstück befinde. Natürlich kann ich das nicht wissen und interpretiere daher seine Reaktion aufgrund meiner Annahme, daß es hier um die Realität meiner Anwesenheit geht, usw. usw. Jedenfalls wäre eine große Vielfalt von Aktionen und Reaktionen zwischen uns möglich. Diese Vielfalt und Unvorhersehbarkeit könnte noch wesentlich größer sein, wenn etwas, das einer von uns in seinem anfänglichen Identitätszustand in dieser Situation tut, einen von uns oder uns beide zum Überwechseln in einen anderen Identitätszustand veranlassen würde. Die objektive Realität der Situation ist zu Anfang ziemlich einfach, ihre Psychologie hingegen wird im weiteren Verlauf sehr kompliziert.

Selbsterinnern ermöglicht Einflußnahme auf Identitätszustände

Obwohl wir uns mit dem Selbsterinnern erst im 18. Kapitel ausführlich beschäftigen werden, möchte ich dieses Konzept schon hier einführen. Grundsätzlich beinhaltet Selbsterinnern unter anderem die Schaffung eines Bewußtseinsaspekts, der sich mit den jeweiligen speziellen Inhalten unseres Bewußtseins nicht identifiziert und der die Verbindung zur Totalität unseres Seins aufrechterhält. Es handelt sich um ein teilweises bzw. völliges Erwachen aus der Konsensus-Trance. Nehmen wir an, ich würde während meiner Wanderung am Bach Selbsterinnern praktizieren.

Im Zustand des Selbsterinnerns wäre mir bewußt, daß ich tatsächlich unbefugt fremdes Eigentum betrete, aber ich würde auch erkennen, daß dies objektiv betrachtet ein ziemlich harmloses Vergehen ist. Ich würde daran denken, daß ich die Leiter suche und daß die einzige erfolgversprechende Methode die ist, dem Bach stromabwärts zu folgen. Außerdem hätte ich das essentielle Vertrauen, daß ich wahrscheinlich alle denkbaren Komplikationen meistern werde. Die Gesamtheit meines Wissens wäre mir nötigenfalls im Zustand des Selbsterinnerns leichter zugänglich.

Da ich das Selbsterinnern bei weitem nicht perfekt beherrsche, würden während meiner Wanderung am Bach wahrscheinlich durch die Umstände die drei Identitätszustände aktiviert werden: Die Tatsache des Aufenthalts auf fremdem Eigentum aktiviert sie assoziativ, da alte Konditionierungen geweckt werden. Ich würde ihr Auftauchen beim Selbsterinnern beobachten, jedoch nicht versuchen, mich mit einem dieser Identitätszustände zu identifizieren. Dennoch würden mein kontinuierliches Bemühen um Selbsterinnern und die Beobachtung meiner eigenen inneren

Prozesse wahrscheinlich dazu führen, daß alle drei Identitätszustände sich ziemlich schnell verflüchtigten und ihre Kraft verlören.

In Anbetracht meiner Entwicklungsgeschichte wäre das Schreien des Mannes ein besonders starker Reiz zur Auslösung jener Identitätszustände. Angenommen, ich würde es schaffen, mit dem Selbsterinnern fortzufahren und mich nicht in einen der Identitätszustände zu verstricken, dann würde ich die Situation schon bald ziemlich objektiv sehen können: Vermutlich befinde ich mich auf dem Grundstück dieses Mannes. Wenn man die Eigentumsrechte unserer Kultur als gegeben voraussetzt, so fühlt sich der Mann vermutlich bedroht und ist infolgedessen wütend. Wahrscheinlich laufen auch noch andere psychische Prozesse in ihm ab, die mit völlig situationsfremden Vorgängen zusammenhängen.

Dies alles vorausgesetzt: Was nehme ich über die spezifischen Eigenarten seines Geschreis, seines Gesichtsausdrucks, seiner Haltung wahr? Was könnte mir weitere Hinweise auf den Zustand liefern, in dem er sich befindet? Ich möchte die Situation mit Hilfe von soviel exakter Information wie möglich bewältigen. Ich möchte ihr im Sinne meines ursprünglichen, für meine eigene Situation relevanten Zieles begegnen. Dies würde bedeuten, meine Leiter zu suchen, fortzufahren mit dem Selbsterinnern, zu versuchen, die Identifikation mit irgendeinem Identitätszustand zu vermeiden, alle Lebenssituationen als Lehrsituationen zu nutzen, durch die ich etwas lernen kann, und andere Menschen auf freundliche und rücksichtsvolle Weise zu behandeln. Demzufolge werde ich mich wahrscheinlich *bewußt* entscheiden, mich der Identität des guten Nachbarn zu bedienen, also diese Rolle zu spielen. Mein äußeres Verhalten könnte in diesem Fall fast identisch sein mit dem, das ich im Identitätszustand des guten Nachbarn zeigen würde, *aber in diesem Fall identifiziere ich mich nicht damit.* Mein innerer Zustand hingegen ist ein ganz anderer. Er ermöglicht es mir, wachsam auf etwaige Veränderungen der Situation zu achten, so daß ich mich ihnen anpassen und darüber hinaus meine Ziele so sinnvoll wie möglich verfolgen kann.

Wahl der Identitätszustände

Welche Identitätszustände bei einem Menschen aufeinander folgen, ist keineswegs völlig dem Zufall überlassen. Das Zusammenwirken dreier wichtiger Faktoren bestimmt, welcher Identitätszustand zu einem bestimmten Zeitpunkt aktiv wird.

Situative Faktoren

Der erste wichtige Einfluß bei der Wahl des Identitätszustandes ist die physische/soziale Situation, in der jemand sich befindet. Es gibt allgemein anerkannte gesellschaftliche Regeln darüber, welche Art von Verhalten in welcher Situation als angemessen gilt. In der Öffentlichkeit zu weinen mag auf einer Beerdigung angehen, im Büro hingegen nicht. Ein Buch zu lesen ist in einer Bibliothek etwas völlig Normales, wirkt hingegen bei einem Fußballspiel reichlich merkwürdig. Zu tanzen signalisiert bei einer Party, daß man sich wohl fühlt, doch ist es in den meisten Kirchen ziemlich unpassend. Als Kinder haben wir gelernt, sich mit der jeweils passenden Rolle zu identifizieren sei die einfachste Methode, sich richtig zu benehmen. Deshalb ruft eine Situation, in der wir uns befinden, *in Verbindung mit der Art, wie wir sie wahrnehmen,* automatisch die angemessene Identität und dementsprechend das angemessene Verhalten hervor. Wie bereits früher gesagt, steht auf einem völlig anderen Blatt, wie akkurat unsere Wahrnehmung ist. Wir ›passen uns an‹ und fühlen uns ›natürlich‹ in einer Situation, wenn wir uns in einem Identitätszustand befinden, der zu ihr paßt.

Wahrgenommene Erwartungen

Der zweite wichtige Einfluß sind die kommunizierten bzw. wahrgenommenen Erwartungen der anderen Menschen in der Situation. Diese Erwartungen können mit den Hinweisen übereinstimmen, die sich aus den physischen und konventionellen gesellschaftlichen Aspekten der Situation entnehmen lassen, können aber auch von diesen abweichen. So betreten Sie beispielsweise das Büro, in dem Sie arbeiten, nachdem Sie im Aufzug Ihre ›Büro-Identität‹ angelegt haben, und stellen dann fest, daß Ihre Kollegen weinen. Da dies für die normale Büro-Situation ein ziemlich unangemessenes Verhalten ist, würden Sie sofort merken, daß sich irgend etwas an der Situation drastisch verändert haben muß. Für einen Moment könnten Sie sich in einer Lücke zwischen den Identitätszuständen befinden. Diesen Zustand könnten Sie als verwirrend wahrnehmen (was er tatsächlich ist), er könnte Ihnen aus einem anderen Blickwinkel betrachtet aber auch als Tor zur Freiheit erscheinen. Wahrscheinlich würden Sie sofort fragen: »Was ist passiert?«, und man würde Ihnen antworten, daß ein beliebter Kollege vor wenigen Minuten bei einem Autounfall ums Leben gekommen ist. Nun ist Ihnen klar, daß hier tatsächlich ein Identitätszustand angebracht ist, in dem Trauer ausgedrückt werden darf und andere Anwesende getröstet werden dürfen.

Andere Menschen haben starke Erwartungen hinsichtlich unseres Identitätszustandes. Sie verstärken Identitätszustände, die ihren eigenen Erwartungen entgegenkommen, und stabilisieren diese dadurch. Wenn der Yaqui-Mann des Wissens seinem Schüler Carlos Castaneda den Rat gibt, ›seine persönliche Geschichte auszulöschen‹, dann weist er ihn damit auf eine ausgezeichnete Methode zur Verringerung des Drucks von seiten anderer Menschen hin, was notwendig ist, um das innere Selbst zu entdecken. Es könnte allerdings sein, daß sich diese Methode für die meisten von uns als ziemlich unbrauchbar erweist.

Persönlichkeitsstruktur

Der dritte wichtige Faktor, der Einfluß darauf hat, welcher Identitätszustand jeweils induziert wird, ist die innere Struktur unserer Persönlichkeit sowie das Faktum, welche Identitätszustände uns zugänglich sind. Wenn Sie ein ›normaler‹ Mensch sind, dann haben Sie in Ihrer Kindheit für die meisten gewöhnlichen Situationen, mit denen Sie in Ihrem späteren Leben vermutlich konfrontiert werden, ein angemessenes Verhalten und die dementsprechenden Identitätszustände erlernt. Wenn Sie in eine Situation kommen, untersuchen Sie automatisch die Umgebung und das Verhalten der übrigen Anwesenden, klären, mit welchem Verhalten und welcher Identität Sie darauf reagieren könnten, und begeben sich dann automatisch in den passenden Identitätszustand.

Insofern Sie durch Ihre Erziehung tatsächlich einen angemessenen Identitätszustand erlernt haben, verläuft Ihr Leben dann oberflächlich betrachtet reibungslos und wie automatisch. Sie scheinen darauf vorbereitet zu sein, alle Situationen mit Leichtigkeit zu bewältigen, und Sie verstehen es offenbar, das jeweils ›Vernünftige‹ und ›Schickliche‹ zu tun. Das Leben spielt natürlich nicht immer so mit. Im Laufe des Enkulturationsprozesses könnte versäumt worden sein, Sie auf einen bestimmten, unbedingt erforderlichen Identitätszustand hin zu konditionieren. Das ist zwar eine unglückliche Situation, insbesondere dann, wenn die Kultur Sie dazu konditioniert hat, sich schuldig zu fühlen, falls Sie nicht im erwünschten Sinne funktionieren können. Geht es jedoch um die Suche nach persönlicher Freiheit, so können Unvollkommenheiten des Enkulturationsprozesses ein wahrer Segen sein, da wir unser Leiden dazu nutzen können, unsere Situation ernsthaft zu untersuchen.

Schwierigkeiten mit Identitätszuständen

Fest steht, daß bei vielen von uns die Sozialisation nicht vollkommen gelungen ist: Wir haben nicht alle Identitätszustände erlernt, die wir möglicherweise benötigen. Es gibt Situationen, von denen wir wissen, daß sie von anderen als ›normal‹ empfunden werden, mit denen wir selbst aber nicht zurechtkommen. Wir fühlen uns unbeholfen und unwohl, handeln gezwungen und angespannt — wir fühlen uns ganz einfach fehl am Platz. Entweder verhalten wir uns dann auf eine offensichtlich unangemessene Weise, oder wir verhalten uns ›richtig‹, fühlen uns aber in unserer Haut nicht wohl, und unser Verhalten erscheint uns selbst gekünstelt. Wir verfügen nicht über den passenden Identitätszustand und über die Fähigkeiten, in ihn einzutreten.

Zweitens können innere Konflikte uns daran hindern, für einige Situationen einen im gesellschaftlichen Sinne angemessenen Identitätszustand zu entwickeln oder zu benutzen. Angenommen, Sie identifizieren sich gewohnheitsmäßig mit dem Selbstbild eines ernsthaften, gottesfürchtigen, schuldbewußten fundamentalistischen Christen, der weiß, daß der Teufel ständig versucht, uns zu verführen, indem er uns fleischliche Freuden verheißt. Was tun Sie dann auf der gesellschaftlich verpflichtenden Neujahrsparty Ihrer Firma? Sie haben einfach keinen Identitätszustand zur Verfügung, in dem Sie ein paar Drinks zu sich nehmen, tanzen, flirten, klatschen, schmutzige Witze erzählen und es sich gutgehen lassen können. Oder Sie verfügen vielleicht sogar über einen solchen Identitätszustand, doch Sie meinen, es wäre eine schwere Sünde, ihn zum Vorschein kommen zu lassen! Würden Sie in jenen Identitätszustand überwechseln, dann würde Ihr gewöhnlicher fundamentalistischer Identitätszustand Sie am nächsten Morgen schwer dafür bestrafen und Ihr Verhalten auf der Party würde Ihnen nachträglich so erscheinen, als hätten böse Mächte Besitz von Ihnen ergriffen.

Das Fehlen eines passenden Identitätszustandes oder die Unfähigkeit, sich aus einem unangemessenen Identitätszustand zu befreien, kann ein weitaus ernsteres Problem sein als die bloße Unfähigkeit, das Leben zu genießen, wie im obigen Beispiel. Es gibt Fälle, wo Menschen in ihren brennenden Häusern umgekommen sind, obwohl sie hätten flüchten können; ihre Leichen wurden direkt hinter der unverschlossenen Eingangstür gefunden. Aber sie waren *nackt*. ›Anständige‹ Menschen erscheinen nicht einmal vor ihren nächsten Freunden und ihrem Intimpartner nackt, noch viel weniger natürlich vor irgendwelchen Feuerwehrleuten oder der gaffenden Menge. »Besser auf Rettung hoffen, auch wenn es noch so unwahrscheinlich ist, als sich schämen zu müssen!« scheint das Motto des Identitätszustandes gewesen zu sein, der diese Leute zuletzt beherrschte. Identitätszustände können töten.

Eine dritte Gruppe von Schwierigkeiten entsteht aus der Tatsache, daß die in der Kindheit wirksamen Enkulturationsprozesse oft die Eigenart haben, weit hinter der aktuellen Realität der sich ständig verändernden Welt zurückzubleiben. In einer statischen Gesellschaft, in der die Menschen so leben wie ihre Vorfahren und wo es keine Eindringlinge oder Situationen gibt, die Veränderungen erzwingen, ist es durchaus sinnvoll, wenn Eltern ihre Kinder so erziehen, daß diese so wahrnehmen, bewerten, sich verhalten und sich identifizieren, wie sie selbst es zeitlebens getan haben. Der Geist der Nachkommen ist dann so strukturiert wie der ihrer Eltern, wie der ihrer Großeltern und Urgroßeltern, und da sie der gleichen Art von Lebenssituationen begegnen müssen, sind die inneren Zustände und äußeren Verhaltensweisen, die für die Vorfahren angemessen waren (immer vorausgesetzt, es verändert sich nichts), auch für sie geeignet.

In meiner Kindheit wurde mir in der Sonntagsschule beigebracht, daß Gott rachsüchtig sei, daß er die Sünden der Eltern auch bei den Kindern strafe, bis in die vierte Generation hinein. Dieser Gedanke war leider nicht so unverständlich für mich, wie es mir vielleicht lieb gewesen wäre: Ich hatte selbst gesehen, daß Erwachsene einander jahrelang mit Mißachtung straften; ich hatte also Modelle für die Vorstellung eines langzeitigen Grolls. Doch war es offensichtlich unfair, daß Gott so war. Wie konnte er unschuldige Kinder für die Sünden ihrer Urgroßeltern bestrafen! Und wie war diese Idee mit der eines liebenden Gottes in Einklang zu bringen? So schlecht war ich nun wirklich nicht, und schließlich sollte Gott doch angeblich so unendlich viel besser sein als ich!

Als Psychologe erkenne ich heute, daß der Gedanke, die Kinder müßten für die Sünden der Eltern büßen, eine äußerst treffende Allegorie für die Unbilden ist, die daraus entstehen, daß Menschen Identitätszustände erlernen, die denjenigen ihrer Eltern entsprechen. Ich möchte allerdings bezweifeln, daß diese Einsicht irgendeine Bedeutung für die Beschreibung Gottes hat. Diese Identitätszustände und die mit ihnen verbundenen Fähigkeiten, Werte und Ansichten mögen für die Eltern, Großeltern oder Urgroßeltern geeignet gewesen sein, doch oft hat sich die

Welt inzwischen verändert, und sie sind deshalb mittlerweile meist nicht mehr sonderlich angemessen.

Denken Sie beispielsweise an die lange Zeit in hohem Ansehen stehenden Rollen, Vater oder Mutter einer großen Familie zu sein. Viele Kinder zu haben galt als Segenszeichen. Die Menschen hatten sogar die *Pflicht,* sich nach Kräften zu mehren. Geburtenkontrolle und Abtreibung waren Sünde. Degenerierte und sündige Vergnügungssüchtige mochten zu solchen Mitteln greifen, anständige Leute niemals. Als die Welt noch weniger bevölkert war, war es durchaus vertretbar, Befriedigung daraus zu ziehen, Vater oder Mutter vieler Kinder zu sein. Aber wie steht es heute damit, wo in vielen armen Ländern die Bevölkerung schneller wächst als die ökonomische Leistungsfähigkeit, so daß viele zum Tod durch Verhungern oder Unterernährung verurteilt sind und die Überlebenden zu immer größerer Armut?

In Gurdjieffs Sinn wahrhaft wach zu sein, in der Lage zu sein, alle Fähigkeiten und alle Intelligenz zur realistischen Einschätzung der eigenen Situation zu nutzen und im Lichte unseres eigenen wahren und einzigartigen Wertes so adäquat wie möglich zu handeln, erfordert, daß wir nicht in irgendeinem Identitätszustand befangen sind, schon gar nicht in einem, der unserer Wahrnehmung der Realität zuwiderläuft. Etwas muß im Bewußtsein entwickelt werden, das außerhalb der Identifikationen und des mechanischen Handelns und Erlebens bleibt. Das Leben würde nicht so reibungslos verlaufen, wenn unsere Kultur uns nicht mit Identitätszuständen ausgestattet hätte, die mit jeder nur denkbaren Situation ›fertig werden‹. Die Unbeholfenheit, die wir empfinden, und das Leid, das daraus folgen kann, können Schlüsselreize und Gelegenheiten zum persönlichen Wachstum jenseits der Identitätszustände werden.

Ich erwarte nicht, daß die obigen Erörterungen über die Multiplizität Ihrer Persönlichkeit Sie völlig überzeugen. Wir sind sorgfältig dazu konditioniert worden, an die Einheit des Bewußtseins zu glauben und sie zu verteidigen. Es kann daher sehr förderlich sein zu erkennen, *warum* Sie den Gedanken der Multiplizität ablehnen. Aber, um hier noch einmal eine Warnung zu wiederholen, die ich schon vorher ausgesprochen habe: Hüten Sie sich, irgendeines meiner Argumente auf rein logischer Basis für überzeugend zu halten. Die Landkarte ist nicht das Territorium. Die Argumente sind nur ein Werkzeug, das Sie analytisch auf Ihre bisherigen Erfahrungen sowie auf die Erfahrungen der Selbstbeobachtung und des Selbsterinnerns anwenden können; letztere werden durch die Techniken erschlossen, die ich in späteren Kapiteln beschreiben werde. Erst in diesem Gesamtzusammenhang wird der volle Nutzen des hier Erörterten deutlich werden.

13

Abwehrmechanismen oder
Wie man sich eine Festung baut

In der Struktur unserer Persönlichkeiten gibt es zahlreiche Unvereinbarkeiten und Widersprüche. Zum Beispiel braucht ein Teil von uns ständig die Aufmerksamkeit anderer, um sich sicher zu fühlen, ein anderer Teil fühlt sich durch eben diese Aufmerksamkeit bedroht und möchte deshalb lieber in Ruhe gelassen werden. Ein Teil möchte vielleicht hart arbeiten und berühmt werden, ein anderer Teil arbeitet nicht gerne und schläft lieber lange. Einerseits lieben wir unsere Mutter, andererseits hassen wir sie. Außerdem bringt das Leben Frustrationen mit sich: Wir möchten etwas haben, können es aber nicht bekommen. Die dadurch hervorgerufenen Gefühle können starkes Leiden verursachen, insbesondere wenn sie sich mit den verschiedensten Aspekten unserer Persönlichkeit verbinden. Für den Umgang mit Widersprüchen und Leiden gibt es realistische und unrealistische Methoden. Um letztere geht es in diesem Kapitel.

Wenn uns ein einzelner gravierender Widerspruch in unserer Persönlichkeit klar wird, kann das starkes Leiden verursachen. Was würde aber erst passieren, wenn wir alle Widersprüche auf einmal erkennen würden? Gurdjieff hat einmal gesagt, wenn ein Mensch sich plötzlich all seiner widersprüchlichen Teile bewußt würde, so würde er vermutlich verrückt werden. Solch plötzliche Selbsterkenntnis ist zum Glück recht unwahrscheinlich. Die zersplitterten Teile unseres Selbst sind aber nicht zufällig verstreut, sie sind vielmehr zielstrebig arrangierte Teile einer falschen Persönlichkeit, die Veränderungen und Streß zum Trotz erhalten bleibt. Gurdjieff nannte diese Mechanismen *Puffer*.

Das mechanische Gegenstück zu psychischen Puffern sind die Puffer von Eisenbahnwaggons. Wenn diese Waggons zusammengekoppelt werden, wird der eine mit einer Geschwindigkeit von mehreren Stundenkilometern auf den anderen gestoßen, damit sich die Kupplungsstücke miteinander verbinden. Stellen Sie sich vor, was für einen Ruck die Passagiere aushalten müßten, wenn diese massiven Stahlwaggons ungepuffert aufeinanderprallen würden. Ein Puffer ist ein Stoßdämpfer: Er absorbiert den größten Teil der beim Zusammenprall plötzlich entstehenden Energie und gibt sie wesentlich dosierter und weniger spürbar wieder frei. Psychische Puffer mildern den plötzlichen Schock, der entsteht, wenn wir von einer Teilpersönlichkeit in eine andere überwechseln. Sie dämpfen ihn so stark ab, daß wir den Wechsel meist gar nicht bemerken. Diese Art psychischer Pufferung ist innerhalb eines bestimmten Identitätszustandes möglich, kann aber auch den Wechsel zwischen verschiedenen Identitätszuständen abpuffern, wie wir später noch hören werden.

Psychische Abwehrmechanismen

Gurdjieff hat sich nicht besonders detailliert über die Natur der Puffer geäußert. Vielleicht hielt er das nicht für notwendig. Wenn man in der Selbst-Beobachtung geübt ist, werden die Puffer ohnehin neutralisiert, warum also Zeit damit vergeuden, sie zu untersuchen?

Die moderne Psychologie und Psychiatrie andererseits haben eine Menge über die Eigenschaften der Puffer herausgefunden. Der allgemein gebräuchliche Begriff dafür ist ›Abwehrmechanismen‹. Meiner Meinung nach bereichert dieses Wissen Gurdjieffs Konzept von den Puffern erheblich. Es ist sehr wichtig, die Abwehrmechanismen zu verstehen, wenn man sie transzendieren will. Auch theoretisches Wissen darüber ist wichtig, denn offenbar sind einige Arten von Puffern sehr resistent gegen die Methode der Selbst-Beobachtung: In diesen Fällen könnten andere Methoden effektiver zum Verständnis der Persönlichkeitsstruktur verhelfen als Selbst-Beobachtung ohne fremde Unterstützung.

Die Psychoanalyse hat die Abwehrmechanismen sehr detailliert untersucht. Nach psychoanalytischen Erkenntnissen aktivieren wir die Abwehrmechanismen, wenn wir einen instinktiven Impuls verspüren, dessen Ausdruck von der Gesellschaft unterdrückt wird — beispielsweise freie Sexualität. Die internalisierten Verbote unserer Kultur werden gewöhnlich als Über-Ich bezeichnet. Ein starkes Über-Ich kann uns schon in Angst und Schrecken versetzen, wenn wir über verbotene Handlungen auch nur nachdenken, geschweige denn, sie auch ausführen wollen. Ein Abwehrmechanismus schützt uns vor Angriffen des Über-Ich, indem er unserem Bewußtsein verbotene Impulse verheimlicht. Abwehrmechanismen puffern auch unser Bewußtsein von Unangenehmem und Bedrohlichem im Leben. Am deutlichsten sind Abwehrmechanismen bei Menschen zu beobachten, die als neurotisch oder psychotisch bezeichnet werden, doch werden diese Mechanismen auch von normalen Menschen ausgiebig und unbewußt benutzt. Unsere Konsensus-Trance ließe sich ohne ihre Pufferwirkung nicht aufrechterhalten.

Manche Menschen benutzen in fast allen Situationen die eine oder andere dieser Methoden. Das heißt, eine Hauptform der Abwehr ist der Struktur ihrer falschen Persönlichkeit zentral.[1] Doch wir alle benutzen gelegentlich verschiedene Abwehrmechanismen. Ich werde mich bei der Darstellung der Abwehrmechanismen im folgenden auf das Ziel des Erwachens aus der Konsensus-Trance konzentrieren. Ich versuche nicht, alle Abwehrmechanismen oder alle ihre Feinheiten zu beschreiben; weitere Informationen sind in jedem Buch über Psychopathologie zu finden.

Das moderne psychologische Wissen über die Abwehrmechanismen hat allerdings einen Haken: Ihm liegt ein ziemlich negatives Menschenbild zugrunde. Der Mensch wird dabei wie ein Tier dargestellt, dem es instinktiv nur um das eigene Überleben und Vergnügen geht und dem es dazu noch Spaß macht, andere zu verletzen und zu dominieren. Die Enkulturation erscheint demzufolge als notwendige Maßnahme zur Kontrolle der ›animalischen‹ Natur des Menschen. Es darf uns nicht gestattet sein, uns einfach etwas zu nehmen, wenn wir es gerade brauchen, oder jemanden zu vergewaltigen, wenn wir uns danach fühlen, oder jeden zu töten, der uns in die Quere kommt. Die Restriktionen, Konditionierungen und Automatisierungen der Enkulturation, die Konditionierungen des Über-Ich, die unsere niedere Natur hemmen sollen, scheinen absolut notwendig zu sein. Deshalb gelten Abwehrmechanismen gewöhnlich als nützliche Werkzeuge zur Zügelung unserer animalischen Natur. Nur wenn sie zu effektiv sind und uns mehr Glück nehmen, als notwendig ist, bezeichnet man sie als neurotisch. Es ist gut und notwendig, daß ein Mensch von Schuldgefühlen befallen wird, sobald er darüber nachdenkt, eine Bank auszurauben oder ein Kind zu vergewaltigen, hingegen ist es neurotisch, wenn er sich schon bei dem Gedanken ängstigt, einen Aufzug zu benutzen oder mit Fremden sprechen zu müssen.

Ich übertreibe hier die Position der westlichen Psychologie, um den Kernpunkt meiner Argumentation herauszuarbeiten. Heute wie auch in früheren Zeiten hat es wichtige Strömungen innerhalb der Psychologie gegeben, die in unserem Wesenskern etwas Positives sehen (die Jungsche, die Humanistische und die Transpersonale Psychologie). Doch die negative Sicht der menschlichen Natur durchzieht die gesamte Psychologie und unsere gesamte Kultur.

Um diese Sichtweise teilweise auszugleichen, werde ich versuchen zu zeigen, wie die verschiedenen Abwehrmechanismen die Entwicklung und Manifestation der tieferen und positiveren Anteile unserer Natur blockieren können. Ich glaube fest daran, daß wir im Kern gut, wenn auch mit Fehlern und Makeln behaftet sind. Unsere Aufgabe ist es, diese Verformungen zu verstehen und zu korrigieren, das Unkraut in unserem Garten zu jäten, damit wir in der Kultivation des Guten Fortschritte machen können.

Lügen

Alle Puffer und Abwehrmechanismen sind Formen des Lügens. Sie stellen die Wahrheit sowohl uns selbst als auch anderen gegenüber falsch dar. Gurdjieff legte viel Wert auf das Verständnis des Lügens. Obgleich die meisten Menschen glauben, daß sie nie oder nur selten lügen, beharrte Gurdjieff darauf, daß *die meisten Menschen die meiste Zeit über lügen*. Daß sie ihr Lügen nicht bemerken, macht die Situation nur noch schlimmer.

Bewußtes Lügen kann eine effektive Abwehr gegen Druck von seiten anderer Menschen sein. Wenn jemand schwört, daß er etwas nicht getan hat, entzieht er sich damit möglicherweise der Bestrafung. Erfolg im Lügen hängt von der Sensibilität der anderen Beteiligten ab und davon, ob der Augenschein die Lüge unterstützt oder nicht. Manchmal muß der Lügner sich stark mit der Lüge identifizieren, so daß sie ihm selbst wie die Wahrheit erscheint, um die nötige Überzeugungskraft aufzubringen.

Außerdem steigt die Wahrscheinlichkeit des Erfolgs, wenn Hemmungen gegen das Lügen im Über-Ich weitgehend fehlen. Wenn Sie zu lügen versuchen, sich aber deswegen schuldig fühlen und Angst haben, werden Ihre Zuhörer oft durch Anzeichen von Unwohlsein auf die Lüge aufmerksam. Da ein großer Teil der Kohäsion des Sozialgefüges darauf beruht, daß Menschen hinsichtlich der als besonders wichtig geltenden Angelegenheiten nicht lügen, ist ein beträchtlicher Anteil des Enkulturationsprozesses der Bildung eines starken Über-Ich gewidmet, das den Betreffenden straft, wenn er lügt. Einen Menschen ohne starkes Über-Ich nennt unsere Kultur einen Psychopathen oder einen ›Asozialen‹ — wobei ›stark‹ bedeutet, daß der Mensch die Wahrheit über jene Dinge sagt, von denen *wir* glauben, man müsse die Wahrheit darüber sagen. Im allgemeinen Sprachgebrauch bedeutet die Bezeichnung Psychopath beziehungsweise Asozialer, daß es sich um einen moralisch unzulänglichen Menschen handelt, obgleich Psychiater und Psychologen bei der wissenschaftlichen Verwendung dieser Begriffe Werturteile zu vermeiden versuchen.

Wenn Sie wissen, daß Sie absichtlich lügen, entspricht Ihre Simulation der Welt vermutlich der Wirklichkeit. Wenn Sie sich hingegen mit der Lüge identifizieren und sie als Wahrheit erleben, dann ist Ihre Weltsimulation stark verzerrt.

Manchmal lügen wir, um eine Konfrontation mit unserer essentiellen, höheren Natur zu vermeiden. Wir könnten dann uns selbst und andere beruhigen, indem wir sagen: »Alle tun das; es hat nichts zu bedeuten«, obwohl etwas in unserem Inneren ganz genau weiß, daß wir nicht im Sinne unseres höheren Selbst gehandelt haben. Diese Art des Lügens kann natürlich dazu dienen, sich Anordnungen des Über-Ich zu entziehen, aber Gurdjieff betonte stets, daß es einen angeborenen, höheren Aspekt unseres Selbst gibt, der eine grundlegendere Moral kennt, und daß wir versuchen zu vermeiden, entsprechend dieser Moral zu leben.

Die Moral des Lügens

Gurdjieff war nicht besonders interessiert an der Moralität des alltäglichen Lügens, denn die kulturelle Relativität und die Heuchelei der meisten unserer Moralvorstellungen waren ihm bewußt. *Unbewußtes, habituelles, automatisiertes Lügen ist das wirkliche Problem.* Menschen im Zustand der Konsensus-Trance gleichen Maschinen, denn sie müssen das tun, wozu sie konditioniert worden sind. Maschinen sind weder gut noch schlecht, Pawlowsche Hunde sind weder moralisch noch unmoralisch, weil sie auf einen Glockenton hin Speichel produzieren. Erst wenn ein Mensch wirklich wählen kann, ob er lügen will oder nicht, wird die Frage der Moralität relevant. Bevor dieser Zustand erreicht ist, ist diese Frage eine Ablenkung vom eigentlichen Problem, nämlich unserem Mangel an echtem Bewußtsein und Willen.[2]

Unterdrückung

Unterdrückung ist ein bewußter Abwehrmechanismus. Bei der Unterdrückung ist man sich eines unakzeptablen Wunsches oder Dranges bewußt, verhindert jedoch willentlich, daß dieser sich manifestiert. Die Unannehmbarkeit kann ihren Grund in vom Über-Ich installierten Hemmungen und/oder in gesellschaftlichen Konventionen haben.

Nehmen wir zum Beispiel an, Sie befinden sich in einer wichtigen geschäftlichen Besprechung und verspüren plötzlich ein sehr lästiges Jucken auf dem Kopf. Nach den Verhaltensregeln unserer Kultur gilt es als unfein und taktlos, sich in der Öffentlichkeit zu kratzen, erst recht, sich so ausgiebig und intensiv zu kratzen, wie zur erfolgreichen Beseitigung eines starken Juckreizes erforderlich wäre. Trotz Ihres dringenden Wunsches zu kratzen, zwingen Sie sich also, es nicht zu tun, ja, Sie vermeiden sogar, Ihr Problem durch den Gesichtsausdruck auch nur irgendwie anzudeuten. Dazu müssen Sie sich wahrscheinlich genauestens beobachten — andernfalls könnte sich in einem unbedachten Augenblick urplötzlich Ihre Hand ›wie von selbst‹ heben und zu kratzen beginnen. Sie müssen sich dem Verlangen aktiv widersetzen und Ihre Energie auf den wichtigeren Wunsch konzentrieren, höflich zu erscheinen. Das ist Unterdrückung, und in diesem Beispiel wird sie auf eine realistische Weise eingesetzt. Wenn Sie allein sind, können Sie sich nach Herzenslust kratzen … vielleicht.

Wenn man Ihnen beigebracht hat, daß Kratzen in Anwesenheit anderer ungehörig ist, können Sie es zumindest tun, wenn Sie allein sind. Wenn Sie jedoch dazu erzogen worden sind zu glauben, daß Kratzen an sich ungehörig ist, dann können Sie sich nie ohne Schuldgefühle kratzen. Die Unterdrückung dient in diesem Fall dazu, Angriffe des Über-Ich zu vermeiden.

Unterdrückung erfüllt oft aber auch den Zweck, Regungen unseres besseren Selbst zu behindern. »Ich sollte diesem Kind helfen, das so grausam gehänselt worden ist. Aber die Bande wird mich dann ebenfalls belästigen. Sie werden sagen, daß ich auch nur ein doofes Kind bin, und sie sollen doch denken, daß ich schon genauso groß bin wie sie. Besser, ich halte mich da raus.«

Das Bewußtsein erfüllt seine Funktion als Weltsimulator im Fall der Unterdrückung ziemlich gut. Sowohl die Außenwelt wie auch die eigene Position werden realistisch dargestellt. Ihr operationales Denken, die Simulation der Konsequenzen, ist realistisch (»Es macht keinen guten Eindruck, wenn ich mich kratze«), deshalb vermögen Sie sich der Situation gemäß zu verhalten. Die Simulation der Welt und Ihrer Position darin ist realistisch, doch Sie kontrollieren willentlich die Aufmerksamkeit und die Energie, die bestimmten Teilen der Simulation zufließen, was zur Folge hat, daß das Bedürfnis zu kratzen erstickt wird.

Unterdrückung ist oft gesund, zumindest oberflächlich betrachtet, denn Sie wissen dabei, was Sie tun. Auf einer tieferen Ebene verstehen Sie möglicherweise nicht die Gründe, die Sie glauben machen, Sie müßten einen Wunsch oder ein Gefühl unterdrücken. Diese Gründe könnten als Teil der Konsensus-Trance konditioniert worden sein. Deshalb kann Unterdrückung auch die Manifestation ganz anderer, pathologischer Züge sein.

Reaktionsbildung

Die Reaktionsbildung und die Abwehrmechanismen, die wir im weiteren Verlauf dieses Kapitels besprechen werden, sind stärkere Manifestationen des Schlafs im Wachzustand, weil sie mit Blockierungen und Verzerrungen unseres gewöhnlichen Bewußtseins einhergehen, ganz abgesehen davon, daß sie unser Erwachen und die Entwicklung des höheren Bewußtseins verhindern. Lügen, mit denen sich der Lügner so stark identifiziert, daß sie als Wahrheit simuliert werden, sind ebenfalls eine sehr ernste Form der Verzerrung.

Reaktionsbildung ist ein Sprung ins Gegenteil, der dazu dient, einen unakzeptablen Wunsch oder ein entsprechendes Gefühl zu verleugnen. Der Auslöser wird nicht direkt erlebt: Die Maschinerie der falschen Persönlichkeit greift sofort automatisch ein und setzt ein entgegengesetztes Gefühl beziehungsweise einen entgegengesetzten Wunsch an die Stelle. Die Reaktion bildet sich fast augenblicklich und ohne die geringste Mühe.

Nehmen wir an, Sie wären als Kind tief religiös gewesen, aber Ihre Erwartungen an die Religiosität wären enttäuscht worden. Vielleicht ist trotz Ihrer inbrünstigen Gebete ein geliebter Freund gestorben. Sie waren darüber sehr verbittert und haben fortan religiöse Gefühle gemieden. Wenn nun in Ihrem Erwachsenenleben Religion angesprochen wird, machen Sie sich quasi automatisch darüber lustig. Dies ist eine Reaktionsbildung.

Ein weiteres Beispiel: Angenommen, Sie erfahren, daß ein Rivale — wir wollen ihn Peter nennen — soeben befördert worden ist, obwohl diese wichtige Beförderung Ihrer Meinung nach Ihnen zugestanden hätte. Tief in Ihrem Inneren löst das Neid und Wut aus sowie den Wunsch, Peter anzugreifen; doch aus bestimmten Gründen sind Neid und Wut für Sie völlig unakzeptabel. Da der Abwehrmechanismus der Reaktionsbildung fast augenblicklich einsetzt, spüren Sie keinerlei Wut und auch nicht den Wunsch, Peter anzugreifen. Statt dessen überkommt Sie plötzlich eine Anwandlung ›christlicher Nächstenliebe‹, und Sie erzählen Ihren Freunden überschwenglich, wie wunderbar Sie es fänden, daß Peter für seine Mühen belohnt worden sei. Noch ein Beispiel: Angenommen, Sie sind mit Ihren Lebensumständen sehr unzufrieden, aber Ihre Konditionierung gibt Ihnen das Gefühl zu sündigen, wenn Sie die göttliche Vorsehung in Frage stellen. Die Reaktionsbildung verhindert, daß Sie die Unzufriedenheit unmittelbar empfinden. Statt dessen verbringen Sie eine Menge Zeit damit, allen Leuten zu erzählen, wie wunderbar und gerecht die göttliche Vorsehung doch sei. Bei jedem unverhältnismäßigen Anfall von Enthusiasmus sollte man sich fragen, ob hier der Abwehrmechanismus der Reaktionsbildung ein anderes Gefühl zu verbergen versucht.

Reaktionsbildung entspricht der Haltung: »Die Trauben sind mir sowieso zu sauer.« Weil man etwas nicht bekommen kann, fängt man an, das Negative daran zu sehen: »Ich wollte dieses lausige Ding sowieso nicht haben!« Allerdings ist dies eine schwache Form von Reaktionsbildung, da der ursprüngliche Wunsch noch klar bewußt ist, bevor sich die Reaktion bildet.

Wenn wir das Bewußtsein im Sinne des Weltsimulationsmodells verstehen, müssen wir festhalten, daß eine effektive und gesunde Simulation die Außenwelt und unsere eigenen essentiellen oder tieferen Gefühle und Werte genau wiedergibt. Je genauer die äußere, materielle Welt simuliert wird, um so nützlicher sind auch experimentelle Simulationen verschiedener möglicher Handlungsverläufe (operationales Denken). Reaktionsbildung ist eine starke Verzerrung des Prozesses der Weltsimulation, denn was wir von unserer Reaktion auf ein Ereignis wahrnehmen, ist hier das Gegenteil unserer anfänglichen und ursprünglichen Reaktion. Die Simulation alternativer Handlungsverläufe und ihrer Konsequenzen sowie unseres dementsprechenden Verhaltens müssen folglich fehlerhaft sein.

Wenn Sie in der Selbstbeobachtung geübt sind, insbesondere im Registrieren der subtileren, unauffälligen Aspekte Ihrer Gefühle, werden Sie möglicherweise entdecken, welche Gefühle von der Reaktionsbildung überdeckt werden, und können diese dann gründlicher untersuchen. Sie können diesen Abwehrmechanismus auch dadurch kennenlernen, daß Sie in Ihrem Inneren systematisch nach Gefühlen forschen, die Ihren festen Überzeugungen zuwiderlaufen oder von diesen unterdrückt werden. Wie bei allen Abwehrmechanismen ist Hilfe durch erfahrene Therapeuten oder andere Helfer sehr nützlich und kann es Ihnen ermöglichen, Aspekte von Vorgängen in Ihrem Inneren zu sehen, die Sie alleine nur schwer entdecken würden.

Verdrängung

Verdrängung ist die völlige Verbannung eines unakzeptablen Gefühls oder Wunsches aus dem Bewußtsein. Der Geist wird dabei in einen bewußten und einen unbewußten Teil gespalten. Der bewußte Teil weiß nichts von jenem Unakzeptierbaren, der unbewußte Teil zeigt eine starke Reaktion. Das Unakzeptierbare wird mit aller Gewalt vom Bewußtsein ferngehalten; diesem fällt nicht einmal auf, daß irgend etwas verdrängt wird — als wäre in unserem Geist Material mit dem besonderen Vermerk gespeichert: »Achtung! Es wäre so niederschmetternd, dieses Material zu kennen oder zu erleben, daß es *immer* außerhalb des Bewußtseins bleiben muß!«

Ein Teil des Materials, das heute verdrängt ist, war einmal bewußt. Die Verdrängung sollte Schmerz fernhalten. Verdrängung kann auch auf eben erst wahrgenommenes Material wirken, und zwar fast augenblicklich. Wie bei der Wahrnehmungsabwehr bleibt auch in diesem Fall keinerlei Erinnerung an das Wahrgenommene im Bewußtsein zurück.

Indizien für das Vorliegen von Verdrängung

Auf den ersten Blick mag das Konzept der Verdrängung in sich widersprüchlich erscheinen. Wie wollen wir sicher sein, daß jemand etwas fühlt oder wünscht, wenn er darauf beharrt, daß er sich nicht im geringsten dessen bewußt ist? Die Idee der Verdrängung mag bloß eine weitere Beschimpfungsformel in einem Streit sein: »Du haßt mich! Was soll das heißen, daß du keinen Haß fühlst? Du verdrängst eben deine Gefühle!« Verdrängung ist aber tatsächlich ein Abwehrmechanismus, der oft gegen mächtige Gefühle und Wünsche eingesetzt wird. Er kann indirekte Auswirkungen haben, anhand derer für einen Außenstehenden erkennbar ist, daß hier Verdrängung stattfindet.

Angenommen, ein Patient beginnt mit einer Therapie. Bei den ersten Vorgesprächen möchte sein Therapeut einen Eindruck gewinnen, wie er zu verschiedenen Themen steht, die vermutlich in der Therapie eine Rolle spielen werden. Der Therapeut fragt: »Wie ist Ihr Verhältnis zu Ihrer Mutter?« Der Patient antwortet: »Gut. Ich liebe sie sehr.« Doch der Therapeut bemerkt, daß das Gesicht des Patienten bleich wird, seine Faust sich ballt und seine Haltung sich versteift, während er dies sagt. Der Therapeut forscht weiter: »Keine Probleme mit ihr, auch keine kleinen?« – »Nein!« antwortet der Patient in wütendem Ton. Weitere Fragen könnten ergeben, daß er sich der wütenden, stark emotionalen Qualität seines nonverbalen Verhaltens absolut nicht bewußt ist und daß er nach bestem Wissen und Gewissen seine Gefühle für seine Mutter für ausschließlich positiv hält. Wir vermuten hier Verdrängung: Die negativen Gefühle gegenüber der Mutter sind so stark und so unakzeptabel, daß sie vollständig aus dem Bewußtsein verbannt werden.

Verdrängung ist in diesem Fall noch eine Vermutung, eine Theorie, kein unmittelbares Wissen des Therapeuten oder des Patienten. Wenn der Patient im Verlauf der Psychotherapie schließlich starke negative Gefühle gegenüber seiner Mutter erlebt, sehen wir unsere anfängliche Vermutung bestätigt.

Die Verdrängung unseres Wesenskerns wurde im Verlauf des Entkulturationsprozesses festgeschrieben und ist bei vielen Menschen sehr stark. Als lebensfrohes Kind hätten Sie nicht an einem merkwürdigen Tier auf dem Bürgersteig vorbeigehen können, ohne stehenzubleiben und zu staunen. Als Erwachsener verspüren Sie vermutlich nicht einmal das Bedürfnis hinzugucken. Sie sind sich einfach selbst zu wichtig. Sie müssen schauen, daß Sie zur Arbeit kommen. Bei den meisten Menschen ist die angeborene Neugierde größtenteils verdrängt. Wir gestatten uns nur dann, neugierig zu sein, wenn es sich um Dinge oder Vorgänge handelt, die die Kultur als wichtig definiert. Dies ist eine der schrecklichsten Folgen der Enkulturation.

Das Bewußtsein als Weltsimulator baut die Realität bei der Verdrängung sorgfältig um. Sobald eine Wahrnehmung, ein Gedanke oder ein Gefühl eine Gedanken- oder Gefühlskette auslöst, die ihrerseits verdrängte Wünsche und Gefühle aktivieren könnte, verhindert eine Blockierung, daß das verdrängte Material in die Simulation der Realität einbezogen wird. Wenn wir uns Weltsimulationen und unsere Erlebnisse als Akteure vorstellen, die die Bühne unserer Seele betreten und ihre Rolle spielen, dann würde Verdrängung bedeuten, daß es einem Schauspieler aus irgendeinem Grunde einfach nicht gestattet wird, die Bühne zu betreten — er ist unakzeptabel. Ein aufmerksamer Beobachter bemerkt in solchen Augenblicken manchmal hinter den Kulissen Anzeichen von Unruhe, die indirekte Auswirkungen der Verdrängungen sein können.

Selbstbeobachtung und Verdrängung

Es kann äußerst schwierig sein, verdrängtes Material zum Vorschein zu bringen, selbst wenn man jene systematische Art der Selbstbeobachtung praktiziert, die im 17. Kapitel erläutert wird. *Per definitionem* wurde das Material ja aus einem wichtigen Grund aus dem Bewußtsein verbannt. Deshalb kann es vorkommen, daß der Wunsch, sich durch Selbstbeobachtung besser kennenzulernen, nicht genügt, um diese Blockierung zu überwinden. Vielleicht werden Sie manchmal auf ›sonderbare‹ Reaktionen aufmerksam, indirekte Auswirkungen von Verdrängungen, wie den wütenden Tonfall des erwähnten Patienten, der in so klarem Mißverhältnis zu seiner Aussage stand, er liebe seine Mutter. Häufig ist die äußere Hilfe eines Therapeuten oder Lehrers erforderlich, um verdrängtes Material zutage zu fördern.

Identifikation

Viele Aspekte der Identifikation haben wir schon im 11. und 12. Kapitel besprochen. Wir brauchen uns hier also nur mit ihrer Funktion als Abwehrmechanismus zu beschäftigen.

Wenn ich Ihnen sage, daß einige der Aufseher in den Konzentrationslagern der Nationalsozialisten sadistische Killer waren, daß sie sich an Folter und Mord weideten, daß sie durch die Schmerzen anderer in halbsexuelle Erregungszustände versetzt wurden, dann sind das ziemlich unschöne Gedanken, und deshalb würden Sie vermutlich schnell das Thema wechseln und sich nicht sonderlich darüber aufregen. Würde ich Ihnen jedoch sagen, daß *Sie selbst* sexuelles Lustgefühl daraus beziehen, anderen Schmerzen zuzufügen, und daß es Ihnen Spaß machen würde, zu foltern und zu morden, wenn Sie nur die Möglichkeit hätten, es ungestraft zu tun, dann ist das etwas völlig anderes!

Wenn es um die Akzeptabilität und Inakzeptabilität *Ihrer eigene* Gefühle und Wünsche geht, so ist Ihnen das wesentlich wichtiger, als wenn es sich um die Wünsche eines anderen Menschen handelt. Werden Gefühle oder Wünsche in Ihnen geweckt, die unakzeptabel sind, und Sie identifizieren sich mit einem anderen Aspekt Ihrer selbst beziehungsweise mit einem anderen Teil-Selbst, das solche Gefühle und Wünsche nicht kennt, dann distanzieren Sie sich von diesen Wünschen, Sie verleugnen sie. So etwas mag einmal als zeitweilige Laune auftauchen, als eine momentane Verwirrung vielleicht, aber ›das war doch nicht *ich*‹. Folglich brauchen Sie auch nicht darüber nachzudenken oder sich weiter damit zu beschäftigen.

Wir haben im 11. und 12. Kapitel davon gesprochen, wie die Identifikation uns davon abhält, nach unserem essentiellen Selbst zu suchen.

Teil-Selbste und Kompartmentalisierung

Der Wechsel von einem Teil-Selbst zum anderen kann somit eine wirksame Abwehr gegen das vollständige Erleben von Unakzeptablem sein oder die Auseinandersetzung damit ersparen. Wenn wir uns ständig zwischen akzeptablen Teil-Selbsten hin und her bewegen und uns stets nur mit ihnen identifizieren, verringern wir dadurch erheblich die Wahrscheinlichkeit, daß inakzeptable Gefühle und Wünsche überhaupt geweckt werden können. Angenommen, ich habe ein Teil-Selbst, dem es Spaß macht, grausam zu Tieren zu sein, aber ›Ich‹ (im Sinne meines Wesenskerns oder meines tieferen Selbst) oder das Teil-Selbst, mit dem ich mich gewöhnlich identifiziere, verabscheue beziehungsweise verabscheut das grausame Teil-Selbst. Wenn ich mich also darauf konzentriere, mich nur im Bereich akzeptabler Teil-Selbste zu bewegen, kann ich alle Aufmerksamkeit und Energie damit verbrauchen; dadurch wird es unwahrscheinlicher, daß jenes grausame Teil-Selbst jemals aktiviert wird, selbst wenn sich eine ›günstige‹ Gelegenheit dafür ergibt. Ich kann aber nie ganz sicher sein, ob das unerwünschte Teil-Selbst nicht doch irgendwann einmal aktiviert wird. Deshalb zieht sich eine ständige (wenn auch nicht immer bewußte) Unsicherheit und Abwehrbereitschaft durch mein Leben.

Identifikation ist etwas, das im Prozeß der Weltsimulation entsteht. Das ›Dies bin ich‹ stammt ursprünglich von unmittelbaren sinnlichen Wahrnehmungen: Ich sehe meine Hand vor meinem Gesicht, sie ist mit meinem Arm verbunden, sie gehorcht meinem Willen; wenn jemand meine Hand berührt, so fühlt sich das ganz anders an, als würde er Möbel berühren und so weiter. Die ›Das bin ich‹-Qualität wird dann jedoch auch einem seelischen Prozeß zugeschrieben, bestimmten Simulationen. Wenn daher eine bestimmte Erinnerung aus dem Gedächtnis abgerufen wird, so taucht sie schon in Verbindung mit dem Hinweis ›Das bin ich. Vorzugsbehandlung!‹ auf.

Selbstbeobachtung kann uns unsere Teile-Selbste und die Funktion, die sie erfüllen, bewußtmachen. Übung ermöglicht es, einen bestimmten ›Geschmack‹ des Bewußtseins wahrzunehmen, der darauf hindeutet, daß das Subsystem Identitätsgefühl den Inhalten des Bewußtseins die ›Ich‹-Qualität anheftet. Aus der Selbstbeobachtung und dem Selbsterinnern sollte eine gesteigerte Selbstakzeptanz erwachsen, die diese Art der Zerstückelung überflüssig macht. Der automatisch wirkende Abwehrmechanismus wird dann durch einen willentlichen Identifikationsprozeß abgelöst, und Identifikation wird zu einem Werkzeug, das wir nach unseren Wünschen benutzen können.

Introjektion

Introjektion ist eine primitivere Form der Identifikation. Ein Objekt, ein Konzept oder eine Person scheint sich in unserem Inneren zu befinden, scheint ein Teil von uns zu sein und ist doch gleichzeitig fremd und auf irgendeine Weise von uns abgetrennt. Daß es sich um einen Teil von uns selbst handelt, verleiht dem Objekt besondere Macht.

Angenommen, ein weiblicher Gast Ihres Hauses macht während seines Besuchs eine Reihe von negativen Bemerkungen. Die Frau mag Ihre Vorhänge nicht, hält Ihre Möbel für schäbig, Sie haben nicht genügend Bücher von der ›richtigen Sorte‹ auf den Bücherregalen, Sie kochen nicht so wunderbar wie die Dame es gewöhnt ist, und so weiter. Sie werden wütend, möchten es ihr heimzahlen und sie am liebsten gleich hinauswerfen. Doch irgendwann im Verlaufe Ihrer Entwicklung haben Sie eine Introjektion entwickelt, ein Bild, eine Simulation Ihrer Mutter. Sie scheint sich auf eine geheimnisvolle Weise ›in Ihnen‹ zu befinden. Sie sagt Ihnen, Sie müßten immer höflich zu Ihren Gästen sein, weil nette Leute ihre Gäste nie angreifen. Deshalb handeln Sie nicht nach Ihrem eigenen Gefühl, sondern bleiben höflich, obwohl Sie innerlich kochen. Dies ist Introjektion. Ihre Mutter befindet sich tatsächlich in Ihrem Inneren — in Form einer aktiven Simulation.

Die Simulation des Menschen, der in Ihr Inneres introjiziert ist, kann auch Ihren Wunsch behindern, großzügig, liebevoll und sensibel zu sein.

Psychoanalytiker vertreten die Ansicht, wenn etwas eine Zeit-lang introjiziert worden sei, identifiziere sich der/die Betreffende damit. Wenn Sie sich in unserem Beispiel mit der Simulation Ihrer Mutter identifiziert haben, so wird es zu *Ihrem* Verhalten, stets höflich gegenüber Gästen sein zu müssen. Dieser Zwang wirkt also nicht wie etwas Fremdes, das Sie unter Druck setzt; es ist zu Ihrem Eigenen geworden. In der Praxis werden die Begriffe ›Identifikation‹ und ›Introjektion‹ von Therapeuten nicht immer klar voneinander unterschieden, doch manchmal können wir den Unterschied an den Vorgängen in unserem eigenen Inneren erkennen.

Der Konflikt, der im Fall der Introjektion erlebt wird, macht diesen Prozeß für die Selbstbeobachtung leicht zugänglich. Aller-dings ist die Dynamik, die Antriebskraft hinter der Introjektion, ohne größere Mühe meist nicht zu erkennen.

Isolierung/Dissoziation

Bei der Isolierung oder Dissoziation werden unakzeptable Wün-sche und Gefühle abgeschwächt, indem man sich selbst in nicht miteinander verbundene Teile aufsplittert. Wenn das Gefühl A bedrohlich oder unakzeptabel ist, weil Sie an B glauben, dann halten Sie A und B in separaten Teilen Ihres Geistes, so daß Sie sie nicht gleichzeitig erleben. Auf diese Weise kommt es nie zum Konflikt. Verwenden Sie keine seelische Energie darauf, die un-vereinbaren Teile zu assoziieren, dann bleiben diese *dissoziiert*. Isolierung kann auch mit einer Aufsplitterung einhergehen, die das, was normalerweise ganzheitlich erlebt wird, in Teile aufglie-dert, die ihre emotionale Ladung dissoziieren.

Der Abwehreffekt ist ähnlich wie bei der Identifikation, wo einander widersprechende Wünsche oder Gefühle in separaten Identitäten oder Teil-Selbsten existieren können und so einander nie begegnen. Isolierung erfordert nicht die Energie, den isolier-ten Wünschen oder Gefühlen die starke ›Das bin ich‹-Qualität beizufügen oder sie zu organisieren beziehungsweise sie zu Teil-Selbsten zu assoziieren.

Isolierung kann Einsichten und wichtige Erfahrungen so unter Verschluß halten, daß sie Ihnen nicht mehr zu weiterem Wachstum verhelfen können. Ich habe Menschen kennengelernt, die tiefe spirituelle Erlebnisse gehabt hatten und dann den Mechanismus der Isolierung benutzten, um diesen positiven Schock zu puffern; die Folge war, daß sich in ihrem Leben nichts veränderte.

Den Abwehrmechanismus der Isolierung können Sie erkennen, wenn Sie jemanden beobachten (auch sich selbst), der zwei stark widersprüchliche Ansichten vertritt, und zwar gewöhnlich zu verschiedenen Zeiten oder in verschiedenen Zusammenhängen, ohne einen Widerspruch zu empfinden oder Angst aufgrund dieser Unvereinbarkeit beziehungsweise dieses Konflikts zu verspüren.

Wenn Sie den Betreffenden auf den Konflikt hinweisen, weicht er der Auseinandersetzung mit dieser Unvereinbarkeit meist aus; die Isolierung wird aufrechterhalten.

Das Bewußtsein als Weltsimulator vermag keine Verbindungen und Assoziationen zwischen den verschiedenen gespeicherten Erfahrungen herzustellen.

Selbstbeobachtung, insbesondere in jener disziplinierten Form, die im 17. Kapitel beschrieben wird, kann Erkenntnisse über isolierte Aspekte der geistigen Funktionsweise liefern, aber ohne willentliche Anstrengung, die Beobachtungen miteinander zu vergleichen und gegeneinander zu setzen, können auch diese Beobachtungen wieder isoliert gespeichert werden. Auf diese Weise ergibt sich kaum die Chance, durch sie eine Veränderung herbeizuführen.

Eine wichtige Art von falscher Persönlichkeit bildet sich um den Abwehrmechanismus der Isolierung.[3] Diese Menschen sind sehr gut in der Selbstbeobachtung; sie praktizieren sie gewohnheitsmäßig, sind jedoch kaum von dem *betroffen,* was sie da beobachten.

In einem solchen Fall kann es sehr nützlich und hilfreich sein, einen Lehrer oder Therapeuten zu haben, der uns jeweils mit den widersprüchlichen Aspekten konfrontiert, die isoliert gehalten werden.

Projektion

Projektion ist das Gegenteil der Identifikation. Wenn ein unakzeptables Gefühl oder ein entsprechender Wunsch auftaucht, so etikettiert der Weltsimulationsprozeß dies nicht als ›Das bin ich‹, sondern als ›Das ist das, was jemand anders fühlt oder will‹. Da projektive Abwehr bei unakzeptablen, weil ›schlechten‹ Gefühlen und Wünschen auftritt, werden in diesem Fall andere Menschen als böse oder schlecht angesehen.

Angenommen, man hat Sie dazu erzogen, Wut als etwas Schlechtes anzusehen: Gute Menschen werden nicht wütend, sie sind immer verständnisvoll und geduldig. Sie sind als Kind nicht nur bestraft worden, wenn Sie wütend wurden, sondern außerdem sind Ihre Gefühle bei vielen Gelegenheiten abgewertet worden: »Du bist ja gar nicht richtig wütend; das gehört sich ja auch nicht. Du bist doch nur müde.« Die Gefühle von Kindern werden häufig auf diese Weise abgewertet. Nun befinden Sie sich in einem Laden, und der Verkäufer, der Sie bedient, ist sehr langsam und umständlich. Er muß ständig irgend etwas nachsehen und bringt Ihnen dann doch noch die falsche Ware. Der Verkäufer macht seine Arbeit wirklich nicht besonders gut, obwohl er sich offensichtlich die größte Mühe gibt. Sie jedoch sind in Eile, und deshalb machen die Fehler und Verzögerungen Sie wütend. Da es für Sie unmöglich ist, wütend zu werden, kommen Sie schließlich zu der Überzeugung, daß der Verkäufer Sie nicht leiden kann, daß *er* wütend auf *Sie* ist und daß er Sie absichtlich ärgern will. Der Verkäufer ist böse und wütend, während Sie unschuldig, gut und leider allzu geduldig sind. Ist diese Projektion einmal entstanden, so beeinflußt Sie wiederum Ihre Wahrnehmung/Simulation der Welt und Sie registrieren alles, was der Verkäufer falsch macht, noch schärfer als zuvor. Diese verzerrte Wahrnehmung scheint Ihre anfängliche Projektion noch zu bestätigen.

Projektion kann auch dazu benutzt werden, Ihre positiven Eigenschaften auf andere zu projizieren, weil Sie sich, um irgendeinen Sekundärgewinn damit zu erzielen, gern als ›schlechten Menschen‹ darstellen. Die Erlösung wird dann immer von außen erhofft: »Jemand wird kommen, der alles in Ordnung bringt.« — »Die Situation wird sich zum Besseren wenden.« Wenn Sie zuviel von Ihren guten Seiten nach außen projizieren, werden Sie anfällig für gefährliche Manipulationen anderer Menschen.

Ich habe festgestellt, daß Selbstbeobachtung und Selbsterinnern im Sinne Gurdjieffs auch im Fall der Projektion heilsame Wirkung haben kann. Sie erkennen Ihre eigenen Fehler ganz klar, und Ihr Selbstbewußtsein (im Sinne der Selbstüberschätzung) schwindet. Doch der größte Teil dieses Selbstbewußtseins entbehrte ohnehin jeder Grundlage, und nachdem es abgefallen ist, wird erst Ihre echte innere Stärke sichtbar. Diese Stärke scheint fast allem gewachsen zu sein, und doch macht man nicht viel Aufhebens davon. Sicherlich erfährt man manchmal noch echtes Leiden mit realem Hintergrund, doch das unnötige Leiden löst sich allmählich auf.

Eine Funktion der Weltsimulation besteht darin, eine Erfahrung nicht nur einfach zu repräsentieren, sondern sie in Raum, Zeit und in der Ich/Nicht-Ich-Dimension zu lokalisieren. Bei der Projektion werden die äußeren Aspekte der Erfahrung zunächst gut simuliert, hinsichtlich der Ich/Nicht-Ich-Lokalisierung hingegen findet eine genau umgekehrte Abbildung der realen Verhältnisse statt. Dies ist eine ernste und sehr weitverbreitete Verzerrung der Realitätswahrnehmung. Wie viele unangenehme Leute haben wir schon getroffen, die behaupten, sie empfänden andere Menschen meist als äußerst unangenehm?

Projektionen sind manchmal zu erkennen, wenn man schnell genug in der Selbstbeobachtung ist, um den flüchtigen Augenblick zu registrieren, in dem man sich beispielsweise wütend fühlt, bevor man anfängt, den anderen als wütend wahrzunehmen. Es ist auch sehr hilfreich, wenn Sie Ihre Projektionen prüfen, indem Sie andere Menschen fragen, was sie tatsächlich fühlen. Dies funktioniert allerdings nicht immer, da andere unehrlich sein können. Aber bei Menschen, in die Sie Vertrauen setzen können und die sich ebenfalls dem inneren Wachstum verpflichtet fühlen, kann es sehr nützlich sein. Hüten Sie sich davor anzunehmen, daß jeder, der Ihre Wahrnehmung (Projektion) von ihm nicht bestätigt, schon deshalb lügt!

Rationalisierung

Rationalisierung ist ein weiterer der Abwehrmechanismen, die es ermöglichen, auf Situationen zu reagieren, die unzulässige Gefühle und Wünsche auslösen. Er verschleiert und verwässert ihre Unzulässigkeit, indem er eine plausible und akzeptable Erklärung für die nicht zugelassenen Motivationen liefert.

Angenommen, Sie wurden als Kind vom Gefühl der Unzulänglichkeit gequält und Sie mochten dieses Gefühl damals überhaupt nicht. Sie entdeckten, daß Sie Ihre Unzulänglichkeitsgefühle vergessen konnten, wenn Sie anderen Menschen in Schwierigkeiten mit Ihrem Rat beistanden; das gab Ihnen ein Gefühl der eigenen Wichtigkeit und Kompetenz. Wenn Sie nun jemanden treffen, der sich in Schwierigkeiten zu befinden scheint, so werden über das Mitgefühl zunächst Ihre eigenen Gefühle der Unzulänglichkeit geweckt, doch dies wird sogleich überdeckt, rationalisiert durch den lobenswerten Wunsch, dem anderen zu helfen. Wenn Sie ihm helfen, fühlen *Sie* sich gut. Sie glauben, aus den besten Motiven heraus zu handeln. Ihre Rationalisierung puffert Sie gegen Ihre wahren, unzulässigen Gefühle der Unzulänglichkeit ab. Wir haben tatsächlich einen natürlichen, wesensimmanenten Wunsch, anderen zu helfen, deshalb ist ein guter Teil Wahrheit mit dieser Rationalisierung vermischt. Je mehr Wahrheit unter die Abwehr gemischt ist, um so besser kann die Rationalisierung ihren Dienst tun. Eine Menge von dem, was als rationales Denken gilt, ist in Wahrheit Rationalisierung.

Angenommen, Sie werden sich der Tatsache bewußt, daß Sie Leidenden so großzügig helfen, weil Sie Ihre eigenen Unzulänglichkeitsgefühle vertuschen wollen: »Also gut«, sagen Sie, »ich werde fortan keinen Rat mehr geben! Ich habe selbst psychische Probleme, deshalb kann ich keinen wirklich guten Rat geben; es ist alles nur Schwindel.« Vielleicht. Dies könnte aber auch eine abwehrende Rationalisierung gegen Ihr natürliches Mitgefühl und Ihr echtes Interesse am Schicksal anderer sein.

Selbstbeobachtung hilft sehr bei der Entdeckung von Rationalisierungen und dabei, die Verbindung zu den ursprünglichen Gefühlen wiederherzustellen. Sensibilität für die wahren Gefühle zu entwickeln ist in diesem Zusammenhang sehr wichtig, da gerade die abgelehnten Gefühle den Mechanismus der Rationalisierung speisen.

Es gibt einen kurzen Augenblick, bevor die Rationalisierung diese Gefühle verdunkelt, und durch Selbstbeobachtung können Sie das Gefühl erkennen und auch den Wunsch, es durch Rationalisierung zu unterdrücken.

Bei der Rationalisierung konstruiert der Prozeß der Weltsimulation eine gute Simulation der äußeren Situation, jedoch eine schlechte Repräsentation Ihrer eigenen Position in der Sache.

Sublimierung

Das psychoanalytische Konzept der Sublimierung beinhaltet, daß die instinktiven Wünsche und die zugehörige Energie, die ursprünglich mit einem unakzeptablen Objekt verbunden waren, auf ein gebilligtes Objekt gerichtet werden. Freuds Theorie besagt beispielsweise, daß die sexuellen Instinkte eines kleinen Jungen sich anfangs auf seine Mutter konzentrieren. Inzest ist jedoch tabu, weshalb aus dieser Richtung keine Befriedigung zu erwarten ist. Wenn der Junge geschlechtsreif wird und später heiratet, sucht er sich häufig eine Frau, die in auffälliger Weise seiner Mutter ähnelt. Folglich befriedigt der sexuelle Verkehr mit seiner Frau teilweise den ursprünglichen Wunsch nach einer sexuellen Beziehung mit der Mutter, allerdings ohne die Konflikte, die das Bewußtwerden dieses Wunsches mit sich bringen würde. Ein Mensch, der glaubt, daß Sex von Natur aus sündhaft ist, kann ein zölibatäres Leben führen und versuchen, seine sexuelle Energie durch gute Werke zu sublimieren. Ein physisch aggressiver Mensch, der weiß, daß körperliche Gewaltanwendung ihn mit Sicherheit in Schwierigkeiten bringen würde, könnte beispielsweise als Kaufmann bei geschäftlichen Transaktionen besondere Gerissenheit entwickeln.

Ohne diese Theorie unbedingt insgesamt akzeptieren zu müssen, können wir Sublimierung als Ersatzbefriedigung ansehen, bei der man etwas erhält, das Wünsche so weit befriedigt, daß zumindest ein Teil von deren Druck verschwindet. Im einen Extremfall kann dies ein bewußter Prozeß sein, bei dem der Betroffene weiß, daß er einen Kompromiß eingeht und sich dadurch der Realität anpaßt. Im anderen Extremfall weiß er allerdings nicht, was er tut, und benutzt die Rationalisierung oder einen anderen Abwehrmechanismus, um seine Verdrängung zu unterstützen.

Es gibt auch den Fall, daß spirituelle Energien in alltäglichen Aktivitäten sublimiert werden. Ich habe Menschen mit einer langen somatischen Krankheitsgeschichte kennengelernt, etwa jahrelanger Migräne. Auch die beste medizinische Behandlung hatte ihnen nicht zu helfen vermocht. Irgendwann fingen sie an, sich für spirituelle Aktivitäten zu interessieren, und die Krankheit verschwand. Später erkannten sie, daß sie eine natürliche Begabung für spirituelle Arbeit hatten, die sie jedoch nicht entwickelt hatten, weil das in ihrer Kultur nicht gerade angesehen war. Sie hatten daher offenbar versucht, jene Art von Energie im alltäglichen Leben zu sublimieren. Dies war teilweise gelungen, aber eben nur teilweise. Die Krankheiten hatten sich daraufhin entwickelt, weil die Sublimierung eben doch nicht so erfolgreich gewesen war.

Die Fähigkeit, Sublimierungen zu erkennen, erwächst aus einer Schulung in Selbstbeobachtung und dem Selbsterinnern. Diese Prozesse führen zu einem wachsenden Gewahrsein des inneren Wesens und zum Wachsen desselben, wodurch das, was uns wirklich am Herzen liegt, klarer wird.

Leugnen

Leugnen begegnet Kraft mit Gegenkraft. Wenn ein nicht zulässiger Wunsch oder ein solches Gefühl auftaucht, führt Ihr Geist eine starke Gegenmacht ins Feld, die sagt: »Nein! Ich will das nicht, ich fühle mich *nicht* so!«

Dies ist ein starker, gewaltsamer Abwehrstil. Seine Stärke — die scheinbare Willensstärke, die er demonstriert — erzeugt bei dem, der sich so verhält, ein Gefühl der Lebendigkeit und Entschlossenheit.

Leugnen unterscheidet sich von der Unterdrückung, die die Bedeutung eines Wunsches oder eines Erlebnisses anerkennt, ihnen jedoch den Ausdruck verweigert, und zwar (gewöhnlich) aus realistischen Gründen, ohne daß man sich Illusionen darüber macht, was man im Grunde lieber möchte. Von der Reaktionsbildung unterscheidet sich das Leugnen dadurch, daß es anscheinend willentlich eingesetzt wird. Sie haben das Gefühl, Sie hätten die Wahl, etwas zurückzuweisen oder nicht, auch wenn dies nicht zutreffen mag. Bei der Reaktionsbildung hingegen erfolgt das Ausweichen ins entgegengesetzte Extrem automatisch und erscheint so, als wäre es eine natürliche Reaktion; der Konflikt wird dabei gar nicht empfunden. Der Angriff auf die Religion, den wir als Beispiel für Reaktionsbildung gegen religiöse Gefühle anführten, könnte auch beim Leugnen erfolgen. In diesem Fall jedoch wird die Stärke der Zurückweisung und des Angriffs bewußt erlebt.

Narkotisierung/Ablenkung/Zerstreuung

Narkotisierung beziehungsweise Ablenkung ist eine aktive Zersplitterung der Aufmerksamkeit, ein Zerstreuen von Energien, die Ablenkung vom Unzulässigen. Uns steht eine relativ begrenzte Menge von Aufmerksamkeits-Energie zur Verfügung (wobei hier unberücksichtigt bleibt, daß es möglich ist, die Aufmerksamkeit zu schulen). Der Simulationsprozeß kann nur eine begrenzte Anzahl von Faktoren gleichzeitig bewältigen. Ein unakzeptabler Wunsch oder ein ebensolches Gefühl wird nur dann wirklich störend, wenn ein ansehnlicher Teil der vorhandenen Aufmerksamkeit darauf gelenkt wird. Wenn die Aufmerksamkeit hingegen von einem Objekt zum nächsten springt, ist sie schwer einzufangen.

Angenommen, Sie unterhalten sich mit jemandem, der erwähnt, daß die ›Stiftung Warentest‹ ein teures Automobil getestet hat, das Sie soeben gekauft haben. Dabei sei herausgekommen, daß es sehr schlecht verarbeitet, anfällig für Pannen und alles in allem nicht zu empfehlen sei. Die meisten Menschen identifizieren sich stark mit ihrem Auto, schon allein deshalb, weil es sich ja um eine nicht unerhebliche Investition handelt. Deshalb empfinden Sie es als empörend, wenn jemand auf diese Weise Ihre Urteilsfähigkeit in Zweifel zieht. Aber während Sie gerade ansetzen, auf die negativen Andeutungen über Ihre Urteilsfähigkeit zu reagieren, fällt Ihnen plötzlich ein, daß das Auto morgen in die Werkstatt muß. Das wiederum erinnert Sie daran, daß Sie vorhaben, sich morgen abend einen Film anzuschauen; dann bemerken Sie, daß der Haarschnitt Ihres Gegenübers sehr gut aussieht, und Sie lassen eine Bemerkung darüber fallen, was Sie wiederum an ein Picknick erinnert, das Sie einmal gemeinsam mit ihm veranstaltet haben, woraufhin Ihnen einfällt, daß Sie eigentlich hungrig sind, und so weiter. Narkotisierung stumpft gegen die beunruhigenden Aspekte der Realität ab, und zwar nicht, indem sie die geistige Energie insgesamt abschwächt, sondern indem sie sie derart herumschwirren läßt, daß sie von den Vorgängen abgelenkt wird, die unangenehm sein könnten.

Der Weltsimulator ist in diesem Fall alles andere als faul. Vielmehr macht er eher Überstunden und bemüht sich unentwegt, eine interessante Welt zu produzieren. Doch der Prozeß schenkt allem gleichviel Energie und Aufmerksamkeit und versäumt hervorzuheben, was wichtig ist.

Wenn die Narkotisierung der dominierende Abwehrstil Ihrer falschen Persönlichkeit ist, führen Sie ein sehr geschäftiges Leben, doch trotz aller Aktivität vernachlässigen Sie die wirklich wichtigen Dinge. Diese Geschäftigkeit kann außerdem dazu führen, daß Sie die meiste Zeit müde sind, und die Müdigkeit stumpft Sie so ab, daß Sie nicht mehr sehen, was in Ihrem Leben fehlt. Narkotisierung kann einer der Hauptabwehrmechanismen gegen inneres Wachstum sein. Wenn Sie von einem Guru zum anderen wandern und mehrere spirituelle Übungswege gleichzeitig praktizieren, hält Sie diese Vielfalt zu beschäftigt, als daß Sie noch auf Ihr inneres Wesen hören könnten.

Das Hinterfragen exzessiver Geschäftigkeit, das Ausschauhalten nach der Ruhe, die durch all diese Aktivität überdeckt wird, kann enthüllen, daß hier der Abwehrstil der Narkotisierung am Werk ist.

Regression

Regression wird allgemein als ein Abwehrverhalten angesehen, das benutzt wird, wenn ›erwachsenere‹ Abwehrmechanismen ihre Aufgabe nicht erfüllen. Ein Mensch regrediert in die persönlichen und psychischen Strukturen einer früheren Altersstufe, in der das Leben angeblich wesentlich befriedigender für ihn war. Die Regression braucht nicht so offensichtlich auszufallen wie bei der hypnotischen Altersregression, bei der die Versuchsperson überzeugt ist, jünger zu sein, und sich auch tatsächlich genauso verhält. Regression als Abwehrmechanismus ist die Reaktivierung des emotionalen Verhaltens einer früheren Altersstufe. Dies kann wenige Augenblicke dauern oder wesentlich länger.

Vor einigen Jahren habe ich eine nützliche Methode zur Beobachtung solcher Regressionen entwickelt, nämlich die ›Blitzantworten‹, sofortige verbale Reaktionen auf Fragen, wobei dem Befragten keine Zeit zum Nachdenken gelassen wird (Zensor). Diese Methode kann sehr aufschlußreich sein, wenn der Getestete eingewilligt hat, um des Lernens willen in jedem Fall die Wahrheit zu sagen. Treffen Sie diese Vereinbarung mit einem Freund oder Lebensgefährten, und bitten Sie den Betreffenden, Ihnen unerwartet die Frage ›Wie alt bist du jetzt?‹ zu stellen. Beantworten Sie die Frage *sofort* mit der ersten Zahl, die Ihnen in den Sinn kommt, ganz gleich, wie Sie die Antwort beurteilen.

Die Antworten fallen gewöhnlich überraschend jung aus. Wenn Streitende sich diese Frage stellen, gehen solche Streite oft in Gelächter über, wenn die beiden Parteien merken, daß sie sich zur Zeit emotional im Alter von drei oder vier Jahren befinden. Voraussetzung ist, daß die Frage in einer Atmosphäre gegenseitigen Vertrauens gestellt wird. Außerdem darf der Fragesteller die Frage nicht als Methode benutzen, um einen Streit zu ›gewinnen‹, indem er die Gegenpartei dazu bringt zuzugeben, daß sie kindisch gewesen sei. Die Technik der Blitzantwort kann auch in vielen anderen Zusammenhängen verwendet werden, in denen es darum geht, etwas über sich selbst zu lernen.

Ich vermute, daß teilweise und kurzzeitige Regressionen wesentlich häufiger sind, als allgemein angenommen wird. Regressionen demonstrierten die Zufälligkeit unserer falschen Persönlichkeit. Alle Elemente unseres jüngeren Selbst sind uns zugänglich: Indem wir das ›Das bin ich‹ damit verbinden, lassen wir ein jüngeres Selbst wiedererstehen.

Konsensus-Trance ist ein anstrengender Bewußtseinszustand. Ein zu großer Teil unseres Wesens, unserer tiefen Gefühle, Wünsche und Talente wurde im Laufe unserer Konditionierung zwecks Stärkung der allgemeinen Konvention über Normalität abgewertet und verzerrt. Daher ist der Zustand der Konsensus-Trance durch viele Spannungen und Verzerrungen gekennzeichnet.

Abwehrmechanismen dienen der Linderung von Spannungen, sie sind Puffer, die das (nach den gesellschaftlichen Standards) adäquate Funktionieren der Kultur als Ganzer ermöglichen.

Der Preis, den der einzelne dafür zahlen muß, ist ziemlich hoch. Das Licht brennt nur sehr schwach, wenn es nicht schon ganz erloschen ist. Das Leben verläuft unter Spannung und in Eile, und dies entfremdet uns von uns selbst und von anderen Menschen. Diese Selbstentfremdung und ihre übermäßige Verstärkung führen zu vielfältigem Fehlverhalten.

In der Folge entwickelt sich eine ungeheure Menge von dem, was ich als ›törichtes Leiden‹ bezeichne. Törichtes Leiden ist absolut nicht notwendig und zieht Energie ab, die andernfalls dazu verwendet werden könnte, echte Probleme zu lösen. Ein großer Teil des Leidens in unserer Welt ist törichtes, unnötiges Leiden, ein Fehlprodukt von Menschen, die in Trance leben. Die in unserer Kultur so verbreitete Ansicht, daß eine gewisse Menge an Leid unvermeidbar und normal sei, wirkt wie ein weiterer kraftzehrender Abwehrmechanismus, der uns daran hindert, uns selbst und unsere Kultur in Frage zu stellen. Außerdem behindern Sekundärgewinne unseren natürlichen Wunsch nach Intelligenz und Glück. Törichtes Leiden mag verbreitet sein, aber sicher ist es nicht ›normal‹ im Sinne von gesund. Es ist eine schreckliche Vergeudung.

Würden wir nur erwachen, was könnten wir dann nicht alles tun!

14

Gleichgewicht und Ungleichgewicht in dreihirnigen Wesen

In den vorangegangenen Kapiteln haben wir die vielfältigen Auswirkungen unserer Trance untersucht: wie sie unsere Wahrnehmung verzerrt und unsere Intelligenz einschränkt. Dies erzeugt unnötiges Leiden und raubt uns einen großen Teil unserer elementaren Lebensenergien. Wir werden uns nun mit einem weiteren Aspekt der Konsensus-Trance befassen; es geht dabei um die Natur der Intelligenz.

Gurdjieff erwähnte immer wieder eine auf den ersten Blick recht merkwürdig klingende Idee: Wir sind dreihirnige Wesen. Dieser zunächst merkwürdig erscheinende Gedanke ist in der Entwicklung der modernen Psychologien des inneren Wachstums von zentraler Bedeutung.

Wir stellen uns das Gehirn als jenes physische Organ in unserem Kopf vor, dessen Funktion ist zu *denken,* die Realität zu simulieren. Denken ist ein logischer Prozeß, und ganz eindeutig haben wir nur *ein* solches Gehirn, das denkt. Was könnte dann ein dreihirniges Wesen sein?

Mit ›Gehirn‹ bezeichnen wir tatsächlich ein Organ, das ›denkt‹. Doch wollen wir uns einmal klarmachen, was ›Denken‹ in einem allgemeineren Sinn bedeutet. Gewöhnlich geht dem Denken Wahrnehmung voraus: Wir nehmen Information auf.*

---

* Wahrnehmung ist allerdings ein ziemlich komplizierter Akt, da wir von unserer Kultur speziell dazu ›abgerichtet‹ worden sind, auf eine von ihr gewünschte Weise wahrzunehmen. Doch soll die Darstellung hier möglichst einfach bleiben.

Dann fangen wir an, über die neu aufgenommenen Daten nach-zudenken. Wir halten darin nach Mustern Ausschau, vergleichen sie mit anderen Informationen aus unserem Gedächtnis und wenden die Regeln der Logik an. Wir erzeugen eine Simulation der gegenwärtigen Situation und simulieren außerdem mögliche Verläufe der weiteren Entwicklung unter Berücksichtigung ver-schiedener potentieller Einflüsse. Anschließend überlegen wir, welches Ergebnis uns am liebsten wäre. Einige der Simulationen bestehen aus Bildern, die meisten jedoch aus Worten. Das Ergeb-nis ist eine Art Schlußfolgerung.

Denken als rein intellektuellen Prozeß zu verstehen wäre falsch, weil wir dann nur das verbale Denken berücksichtigen würden. In Wirklichkeit gibt es noch viele andere Arten des Den-kens beziehungsweise der Simulation. Weil das Wort ›Denken‹ so stark nach intellektueller und besonders nach verbaler Aktivität klingt, werde ich von jetzt ab den allgemeineren Begriff ›Bewer-tung‹ verwenden. Gurdjieffs Konzept vom Menschen als dreihir-niges Wesen besagt demnach, daß es drei Hauptarten der Bewer-tung gibt: die intellektuelle, wie wir sie uns gewöhnlich vorstel-len, die emotionale und die körperlich/instinktive.[1]

Emotionale Bewertung? Instinktive Bewertung? Sind Emotio-nen nicht ›primitiver‹ als logisches, intellektuelles Denken? Kom-men sie logischem Denken nicht häufig in die Quere? Und sind Instinkte denn nicht noch ›primitiver‹?

Im evolutionären Sinn sind sie das: Tiere sind verglichen mit uns ein- oder zweihirnige Wesen, und sie verfügen auch nicht an-nähernd über die intellektuellen Möglichkeiten des Menschen. Außerdem befinden sich die emotionalen und körperlich/instink-tiven Gehirne vieler Menschen verglichen mit ihrem intellektuel-len Gehirn tatsächlich in einem ziemlich primitiven Zustand. Doch Gurdjieff behauptete, daß auch die emotionale und die körperlich/instinktive Bewertung auf ihre Art zu einem ebenso hohen Niveau entwickelt und erzogen werden können wie das intellektuelle Denken. Bei einigen Menschen ist das emotionale Gehirn hoch entwickelt, doch ist dann gewöhnlich ihr intellek-tuelles und körperlich/instinktives Gehirn unterentwickelt. Es gibt auch Menschen mit einem hochentwickelten körperlich/

instinktiven Gehirn, bei denen dann jedoch die intellektuelle und emotionale Bewertung meist nur schwach entwickelt ist. Diese *ungleichmäßige* Entwicklung der drei Arten von Bewertungsprozessen ist eine der Hauptursachen menschlichen Leidens.

Das Gleichnis von Pferd, Wagen und Kutscher

Im Osten gibt es ein Gleichnis von Pferd, Wagen und Kutscher, eine allegorische Beschreibung des Menschen als dreihirniges Wesen und der Probleme, die sich aus einer mangelhaften, ungleichmäßigen Entwicklung der drei Gehirne ergeben.

Pferd, Wagen und Kutscher bilden zusammen ein Transportsystem, das einen potentiellen Passagier, den Herrn, an jeden Ort bringen kann. Der Wagen gewährleistet die bequeme und sichere Beförderung, das Pferd liefert die Antriebskraft, und der Kutscher besitzt die Fähigkeit, das gesamte System an den vom Herrn gewünschten Ort zu steuern. Pferd, Wagen und Kutscher sollten jederzeit bereit sein, ihrem Herrn, sobald er erscheint, zu Diensten zu stehen. Doch meist funktioniert das Transportsystem nicht gut.

Der Kutscher läßt den Wagen häufig bei Regen und Schnee im Freien stehen, statt ihn unterzustellen; deshalb rostet und fault er überall. Außerdem ist das Fahrzeug technisch in einem schlechten Zustand; bestimmte Teile müßten ausgetauscht werden, um sicheres Reisen zu gewährleisten. Durch schlechten Umgang mit dem Fahrzeug sind weitere Schäden entstanden. So ist der Wagen mit einem Selbstschmiersystem ausgestattet: Ist das Fahrzeug in Bewegung, werden die Schmierstoffe an die richtige Stelle transportiert. Doch da der Wagen häufig für längere Zeit stillsteht, sind viele Lager starr und korrodiert. Äußerlich ist der Wagen auch ziemlich heruntergewirtschaftet. Ein gutgepflegter Wagen hat so etwas wie ein ›Gefühl‹ für die Straße, das für die sichere und schnelle Fortbewegung wichtig ist; im vernachlässigten Zustand verliert sich diese Eigenschaft.

Das Pferd ist meist angeschirrt, selbst bei Regen und Schnee, wenn es eigentlich im Stall stehen sollte. Der Kutscher achtet auch nicht genügend darauf, was das Tier frißt, deshalb leidet es unter Mangelerscheinungen. Manchmal wird es lange Zeit völlig vernachlässigt und überhaupt nicht gefüttert, dann wieder bekommt es Unmengen von nahrhaftem Futter. Manchmal wird es gepflegt und liebevoll versorgt, dann wieder mißhandelt und vom Kutscher ohne jeden ersichtlichen Grund mit der Peitsche geschlagen. Deshalb ist es unberechenbar und neurotisch, zieht den Wagen manchmal zu heftig und hastig oder bewegt sich überhaupt nicht von der Stelle. Einmal gehorcht es den Befehlen des Kutschers, dann wieder versucht es, ihn zu beißen.

Der Kutscher hat den Auftrag, stets in der Nähe seines Herrn zu bleiben und immer bereit zu sein, auf den Kutschbock zu springen und Pferd und Wagen an ein vom Herrn gewünschtes Ziel zu bringen. Auch soll er Pferd und Kutsche pflegen. Statt dessen zecht er meist mit Kollegen, scherzt und streitet mit ihnen, oder sie werden sentimental, prahlen und lügen über wunderschöne (meist imaginäre) Reisen und darüber, was für einem mächtigen Meister sie dienen oder später einmal dienen werden. Dabei vermischen sich reale Erlebnisse mit Phantasien.

Während dieser Zechgelage überhört der Kutscher gewöhnlich, wenn sein Herr ihn ruft. Hört er den Ruf, so besteht wegen seiner Trunkenheit die Gefahr, daß der Herr nicht sicher an seinen Bestimmungsort kommt, weil der Wagen irgendwo steckenbleibt oder einen Unfall hat.

Ist es da verwunderlich, daß der Herr selten auch nur versucht, Pferd, Wagen und Kutscher einzusetzen? Oder daß der Kutscher, wenn er einmal halbwegs nüchtern ist, das Gefühl hat, daß er irgendeine wichtige Aufgabe in seinem Leben verfehlt? Oder daß das Pferd voller Groll ist und ständig zwischen Gefühlen der Wut und der Verzweiflung hin und her schwankt?

Es gibt viele Ausnahmen vom obigen Gesamtbild. Manchmal ist der Kutscher einigermaßen nüchtern und intelligent, doch trotz seiner besten Absichten zu gehorchen, kommt der Herr mit dem neurotischen, halbverhungerten Pferd und mit dem ungepflegten Wagen nicht besonders weit. Manchmal zieht ein gutgenährtes, kräftiges und gehorsames Pferd den Wagen, doch weil die Bremsen blockieren und der Kutscher ständig betrunken ist, wird die Reise vermutlich nicht zum Ziel führen. Manchmal ist der Wagen in einem ausgezeichneten Zustand, außerdem auch komfortabel, doch da der Kutscher betrunken und das Pferd halb verhungert ist, kann der Herr zwar luxuriös reisen, erreicht aber auch hier nicht sein Ziel.

Der Wagen stellt den physischen Körper dar, das Pferd die Emotionen und der Kutscher den Intellekt. Der Herr ist das, was wir werden könnten, wenn wir uns um die Entwicklung unseres höheren Wesens bemühen würden.

Der Körper

Der Körper wird in der heutigen Zeit oft sträflich vernachlässigt. In unserer Kultur ist es für die meisten Menschen nicht schwierig, genügend zu essen zu bekommen; allerdings ist ihre Ernährung häufig sehr unausgewogen. Oder wir ernähren uns dem heutigen Schönheitsideal entsprechend, das dem Erscheinungsbild der Magersucht sehr nahe kommt, statt wichtige Bedürfnisse des Körpers zu berücksichtigen. Eine modegerechte äußere Erscheinung ist uns meist wichtiger als unsere Gesundheit, bis eine Krankheit uns zeitweise zu einer anderen Haltung zwingt. Wenn unser körperlich/instinktives Gehirn gut entwickelt ist, können wir die ersten Anzeichen von Krankheit erkennen.

Unser Körper ist dazu geschaffen, sich zu bewegen und körperliche Arbeit zu verrichten. Sachgerecht ausgeführte körperliche Arbeit hat ihren Wert in sich selbst, doch sie hält auch das ›Selbstschmiersystem‹ des Körpers in Bewegung. Die meisten Menschen unserer Kultur sehen den Gipfel ihres Erfolgs jedoch leider darin, den ganzen Tag hinter einem Schreibtisch zu sitzen und möglichst wenig körperlich zu arbeiten. Wer körperlich arbeitet, hat in unserer Kultur gewöhnlich das geringste gesellschaftliche Ansehen. Die derzeitige Popularität des Jogging und anderer Arten von Fitneßtraining deutet allerdings auf eine gewisse Verbesserung hin.

Depressionen sind heute sehr verbreitet. Wenn ein Mensch mittleren Alters, der ständig viel sitzt, einen Psychotherapeuten aufsucht und über Depressionen klagt, könnte dieser, statt ihn psychotherapeutisch zu behandeln, ihn auch auffordern, mit einem Fitneßtraining zu beginnen. Der Patient hat seinen Körper stark vernachlässigt, und nach allen medizinischen Erkenntnissen wird er wahrscheinlich infolgedessen krank werden und vermutlich auch einige Jahre früher sterben. Kein Wunder also, wenn er deprimiert ist. Auch wenn er Gelegenheit erhält, über seine Gefühle zu reden, kommt sein Körper dadurch nicht in Bewegung. Wenn es ihm körperlich besser geht und er dann immer noch über psychische Leiden klagt, sollte man es mit einer Psychotherapie versuchen.

Bei einigen Menschen ist die körperlich/instinktive Intelligenz zwar besser entwickelt, jedoch gewöhnlich auf eine sehr spezialisierte Weise. Ich meine die Sportler. Damit sie *gewinnen* können, haben sie Kraft, Koordination und die körperlich/instinktive Intelligenz in hohem Maße, aber auf sehr spezialisierte Weise entwickelt. Ein geübter Sportler ist nicht nur durchtrainiert, sondern in seinem Metier sehr versiert. Er spürt, was sein Körper ihm sagt — also die Botschaften seines körperlich/instinktiven Gehirns —, und dies hilft ihm, immer bessere Leistungen zu erreichen. Oft hat so eine Entwicklung einen hohen Preis, da andere Bereiche des Lebens vernachlässigt werden müssen.

Gelegentlich entsteht aus einer spezialisierten athletischen Entwicklung ein allgemeines Interesse daran, die Botschaften des Körpers generell zu ›fühlen‹, sowie dafür, die eigenen Möglichkeiten in vielen Bereichen des Lebens umfassend und intelligent zu nutzen. Es gibt auch körperliche Übungswege, die ausdrücklich auf die allgemeine Entwicklung und Sensibilisierung zielen. Die orientalischen Kampfsportarten wie T'ai Chi oder Aikido, die auch ›innere Künste‹ genannt werden, sind hierfür gute Beispiele. Ihr Schwerpunkt liegt auf dem intelligenten Wahrnehmen mit dem Körper und auf dem intelligenten Fluß der Bewegung, nicht auf roher Kraft.

Die Entwicklung des körperlich/instinktiven Gehirns schließt auch die Entwicklung einer besonderen Art von Willenskraft ein, die nichts mit dem starken emotionalen Wunsch zu gewinnen oder roher Kraft zu tun hat, sondern die ihre Ziele durch Stetigkeit, Geschicklichkeit und Klarheit der Absichten erreicht. Denjenigen unter uns, deren körperlich/instinktives Gehirn nicht gut entwickelt ist, erscheinen die Resultate solcher Künste wie Aikido oft wie Wunder.

Die körperlich/instinktive Entwicklung wird abgesehen vom spezialisierten Training der Sportler in unserer Kultur nicht nur sträflich vernachlässigt, sondern oft auch auf schwerwiegende Weise gestört. In der Kindheit vermittelt man uns häufig ein Gefühl der Scham für unseren eigenen Körper: »Du bist ein schmutziges Kind; schäme dich! Schau nur, was du gemacht hast!« Nach den Erkenntnissen der Psychoanalyse kann dies schon in den ersten Lebensmonaten einsetzen, wenn die Eltern sich den natürlichen Körperfunktionen des Kleinkindes gegenüber ablehnend verhalten. Zusätzlich können von der Kultur vermittelte Lehren die Ablehnung des Körpers dauerhaft stabilisieren, etwa durch gewisse christliche Vorstellungen, die besagen, daß der Körper und seine Funktionen schon an sich sündig sind. Eine generelle Ablehnung der körperlich/instinktiven Funktionen kann sich bis ins Erwachsenenalter fortsetzen. Wir haben es also nicht nur versäumt, die körperlich/instinktive Bewertung zu einem höheren Niveau zu entwickeln, sondern wir lehnen sogar die Botschaften ab, die sie ohnehin liefert.

Meiner Erfahrung nach bewertet auch das körperlich/instinktive Gehirn die Realität und drückt viele seiner Schlußfolgerungen in Form körperlicher Empfindungen und Gefühle aus. Wenn Sie Ihrem Körper keine Beachtung schenken, weil er in der Kindheit abgelehnt wurde, oder wenn Sie alle körperlichen Empfindungen und Gefühle automatisch als sündhaft interpretieren, können Sie die Botschaften Ihres körperlich/instinktiven Gehirns nicht verstehen.

Emotionen

Unser emotionales Gehirn liefert uns die Kraft und Motivation, uns zu bewegen, sowie unsere Lebensfreude. Es bewertet ständig die laufenden Ereignisse: Dies mag ich, das mag ich nicht. Dies zieht mich an, das stößt mich ab. Dies ist lohnend, das langweilig oder falsch. Dies macht mir angst, das erweckt in mir den Wunsch zu helfen.

Auf der Schule müssen wir an vielen Kursen teilnehmen, die die Entwicklung unserer intellektuellen Intelligenz fördern sollen. Der Entwicklung spezieller Aspekte unserer körperlich/instinktiven Intelligenz hingegen sind nur ganz wenig Kurse gewidmet. Unserem emotionalen Gehirn wird praktisch überhaupt nicht Rechnung getragen. Einige von uns hatten das Glück, mit außergewöhnlicher emotionaler Begabung und Sensibilität geboren zu werden, oder das Leben zwang uns, unsere emotionale Sensibilität zu entwickeln und zu verfeinern. Bei den meisten von uns jedoch befindet sich das emotionale Gehirn weitgehend auf dem Niveau eines Idioten.

Emotionale Sensibilität an sich ist natürlich nicht unbedingt ein Segen, wenn man von leidenden und sich verstellenden Menschen umgeben ist. Da dies ein so allgemein verbreiteter Zustand ist, haben sich viele von uns bemüht, ihre natürliche emotionale Sensibilität zu unterdrücken, um nicht von ihr überwältigt zu werden. Eine Zeitlang mag das in Ordnung sein, doch auf die Dauer läßt es unser Leben verkümmern. Wie wir in den Kapiteln über die Enkulturation und die Abwehrmechanismen erfahren haben, können unsere emotionalen Fähigkeiten so schwer beeinträchtigt werden, daß wir nicht nur als emotionale, sondern als neurotische emotionale Idioten enden. Wir müssen also nicht nur bloße emotionale Sensibilität entwickeln, sondern auch lernen, mit den unvermeidlichen negativen Gefühlen anderer umzugehen und natürlich auch mit unseren eigenen, die uns dann ebenfalls bewußt werden.

Im Sinne unserer Parabel hat es uns häufig an Liebe und anderer emotionaler Zuwendung gemangelt, wenn wir sie brauchten, und zu anderen Zeiten hat man uns ohne jeden ersichtlichen Grund förmlich damit überschüttet. Oft mußten wir uns verstellen, unsere Essenz verleugnen, um uns Liebe zu erkaufen, obgleich man uns weiszumachen versuchte, sie würde bedingungslos gegeben. Unsere Gefühle, unsere natürliche emotionale Intelligenz, wurden durch Eltern und andere Autoritätspersonen oft abgewertet (»Du fühlst dich ja in Wirklichkeit gar nicht so!«). Unzählige Male hat man uns gesagt, wie wir uns fühlen *sollten,* womit gleichzeitig abgewertet wurde, wie wir uns *tatsächlich* fühlten.

Die Qualität der Emotionen und der emotionalen Zuwendung, die man uns zukommen ließ, war oft sehr schlecht; dadurch entstanden emotionale Mangelkrankheiten, ähnlich den ernährungsbedingten Mangelkrankheiten. So wie das halbverhungerte, kranke, willkürlich behandelte Pferd ersehnen wir Gefühle und fürchten sie gleichzeitig. Manchmal lassen wir uns von mächtigen Gefühlen mitreißen, zu anderen Zeiten haben wir nicht die geringste Motivation, irgend etwas zu tun. Wir suchen Liebe, Zuwendung und Freundlichkeit und fürchten sie zugleich. Manchmal beißen wir den, der uns füttert. Oft genug lassen wir Wagen und Kutscher, also Körper und Intellekt, auf gefährliche und manchmal furchterregende Weise durch das Leben jagen.

Wen wundert es da noch, daß so viele von uns ein tiefes Mißtrauen gegenüber Gefühlen hegen?

Intellekt

In unserem Gleichnis war der Kutscher meist betrunken. Dies ist ein treffender Vergleich für die mentale Vergiftung, die sich aus der Überentwicklung und Dominanz des intellektuellen Gehirns ergibt. Im 5. Kapitel sahen wir, daß das operationale Denken die Fähigkeit ist, zu visualisieren, zu simulieren, logisch vorherzusagen und uns vorstellen zu können, »was wäre, wenn…« Wenn solche Extrapolationen und Simulationen jedoch nicht durch die Bewertungen des emotionalen und körperlich/instinktiven Gehirns moduliert werden, läßt sich der Intellekt von seinen eigenen Simulationen, seinen Phantasien mitreißen. Eine gekonnte Simulation ist eine Belohnung in sich selbst, und ein kluger Gedanke führt uns zum nächsten. Auf diese Weise können wir uns tatsächlich an unserem Denken berauschen.

Operationales Denken erfordert die Anwendung der Logik,

eines Systems von Regeln, die festlegen, was statthaft ist und was nicht. Eines der Hauptprobleme in bezug auf den Einsatz des Intellekts in unserer Gesellschaft ist jedoch die Verwendung des Begriffs ›Logik‹ im Singular — also unsere implizite Voraussetzung, daß es nur *eine* korrekte logische Art zu denken gibt. Aus philosophischer Sicht wissen wir, daß es viele logische Systeme gibt und daß jedes von ihnen *willkürlich* ist.

Ein logisches System entsteht auf der Grundlage bestimmter Voraussetzungen. *Was wir voraussetzen,* um eine Logik zu begründen, bleibt uns überlassen.

Nehmen wir als Beispiel ein logisches System, das wir alle kennen, nämlich die Geometrie. Wir wollen uns mit dem Gedanken beschäftigen, daß parallele Linien stets den gleichen Abstand voneinander haben, ganz gleich, wie lang sie sind. Dies ist eines der ›Axiome‹ (der Voraussetzungen) der gewöhnlichen euklidischen Geometrie, also der Art von Geometrie, die in den Schulen gelehrt wird. Daß parallele Linien stets den gleichen Abstand voneinander haben, ist offensichtlich wahr, oder nicht?

Das Wort ›wahr‹ mit seinem Absolutheitsanspruch ist ein sehr mächtiges Wort, ein zu mächtiges. Tatsächlich wissen wir nur, daß diese Euklidische Annahme in vielen häufig wiederkehrenden Situationen der materiellen Welt sehr brauchbare Ergebnisse liefert. Es gibt jedoch auch eine Geometrie, die von der Annahme ausgeht, daß parallele Linien, wenn sie weitergeführt werden, sich einander ganz allmählich immer stärker annähern, bis sie in der Unendlichkeit zusammentreffen. Eine dritte Geometrie geht von der Annahme aus, daß parallele Linien sich ganz allmählich voneinander entfernen, wenn man sie bis in die Unendlichkeit verfolgt; irgendwann haben sie sich unendlich weit voneinander entfernt. Diese verschiedenen Geometrien sind für Mathematiker sehr nützlich und in der Raumfahrt sogar von großem praktischen Wert. Sind die letzteren beiden Geometrien nun auch ›wahr‹? Ja, bei sachgemäßer Anwendung sind sie ebenso wahr wie die euklidische Geometrie.

Aber welche davon ist denn nun *wirklich* wahr? Die Gegenfrage muß lauten: In welcher Realität fragen Sie nach ihrer Wahrheit? Im Raum des Geistes? Im gekrümmten Einsteinschen

Raum in der Nähe einer riesigen Schwerkraftquelle wie der Sonne? In Ihrem Hinterhof? Doch zunächst einmal: Wer könnte in der gewöhnlichen physischen Realität irgendwelche parallelen Linien bis in die Unendlichkeit verfolgen, um herauszufinden, welches Ergebnis das richtige ist?

Der wichtigste Aspekt ist in diesem Zusammenhang, daß die Funktionsfähigkeit unseres Intellekts begrenzt und verzerrt ist, solange wir glauben, es gäbe nur eine einzige wahre Logik. Was in der einen Logik unter bestimmten Voraussetzungen ein Irrtum ist, eine Fehleinschätzung, kann in einer anderen Art von Logik zutreffend und nützlich sein.

Ein logisches System wirklich zu kennen und es korrekt anwenden zu können zählt zu den größten menschlichen Fähigkeiten. Außerdem auch noch zu wissen, wann dieses logische System angemessen ist *und wann nicht,* ist eine noch größere Kunst. Denn wenn ich die Unzulänglichkeit eines logischen Systems erkenne, kann ich zu einem angemesseneren System überwechseln. Dies bezieht sich nicht nur auf intellektuelle Logik, sondern auch auf die Logik des emotionalen und des körperlich/instinktiven Gehirns und auf die Logiken der verschiedenen veränderten Bewußtseinszustände, von denen im ersten Kapitel die Rede war.

Außerdem ist es wichtig, sich klarzumachen, daß die Gedanken, an denen wir uns berauschen, oft billigster Fusel sind: Die Regeln und Annahmen des logischen Systems, dessen wir uns zu bedienen glauben, werden dabei oft sehr nachlässig angewendet. Dadurch geraten unsere Realitätssimulationen noch stärker in Konflikt mit der Realität. Auch wird echte Logik häufig durch Rationalisierungen ersetzt.

Der körperlich/instinktive, der emotionale und der intellektuelle Mensch

Bei den meisten Menschen ist eines der drei Gehirne stark entwickelt, während die anderen beiden mehr oder weniger in ihrer Funktion beeinträchtigt sind. Es ist nützlich, einen Menschen in

Hinsicht auf den bei ihm überwiegenden Bewertungsmodus zu charakterisieren, selbst wenn alle drei Bewertungsmodi in einem gewissen Maße funktionsfähig sind.

Gurdjieff bezeichnete einen Menschen, der von seiner körperlich/instinktiven Funktion dominiert wird, als Menschen Nummer 1, den, der hauptsächlich von seiner emotionalen Funktion bestimmt wird, als Menschen Nummer 2 und den, bei dem die intellektuelle Funktion vorherrscht, als Menschen Nummer 3. Einen entwickelten Menschen, bei dem alle drei Modi gut entwickelt sind und gut miteinander interagieren, bezeichnete er als Menschen Nummer 4.

Ich halte diese Terminologie für etwas verwirrend, denn man könnte allein aufgrund der Zählung leicht dem Irrtum verfallen, ein Mensch Nummer 3 sei weiter entwickelt als ein Mensch Nummer 2 oder Nummer 1 und ein Mensch Nummer 2 sei weiter entwickelt als ein Mensch Nummer 1. Tatsächlich sind alle drei Typen ähnlich unentwickelt. Um diese Verwirrung zu vermeiden, werde ich vom körperlich/instinktiven Menschen, vom emotionalen Menschen und vom intellektuellen Menschen sprechen. Der Mensch Nummer 4, der ausgewogen entwickelte Mensch, ist den drei anderen Typen eindeutig überlegen.

Wenn ein Gehirn die Arbeit eines anderen tut

Abgesehen vom Problem der unausgewogenen Entwicklung der drei Gehirne, gibt es nach Gurdjieff noch ein weiteres, nämlich daß ein Gehirn unpassenderweise die Arbeit eines anderen verrichtet.

So kann ein emotionales Problem vom intellektuellen Gehirn bewertet und bearbeitet werden. Statt das Problem emotional wahrzunehmen, einzuordnen und zu bewerten, tut der Betreffende dies intellektuell. Da der Intellekt das emotionale Wissen jedoch nicht vollständig erfassen kann, ist eine adäquate Bewertung des Problems auf diese Weise nicht möglich. Es kann sogar sein, daß das Verständnis stark verfälscht ist, weil (›intellektuelle‹) Gedanken über Gefühle diese fehlerhaft darstellen und/oder weil die intellektuelle Repräsentation der Emotion durch unbewußte Abwehrmechanismen verzerrt worden ist.

Eines Tages erzählte mir meine Frau, die als Krankenschwester auf Säuglingspflege spezialisiert ist, ein frühgeborener Säugling sei während ihrer Dienstzeit gestorben. Der Tod des Kindes hatte sie sehr traurig gemacht. Auch ich fühlte mich ein wenig traurig, sagte ein paar mitfühlende Worte und wandte mich dann anderen Dingen zu. Eine Minute später hatte ich plötzlich Kopfschmerzen. Die Nachricht über den Tod des Kindes hatte mich offenbar tief berührt und war von meinem emotionalen Gehirn stark wahrgenommen und bewertet worden, doch mein intellektuelles Gehirn, das mit seinen Plänen für den kommenden Tag beschäftigt war, hatte die Nachricht intellektuell behandelt, statt es dem emotionalen Gehirn zu überlassen, angemessen darauf zu reagieren. Der so entstandene Konflikt des Kopfes mit dem Schmerz des Herzens hatte die Kopfschmerzen verursacht.

Wenn ein anderer Mensch uns ein Gefühl mitteilt und wir reagieren intellektuell darauf, so kann der andere dies als persönliche Zurückweisung erleben. Da ich selbst zeitlebens übermäßig intellektuell war, habe ich häufig erlebt, daß andere wütend auf mich wurden und mich als ›oberflächlich‹ empfanden, weil ich auf ihre emotionalen Äußerungen keine emotionale Reaktion zeigte oder ihnen diese nicht vermittelte.

Ein intellektuelles Problem mit dem emotionalen Gehirn zu bearbeiten ist ebenso verhängnisvoll. Die Lösung zu finden kann strenge und ausdauernde Anwendung intellektueller Logik erfordern. Eine emotionale Reaktion wie »Ich mag das einfach nicht; behellige mich nicht damit!«, die weiteres Nachdenken behindert, ist in solchen Fällen keine Hilfe. Rationalisierung, einer unserer wichtigsten Abwehrmechanismen, ist ein verbreitetes Beispiel für Konflikte zwischen Emotionen und Denken. Der Konflikt entsteht, weil die Emotion nicht als Emotion erkannt wird, die vom emotionalen Gehirn bewertet werden sollte, sondern irrtümlich für einen (intellektuellen) Gedanken gehalten wird.

Auch körperlich/instinktive Probleme können unangemessenerweise von den anderen Gehirnen bearbeitet werden. Für mich als Intellektuellen war das lange Zeit schwer zu verstehen.

Es wurde mir erst klar, als ich 1971 anfing, die japanische Selbst-verteidigungskunst Aikido zu üben. Mein Lehrer, Alan Grow, war im Besitz des schwarzen Gürtels dieser Disziplin, eine Ehre, die nur nach langjähriger Übung und bei besonders großer Kunstfertigkeit verliehen wird. Alan sprach nicht viel über Aiki-do: Er lehrte durch praktische Demonstration, also mit seinem Körper. Das begriff ich zunächst nicht. Ich selbst war nach zwei Wochen in der Lage, eine wundervolle *verbale* Beschreibung des Wesens und der Philosophie des Aikido zu geben, über die Prinzi-pien zu reden, die dieser Methode zugrunde liegen, und über die Verwandtschaft dieser Kunst mit anderen Systemen zur Förde-rung der spirituellen Entwicklung. Doch an einer Tatsache än-derte das nichts: Alan konnte mich mit einer leichten Bewegung seines Handgelenks quer durch den Raum werfen, während ich es kaum schaffte, allein gerade über die Matte zu gehen.

Trotz seiner ständigen Ermahnungen, Aikido habe nichts mit Worten zu tun, verbrachte ich zwei Jahre mit dem Versuch, Aiki-do so zu lernen, wie ich die meisten anderen Dinge in meinem Leben erfolgreich gelernt hatte: durch Worte und Gedanken. »Linker Fuß hier, rechter Fuß da, Vorwärtsbewegung und zur Seite. Wenn der Schlag kommt, denke daran auszuweichen. Halte den Rücken aufrecht, fühle dich bewußt im Bauch zen-triert, visualisiere Energie, die nach vorne fließt. Rechte Hand hoch und rundherum, visualisiere die Energie des Schlages und verschmelze mit ihr…« und so weiter und so weiter.

Irgendwie funktionierte das alles nicht besonders gut, bis ich eines Tages die Möglichkeit entdeckte, stillzusitzen und die De-monstrationen der Methode ›mit meinem Körper‹ zu beobach-ten, wobei ich wenig oder gar nichts verbalisierte. Von da an führte mein körperlich/instinktives Gehirn den Körper, und es tat dies wesentlich besser als mein intellektuelles Gehirn.

Es kann auch sein, daß das körperlich/instinktive Gehirn fälschlicherweise die Arbeit der anderen Gehirne ausführt. Ein Mensch, der seine Ideen und Gefühle ausagiert, ohne die Konse-quenzen zu bedenken — indem er beispielsweise andere schlägt, wenn er wütend wird —, bringt sich dadurch in Schwierigkeiten. Psychosomatische Krankheiten sind ein weiteres Beispiel: Was auf der Gefühlsebene hätte bewertet und behandelt werden sollen, wird statt dessen auf die Ebene des Körpers verlagert.

Allerdings ist es nicht in jedem Fall unangemessen, daß ein Gehirn die Arbeit eines anderen tut, zumindest, wenn man weiß, was man tut. So muß meine Frau bei ihrer Arbeit als Krankenschwester oft die vollständige Bewertung und Reaktion des emotionalen Gehirns im Umgang mit einem Patienten zurückhalten, weil es hochentwickelte intellektuelle, technologische Fähigkeiten erfordert, sein Leben zu retten, wobei Emotionen leicht hinderlich sein könnten. Der Schlüssel ist zu wissen, was man tut, und es somit absichtlich zu tun, statt die Interaktionen der drei Gehirne aufgrund automatisierter Gewohnheiten und unbewußter Prozesse ihren Lauf nehmen zu lassen. Allerdings ist das Ziel letztlich, die Fähigkeit zum sachdienlichen und ausgeglichenen Einsatz aller drei Gehirne zu entwickeln. Im Sinne des Gleichnisses ist die nächsthöhere evolutionäre Stufe erreicht, wenn der Herr anfängt, Pferd, Wagen und Kutscher seinen eigenen Zielsetzungen entsprechend einzusetzen.

Die vier Wege

Spezialisierung auf die Entwicklung eines dieser drei Gehirne kann zu außergewöhnlichem Wachstum führen. Gurdjieff bezeichnete spirituelle Pfade, die sich darauf spezialisiert haben, hauptsächlich mit einer Art von Menschen zu arbeiten, als ›Wege‹. Entwicklung auf einem dieser Wege ist im allgemeinen – wenn auch nicht immer – dem völligen Fehlen jeder Entwicklung vorzuziehen. Wenn man sich allerdings auf einen Weg konzentriert, der für einen anderen Menschentyp bestimmt ist als für den, dem man selbst zugehört, kann das sehr ineffizient sein.

Der erste Weg ist der Weg des Körpers. In der indischen Kultur wird er durch den Fakir repräsentiert. Bei uns ist er vielleicht mit einem athletischen Training zu vergleichen. Der Begriff ›Fakir‹ wird oft etwas unscharf für jede Art von Bettlern oder wandernden Heiligen verwendet, doch Gurdjieff benutzte den Ausdruck ausschließlich für Menschen, die eine außergewöhnliche Kontrolle über ihren Körper entwickelt haben. Er beschrieb einmal einen Fakir, den er in Indien gesehen hatte. Dieser Mann hatte seit Jahrzehnten auf Zehen und Fingerspitzen vor einem Tempel gestanden.[2] Sein Körper war in dieser Haltung erstarrt, so daß seine Schüler ihn zum Fluß tragen mußten, um ihn zu waschen, als wäre er ein lebloser Gegenstand. Ein schreckliches Schicksal, könnte man meinen, und Gurdjieff würde uns da wahrscheinlich zustimmen. Doch sollte man bedenken, welch unglaublichen Willen und welche Disziplin es erfordert haben muß, so lange zu üben und Schmerzen, Wetter, neugierige Zuschauer und seine eigenen Hoffnungen und Ängste zu ignorieren und diese Körperhaltung beibehalten zu *wollen*.

Jeder Weg mag für sich genommen wundervolle, aber nutzlose Resultate produzieren. Der Fakir entwickelt einen unglaublichen Willen, aber wozu? Was dabei herauskommt, ist eine monomanische Entwicklung, außerordentliche Resultate zum Preis einer außergewöhnlichen Einschränkung. Gurdjieff behauptete jedoch, wenn einem solchen Fakir von einem Adepten eines der anderen Wege geholfen würde, so könne er möglicherweise seine fanatische Hingabe an die Kontrolle über den eigenen Körper aufgeben und die dabei erworbene Willenskraft für die Entwicklung seiner anderen beiden Gehirne nutzen.

Der zweite Weg ist der des Mönchs. Dies ist der Weg emotionaler Religiosität. Inbrünstiges Gebet, Glaube, Verehrung, tiefe Sehnsucht und ekstatische Hingabe sind hier entscheidend. Die emotionale Funktion muß extrem stark sein, allerdings gewöhnlich auch sehr spezialisiert. Erwünschte Emotionen werden gestärkt, unerwünschte bekämpft, bis sie völlig unterdrückt sind. Durch diesen Kampf kann sich ein außerordentlicher emotionaler Wille entwickeln.

Fakire lernen im allgemeinen von anderen einzelnen Fakiren, wohingegen der Weg des Mönchs gewöhnlich in organisierten Schulen gelehrt wird, in Klöstern, deren Bewohner sich ganz der jeweiligen Religion hingeben. Hier wird emotionale *Intensität* in hohem Maße entwickelt, im günstigen Fall gleichzeitig mit emotionaler *Intelligenz*. Die intensiven Emotionen werden zur treibenden Kraft, dem Pferd unserer Parabel, was außergewöhnliche Erfolge ermöglichen und nach Gurdjieff auch die Entwicklung übersinnlicher Fähigkeiten umfassen kann.[3]

Wie beim ersten Weg können auch in diesem Fall die Ergebnisse ziemlich unausgewogen und nutzlos sein. Gurdjieff bezeichnete einen solchen Menschen als ›dummen Heiligen‹; das ist jemand, der ›Wunder‹ wirken kann, die im Grunde zu nichts nütze sind. Stellen Sie sich beispielsweise einen ›Heiligen‹ vor, der Schweizer Uhren materialisieren kann oder der in einem überbevölkerten Land die Unfruchtbarkeit eines Paares durch Gebet heilt.

Der dritte Weg ist der Weg des Yogi, die Entwicklung der intellektuellen Einsicht in die Bedingungen des menschlichen Lebens durch das Kultivieren veränderter Bewußtseinszustände. Wie wir hörten, ist zustandsspezifisches Wissen, das nur in bestimmten veränderten Bewußtseinszuständen zugänglich ist, für die vollständige Entwicklung des menschlichen Potentials erforderlich. Somit ist die Fähigkeit, in verschiedene veränderte Bewußtseinszustände einzutreten und in diesen intelligent zu funktionieren, von großer Bedeutung. Der Yogi weiß oft wesentliche und wichtige Dinge über das Leben, die für andere, für die jene Zustände nicht erreichbar sind, immer ›Geheimnisse‹ bleiben.

Im Extremfall kann dieser Weg einen ›schwachen Yogi‹ erzeugen, der weiß, was er tun müßte, jedoch nicht die Motivation und/oder den Willen hat, es auch wirklich zu tun. In meiner Eigenschaft als Professor fühle ich mich von diesem Gedanken immer besonders betroffen und fürchte mich auch ein wenig davor, weil ich mich von Kollegen umgeben sehe, die wunderbare Einsichten in das Leben haben (selbst wenn ihnen nur der Zustand des Konsensus-Bewußtseins zugänglich ist), die jedoch wegen ihres Mangels an körperlich/instinktiver und emotionaler Entwicklung mit all ihrem Wissen kaum etwas Positives zustande bringen. Nur zu häufig sehe ich auch bei mir selbst, wie sehr mein (abstraktes) Wissen darüber, was zum völligen Erwachen und zur vollständigen Entwicklung notwendig wäre, meine Motivation und Fähigkeit, dies zu beherzigen, bei weitem übertrifft. Der Yogi mag allerdings gegenüber dem Fakir oder dem Mönch einen gewissen Vorteil haben, denn zumindest ermöglichen ihm seine umfassenden Einsichten, zu verstehen, was ihm in der emotionalen und in der körperlich/instinktiven Dimension fehlt. Wenn er sein intellektuelles Gehirn jedoch nicht vollständig entwickelt, sondern sich mit weniger zufriedengibt, kann es sein, daß er ein schwacher Yogi bleibt.

Man beachte, daß Gurdjieff die Begriffe ›Fakir‹, ›Mönch‹ und ›Yogi‹ auf eine spezielle Weise benutzt; deshalb müssen die obigen Erläuterungen nicht auf alle Systeme zutreffen, in denen diese Bezeichnungen traditionell verwendet werden.

Der vierte Weg der spirituellen Entwicklung, den Gurdjieffs Lehre repräsentiert, verbindet die drei beschriebenen Wege miteinander und zielt auf eine relativ ausgewogene, harmonische Entwicklung aller drei Gehirne. Dies ist eindeutig der wünschenswerteste Weg. Er schafft die Voraussetzung für die Entwicklung einer völlig anderen Art von Selbst, eines geistigen ›Zentrums‹, das wir in unserem Gleichnis den ›Herrn‹ genannt haben. In den verbleibenden Kapiteln dieses Buches werde ich verschiedene Charakteristika des ›Vierten Weges‹ behandeln; einige davon wurden schon vorher erwähnt, ohne daß ich besonders auf den Zusammenhang mit dem Vierten Weg hingewiesen habe. Eine der wichtigsten Aufgaben der im 17. Kapitel beschriebenen Selbstbeobachtung ist zu lernen, die verschiedenen ›Geschmäcke‹ der drei Gehirne zu unterscheiden und zu erkennen, welches Gehirn fälschlicherweise die Arbeit eines anderen tut.

15

Falsche Persönlichkeit und Essenz

In diesem Kapitel werden die Probleme der Konsensus-Trance, mit denen wir uns im zweiten Teil beschäftigt haben, noch einmal kurz zusammengefaßt. Wir werden uns hier detaillierter mit den Konzepten der Persönlichkeit, der falschen Persönlichkeit und der Essenz auseinandersetzen.

Persönlichkeit

Das Studium der Persönlichkeit ist eines der wichtigsten Spezialgebiete der modernen Psychologie. Ich selbst habe mich in meinem Doktorandenseminar darauf spezialisiert. Außerdem ist dies fast für jeden Menschen ein faszinierendes Thema. Habe ich eine gute oder eine schlechte Persönlichkeit? Sollte ich an einem Kursus zur Verbesserung meiner Persönlichkeit teilnehmen?

Unter Persönlichkeit verstehen wir meist ein dauerhaftes Bündel von Verhaltensweisen, Charakterzügen, Motivationen, Anschauungen und Reaktionsmustern, die ein Individuum charakterisieren und es von anderen Menschen unterscheiden. Der Begriff ›Persönlichkeit‹ wird in der Alltagssprache gewöhnlich mit ›Selbst‹ gleichgesetzt. »Monika ist aggressiv« und »Monika hat eine aggressive Persönlichkeit« werden gleichwertig benutzt. Von innen gesehen, erscheint die eigene Persönlichkeit gewöhnlich als letztendlich verbindliche Identität. Beispielsweise: »Ich *bin* ein Mensch, der gegen Verbrechen und außerdem mitfühlend und im Berufsleben erfolgsmotiviert ist, der an die Verfassung glaubt und in Notsituationen kühl zu reagieren versteht.«

Wir bewerten und verteidigen unsere Persönlichkeit und hängen an ihr, selbst wenn wir unter einigen ihrer Eigenschaften leiden. Die Charakteristika unserer Persönlichkeit sind sozusagen die Vorbedingungen für unser Leiden. Ist Ihre Persönlichkeit zum Beispiel ›moralisch‹, so fühlen Sie sich vermutlich zutiefst verletzt, wenn jemand Sie als ›Sünder‹ oder ›Heuchler‹ bezeichnet. Persönlichkeitsmerkmale, die offensichtlich Leiden verursachen wie etwa Angstgefühle in Situationen, die den meisten Menschen nichts ausmachen, werden als korrekturbedürftig angesehen. Wir versuchen, sie durch ein höherbewertetes Persönlichkeitsmerkmal zu ersetzen. Keineswegs stellen solche Phänomene die gesamte Idee der Persönlichkeit in Frage. ›Starke‹ Persönlichkeiten, Menschen mit sehr auffälligen und grellen Eigenschaften, stehen bei uns in hohem Ansehen. Im Radio oder Fernsehen wird der ›Ehrengast‹ einer Show als ›Persönlichkeit‹ bezeichnet. Wäre es nicht wundervoll, wenn auch Sie eine solche Persönlichkeit sein könnten?

Die moderne Psychologie hat erkannt, daß bei einigen Menschen die Persönlichkeitsstruktur so pathologisch ist, daß es ihnen wesentlich besser ginge, wenn diese zerstört und durch eine ›normale‹ Persönlichkeit ersetzt werden könnte. Im großen und ganzen jedoch stellen Psychologen die Persönlichkeit als solche nicht in Frage.

Der Konflikt zwischen der Essenz und der falschen Persönlichkeit

Die großen spirituellen Traditionen hingegen haben die Persönlichkeit häufig verdammt. Jeder von uns ist etwas weitaus Ursprünglicheres (oder könnte es zumindest sein), als wir tatsächlich sind. In dem Maße, wie die Persönlichkeit unsere Lebensenergie verzehrt und/oder sich aktiv der Entdeckung, Entwicklung und Manifestation unseres innersten Selbst entgegenstellt, ist sie ein Feind echten inneren Wachstums.

Gurdjieff bezeichnete dies als Konflikt zwischen Essenz und falscher Persönlichkeit.

Die Essenz ist das, was einzigartig an uns ist. Wir alle wurden als einzigartige Verbindung physischer, biologischer, geistiger, emotionaler und spiritueller Eigenarten und Potentiale geboren. Die meisten dieser Eigenschaften sind bei der Geburt nur als Anlage vorhanden und werden sich nie manifestieren, es sei denn, unsere Umwelt oder (später im Leben) wir selbst schaffen die dazu notwendigen Voraussetzungen. Einige dieser Potentiale sind in einem universellen Sinne äußerst wünschenswert: so etwa die Sexualität oder die Fähigkeit zu lieben. Andere können unangenehm werden, wenn sie sich entwickeln, darunter die Unfähigkeit, schnelle Belohnung zugunsten eines langfristigeren Ziels aufzuschieben, oder ein aufbrausendes Wesen. Manche Potentiale sind sehr allgemein, so daß die spezielle Form ihrer jeweiligen Manifestation von der Umgebung abhängt, andere sind sehr spezifisch. Sie könnten zum Beispiel eine Frau mit einer angeborenen Begabung für Mathematik und Musik sein, könnten Vanillegeschmack abscheulich finden, eine außergewöhnliche körperlich/instinktive Intelligenz für die Art von Koordination und Gleichgewichtsgefühl haben, die beim Turnen erforderlich sind, außerdem sehr leicht erregbar und körperlich in der Lage sein, Kinder zu gebären.

Wie wir gesehen haben, gestalten Eltern und Kultur die Entwicklung eines Kindes praktisch von seiner Geburt an. Bestimmte Manifestationen der Essenz werden gefördert, andere vernachlässigt und wieder andere verleugnet und bestraft. Der Enkulturationsprozeß ist außerordentlich mächtig, da seine Repräsentanten so machtvoll sind und soviel wissen, während das Kind so vergleichsweise hilflos und unwissend ist. Noch mehr Macht erhält der Prozeß, weil das physische und emotionale Wohl des Kindes auf dem Spiel steht und weil das Kind einen angeborenen sozialen Instinkt hat, den Wunsch nach Zugehörigkeit, nach ›Normalität‹.

Das Aufwachsen eines Menschen ist aus seiner eigenen Sicht eine sehr ambivalente Erfahrung. Einerseits ist es wunderbar, Neues zu lernen, das Wissen und die Macht der eigenen Kultur zu entdecken. Andererseits tut man dem/der Betreffenden dabei sehr weh, er/sie erfährt Abwertungen und muß sein/ihr essentielles Selbst verleugnen. Meine Frau erinnert sich beispielsweise an einen Vorfall aus ihrer Kindheit, bei dem sie schließlich ihre eigenen Wahrnehmungen aufgab, die ständig von den Erwachsenen abgewertet wurden: Sie unterwarf sich und beschloß, einfach das als wahr zu akzeptieren, was die Eltern für wahr erklärten. Wir alle haben diese Art von Unterwerfung durchgemacht, allerdings meist eher in Form einer Folge von allmählichen Unterwerfungen als in einem einzigen grundsätzlichen, dramatischen Akt des Nachgebens.

Immer wenn wir einen Aspekt unseres essentiellen Selbst unterwerfen, wird Energie von der Essenz abgezogen und zwecks Unterstützung und Entwicklung der Persönlichkeit kanalisiert. Hier wird eine ›Persona‹ im ursprünglichen Sinn, also eine Maske, wie sie von den griechischen Schauspielern benutzt wurden, geschaffen. Allmählich wird diese Maske immer komplexer, eine gesellschaftlich gebilligte Repräsentation von uns, die uns Beifall einbringt und uns als so ›normal‹ wie jeder andere erscheinen läßt. Je vollständiger wir uns mit dieser Maske, der Persönlichkeit, identifizieren, je mehr wir vergessen, daß wir eine Rolle spielen, und statt dessen identisch mit der Rolle werden, um so mehr von unserer natürlichen Energie fließt in die Persönlichkeit und um so mehr von unserer Essenz verschwindet. Je mächtiger die falsche Persönlichkeit wird, um so besser gelingt es ihr, die Essenz zu ersticken und deren Energie für ihre eigenen, selbstsüchtigen Ziele zu nutzen.

Wir können einige Aspekte unserer Essenz, denen direkter Ausdruck verwehrt ist, sublimieren und sie so wenigstens teilweise retten. Ein paar andere mögen erhalten bleiben, weil unsere Kultur sie zufälligerweise schätzt. Die Energie vieler Aspekte unserer Essenz ist jedoch leider verloren, oder sie fließt in die falsche Persönlichkeit und wird sublimiert. Bei zu vielen Menschen geht so unglücklicherweise ein großer Teil der Essenz verloren.

Allmählich, in Lärm und Nebel, hat die Geschäftigkeit der Konsensus-Trance das Aufblühen des Lebensgeistes erstickt.

Erinnern Sie sich an die essentiellen Potentiale des oben erwähnten Beispiels: Eine angeborene Begabung für Mathematik und Musik, Abscheu gegen Vanillegeschmack, eine außergewöhnliche körperlich/instinktive Intelligenz für die Art von Koordination und Gleichgewichtssinn, die beim Turnen erforderlich ist, leichte Erregbarkeit und die körperlichen Voraussetzungen, Kinder gebären zu können. Idealerweise sollte dieser Mensch Mathematik und Musik studieren, sich einer Turnerriege anschließen, keine Nahrung mit Vanillegeschmack zu sich nehmen, versuchen, seine Launen zu zügeln, und Kinder gebären. Doch welche Chancen hatte eine Frau während des größten Teils unserer Kulturgeschichte tatsächlich, eine höhere Schule zu besuchen und dort Mathematik zu studieren oder Turnerin zu werden.

Dies zeigt beispielhaft, warum Gurdjieff die Persönlichkeit generell als *falsche* Persönlichkeit bezeichnete. Eine Kultur hat ihre eigenen Vorstellungen darüber, wie Menschen sein sollten, und bei diesen Vorstellungen spielen die besonderen Gaben des einzelnen oft keine entscheidende Rolle. Während des größten Teils unserer Kulturgeschichte hätte die Frau aus dem obigen Beispiel keinerlei oder nur wenig Ausbildung genossen, und sicherlich hätte man ihr nicht gestattet, sich ihres Körpers beim Turnen zu erfreuen; noch viel weniger hätte man zugelassen, daß sie in dieser Kunst ausgebildet worden wäre. Statt dessen hätte sie eine Menge Kinder geboren, ob ihr das nun recht gewesen wäre oder nicht. Ihre leichte Erregbarkeit hätte sie mit Sicherheit in Schwierigkeiten gebracht, schon allein, weil sie dadurch die männliche Dominanz bedroht hätte. Nur wenige Menschen haben das Glück, daß viele von ihren essentiellen Wünschen und Fähigkeiten dem entsprechen, was ihre Kultur begrüßt. Bei der Mehrzahl von uns jedoch, ganz gleich, welchem Geschlecht wir angehören, wird der größte Teil der Essenz verleugnet.

Dieses Leugnen kann unser Leben zerstören, denn die Essenz ist der lebenswichtige Teil von uns, der wahrhaft lebendige Funke. Er ist das Licht, das einmal in ›Wiese, Strom und Hain, der Erde, jeder Alltagssicht‹ zu finden war. Da die falsche Persönlichkeit schließlich fast die gesamte Lebensenergie verbraucht, vergeht das Licht und das Leben wird zu einem mechanischen, automatisierten System von Gewohnheiten, das uns leblos im Strom der übrigen leblosen, automatisierten Opfer weiterspült, was unsere Depression und Leere noch weiter verstärkt.

Gurdjieff drückte das ziemlich hart aus, als er sagte, daß viele Menschen, die man auf der Straße sieht, in Wahrheit tot sind. Bei ihnen wurde der Essenz soviel Energie entzogen und die falsche Persönlichkeit so mechanisiert und automatisiert, daß keine echte Hoffnung auf Veränderung mehr besteht: Diese Menschen sind zu roboterähnlichen Wesen geworden, sie leben ein mechanisches Leben und sind dazu verdammt, einen mechanischen Tod zu sterben.

Die falsche Persönlichkeit muß sterben

Wir sind identisch mit unserer falschen Persönlichkeit, und doch – ein wenig Essenz ist noch lebendig und erreichbar. Wenn dies nicht so wäre, hätten wir wahrscheinlich gar nicht mehr das Bedürfnis zu wachsen. Es besteht also noch Hoffnung auf echte Wandlung.

Der zweite Teil dieses Buches hat sich mit den näheren Details der falschen Persönlichkeit beschäftigt: damit, wie sie sich entwickelte, mit den Gewohnheiten und Abwehrmechanismen, durch die sie aufrechterhalten wird. Damit echte Wandlung möglich wird, muß die falsche Persönlichkeit sterben. Die Auslöschung der Person darf jedoch nicht auf grobe, strafende Art geschehen, nicht in Form von Angriffen des Über-Ich, denn dies ist ebenfalls ein Teil der falschen Persönlichkeit. Der Tod der falschen Persönlichkeit sollte ein behutsamer Transformationsprozeß sein, ein kundig gelenkter Vorgang auf der Grundlage des durch Selbstbeobachtung erworbenen Wissens.

Wenn wir unsere Essenz einfach plötzlich leben könnten, dann wäre es eine Zeitlang eine große Erleichterung, doch nach einer Weile würde es ziemlich anstrengend. Das Wachstum der Essenz hat nämlich irgendwann in der Kindheit aufgehört, und es ist schwierig, als Kind das Leben eines Erwachsenen zu führen. Nach Augenzeugenberichten demonstrierte Gurdjieff dies, indem er einen Menschen zeitweise mittels einer Kombination von Drogen und Hypnose in den essentiellen Zustand zurückversetzte. Nach meinen eigenen wissenschaftlichen Untersuchungen ist eine der häufigsten Auswirkungen des Marihuana-Rausches, daß sich die Berauschten kindhafter und offener fühlen. Offenbar ist dies ein wichtiger Grund für die Anziehungskraft dieser Droge.[1] Wollen wir dauerhafte Fortschritte erzielen, müssen wir die Essenz wiederentdecken und nähren, sie lieben und pflegen, so wie erleuchtetere Eltern es getan hätten. Da wir in der falschen Persönlichkeit leben, müssen wir die besten Kräfte der falschen Persönlichkeit mobilisieren, um dies zu erreichen.

Allmählich kann die Essenz dann wachsen und anfangen, ihre Kraftquellen, ihr Wissen und ihre Macht zu nutzen, die jetzt von der falschen Persönlichkeit auf eine automatisierte Weise ausgebeutet werden. Das gewöhnliche Verhältnis ist 2 Prozent Essenz und 98 Prozent falsche Persönlichkeit; doch wir können versuchen, eine allmähliche Veränderung hin zu mehr und mehr Essenz, mehr und mehr Vitalität und essentieller Lebensfreude und zu immer weniger falscher Persönlichkeit zu erreichen. Dies muß in Verbindung mit der Entwicklung jener höheren Art von Gewahrsein geschehen, die wir Wachheit nennen. Wenn wir wirklich wach sind, ist die falsche Persönlichkeit als dominierendes, automatisiertes Kontrollzentrum ›tot‹, doch all ihre Fertigkeiten und all ihr Wissen bleiben als Werkzeug für die höhere Bewußtseinsebene erhalten. Wir brauchen Fertigkeiten und Wissen, die zur Zeit in der falschen Persönlichkeit gebunden sind, für wichtigere Zwecke als zur Aufrechterhaltung der Konsensus-Trance. Manchmal brauchen wir diese Fähigkeiten auch, um Eigenarten unserer Essenz zu verändern, die sich in unserer gegenwärtigen Realität negativ auswirken, auch wenn sie unserer Essenz angehören. Solche Korrekturen der Essenz müssen in einem wacheren Zustand erfolgen (zuvor muß die Essenz revitalisiert werden!), sie dürfen nicht nur eine mechanische und rücksichtslose Unterdrückung und Verzerrung der Essenz sein, wie sie sich im Zusammenhang mit der Enkulturation entwickelt hat.

Die Idee, daß die falsche Persönlichkeit sterben muß, ist irreführend, wenn das Über-Ich sie aufgreift und als Treibstoff für seine mechanischen Angriffe benutzt. Dennoch ist die Metapher des Todes durchaus treffend, denn das Ausmaß der für das vollständige Erwachen notwendigen Veränderung gleicht wirklich einem Tod mit anschließender Wiedergeburt. Wie so viele spirituelle Traditionen auf die eine oder andere Weise gesagt haben: »Stirb, bevor du stirbst.«

Der zweite Teil des Buches behandelte eine unangenehme Thematik, doch das war notwendig. Verglichen mit dem, was wir sein könnten, sind wir ›geistlos‹ geworden, sind wir in Trance versetzt, mechanisiert, konditioniert, automatisiert. Wir haben eine ganze Welt von unnötigen Torheiten und Schrecken geschaffen und erhalten sie durch unser Tun aufrecht. Wir haben die Flüge der Seele durch Korridore von Licht vergessen. Unsere Lippen sind kalt, nicht vom Feuer berührt, wenn wir vom GEIST reden. Doch das Licht ist Teil unseres Wesens und wird nie vergehen.

Ich weiß nicht, wie es ist, völlig erwacht zu sein, weil ich das selbst noch nicht erfahren habe. Ich weiß allerdings, was Schlaf ist – in dieser Hinsicht habe ich leider genügend persönliche Erfahrung. Ich weiß, daß wir soviel Licht und Freude und Intelligenz finden können, daß unser tiefster Schlaf, unsere tiefste Konsensus-Trance, im Vergleich dazu tatsächlich wie ein unangenehmer Traum erscheint.

Der dritte und letzte Teil des Buches handelt davon, wie wir die Probleme der Konsensus-Trance in uns selbst erkennen und verstehen können und, was noch wichtiger ist, wie wir uns auf den Weg zum Erwachen machen können.

Dritter Teil

Aus
der Trance
erwachen

16

Der Weg zum Erwachen

Der Gedanke des Erwachens, der Erleuchtung und des spirituellen Wachstums ist äußerst wichtig für uns, aber er ist auch gefährlich — gefährlich in Hinblick auf die Annehmlichkeiten und die Stabilität unseres alltäglichen Lebens. Wer das Entwicklungsstadium des ›erfolgreichen und scharfsichtigen Unzufriedenen‹ erreicht hat, das ich weiter unten genauer beschreiben werde, sollte diese Gefahr begrüßen. Für Menschen, die dieses Stadium noch nicht erreicht haben, sind die hier beschriebenen Ideen zwar ebenfalls wertvoll, jedoch aus Gründen, auf die ich später eingehen werde, nicht ganz ungefährlich.

Entwicklungsaufgaben

Das gewöhnliche Leben ist geprägt von einer Folge von Entwicklungsaufgaben. Als Kind müssen wir lernen zu krabbeln und später zu gehen, zu reden, die Ausscheidung von Urin und Stuhl zu beherrschen und so weiter. Besonders wichtig ist es, die Feinheiten des sprachlichen Ausdrucks zu erlernen. Außerdem müssen wir die Grundwerte unserer Kultur verstehen, sie möglichst weitgehend in unsere eigene mentale Struktur integrieren und sie so automatisieren, daß wir jederzeit ohne besondere Mühe das Richtige tun und sagen können. Wir müssen unsere Identität von der unserer Eltern abkoppeln, einen Beruf erlernen und uns in jeder Hinsicht auf eigene Füße stellen. Auch müssen wir lernen, Freunde zu gewinnen und ein relativ befriedigendes Leben zu führen. Die meisten Menschen müssen weiterhin lernen, mit einem Partner zusammenzuleben und der Elternrolle gerecht zu werden. Das alles ist nicht wenig, und keiner von uns beherrscht alle diese Fähigkeiten perfekt, doch die meisten entwickeln die wichtigsten darunter so weit, daß sie ein normales alltägliches Leben führen können.

Psychopathologie als Fehlentwicklung

Eine wichtige Form der Psychopathologie resultiert nach Ansicht der westlichen Psychologie aus dem mangelhaften Erlernen dieser Entwicklungsaufgaben.[1] Demnach hat der Neurotiker allgemeinmenschliche Fähigkeiten nicht in ausreichendem Maße oder falsch erlernt — etwa wie man sich andere Menschen zu Freunden macht, wie man sich in Gegenwart anderer wohl fühlt oder was man tun muß, um seine Arbeitsstelle zu behalten. Oder es ist ihm nicht gelungen, die Konsensus-Realität völlig zu internalisieren, also sein Bewußtsein so zu formen, daß es automatisch die Konsensus-Realität reflektiert.

Der Psychotiker hat noch gravierender in einer oder mehreren dieser Entwicklungsaufgaben versagt, insbesondere in bezug auf das Internalisieren der Konsensus-Realität; oder er hat andere Funktionsmodi entwickelt, die stark mit allgemeinen menschlichen Fähigkeiten in Konflikt geraten. Deshalb lebt er in einer inneren Weltsimulation, einer *nicht*-konsensuellen Realität, die sich so stark von der Weltsimulation der menschlichen Mehrheit unterscheidet, daß sein Kontakt mit der Konsensus-Realität offensichtlich in schwerem Maße gestört ist. Eine erfolgversprechende Psychotherapie könnte hier darin bestehen, die Gründe für die Entwicklungsmängel aufzudecken und sie anschließend zu eliminieren. Auch könnten bisher nicht entwickelte Fähigkeiten gezielt nachgelernt werden.

Niemand fühlt sich gerne als Versager in bezug auf normale menschliche Fähigkeiten. Ist das Versagen jedoch offensichtlich, so kann man den Schmerz (zumindest scheinbar) verringern, indem man die eigenen Gefühle rationalisiert und die Realität unter einem veränderten Blickwinkel sieht: »Ich habe nicht versagt. Ich habe erkannt, wie falsch und oberflächlich das ist, was jedermann für richtig hält, und ich bin längst darüber hinaus!« Angenommen, Sie fühlen sich generell nicht wohl, wenn Sie mit anderen Menschen reden. Würden Sie die erwähnte Strategie anwenden, dann wäre für Sie nicht wichtig, daß Sie eine grundlegende soziale Fähigkeit nicht erlernt haben, sondern daß andere Menschen oberflächlich, grausam oder lieblos sind. Kein Wunder also, daß Sie — ein überlegenes und sensibles menschliches Wesen — sich in der Gegenwart dieser Rohlinge nicht wohl fühlen! Wenn Sie es nicht schaffen, längere Zeit eine Arbeit zu behalten, wäre der Grund für Sie nicht, daß Ihnen gewisse allgemeine Fähigkeiten fehlen oder daß Sie diese zumindest nicht anwenden, sondern schuld wäre das kapitalistische System, das die Arbeiter ausbeutet und unterdrückt!

Oft ist tatsächlich eine Menge Wahres an Argumentationen dieser Art zum Zweck defensiver Realitätsbewältigung, und gerade deshalb sind sie so mächtig. Natürlich sind die Menschen in gewissem Maße oberflächlich, grausam und lieblos. Natürlich werden in fast jedem gesellschaftlichen System Arbeiter ausgebeutet und unterdrückt. Doch ebenso gilt, daß ganz gewöhnliche Menschen in erstaunlichem Maße authentisch und fürsorglich sein können, und natürlich kann man seine Arbeit auch verlieren, weil man sie nicht gut macht oder sie nicht gut machen will. Das eigentlich Erstaunliche ist, wie erfolgreich die meisten Menschen diese Aufgaben in ihrem Leben lösen.

Das Gefährliche an Ideen über das Erwachen

Dies ist der Punkt, an dem die Idee des Erwachens und der Erleuchtung gefährlich werden kann. Demjenigen, der die wichtigen Entwicklungsaufgaben des menschlichen Lebens noch nicht gemeistert hat, liefern solche Vorstellungen schillernde und prestigeträchtige Rationalisierungen für die einfache Tatsache, daß er es vermeidet, sich mit den eigenen Schwachpunkten auseinanderzusetzen und an ihrer Bewältigung zu arbeiten. »Ich fühle mich in der Gegenwart gewöhnlicher Menschen nicht wohl, weil sie schlafen, genau wie Gurdjieff gesagt hat. Warum sollte eine sensible Seele wie ich, ein Mensch auf dem Weg, mit ihnen Kontakt pflegen?« – »Ich bleibe nie lange bei einer Arbeit, weil ich die Oberflächlichkeit geistloser Enkulturation durchschaue. Ich stehe weit darüber, etwas so Gewöhnliches und Entwürdigendes wie ein zuverlässiger und unintelligenter Arbeiter zu sein.« Bestenfalls dienen Vorstellungen über Erwachen und Erleuchtung in diesen Fällen als Anregung für angenehme Tagträume über die eigene Situation, die man ohnehin nicht ernsthaft verändern will. Im schlimmsten Fall ermutigen sie den Betreffenden sogar dazu, auch noch die wenigen sozialen Fähigkeiten über Bord zu werfen, die er erworben hat, wodurch er seine Fehlanpassung an die Heimatkultur noch verstärkt.

Maslows Bedürfnishierarchie

Abraham Maslow, einer der Begründer der Humanistischen Psychologie, erkannte, daß die moderne Psychologie ihren Schwerpunkt sehr einseitig im Studium der Psychopathologie sieht und auch psychisch Gesunde aus diesem Blickwinkel beurteilt. Maslow untersuchte glückliche, kreative Menschen, die ihr Leben genossen und es als erfüllt bezeichneten. Aufgrund dieser Studien entwickelte er unter anderem das Konzept von der Hierarchie der Bedürfnisse. Niedere Bedürfnisse müssen demzufolge in ausreichendem Maße befriedigt sein, bevor Bedürfnisse, die höher in der Hierarchie stehen – wie Kreativität und Authentizität – wirklich wichtig werden. Einem Hungernden ist gesellschaftliches Ansehen nicht wichtig, wenn dessen Vernachlässigung ihm etwas zu essen einbringt. Von oben nach unten sieht Maslows Bedürfnishierarchie wie folgt aus:

Selbstverwirklichung
Selbstachtung
Liebe und Zugehörigkeitsgefühl
Sicherheitsbedürfnisse
grundlegende physiologische Bedürfnisse

›Höher‹ und ›niedriger‹ haben in diesem Schema keinerlei moralische Bedeutung. Wenn ein Hungernder etwas zu essen haben will, dann ist daran nichts ›Schlechtes‹.

Selbstverwirklichung meint das Bedürfnis nach einem erfüllten Leben, nach der vollständigen Entdeckung, Entwicklung und Nutzung aller eigenen Potentiale und Fähigkeiten. Leider kommen nur sehr wenige Menschen diesem Ziel nahe. Im Sinne Maslows handelt das Buch, das Sie gerade lesen, von der Selbstverwirklichung. Je mehr wir aus dem Zustand der Konsensus-Trance aufwachen, um so besser können wir unser höheres Selbst und unsere Potentiale verwirklichen. Doch Gurdjieffs Ideen gehen weit über die Maslows hinaus.

Die Hierarchie der Bedürfnisse ist ein dynamisches System. Man kann keine höhere Bedürfnisebene erreichen und dann für alle Zeiten dort verweilen: Auch Heilige werden irgendwann einmal hungrig. Wir können uns aber auch dann um höhere Bedürfnisse kümmern, wenn unsere niederen Bedürfnisse nicht in ausreichendem Maße befriedigt sind; manchmal spornt ein Mangel auf einer niedrigeren Bedürfnisebene einen Menschen geradezu dazu an, sich ernsthaft mit seinen höheren Bedürfnissen zu befassen. Unbefriedigte niedere Bedürfnisse vermischen sich, aber es gibt sicher auch Ausnahmen. Sich einer Gruppe des ›Vierten Weges‹ anzuschließen kann kontraproduktiv sein, wenn man im Grunde Freunde sucht. Dies ist eines der Probleme, die bei der Arbeit solcher Gruppen auftauchen, und wir werden uns später damit auseinandersetzen. Mit fortschreitender Selbstverwirklichung jedoch widmet der Mensch den höheren Bedürfnissen immer mehr Zeit und Energie.

Der erfolgreiche und scharfsichtige Unzufriedene

Der Vierte Weg sollte auf einer Entwicklungsstufe beginnen, die ich als die des ›erfolgreichen und scharfsichtigen Unzufriedenen‹ bezeichnen möchte.

Als erfolgreichen Menschen verstehe ich jemanden, der die im alltäglichen Leben in seiner Kultur notwendigen Fähigkeiten beherrscht. Er ist in der Lage, eine Arbeit zufriedenstellend auszuführen, kann sich wirtschaftlich über Wasser halten, ist relativ glücklich, versteht es, Freundschaften zu schließen und aufrechtzuerhalten, hat ein halbwegs befriedigendes Liebesleben, könnte eine Familie ernähren, wenn er das möchte. Er kann sich also nach den üblichen gesellschaftlichen Maßstäben auf einem Erwachsenen angemessene Weise verhalten.

Der erfolgreiche Unzufriedene ist jedoch mit seinem *einigermaßen* erfolgreichen Leben keineswegs zufrieden. Irgend etwas oder vieles ist für ihn nicht in Ordnung. Was das im einzelnen ist, das hängt von seiner Wahrnehmungsfähigkeit und seinem Entwicklungsgrad ab.

Wenn er noch ziemlich tief im Schlaf der Konsensus-Trance gefangen ist, glaubt er vielleicht, daß ein *Mehr* von den Belohnungen, die die Kultur zu bieten hat, ihn befriedigen wird. Diese Annahme ist sehr verbreitet und wird von der Gesellschaft aktiv unterstützt. Die Gesellschaft bestärkt die Menschen darin, ständig hart zu arbeiten, und lenkt ihr Augenmerk von tieferen Fragen ab. Es gibt unzählige Beispiele dafür, daß jemand finanziell sehr gut gestellt ist und sich trotzdem zu Tode arbeitet, um immer mehr Reichtum anzuhäufen, ohne sich je zu gönnen, das Leben einmal zu genießen.

Doch auch Rebellion gegen die herrschenden kulturellen beziehungsweise gesellschaftlichen Strömungen bedeutet nicht unbedingt, daß die Konsensus-Trance deshalb weniger tief sein muß. Der erfolgreiche Unzufriedene, der gegen das rebelliert, was er für Mängel der Gesellschaft hält, sät den Samen der Rebellion auf den Boden der Gesellschaft selbst; er kann dabei nach gewöhnlichen Maßstäben ›sehr erfolgreich‹ sein. Da vieles im argen liegt und verändert werden müßte, ist dieser Weg natürlich sehr attraktiv. Die Rollen des ›Reformers‹, des ›Anarchisten‹ und des ›Rebellen‹ gehören jedoch ebenso zu unserer Kultur wie die des ›Konservativen‹. Rebellion gegen äußere Formen braucht noch lange keine Fragen über die Konsensus-Trance aufzuwerfen. Der Rebell wechselt einfach von der Identifikation mit dem, was gesellschaftlich als ›gut‹ definiert wird, zur Identifikation mit dem, was als ›schlecht‹ gilt; der Schlaf der Identifikation bleibt der gleiche. Ich will damit nicht sagen, daß wir nicht gegen Ungerechtigkeiten angehen und gegen ein Gesellschaftssystem rebellieren sollten, wenn dies die effektivste Art ist, anderen Menschen wirklich zu helfen. Wenn unser höchstes Ziel jedoch das Erwachen ist und es gelingt uns nicht, die Identifikation und andere Aspekte der Konsensus-Trance hinter uns zu lassen, so bleibt jegliche Arbeit an der gesellschaftlichen Realität mechanisch: Sie hilft uns dann nicht zu erwachen, sondern kann unseren Schlaf sogar noch vertiefen. Materielle Güter, Ruhm, Macht, Erfolg und dergleichen behindern nicht schon an sich das Erwachen; vielmehr ist unser Hängen an ihnen, unsere Identifikation mit ihnen das Hindernis — und wir ›hängen‹ auch an ihnen, wenn wir gegen sie rebellieren.

Der erfolgreiche *und scharfsichtige* Unzufriedene (wobei scharfsichtig hier im Sinne der Zielsetzungen dieses Buchs gemeint ist) hat (wie erfolgreiche Unzufriedene im allgemeinen) von den Belohnungen gekostet, die die Gesellschaft für das Normalsein verspricht (Respekt, Konsumgüter, Sicherheit usw.), und er kennt auch die Belohnungen für die Rebellion. Er hat herausgefunden, daß beide Arten von Belohnung zwar angenehm sind, ihm jedoch nicht genügen. Der scharfsichtige Unzufriedene hat erkannt, daß mehr materieller Besitz oder größeres gesellschaftliches Ansehen oder die Romantik der Rebellion sein Bedürfnis nach etwas Wesentlichem nicht zu befriedigen vermögen.

Der erfolgreiche und scharfsichtige Unzufriedene mag nach außen den Anschein eines sehr alltäglichen Lebens aufrechterhalten; möglicherweise rebelliert er auch gegen bestimmte Aspekte seiner Kultur. Doch nie ist er *gezwungen,* äußerlich zu rebellieren, um auf diese Weise zu rationalisieren, daß er im gewöhnlichen Leben nicht erfolgreich sein kann: Er kann es. Wenn er rebelliert, tut er dies aus einer Position der Stärke heraus, nicht aus Schwäche. Er ist nicht unbedingt reich oder berühmt, aber es geht ihm nicht schlecht. Wenn er einen nach den Maßstäben der Allgemeinheit bescheidenen oder ärmlichen Lebensstil wählt, so ist dies echte Wahl, nicht Folge seiner Unfähigkeit, mehr Geld zu verdienen. (Wir müssen hier allerdings unterscheiden zwischen dem, was wir wirklich brauchen, um ein einigermaßen angenehmes und sicheres Leben zu führen, und der unmäßigen Aufblähung dieser Bedürfnisse durch die Werbung und andere Formen gesellschaftlichen Drucks. Was bei realistischer Betrachtung ein angenehmes Leben ist, kann nach den Maßstäben der Konsumgesellschaft ärmlich wirken, denn für sie ist an die Stelle spirituellen Strebens oft materielle Gier getreten.)

Das soll nicht heißen, daß im Leben eines erfolgreichen Menschen alles befriedigend sein muß, daß er weder innere Zweifel noch Enttäuschungen kennen darf oder daß sein Leben in jeder Hinsicht den gesellschaftlichen Standards genügen muß. Wenn Sie darauf warten, in allen Bereichen des alltäglichen Lebens Vollkommenheit zu erreichen, bevor Sie sich der Arbeit des Erwachens zuwenden, können Sie lange warten! Vollkommenheit ist im gewöhnlichen Leben ohnehin nie zu erreichen.

Existentielle Neurose

Die Psychologie hat das Phänomen der erfolgreichen Unzufriedenen erstmals in den fünfziger Jahren zur Kenntnis genommen. Die Psychotherapeuten behandelten bis dahin gewöhnliche Neurotiker, Menschen, die nicht alle Entwicklungsaufgaben in ausreichendem Maße bewältigt hatten und deshalb nicht glücklich waren. Diese Patienten wollten ›normal‹ sein, um sich wie normale Menschen anpassen und ihr Leben genießen zu können. Dann tauchte plötzlich eine neue Art von Patienten auf: Menschen, die nach den gültigen gesellschaftlichen Maßstäben erfolgreich, aber dennoch nicht zufrieden waren. Eine typische Klage solcher Patienten war: »Ich bin der Vizepräsident der Firma, für die ich arbeite, und könnte eines Tages Präsident werden. Ich bin finanziell gut gestellt und in meinen Kreisen angesehen. Ich bin auch glücklich verheiratet und habe nette Kinder. Wir machen zweimal im Jahr Urlaub. Trotzdem ist mein Leben leer. Soll das wirklich alles sein?«

Die Therapeuten nannten solche Patienten ›existentielle Neurotiker‹, um damit anzudeuten, daß diese Menschen mit der

Frage des Lebenssinns rangen und nicht mit der Unfähigkeit zur Bewältigung des Lebens selbst. Die Bezeichnung verrät jedoch, wie sehr die Therapeuten selbst noch in den Irrtümern unserer Kultur gefangen waren. Was ist denn ›neurotisch‹ daran zu meinen, daß das gewöhnliche Leben nicht genug sein könnte? Heute wissen wir, daß die erfolgreichen Unzufriedenen unglücklich waren, weil ihrem Leben die spirituelle Dimension fehlte — *das* empfanden sie als ›Leere‹. Ständig in Konsensus-Trance zu leben ist einfach nicht genug für Wesen, denen die Fähigkeit zu erwachen angeboren ist. Die ›existentielle Neurose‹ ist in Wirklichkeit ein gesundes Zeichen dafür, daß weiteres Wachstum möglich ist.

Die Analysen und Übungen in diesem Buch sind für scharfsichtige Unzufriedene gedacht; sie könnten Ihre Unzufriedenheit durchaus noch steigern und Sie in gewisser Hinsicht dem alltäglichen Leben entfremden. Auf keinen Fall sollten die hier vorgebrachten Ideen und Übungen jedoch als Ausflüchte dienen, die Versagen in der Bewältigung des alltäglichen Lebens entschuldigen oder Rücksichtslosigkeit gegenüber anderen Menschen rechtfertigen. Ich könnte mir vorstellen, daß Sie, verehrter Leser, sich nun besorgt Gedanken darüber machen, ob Sie erfolgreich und scharfsichtig genug sind, um ein ›erfolgreicher und scharfsichtiger‹ Unzufriedener zu sein. Wenn Sie dieses Buch bis hierhin gelesen haben, sind Sie vermutlich scharfsichtig genug. Aber wie viele Unvollkommenheiten darf man sich leisten? Ist ein gewisses Mindesteinkommen erforderlich? Und was ist mit all den verrückten Gedanken und Gefühlen, die Sie manchmal haben, obwohl Sie ›als normaler Mensch durchgehen‹? Was ist mit Ihren Anfällen von Selbstzweifeln und dergleichen?

Wichtig ist vor allem, dies in Relation zu sehen. Wenn Sie in vieler Hinsicht den Anforderungen des alltäglichen Lebens nicht gewachsen sind, ist es wahrscheinlich besser für Sie, wenn Sie an diesen Problemen arbeiten, bevor Sie sich eingehend mit dem Erwachen befassen (obgleich einige der Gedanken in diesem Buch Ihnen auch helfen können, die Aufgaben des alltäglichen Lebens besser zu bewältigen). Wenn Sie ein Unzufriedener sind, aber kein besonders erfolgreicher, besteht die Gefahr, daß Sie die Zielsetzung dieses Buches pervertieren, indem Sie versuchen, mit den hier beschriebenen Mitteln mehr von den Belohnungen zu bekommen, die die Gesellschaft zu bieten hat. Dabei könnten Sie vergessen, daß das Ziel letztlich ist, die Gesellschaft zu transzendieren. Genau aus diesem Grund sollte der Vierte Weg auf dem Entwicklungsniveau des erfolgreichen und scharfsichtigen Unzufriedenen beginnen.

Wenn Sie sich nicht sicher sind, wo Sie in Ihrer Entwicklung stehen, dann erproben Sie die Ideen und Übungen und beobachten Sie, was passiert. Wenn sie Ihnen helfen, auf befriedigende Weise für sich selbst und Ihre Lieben zu sorgen und sich anderen Menschen gegenüber anständig zu verhalten, und wenn Sie in dieser Hinsicht zumindest einigermaßen erfolgreich sind (Sie brauchen das ja nicht unbedingt aus den üblichen Beweggründen zu tun!), dann ist es für Sie lohnend, auf diesem Weg weiterzugehen. Wenn die Macht Ihrer Konsensus-Trance sich dadurch verringert, um so besser.

Ernsthaftigkeit und Verschwiegenheit

Die verschiedenen Übungen, die in diesem Teil des Buches vorgestellt werden, waren (und sind immer noch) für Menschen gedacht, die bereit sind, ernsthaft und mit Hingabe an sich zu arbeiten. Einige der Übungen wurden ursprünglich nur in einer vertraulichen Lehrer-Schüler-Beziehung übermittelt; sie waren, um es etwas dramatischer auszudrücken, ›geheime Praktiken‹. Warum?

Es gibt zwei Hauptgründe, wachstumsfördernde Übungen geheimzuhalten. Zunächst können manche dieser Übungen so ›umwerfende‹ Auswirkungen haben, daß ein Unvorbereiteter sich selbst und anderen Schaden zufügen könnte, wenn er sie praktiziert. Bestimmte Übungen sind also in den Händen Unvorbereiteter gefährlich.

Keine der hier beschriebenen Übungen ist schlechthin ›gefährlich‹, doch zweifellos wirken einige äußerst stark. Manche der durch diese Übungen erlangten Einsichten können den Übenden sehr beunruhigen — eine Gefahr, die *jeder* Weg zur Förderung des spirituellen Wachstums in sich birgt. Doch zumindest auf lange Sicht wirken sie sich gewöhnlich positiv aus. Wie sehr jemand dadurch aus der Fassung gerät, hängt auch davon ab, auf welchem Niveau der Reife er sich befindet. Deshalb ist es so wichtig, daß die normalen Entwicklungsaufgaben des Lebens einigermaßen erfolgreich bewältigt worden sind, bevor man sich diesen Übungen zuwendet.

Wenn Sie starke Widerstände gegen Vorgänge in Ihrem eigenen Inneren haben, können die Einsichten, die Sie durch die Selbstbeobachtung gewinnen, allzu beunruhigend sein. Sie könnten dann wünschen, langsamer voranzukommen, in einem Tempo, das Ihrem ›Fassungsvermögen‹ angemessen ist. Wenn Sie in einem ernstlich gestörten Zustand sind, sich in einer psychotherapeutischen Behandlung befinden oder Beruhigungsmittel einnehmen, um Ihren Alltag bewältigen zu können, empfehle ich Ihnen, die Übungen so lange nicht intensiv zu praktizieren, bis Sie in der Konsensus-Realität wieder einigermaßen angemessen zu funktionieren vermögen. Verwechseln Sie ›angemessenes Funktionieren‹ aber nicht mit jener Perfektion, die Ihr Über-Ich Ihnen wahrscheinlich abverlangt: Ich möchte bezweifeln, daß irgendein reales menschliches Wesen diesem Ideal je genügen kann.

Der zweite Grund für die Geheimhaltung gewisser Praktiken hat mit der Reaktion zu tun, die sie auslösen können, dem ›Schockeffekt‹, den sie haben können, da sie eine radikale Umorientierung mit sich bringen. Denken Sie einen Augenblick nach:

Von wie vielen Techniken zur Verbesserung Ihrer Situation haben Sie schon gehört oder gelesen?

Wie viele von diesen haben Sie ausprobiert?

Wie viele von den ausprobierten haben Sie wirklich *gründlich* erprobt?

Wir alle haben wahrscheinlich schon von Methoden zur Förderung der Selbstverwirklichung gehört und mit dem Gedanken gespielt, sie einmal auszuprobieren, haben dies jedoch meist nicht in die Tat umgesetzt. Mit anderen Methoden haben wir ein wenig herumexperimentiert und es dann bald wieder aufgegeben, wenn nichts Spektakuläres geschah. Die Folge ist eine implizit (und vielleicht auch explizit) ablehnende Haltung gegenüber Methoden zur Förderung des inneren Wachstums (»Es gibt so viele davon, ein richtiger Supermarkt« – »Das kenne ich doch schon; und alles, was ich schon kenne, ist uninteressant«). Auch werden solche Methoden oft mit der Erfahrung des Versagens assoziiert (»Das habe ich schon versucht, und es hat bei mir nicht funktioniert«), was unsere Sensibilität für die Potenz neuer Methoden abstumpfen läßt (»Das ist doch nur eine Variation von all dem, was ich schon kenne, und nichts davon hat funktioniert«).

Der Sinn der Geheimhaltung

Geheimhaltung schaltet solche Probleme aus. Wenn die meisten Wachstumstechniken geheim wären, entfiele die abstumpfende Wirkung der Kenntnis so vieler nie erprobter Techniken und der vielen Erlebnisse des Versagens infolge halbherzigen Herumprobierens. Eine neue Wachstumstechnik kennenzulernen würde dann wesentlich mehr Aufmerksamkeit verlangen, als es heute der Fall ist. Wenn Sie außerdem noch unter Beweis stellen müßten, daß Sie der Übermittlung einer solchen Methode wert sind, bevor Ihnen diese enthüllt wird, würde eine neue Methode mit noch mehr Aufmerksamkeit behandelt. Außerdem wäre der Überraschungs- und Schockeffekt größer, und auch das würde die Aufmerksamkeit der Methode gegenüber verstärken. Sie würden dann mit mehr Energie und Aufmerksamkeit üben, was sich natürlich positiv auf das Ergebnis auswirken würde. Bei den meisten Methoden zur Förderung des inneren Wachstums gilt die altbekannte Regel: Die Methode wirkt, wenn *Sie* arbeiten.

In den letzten beiden Jahrzehnten hat sich jedoch vieles drastisch verändert. Viele ehemals ›geheimen‹ Methoden der spirituellen Pfade sind mittlerweile in Taschenbuchausgaben im Buchladen an der Ecke zu haben. Folglich müssen wir mit dem einschläfernden Effekt der Tatsache rechnen, daß so viele Methoden so vielen Menschen bekannt sind, sowie auch mit der Wahrscheinlichkeit, daß es heute schwerer ist, sich mit neuen Methoden auf angemessene Weise zu befassen. In verschiedener Hinsicht ist dies ein Vorteil: So förderte die Geheimhaltung das Streben nach Macht und Wichtigkeit oft mehr als das Interesse am Wachstum; diese Tendenz ist heute erheblich schwächer.

Ein reifer Umgang mit neuen Wachstumsmethoden beginnt mit dem völligen Akzeptieren der Tatsache, daß wir eine Menge solcher Methoden auf irgendeine Weise kennen und sie nicht praktiziert haben. Wenn wir uns dies vergegenwärtigen, erfolgt vermutlich ein Angriff des Über-Ich: »Das hättest du aber tun sollen, es hätte dir gutgetan. Du bist faul, du bist schlecht!« Solche Angriffe brauchen Sie nicht sonderlich ernst zu nehmen. Sie können sie einfach beobachten, um mehr über sich selbst zu erfahren. Es ist wichtig, die eigene Vergangenheit als gegebene Realität zu akzeptieren. Versuchen Sie ebenso zu akzeptieren, daß Sie vermutlich schon einige wachstumsfördernde Methoden so halbherzig ausprobiert haben, daß sie ihre Wirkung kaum entfalten konnten und es deshalb nicht überraschend ist, wenn nicht viel dabei herausgekommen ist. Was gewesen ist, ist gewesen. Wichtig ist jetzt, was Sie mit den *neuen* Methoden machen werden.

Die Notwendigkeit der Konzentration auf eine Methode

Sie sollten sich realistischerweise eingestehen, daß Sie mit den meisten Methoden, die Sie in Zukunft kennenlernen werden, ebenfalls nicht viel oder überhaupt nichts anfangen werden. Bei der heute angebotenen Vielfalt haben Sie gar nicht genügend Zeit, auch nur einen Teil davon auszuprobieren. Außerdem geht die Wirkung mancher dieser Übungen in völlig entgegengesetzte Richtungen, weshalb sie gar nicht nebeneinander praktiziert werden können. Beispielsweise dürfte es schwierig sein, sich in der erweiterten Wahrnehmung des Hier und Jetzt zu üben und sich gleichzeitig der transzendenten Empfindungen zu erfreuen, die durch die ständige Wiederholung eines Mantra ausgelöst werden.

Da einem Menschen nur begrenzte Aufmerksamkeit und Energie zur Verfügung stehen, muß er sich auf *eine* Methode konzentrieren, die ihm wirklich liegt, und sie aus ganzem Herzen zumindest so lange praktizieren, daß sie beginnen kann, ihre Wirkung zu entfalten. Verständlicherweise werden Sie zunächst die verschiedensten Methoden und Übungen ausprobieren, um ein gewisses Gefühl dafür zu entwickeln, bevor Sie sich auf einen bestimmten Übungsweg festlegen. Doch wenn Sie einmal zu der Überzeugung gekommen sind, daß die Übung X gut für Sie ist, dann entschließen Sie sich dazu, sie über einen langen Zeitraum, also mindestens über mehrere Monate, zu praktizieren, und *tun Sie es dann auch!*

Mit dieser Haltung sollten Sie an die Übungen in diesem Buch herangehen. Wenn sie Ihnen zusagen, dann erproben Sie sie ein wenig, um ein Gefühl dafür zu bekommen. Ich kann nicht erwarten, daß Sie vielen meiner Aussagen über den Schlafzustand, den das gewöhnliche Bewußtsein darstellt, zustimmen, bevor Sie nicht bei Ihren eigenen Versuchen zu erwachen selbst zu diesen Einsichten gelangen. Es ist wichtig, diese Art von Gefühl für die hier beschriebenen Gedanken und Techniken zu entwickeln. Seien Sie sich aber darüber klar, daß Sie spielen, nicht ernsthaft arbeiten; Sie können dann durchaus gewisse Resultate erwarten, allerdings kaum etwas Spektakuläres.

Angenommen, es passiert nicht viel. Wenn Ihre Erfahrungen mit den Übungen nicht besonders befriedigend sind, so schieben Sie das nicht einfach beiseite und kümmern sich nicht mehr weiter darum, sondern sagen Sie sich bewußt, daß die Übungen Ihnen nicht besonders liegen und daß Sie nun *bewußt* damit aufhören. Das schafft eine klare Trennung, einen klaren Abschluß. Vielleicht waren Sie noch nicht bereit, sie richtig auszuführen. Wenn Sie sich dann irgendwann noch einmal ernsthafter damit befassen wollen, haben die Übungen nichts von ihrem Potential verloren — sie sind dann nicht in der großen Masse der unerprobten und halbherzig erprobten Übungen verschwunden, die als ›altbekannt‹ eingestuft und mit Versagen assoziiert werden.

Bewußter Entschluß zum Üben

Wenn Ihnen die beschriebenen Ideen und Übungen nach flüchtiger Erprobung weiterhin gefallen, so schlage ich vor, daß Sie sich bewußt dafür entscheiden, sie mehrere Monate lang intensiv und aus ganzem Herzen zu praktizieren. Sie können diese Verpflichtung bestärken und sich Ihrer eigenen Ernsthaftigkeit versichern, indem Sie dies in einem Brief an sich selbst oder an einen Freund festhalten. Er sollte unter anderem genaue Angaben darüber enthalten, wieviel Zeit Sie der ernsthaften Arbeit widmen wollen. Sie können auch mit einem ebenfalls interessierten Freund üben oder gemeinsam mit anderen, die ähnlich üben, eine Studiengruppe bilden. Schließlich können Sie sich auch einer Gruppe des Vierten Weges anschließen. Wir werden uns mit diesen Möglichkeiten und Verpflichtungen in einigen der folgenden Kapitel ausführlich beschäftigen.

Noch ein letztes Wort, bevor wir mit der Beschreibung der Selbstbeobachtung beginnen. Ich habe auf den vorangehenden Seiten mehrmals das Wort *ernsthaft* verwendet, um klarzumachen, daß ein tiefes Verlangen nach dem Erwachen erforderlich ist, um es überhaupt zu ermöglichen. Ich muß aber darauf hinweisen, daß in unserer Kultur die Begriffe ›ernsthaft‹ und ›spirituell‹ zu oft mit den Begriffen ›düster‹ und ›freudlos‹ assoziiert werden. Wir suchen nach dem Licht, und obgleich wir uns dabei ernsthaft bemühen müssen, ist es auch wichtig, sich leichtherzig auf die Suche zu machen. Die wahre Freude, die wir suchen, hat nichts Düsteres, auch wenn größeres Gewahrsein das echte Leiden bewußt macht und Mitgefühl weckt. Nehmen Sie sich selbst und Ihr Ziel ernst, doch pflegen Sie auch immer die Fähigkeit, über sich selbst und Ihr Ziel lachen zu können, und genießen Sie dieses Lachen. Gurdjieff verstand es meisterhaft, Humor zu nutzen und sich fürchterlich ›daneben zu benehmen‹, um andere Menschen durch solche Schocks aus ihrer übermäßigen Ernsthaftigkeit aufzuwecken. Manchmal kann man problematische Aspekte der falschen Persönlichkeit am besten überwinden, indem man erkennt, wie komisch sie sind. Humor ist auf jedem spirituellen Pfad äußerst wichtig.

17

Selbstbeobachtung

Seit mehreren Jahrzehnten verfügt die Menschheit über eine äußerst interessante Maschine, die allerdings bisher kaum genutzt worden ist.

Durch die Weiterentwicklung elektronischer Navigationsinstrumente erhielt man immer genauere elektronische Daten über die Position eines Flugzeugs. Mit den heutigen Satelliten-Navigationssystemen kann man jede Position auf einige Meter genau bestimmen. Dazu kommen elektronische Systeme, mit denen ein Flugzeug ›blind‹ landen kann, wenn der Pilot wegen Nebels oder aufgrund anderer ungünstiger Wetterbedingungen die Landebahn nicht sehen kann. Mittels elektronischer Signalfeuer kann man genau bestimmen, wie weit ein Flugzeug von den beiden Seiten und Enden der Landebahn entfernt ist, in welcher Höhe es fliegt und so weiter.

Außerdem wurden präzise elektronische Steuerungsmethoden entwickelt, etwa um Flughöhe und Fluggeschwindigkeit zu regulieren und das Fahrgestell ein- oder auszufahren.

Schließlich verband man all diese Errungenschaften miteinander. Der Pilot konnte die Daten über das Flugziel in den Bordcomputer des Flugzeugs eingeben und sich dann ruhig hinsetzen und alles Weitere sich selbst überlassen oder sogar aus dem Flugzeug aussteigen. Zur vorbestimmten Startzeit zündete das Flugzeug seine Triebwerke, rollte zur Startbahn, stieg in die Höhe, flog in Richtung seines Zieles, stellte sich automatisch auf veränderte Wind- und Wetterbedingungen ein, landete und rollte zur Gangway — und bei all dem brauchte niemand auch nur ein einziges Mal einzugreifen. Solche Flugsysteme wurden nicht nur in der Theorie entwickelt, sondern auch praktisch getestet. Anfangs traten natürlich noch Fehler auf, so daß der Pilot während des Fluges eingreifen mußte, doch mit der Zeit wurden diese Systeme recht zuverlässig, und der Pilot hatte praktisch nichts mehr zu tun.

Doch würden *Sie* mit einem völlig automatisierten Flugzeug fliegen wollen?

Da es keine Passagierflüge mit vollautomatisierten Flugzeugen gibt, obwohl dies technologisch schon seit einiger Zeit möglich wäre, muß man schließen, daß die meisten von uns nicht mit solchen Maschinen fliegen wollen. Wir trauen der völligen Automatisierung einfach nicht, wenn ein Fehler zu schweren Verletzungen oder gar dem Tod führen könnte. Wir möchten, daß ein menschlicher Pilot (und ein Co-Pilot) vor den Kontrollinstrumenten sitzt, jederzeit bereit einzugreifen, wenn die Maschine irgendeinen Fehler macht. Wie genial das Kontrollsystem auch sein mag — selbst wenn es fast immer zuverlässig arbeitet, ist uns das doch nicht genug.

Unser Geist als Autopilot

Da in den vorangegangenen Kapiteln beschrieben wurde, wie unser Bewußtsein konditioniert und automatisiert wird, werden Sie die Analogie verstehen: Unser Körper, unser Geist und unsere Emotionen erinnern häufig an ein vollständig automatisiertes Flugzeug. Kurs und Flugziel wurden von anderen festgelegt, automatische Kontrollmechanismen wurden eingebaut, und ein darüber hinausgehendes Bewußtsein ist für die Reise nicht erforderlich.

Selbst wenn wir einmal die Frage beiseite lassen, ob die vorprogrammierten Ziele wirklich die sind, die Sie erreichen wollen, so ist offensichtlich, daß es besser wäre, wenn ein ausgebildeter Pilot mitfliegen würde, der bei einem eventuellen Systemausfall oder bei unvorhergesehenen Zwischenfällen die Steuerung des Flugzeugs übernehmen könnte. Doch allzuoft befindet sich der Pilot nicht im Flugzeug oder hält gerade ein Nickerchen, ist er nicht gut genug ausgebildet oder nimmt er betrunken an einer Party in der Passagierkabine teil, so daß er Signale, die ihn ins Cockpit rufen, gar nicht beachtet. Zwar ist bisher (noch) kein Unfall mit tödlichem Ausgang passiert, aber es ist schon zu einer Menge gefährlicher Zwischenfälle gekommen. Oft war der Flug unnötig rauh, und durch Beinahezusammenstöße mit anderen Flugzeugen haben sowohl das eigene wie auch die fremden Flugzeuge stark gelitten.

Angenommen, Sie haben genügend Selbsterkenntnis, um zu sehen, daß Sie in einem schlecht funktionierenden automatisierten Flugzeug gefangen sind, daß Sie Ziele anfliegen, die andere ausgewählt haben, und daß Sie von ebenso gefährdeten und fehlgeleiteten Flugzeugen umgeben sind. Wo bekommen Sie einen Piloten her?

In Ihrer Umgebung gibt es viele Menschen, die nicht nur behaupten, ausgebildete Piloten zu sein, sondern auch beteuern, sie wollten die Führung Ihres Flugzeugs übernehmen, damit Sie einen sanften Flug zu einem wundervollen Ziel genießen könnten! Sie bräuchten nur das bißchen Kontrolle, das Sie selbst über die Situation haben, ihnen zu übergeben und auf ihre Vision zu vertrauen, selbst wenn Sie diese nicht so ganz verstehen. Diese Leute versprechen Ihnen das Blaue vom Himmel für den Fall, daß Sie ihren Anweisungen folgen. Sie behaupten, es sei ihnen eine besondere Freude, Sie zu retten! Sie bräuchten sich dazu nur Ihrer örtlichen makrobiotischen buddhistisch-neochristlichen New-Age-Raja-Guru-Erleuchtungskommune anzuschließen, und alles sei in Butter.

Die Anziehungskraft selbsternannter Lehrer

Es ist völlig natürlich, sich von solchen Möchtegern-Lehrern und -Erlösern angezogen zu fühlen. Ein Grund hierfür ist die Übertragung von Verhaltensweisen, die aus unserer Kindheit stammen, auf diese selbsternannten Gurus. Haben uns nicht früher unsere Eltern und andere Erwachsene wirklich geholfen? Eine weise Vater- oder Mutterfigur muß doch einfach in der

Lage sein, uns zu helfen! Etwas in uns möchte gern einem mächtigen Führer folgen. Zweitens können wir *tatsächlich* auf dem Weg zum Erwachen zeitweise Hilfe von anderen bekommen, also hat diese Hoffnung durchaus eine realistische Basis. Drittens sehen wir, daß viele Menschen diese Art von Hilfe angenommen haben und nun tatsächlich glücklicher wirken. Und wenn Sie dem Guruguru Swami Reklamananda folgen, werden dessen Anhänger Sie natürlich freudig aufnehmen und Sie für Ihre Entscheidung mit einer Menge sozialer Bestätigung belohnen.

Gurdjieffs Ansicht nach entstehen unsere Probleme aber gerade dadurch, daß wir zeitlebens von äußeren Piloten abhängig gewesen sind, weshalb ein weiterer Pilot keine wirkliche Lösung bringen kann. Bestenfalls könnte er uns ›irgendwie glücklicher‹ machen — also bewirken, daß unsere automatisierte Maschinerie besser funktioniert —, indem er unser unrealistisches emotionales Verlangen nach einem Führer befriedigt. Vielleicht fühlen wir uns dann besser, aber mit Sicherheit verbleiben wir weiter im Zustand der Konsensus-Trance, also im Schlafzustand. Der Inhalt unserer Träume hat sich verändert. Wie haben jetzt ›gute‹ Träume statt der vorherigen ›bösen‹. Doch hilft uns diese Art des Träumens nicht, zur Realität zu erwachen.

Wie man sein eigener Pilot wird

Auf Gurdjieffs Viertem Weg lernt man zunächst verstehen, wie das Flugzeug funktioniert. Dann lernt man, selbst Pilot des eigenen Flugzeugs zu werden, beziehungsweise man lernt, einen solchen Piloten zu schaffen, also eine wahrhaft wache und wissende Instanz im eigenen Geist, die Ihr Flugzeug gut steuert und Sie zu den Zielen bringt, die Sie selbst gewählt haben. Wie Ihre eigene psychische Maschinerie funktioniert, erfahren Sie durch Selbstbeobachtung. Einen eigenen Piloten schaffen Sie durch die Arbeit des Selbsterinnerns. Mit der Selbstbeobachtung werden wir uns in diesem Kapitel beschäftigen, mit dem Selbsterinnern im folgenden: In der Praxis verschmelzen diese beiden Arten der Arbeit irgendwann miteinander und verstärken sich gegenseitig.

Objektive Selbstbeobachtung im Gegensatz zu einer vom Über-Ich gesteuerten Selbstbeobachtung

Um zu verstehen, was eine Selbstbeobachtung, die zum Erwachen führt, ist, müssen wir uns einen Augenblick lang den Problemen der sozialen Kontrolle zuwenden, denn wir müssen zunächst etwas beschreiben, das hier nicht gemeint ist, jedoch häufig mit dem Gemeinten verwechselt wird.

Die Anthropologie unterscheidet drei Klassen von sozialen Kontrollmechanismen. Die erste ist unmittelbare Gewalt. Eine Gruppe kann einzelne Mitglieder physisch angreifen und sie verletzen oder gar töten, wenn sie sich nicht an die Gruppennormen halten. In weniger extremen Fällen werden den Abweichlern Eigentum oder Privilegien entzogen. Kontrolle basiert in diesem Fall (nach Maslows Hierarchie) auf der Befriedigung des niedrigsten Bedürfnisniveaus, also auf dem Bedürfnis, zu überleben und Schmerzen und Unannehmlichkeiten zu vermeiden.

Diese Art von Kontrolle ist jedoch aufwendig. Einige Mitglieder der Gruppe müssen die übrigen ständig überwachen. Diese Aufseher müssen ernährt und auf Kosten der Gemeinschaft unterhalten werden, statt selbst Nahrung und andere nützliche Dinge zu produzieren. Außerdem muß Material zum Bau von Polizeistationen, Gerichten und Gefängnissen bereitgestellt werden. Je mehr Aufwand für diese Art von Kontrolle getrieben wird, um so weniger Mittel bleiben für produktive Zwecke übrig.

Weiter oben in der Bedürfnishierarchie, auf der Stufe des Bedürfnisses nach gesellschaftlicher Anerkennung ansetzende soziale Kontrollmechanismen erfordern weniger Einsatz an Menschen und Material. Folglich braucht man dann auch weniger Beaufsichtigung und weniger Gefängnisse. Eine dieser Methoden ist die ›Schamkultur‹. Unter Ausnutzung des natürlichen Bedürfnisses nach Anerkennung wird die Harmonie der Gruppe betont. Kinder werden so erzogen und konditioniert, daß sie sich schlecht fühlen, wenn sie die Harmonie stören. »Wenn die Leute herausbekämen, daß ich dieses oder jenes Verbotene getan habe, würde ich damit sowohl die anderen als auch mich selbst entehren und die Harmonie der Gemeinschaft stören.«

Jeder, der Sie bei einer verbotenen Tat beobachtete, würde zu diesem Urteil kommen, nicht nur die Kaste der Polizisten. Deshalb sehen Sie aus Furcht, bloßgestellt zu werden, davon ab, Verbote zu übertreten. Wenn Sie allerdings sicher sein können, daß niemand von Ihrem Vorhaben erfährt, bleibt die Versuchung, es durchzuführen, sehr groß. Ausschlaggebend ist nicht, daß das Verbotene an sich falsch ist, sondern Ihr Schamgefühl. Wenn Sie das Verbot überträten und niemand erführe etwas davon oder wüßte, daß Sie der Täter sind, bräuchten Sie sich wegen Ihrer Tat nicht schlecht zu fühlen.

›Schuldkulturen‹, die auf dem Bedürfnis nach Selbstschätzung gründen, gehen sogar noch weiter. Die Enkulturation spaltet den Geist in das Ich, den bewußten Teil, mit dem wir uns gewöhnlich identifizieren, und das Über-Ich, einen Teil, der über dem Ich steht oder diesem überlegen ist. Das Über-Ich enthält die moralischen Werte der Kultur. Es vermag festzustellen, wann die Gesetze übertreten worden sind, und – noch wichtiger – es hat die Macht, Sie bei Übertretungen selbst emotional zu strafen. Ein gutentwickeltes Über-Ich registriert schon, wenn Sie nur daran *denken,* Gesetze zu übertreten, also wenn Sie ›im Herzen wollüstig sind‹, und straft Sie dafür, etwas Verbotenes auch nur erwogen zu haben. Wenn Sie etwas Verbotenes tun und außer Ihnen selbst erfährt niemand davon, bestraft das Über-Ich Sie dennoch. Schuldkulturen benötigen nicht nur weniger Polizei als Schamkulturen, die Mitglieder der Gruppe brauchen auch nicht so intensiv beobachtet zu werden wie in Schamkulturen.

Die meisten Kulturen verwenden eine Mischung aus Scham- und Über-Ich-Kontrolle, doch der Grad der Effektivität variiert in den einzelnen Fällen beträchtlich. Die Effektivität kann auch durch die Wirkung der verschiedenen Abwehrmechanismen beeinträchtigt werden. Manche Beobachter sind der Ansicht, die amerikanische Kultur sei ursprünglich überwiegend eine Schuldkultur gewesen, sei jedoch mittlerweile allmählich zur Kontrolle durch Scham übergewechselt.

In gewissem Sinne ist das Über-Ich ein auf Selbstbeobachtung spezialisierter Mechanismus, der der Kultur hilft, ihre Mitglieder zu kontrollieren und die allgemeine Konsensus-Trance aufrechtzuerhalten. Dieser Mechanismus kann sich in mindestens dreifacher Hinsicht für das spirituelle Wachstum als tödlich erweisen.

Erstens sind die Werte, die das Über-Ich hochhält, wie schon erwähnt, nicht *Ihre* Werte, sondern Werte, die andere (die Eltern oder die Kultur) für Sie gewählt und Ihnen mit absoluter Verbindlichkeit einprogrammiert haben. Zweitens ist das Über-Ich automatisiert; es ist eine *psychische Maschine* und erfordert keine bewußte Anstrengung Ihrerseits, um zu funktionieren. Drittens entsteht das Über-Ich nicht aus einer objektiven Verpflichtung der Wahrheit gegenüber — dem Wunsch zu erfahren, *was wirklich vorgeht, im Gegensatz zu dem, was ich gerne hätte oder was ich glaube, daß ich gerne hätte.* Vielmehr ist es eine A-priori-Verpflichtung absoluten Werten gegenüber, die möglicherweise der Realität nicht besonders angemessen sind. Erinnern Sie sich an das Motto »Es gibt keinen Gott außer der Realität. ihn anderswo zu suchen ist der Sündenfall«? Da das Über-Ich die Realität ignoriert, kann der Absolutheitsanspruch seiner Moral das Gegenteil von dem erreichen, was es beabsichtigt.

Die Beobachtung, die das Über-Ich betreibt, darf nicht mit der Art von Selbstbeobachtung verwechselt werden, die wir entwickeln müssen, wenn wir aus der Konsensus-Trance erwachen wollen. Diese Beobachtung muß die Ehrlichkeit der Realität gegenüber *allen* anderen Verpflichtungen vorziehen. Das Über-Ich kann natürlich auch die so gewonnenen neutralen Beobachtungen dazu verwenden, selbst aktiv zu werden und einen Angriff zu unternehmen; doch ist es möglich, einen solchen Angriff mittels jener umfassenderen Art der Selbstbeobachtung einfach zu betrachten, statt sich damit zu identifizieren. Wir wollen uns nun mit einigen Faktoren befassen, die diese Art der Beobachtung ermöglichen.

Die Fähigkeit, sich selbst zu beobachten

Die Fähigkeit der Selbstbeobachtung entsteht durch den Wunsch, sich selbst zu beobachten, in Verbindung mit Gelegenheiten zur Selbstbeobachtung, mit Hindernissen, die solchen

Beobachtungen entgegenstehen, und mit speziellen Hilfsmitteln zur Beobachtung.

Wunsch

Wenn Ihr Wunsch, sich selbst zu beobachten und zu verstehen, wie Ihr Geist funktioniert, schwach ist, werden Sie auch nicht viel erkennen. Manchmal zwingt uns das Leben zur Selbsterkenntnis, insbesondere in Augenblicken von großem Streß, von Leiden oder von Gefahr. Wir alle haben schon von Menschen gelesen, deren Leben sich über Nacht veränderte, weil überwältigende Krisenerlebnisse sie zu tiefen Einsichten führten. Dagegen ist nichts einzuwenden, doch wie viele Menschen gibt es, die nie das ›Glück‹ hatten, solche Erfahrungen zu machen? Und wie viele andere haben gelitten, wollten aber immer noch nicht sehen, haben sich nicht verändert oder sind gar an ihrem Leiden zugrunde gegangen. Wir sollten dem Leben ganz gewiß dankbar sein, wenn es uns zwingt, etwas über uns selbst zu lernen, ganz gleich, wie schwer dies in der aktuellen Situation sein mag, doch auf solch ›zufällige‹ Zwangslagen zu warten ist keine verläßliche Methode, wenn man innerlich wachsen will. Eine der wirksamsten Wachstumserfahrungen, die ein Mensch machen kann, ist die Erfahrung der Todesnähe, doch leider sterben die meisten Menschen, die in eine solche Situation kommen, tatsächlich. Es gibt soviel über uns selbst zu lernen, daß wir *jetzt* damit beginnen müssen.

Gelegenheit

Gelegenheiten zur Selbstbeobachtung stellen wir uns gewöhnlich als besondere Situationen vor, etwa einen Augenblick der Reflexion am Ende eines Tages. Oder wir malen uns aus, was geschehen könnte, wenn wir ein paar Wochen lang ganz allein im Wald leben würden. Gewöhnlich fügen wir innerlich gleich auch den Gedanken hinzu, daß wir zu beschäftigt (und deshalb zu wichtig?) sind, um in unserem Alltagsleben Selbstbeobachtung praktizieren zu können. Doch eben das hat Gurdjieff in Frage gestellt.

Der Vierte Weg, so sagte Gurdjieff, ist ein Weg *im* Alltagsleben. Man braucht sich nicht in ein Kloster zurückzuziehen, obgleich besondere Zeiten der Einkehr nützlich sein können. Solche Zurückgezogenheit ist allerdings zur Beobachtung bestimmter wichtiger Aspekte des menschlichen Funktionierens nicht einmal besonders geeignet: Beim Rückzug aus dem Alltagsleben mit seinen Gewohnheiten werden viele der zentralen Aspekte der Persönlichkeit nicht aktiviert. Das ganz alltägliche Leben ist tatsächlich die bestmögliche Schule für die Selbstbeobachtung, weil sich die mechanisierte, falsche Persönlichkeit in der Alltagssituation am vollständigsten manifestiert. Unser Alltagsleben liefert uns genau die Reizvielfalt, die wir brauchen, um unsere Funktionen vollständig zu aktivieren, denn eben durch diesen Alltag wurden diese Funktionsweisen ja geprägt.

Hindernisse

Der Selbstbeobachtung stehen die verschiedenartigsten Hindernisse entgegen. Dazu gehören Mangel an Motivation, Mangel an Fähigkeit und aktiver Widerstand.

Motivationsmangel beschränkt die Selbstbeobachtung auf die wenigen Gelegenheiten, die durch Lebenskrisen aufgezwungen werden. Auch die Haltung selbst, die aus Motivationsmangel resultiert, wirkt begrenzend. Es gibt ein altes Sprichwort: »Wer kostet, der weiß (wie es schmeckt)!« Dieses Sprichwort trifft im allgemeinen jedoch nur in Extremfällen zu, wenn der Geschmack so stark ist, daß man gezwungen ist, ihm Aufmerksamkeit zu schenken und etwas über die eigene innere Welt zu erfahren. Richtiger müßte es heißen: »Wer kostet, hat die Möglichkeit zu wissen.« Ob er die Gelegenheit nutzt, ist eine andere Frage.

Es gibt Unmengen von Faktoren, die von der Selbstbeobachtung ablenken können. Im Büro ist noch Arbeit liegengeblieben; Sie sollten sich entspannen; außerdem läuft ein interessanter Film im Fernsehen; jemand möchte mit Ihnen sprechen; und was ist mit der Party, zu der Sie heute abend eingeladen sind? Noch schwerer wiegt, daß unsere Kultur nicht zur Selbstbeobachtung ermutigt, außer zu dem sehr beschränkten Zweck, die Beachtung der gesellschaftlichen Spielregeln zu gewährleisten. Sie haben doch schließlich gelernt, sich richtig zu verhalten: Was sollte da in Ihrem Inneren noch zu beobachten sein? Um noch einmal zu unserer Metapher zurückzukehren: Das Flugzeug fliegt mit dem Autopiloten, und Sie befinden sich hinten im Flugzeug und betrinken sich zusammen mit vielen anderen Piloten, wobei alle (oft erfundene) Geschichten über Sex, Geld, Flugabenteuer und Macht zum besten geben. Ihre Freunde dulden nicht, daß Sie die Party verlassen, und wollen auch nichts von Flugzeugabstürzen hören – also Schluß jetzt mit dem Gerede, daß Sie zurück ins Cockpit gehen, den Autopiloten überprüfen oder feststellen wollen, ob die Kontrollmechanismen funktionieren, oder daß Sie sich dort auch nur einmal umschauen wollen. *Hier* spielt die Musik!

Sozialer Druck gegen die Selbstbeobachtung

In der Kindheit haben wir die meisten grundlegenden Fertigkeiten durch Imitation erlernt. Fast nie waren die Erwachsenen in unserer Umgebung Vorbilder in der Selbstbeobachtung. So wurde diese schon auf einer sehr grundlegenden Ebene stillschweigend ausgeschlossen. Auch in der Schule haben wir selten (wenn überhaupt) etwas darüber gelernt. Unsere jugendliche Subkultur legte hauptsächlich Wert auf die äußerliche Erscheinung. Angesichts unseres starken Bedürfnisses nach sozialer Zugehörigkeit ist es kaum verwunderlich, daß wir automatisch die Menschen in unserer Umgebung imitiert haben, die keine Selbstbeobachtung übten. Sogar noch heute als Erwachsene können wir uns beträchtlichem Druck aussetzen, wenn wir Freunden erzählen, daß wir versuchen, uns selbst zu beobachten.

Den meisten Menschen fehlen die wichtigsten Voraussetzungen zur Praxis der Selbstbeobachtung. In vielen anderen Bereichen sind wir sehr versiert: Denken Sie nur daran, wieviel Übung

Sie im Lesen haben oder wie gut Sie sich selbst ankleiden können. Doch wieviel Übung haben Sie darin, sich selbst *objektiv* zu beobachten? Ist es verwunderlich, daß wir uns selbst häufig nicht verstehen, wenn wir keine Übung darin haben, uns auf eine nützliche, objektive Art selbst zu beobachten?

Sich der Wahrheit verpflichten

Die Übung der Selbstbeobachtung beginnt mit einem Wunsch und gleichzeitigem Entschluß: »Ich will wissen, was wirklich *ist,* unabhängig davon, wie ich die Dinge gern sehen möchte.«

Dieser Entschluß muß ständig neu bestärkt werden, da er gegen den Strom der automatisierten Prozesse der falschen Persönlichkeit schwimmt. Er kann leicht schwach werden und untergehen, wenn Sie nicht ausdrücklich wissen *wollen.* Das erfordert nicht nur Willen, sondern auch Geduld. Es geht nicht nur darum, noch ein paar weitere nützliche Fakten zu erfahren, was bei entsprechender Bemühung innerhalb weniger Wochen erledigt wäre. Ungeheuer viel ist zu tun, und wenn Sie sich der Selbstbeobachtung verpflichten, so sollten Sie wissen, daß Sie diese Haltung lebenslang pflegen müssen, um zum gewünschten Ziel zu gelangen.

Das klingt nach harter Arbeit, und in gewisser Weise ist es das auch. Andererseits kann es auch vergnüglich sein, denn eine unserer tiefsitzendsten Eigenschaften wird dabei genährt: die Neugier. In meiner Kindheit bin ich jeden Tag mit der Haltung aufgewacht: »He! Ein neuer Tag! Was heute wohl wieder für interessante Dinge passieren werden?« Das bezog sich gleichermaßen auf den intellektuellen, den emotionalen und den instinktiven Bereich. Erst nach mehrjähriger Arbeit an mir selbst gelang es mir als Erwachsener, zu dieser Haltung zurückzufinden.

Es ist wichtig, Selbstbeobachtung mit Neugier und der damit verbundenen Entdeckungsfreude zu assoziieren. Andernfalls wird sie leicht zu einem feindseligen Akt gegen die eigene Person, zu einer Art ständiger paranoider Besorgtheit, daß sich irgend etwas Düsteres unter der Oberfläche verbirgt. Dies kann zur gleichen Art von verzerrter, einseitiger Selbstbeobachtung führen, wie sie das Über-Ich erzeugt.

Die Praxis der Selbstbeobachtung

In der allgemeinsten Form bedeutet Selbstbeobachtung, daß man einfach *allem* Aufmerksamkeit schenkt, alles registriert, was geschieht, allem Geschehen mit offenherziger Neugier begegnet. Das Beobachtete ist fast immer eine Mischung aus der Wahrnehmung äußerer Ereignisse und den inneren Reaktionen auf dieselben. Lassen Sie alle Vorurteile darüber fallen, wofür Sie sich interessieren sollten beziehungsweise was wichtig und was unwichtig ist. Alles, was ist, lohnt, beobachtet zu werden.

Diese Aufmerksamkeit im Zustand geistiger Offenheit ist mehr als bloße intellektuelle Aufmerksamkeit. Denken Sie daran, daß wir dreihirnige Wesen sind, die ihrer Welt emotionale, körperliche und intellektuelle Aufmerksamkeit schenken können. Eine Hilfe ist, alles, was Sie beobachten, jeweils zu benennen. Machen Sie aber nicht den Fehler zu glauben, daß der Beobachtungsprozeß mit der Benennung schon abgeschlossen ist. Falls Gefühle auftauchen: Welche Gefühle löst das Beobachtete in Ihnen aus? Wirkt es auf Ihre Körperwahrnehmung? Wenn ja: Wie wirkt es? Manchmal wirkt sich ein Gegenstand der Beobachtung nur auf einen oder zwei dieser drei Bereiche aus, doch ist es wichtig, ihnen allen gegenüber ständig offen zu sein.

Ich kann diesen Punkt gar nicht genug betonen. Selbstbeobachtung, ja jede Beobachtung muß danach streben, unsere *gesamte* Intelligenz, die emotionale, die körperlich/instinktive und die intellektuelle, einzubeziehen. *Zu glauben, daß wir etwas vollständig kennen, nur weil wir es benennen können, ist einer der größten Irrtümer der modernen Kultur.* Wir sind so sorgfältig dazu konditioniert worden zu denken, daß wir etwas wissen, nur weil wir ein paar Wörter dafür kennen, daß es manchmal sehr lehrreich sein kann, eine Weile nur zu beobachten, und dabei *davon abzusehen,* das Beobachtete zu benennen oder darüber nachzudenken.

Ich möchte die Selbstbeobachtung an mir selbst demonstrieren. Ich bin dabei, dieses Buch zu schreiben und habe soeben eine Pause eingelegt, um ein wenig darüber nachzudenken, was ich als Nächstes schreiben werde. Ich schaue nach unten und registriere: Wenn meine Hände auf dem Rand der Computertastatur ruhen, liegt meine rechte Hand fast flach; meine linke hingegen ist seltsam verkrümmt, der Zeigefinger steht fast im Winkel von 45 Grad nach oben. Hmm… interessant.

Beide Hände fühlen sich in ihrer jeweiligen Ruheposition wohl. Gibt es etwas Asymmetrisches an den Muskeln oder Sehnen meines Körpers, das sich in dieser Handhaltung spiegelt? Vielleicht kann ich das beantworten, wenn ich meinem Körper insgesamt Aufmerksamkeit schenke. Aha, ich sitze nicht symmetrisch auf dem Stuhl. Auf meiner rechten Gesäßbacke lastet ein anderer Druck als auf der linken; die rechte liegt ein wenig weiter vorn auf dem Sitz auf als die linke. Was passiert, wenn ich meinen Körper jetzt strecke? Ja, nun ruhen beide Hände flach und fühlen sich gleich angenehm an. Interessant, wie ich meinen Körper benutze.

Nun taucht der Gedanke auf, daß ich dieses Beispiel hier abbrechen sollte. Wenn ich zu ausführlich werde, könnten sich meine Leser im Detail verlieren, statt das Wichtigste zu begreifen. Der ›Geschmack‹ dieses Gedankens, wenn ich ihm offenherzig Aufmerksamkeit schenke, ist realistisch. Doch da ist auch noch ein winziger emotionaler Beigeschmack, den ich als Einmischung des Über-Ich zu identifizieren gelernt habe — ein Hauch von Mißfallen. Hmm. Was für eine Art von ›sollte‹ ist da wohl aktiviert worden? Ist es ungehörig für einen Professor, Gesäßbacken zu erwähnen? Es könnte interessant sein, diesen Gedanken zu verfolgen, aber im Augenblick ist es wichtiger, dieses Buch fertigzustellen. Ich entscheide mich also bewußt, den Gedanken nicht weiter zu verfolgen und mich wieder der Hauptsache zuzuwenden.

Die Praxis der Selbstbeobachtung besteht darin, die Neugier zu üben. Es ist die Verpflichtung sich selbst gegenüber, nach bestem Vermögen zu beobachten und zu erfahren, was da ist, ungeachtet eigener Präferenzen und Befürchtungen. Mir wäre es sicherlich lieber gewesen, wenn bei meiner Demonstration der Selbstbeobachtung ein paar tiefe Gedanken über den Menschen und den Kosmos zum Vorschein gekommen wären. Statt dessen habe ich etwas über meine Gesäßbacken geschrieben. Das ist völlig in Ordnung. Was ist, ist. Ah, noch eine Beobachtung: Mein Über-Ich hat ganz und gar kein Verständnis dafür, daß ich nicht zugunsten des ›Schicklichen‹ und ›Guten‹ auswähle.

Mit Sicherheit wird es bei dieser Art der Selbstbeobachtung zu ständigen Mißfallensbekundungen und Angriffen des Über-Ich kommen. Das Über-Ich würde nur allzugern die sich neu entwickelnden Kräfte der Selbstbeobachtung für sich nutzen, um noch gründlicher nach Anzeichen für Regelübertretungen fahnden zu können. Wenn dies geschieht, so beobachten Sie es. Wenn Sie in der Selbstbeobachtung geübter sind, werden Sie merken, daß Sie sich nicht mit jedem Angriff des Über-Ich zu identifizieren brauchen, sich nicht in jeden verstricken zu lassen brauchen. Auch diese Angriffe werden dann zu Daten, zu einer Art von Information unter vielen anderen. Dann sind solche Angriffe keine überwältigenden Zwänge mehr.

Es ist völlig natürlich, wenn Sie die angenehmen Dinge des Lebens genauer beobachten, jedoch tiefer schlafen wollen, wenn es unangenehm wird und Sie leiden. Ein zu großer Teil unserer Konditionierung läßt uns glauben, daß wir nicht stark genug sind, mit dem Negativen zurechtzukommen, und es deshalb am besten ignorieren sollten. Und unsere Abwehrmechanismen helfen uns ohnehin zu verhindern, daß uns das Negative allzu bewußt wird, nicht wahr?

Doch der Preis dafür ist, daß die Konsensus-Trance aufrechterhalten bleibt und vertieft wird. Selbstbeobachtung muß im Zustand des Leidens mit ebenso großer Hingabe praktiziert werden wie im Zustand des Glücklichseins, und zwar nicht, weil Sie hoffen, daß die Selbstbeobachtung irgendwann Ihr Leiden mindern wird — obgleich sie diesen Effekt tatsächlich hat —, sondern weil Sie sich der Suche nach der Wahrheit verpflichtet haben, wie diese auch aussehen mag, ungeachtet Ihrer eigenen Hoffnungen und Ängste. Tatsächlich ist Leiden oft einer der besten Verbündeten auf dem Weg zum Erwachen, denn Leiden kann einen Menschen schockartig dazu bringen, Aspekte seiner selbst und der Welt zu sehen, die er sonst nie bemerkt hätte.

Ich kann gar nicht genug betonen, wie wichtig es ist, sich selbst und die Welt mit völliger Objektivität zu beobachten. Ein Teil meiner Leserschaft wird natürlich einwenden: »Wer kann schon wirklich objektiv sein? Wie will ich denn wissen, ob ich tatsächlich objektiv bin oder ob ich nur glaube, daß ich es bin?«

Die Antwort liefert die praktische Erfahrung der Selbstbeobachtung, keine theoretische Diskussion darüber. Sie werden entdecken, daß Sie (aus dem Blickwinkel der systematischen Selbstbeobachtung) viele Möglichkeiten haben, sehr subjektiv und verzerrt zu beobachten. Wenn Sie darauf achten, können Sie die Mechanismen der Verzerrung entdecken, sie kontrollieren und lernen, objektiver zu sein. Dies ist ein kontinuierlicher Prozeß. Mit wachsender Übung werden Sie rückblickend erkennen, daß Sie sogar in Situationen der Vergangenheit, in denen Sie glaubten, recht objektiv gewesen zu sein, in Wahrheit ziemlich subjektiv waren. Doch können Sie dies jetzt erst sehen, weil Sie sensibler für die feinen Geschmacksvarianten von Subjektivität und Verzerrung geworden sind. Soweit mir bekannt ist, gibt es keine absolute Garantie für völlige Objektivität. Mit Sicherheit jedoch ist erfahrbar, daß man sich aus der Sphäre tiefer Subjektivität weg- und zu einer erheblich größeren Objektivität hinbewegt. Möglicherweise ist dies das Optimum des Erreichbaren. Eindeutig ist es eine riesige Verbesserung gegenüber der Subjektivität der Konsensus-Trance, und sicherlich ist es der Mühe wert.

Bei mir selbst und bei anderen habe ich nur zu oft beobachtet, daß wir unsere Fähigkeiten durch intellektuelle Gymnastik künstlich begrenzen. Einer meiner Graduierten formulierte in einer Diskussion ganz richtig, Selbstbeobachtung könne man nicht durch ›ontologische Akrobatik‹ erlernen und auch nicht durch endlose intellektuelle Diskussionen darüber, wie gut es doch wäre, sie zu beherrschen, sondern nur durch *Tun*.

Manchmal führt Selbstbeobachtung zu recht bemerkenswerten, ja lebensverändernden Einsichten. Oft intensiviert sie die Aufmerksamkeit für alltägliche Ereignisse. Aber was anderes bezeichnet das Wort ›alltäglich‹ als die Tatsache, daß wir etwas irgendwann als redundant und unwichtig klassifiziert haben und daß diese Klassifizierung nun in die automatisierte Funktionsweise unserer Aufmerksamkeit integriert ist? Die Folge ist, daß man dem jeweiligen Phänomen keine Aufmerksamkeit mehr schenkt. Sie werden überrascht sein, hinter wie vielen alltäglichen Phänomenen sich Außergewöhnliches verbirgt. Das können Sie erkennen, wenn Sie ihnen mehr Aufmerksamkeit schenken und es sich zur Aufgabe machen, ungeachtet irgendwelcher Präferenzen oder Befürchtungen die Wahrheit hinter dem Augenschein zu suchen.

Selbst die alltäglichsten Dinge können auf subtile Weise etwas Besonderes gewinnen, wenn man sie bewußt beobachtet. Es ist, als würde etwas von jenem verlorenen Licht der Kindheit zurückkehren, wenn man den Dingen mit erhöhter Aufmerksamkeit begegnet. Natürlich ist das Licht da, es ist in Ihnen selbst und wartet darauf, genutzt zu werden. Sicherlich ist Selbstbeobachtung auf einer bestimmten Ebene Arbeit, doch es ist eine äußerst lohnende. Außerdem können die bloße *Haltung* der Offenheit und Neugierde sowie die Fähigkeit, einem Phänomen echte Aufmerksamkeit zu schenken, weitaus wichtiger sein als die speziellen Beobachtungen, die Sie machen, denn Sie können dadurch lernen, auf eine Weise zu sehen, die sich in künftigen Situationen als äußerst wichtig erweisen mag.

Konzentrierte Selbstbeobachtung

In ihrer allgemeinsten Form bedeutet Selbstbeobachtung, daß man allem in der Welt und allem im eigenen Inneren mehr Aufmerksamkeit zukommen läßt. Man kann Selbstbeobachtung jedoch auch systematischer betreiben und sollte dies auch gelegentlich tun. Wichtig ist, daß der jeweilige Gegenstand der Beobachtung nicht auf eine automatisierte Weise ausgewählt wird. Es kann auch sein, daß ein Abwehrmechanismus einen Menschen davon abhält, einen bestimmten Bereich seines Lebens zu beobachten, wenn die Einsichten bedrohlich für ihn werden könnten. Außerdem muß das, was das Über-Ich für beachtenswert hält, nicht unbedingt der Beachtung wert sein. Hier kann ein Lehrer, der bestimmte Beobachtungsaufgaben stellt, sehr hilfreich sein. Eine interessante Übung, die Sie allein praktizieren können, besteht darin, ein Wörterbuch zufällig irgendwo aufzuschlagen und nach dem ersten Stichwort, das Ihnen ins Auge fällt und das etwas Beobachtbares bezeichnet, dem bezeichneten Phänomen eine gewisse Zeit konzentrierter Selbstbeobachtung zu widmen.

Wenn Sie beobachten, wie Sie Ihren Körper erfahren und benutzen, kann das sehr hilfreich für die Entwicklung der körperlich/instinktiven Intelligenz sein. Beobachten Sie zum Beispiel einen Tag lang, wie Sie sitzen. In welcher Haltung sitzen Sie auf einem bestimmten Sitzmöbel? Nehmen Sie verschiedene Haltungen darauf ein? Wann wechseln Sie von einer Haltung in die andere? Wie fühlen Sie sich in jeder dieser Haltungen? Sind die Haltungen bequem? Sind sie anstrengend? Ist mit der Art, wie Sie sitzen, irgendein ›sollte‹ verbunden? Wenn ja, ist dies der Bequemlichkeit hinderlich? Wie sitzen Sie auf anderen Sitzmöbeln?

An einem anderen Tag, wenn Sie Ihre Sitzgewohnheiten schon etwas besser kennengelernt haben, versuchen Sie die Sitzhaltung leicht zu variieren. Was geschieht, wenn Sie ein wenig zusammensacken? Oder wenn Sie sich ein wenig aufrechter hinsetzen? Wenn Sie die Beine kreuzen, die Sie normalerweise parallel stellen, oder umgekehrt? Tritt bei diesen Experimenten irgendein emotionaler Beigeschmack auf?

An einem anderen Tag können Sie beobachten, wie Sie gehen. Dann wieder können Sie systematisch beobachten, welchen Körperabstand Sie in verschiedenen Situationen von anderen Menschen halten. Oder Sie können diesen physischen Abstand einen Tag lang absichtlich verändern und schauen, was dies bewirkt. So ergibt sich ein unendliches und faszinierendes Feld von Möglichkeiten.

Ich empfehle Ihnen, die Selbstbeobachtung zunächst an einfachen Situationen zu erproben, etwa beim Sitzen und Gehen. Je geübter Sie werden, um so mehr Situationen können Sie beobachten. Besonders interessant sind Situationen zwischenmenschlichen Kontakts. Sie sind anfangs schwerer zu beobachten, weil dabei häufig starke Emotionen und in deren Folge Abwehrmechanismen aktiviert werden, doch letztlich sind interpersonelle Situationen für die Selbstbeobachtung am lohnendsten.

Versuchen Sie bei dieser konzentrierten Form der Selbstbeobachtung stets, mit Ihrem ganzen Sein zu beobachten, nicht nur mit dem Intellekt.

Ein Wort zur Meditation

Eine besonders nützliche, konzentrierte Form der Selbstbeobachtung ist jene Art von Meditation, die Vipassana- oder Achtsamkeitsmeditation genannt wird.

Setzen Sie vor Beginn der Meditation eine bestimmte Übungsdauer fest, zum Beispiel 20 Minuten. Sie können einen Wecker benutzen. Während Sie ruhig und aufrecht sitzen, mit geschlossenen Augen, versuchen Sie nun *jeden* Gedanken, *jedes* Gefühl und *jede* Empfindung zu beobachten, die sich einstellen. Es ist wichtig, keinerlei Auswahl zu treffen. Es gibt keine ›guten‹ Erfahrungen, die Sie anstreben sollten, und keine ›schlechten‹, die Sie nach Möglichkeit meiden sollten. Was auch auftaucht, jeder Gedanke, jedes Gefühl und jede Empfindung wird einfach ohne Bewertung beobachtet. Halten Sie keine Erfahrungen fest, verlängern oder verkürzen Sie keine, und weisen Sie keine zurück. Identifizieren Sie sich nicht mit bestimmten Erfahrungen, und verleugnen Sie nicht gewaltsam, daß etwas zu Ihnen gehört, das Ihnen nicht gefällt. Lassen Sie einfach den Strom der Gedanken, Gefühle und Empfindungen vorüberziehen, und schenken Sie ihm Ihre volle Aufmerksamkeit.

Diese Art der Meditation ist kein Ersatz für das Erlernen der Selbstbeobachtung in allen Situationen des Lebens, aber sie ist eine ausgezeichnete Form der Schulung der Aufmerksamkeit. Die Anleitung zur Vipassana-Meditation, die ich soeben gegeben habe, ist zwar nur sehr umrißhaft, aber für den Anfang ausreichend. Wenn Ihnen diese Art der Übung zusagt, empfehle ich Ihnen, sich eine Gruppe zu suchen, die Vipassana-Meditation praktiziert und eine differenziertere Schulung in dieser Methode vermitteln kann.

Eine ausführlichere Darstellung der Meditation würde uns zu sehr vom Hauptthema dieses Buches ablenken. Im übrigen gibt es heute ausgezeichnete Literatur über die Meditationstechniken der verschiedenen spirituellen Pfade und über ihre Auswirkungen. Eine Darstellung ihrer Rolle bei der Induzierung veränderter Bewußtseinszustände finden Sie in meinem Buch *States of Consciousness*.

Weiter oben tauchte die Frage auf, wie objektiv man bei der Selbstbeobachtung sein kann. Ist es nicht so, daß ein Teil von Ihnen einen anderen Teil beobachtet? Also ein Teil-Selbst, ein ›Ich‹, beobachtet ein anderes? Gibt es einen neutralen Beobachter hinter all diesen Aktivitäten, einen potentiellen Herrn, der schließlich Pferde, Wagen und Kutscher versteht und anfängt, sie in seinem Sinne zu benutzen? Die Antwort auf diese Frage werden Sie durch intensive Praxis finden. Das ist besser, als ständig intellektuell um den heißen Brei herumzuschleichen.

Selbstbeobachtung und Selbstanalyse

Jede Beobachtung ähnelt einer Fotografie, die Sie von sich selbst machen, einem Schnappschuß von Ihrer tatsächlichen Haltung in einer bestimmten Situation. Manchmal sind einzelne Beobachtungen, einzelne Fotos sehr aufschlußreich. Ihre Fotosammlung — also die Masse der Beobachtungen, die Sie im Laufe der Zeit über sich selbst gesammelt haben — kann noch ergiebiger sein, wenn Sie anfangen, zu vergleichen und zu analysieren, Muster zu erkennen, die aufgrund einzelner Beobachtungen nicht so offensichtlich sind.

Selbstbeobachtung ist allerdings *nicht* mit Selbstanalyse zu verwechseln! Letztere ist eine Aktivität des Intellekts, die leicht zu abstrakt wird und die Tatsachen verzerrt. Manche Menschen verfangen sich in endlosen Kreisläufen der Selbstanalyse, die nirgendwo hinführen, weil die Aktivität meist auf Phantasien beruht, nicht auf objektiven Beobachtungen des tatsächlichen Geschehens.

Der Selbstbeobachtung entspricht in der Wissenschaft das

Sammeln von Fakten. Analyse gleicht dem theoriebildenden Teil der Wissenschaft, bei dem man die hinter den sichtbaren Fakten verborgenen Kräfte zu erkennen versucht. Analyse ist eine notwendige und lohnende Aktivität: Sie ist hilfreich, wenn es darum geht, das *Warum* der Dinge zu ergründen sowie das *Was* zu würdigen.

Ein Ziel der Selbstbeobachtung ist, die Kräfte, Anschauungen und Haltungen zu erkennen, die Ihre Erfahrungen gestalten, und sie zu würdigen. Die Wissenschaftler merkten allerdings schon vor langer Zeit, daß Analyse verführerisch ist. Es ist angenehm zu denken, daß man etwas versteht. Wenn man an diesem Gefühl hängt, kann die Genauigkeit der Analyse darunter leiden. In der Wissenschaft gibt es die Regel, daß Analysen und Theorien ständig mit den existierenden Beobachtungen und vor allem mit neuen Beobachtungen verglichen werden müssen, um sicherzugehen, daß die Analyse noch brauchbar ist.

Dies gilt auch für Analysen, die Sie aufgrund Ihrer Selbstbeobachtungen erstellen. Bleiben Sie, auch wenn Sie etwas zu verstehen glauben, stets offen für Neues, immer neugierig darauf, was wirklich ist, auch wenn Sie den Wunsch verspüren, sich wegen Ihres Verstehens selbst auf die Schulter zu klopfen. In der Wissenschaft sind ›letzte‹ Wahrheiten fehl am Platz. Sehen Sie alle Theorien und Erkenntnisse als die zur Zeit bestmögliche Erklärung an. Ergebnisse müssen ständig anhand neuer Beobachtungen überprüft werden. Beobachtungen sind primär, Erklärungen sekundär. Dies gilt auch für die Selbstbeobachtung. Sorgen Sie dafür, daß nie eine Idee, die Ihnen gefällt, der Beobachtung der tatsächlichen Vorgänge in Ihrer Welt und in Ihnen selbst im Wege steht.

Selbstbeobachtung scheint etwas ziemlich Einfaches zu sein. Vielleicht erscheint Sie Ihnen so einfach, daß Sie sie mit dem Gedanken abtun: »Das mache ich doch sowieso.« Vermutlich tun Sie das — allerdings leider zu selten und leider auch nur in bezug auf bestimmte Phänomene. Versuchen Sie, Selbstbeobachtung bewußt zu pflegen. All die vielen Aussagen in diesem Buch bleiben so lange bloße Wortketten, bis Sie selbst sie mit Hilfe der Praxis der Selbstbeobachtung überprüft und im alltäglichen Leben bewährt haben. Wenn Sie sorgfältig Selbstbeobachtung praktizieren, werden Sie viel Schmerzliches entdecken, aber auch viel Schönes. Sicher werden Sie dabei auch entdecken, daß das Erkennen der Realität generell dem Leben in der Phantasie vorzuziehen ist. Sie werden anfangen, ›etwas‹ in sich selbst zu schaffen, eine positive Eigenschaft, eine Funktion, eine Fähigkeit. Das ist so, als würden Sie lernen, den Autopiloten Ihres Flugzeugs zu verstehen. Und Sie werden angenehm überrascht sein, wie viele Möglichkeiten Ihr Leben bietet, von denen Sie bisher nichts ahnten.

18

Selbsterinnern –
Die Rückkehr zur Essenz

Ein Aspekt gewöhnlichen Bewußtseins oder Konsensus-Bewußtseins ist treffend mit dem Wort ›bruchstückhaft‹ beschrieben. Wegen der Abwehrmechanismen und Puffer, der Konditionierungen, die im Laufe des Enkulturationsprozesses entstanden sind, und wegen der sich ständig verlagernden Identifikationsmuster sind wir keine Einheit. Unser Wissen und unsere Fähigkeiten sind bruchstückhaft, dissoziiert. Im Gegensatz zu dem idealisierten Bild eines Erleuchteten, das im ersten Kapitel gezeichnet wurde, stehen uns nicht alle unsere Fähigkeiten und Werkzeuge jederzeit und für jede erdenkliche Lebensaufgabe zur Verfügung. Wenn wir unseren geistigen Zustand mit dem unseres Körpers vergleichen, ist es so, als würden Teile unseres Körpers nicht reagieren, wenn sie dazu aufgefordert werden, als würde beispielsweise unsere Hand etwas nicht dann aufheben, wenn wir es wollen, oder, was noch schlimmer wäre, sie ließe es fallen, wenn sie es festhalten sollte. Ein amputiertes Körperglied oder ein Glied, das wir nicht nach unserem Willen gebrauchen können, ist uns nicht von Nutzen. Teile unseres Geistes sind verstümmelt und für uns verloren, und wir müssen uns ihrer erinnern im Sinne des englischen Wortes *re-member,* was auch ›ein Glied wieder anfügen‹ bedeuten könnte. Im Sinne unserer Flugzeug-Analogie muß der Pilot nicht nur das Flugzeug und seine Kontrollgeräte beobachten und studieren, bis er sie versteht, sondern er muß auch die Crew zusammenstellen und die zum Führen des Flugzeugs notwendigen Fähigkeiten entwickeln.

Selbsterinnern bedeutet, daß wir unsere dissoziierten Fähigkeiten zu einem möglichst einheitlichen Ganzen vereinen. Es beinhaltet eine willentliche Erweiterung des Bewußtseins. Im Idealfall hat dies zur Folge, daß das ganze Sein oder zumindest Aspekte dieses Ganzen gleichzeitig mit den im Bewußtsein auftauchenden Einzelheiten präsent bleiben. Körper, Instinkte, Gefühle und intellektuelles Wissen werden dann wieder zu einer integrierten Funktionsweise der drei Gehirne zusammengefügt. Diese Ausdehnung der Aufmerksamkeit verhindert, daß wir uns in den Einzelheiten der Erfahrung verlieren und uns mit ihnen oder mit jenem automatisierten Funktionieren identifizieren, das solches Sich-Verlieren begleitet. Indem wir *absichtlich* ein Bewußtseinszentrum außerhalb des üblichen automatisierten Musters der Identifikationen und Konditionierungen schaffen, bringen wir ein wacheres Selbst ins Spiel, das weniger tief im Zustand der Trance befangen ist, und legen so die Grundlage für den Herrn aus Gurdjieffs Parabel von Pferd, Wagen und Kutscher. Dadurch lernen wir uns selbst besser kennen und vermögen auch unsere menschlichen Möglichkeiten besser zu nutzen.

Eine der Übungen, die Gurdjieff im Zusammenhang mit dem Selbsterinnern lehrte, besteht darin, daß wir uns buchstäblich die einzelnen Gliedmaßen unseres Körpers wieder zu eigen machen. Dies geschieht, indem wir ihnen jeweils einzeln eine Zeitlang besondere Aufmerksamkeit schenken. Der Körper dient uns dabei zur Erinnerung an unser höheres Selbst. Die Übung hilft, uns gegen jene mächtigen Strömungen zu verankern, die unser bißchen Bewußtheit so leicht wegschwemmen. Sie eignet sich für jede Tageszeit und jede Situation, und im Idealfall sollte sie nach bestem Vermögen zu allen Zeiten und in allen Situationen geübt werden. Sie wird ›Empfinden, Schauen und Hören‹ genannt. Obgleich zum Selbsterinnern wesentlich mehr gehört als diese eine Übung, werde ich diese Übung und die des Selbsterinnerns in diesem Kapitel gleichsetzen.

Diese Form des Selbsterinnerns ist meist wirksamer, wenn ihr am Morgen eine Übung vorangeht, die ›Morgenübung‹ genannt wird. Die Morgenübung ist auch für sich allein wertvoll, und sie führt unmittelbar zum Empfinden, Schauen und Hören.

Vorbereitung auf die Morgenübung

Die Morgenübung wurde von Gurdjieff entwickelt. Sie erfüllt viele verschiedene Funktionen. Unter anderem ist sie eine Besinnung auf das Vorhaben, sich im Verlauf des kommenden Tages selbst zu beobachten und zu erinnern. Sie leitet die Prozesse der Selbstbeobachtung und des Selbsterinnerns ein, so wie eine Pumpe zunächst mit Wasser gefüllt werden muß, bevor sie ihre Arbeit tun kann. Einige Teilnehmer meines ›Awareness Enhancement Training‹ bezeichneten die Morgenübung deshalb als ›Füllübung‹.

Die Morgenübung sollte ausgeführt werden, bevor der Geist beginnt, sich ernsthaft mit irgend etwas anderem zu beschäftigen. Wenn Sie also zu den Menschen zählen, die gleich nach dem Aufstehen anfangen nachzudenken und sich Sorgen zu machen, so beginnen Sie unmittelbar nach dem Aufwachen mit dieser Übung.

Wenn Ihr Geist nach dem Aufwachen nicht sofort aktiv wird, können Sie sich zunächst ein wenig bewegen, bis Sie etwas wacher geworden sind, da sonst die Gefahr besteht, daß Sie während der Übung einschlafen. Füllen Sie Ihren Geist jedoch nicht mit Inhalten, insbesondere nicht mit Negativem wie Nachrichtenhören oder Zeitunglesen.

Setzen Sie sich in aufrechter Haltung in einen einigermaßen bequemen Stuhl. Er sollte nicht so bequem sein, daß Sie zusammensacken und wieder einschlafen, aber auch nicht so unbequem, daß das Sitzen eine Tortur ist. Unter anderem ist die Morgenübung eine Möglichkeit, sich selbst etwas Gutes zu tun: Sie sind sich selbst wertvoll genug, um sich ein paar Minuten lang ungeteilte Aufmerksamkeit zu schenken. Seien Sie also nett zu sich selbst.

Schließen Sie die Augen. In der ersten halben Minute entspannen Sie sich und schenken sanft der Tatsache Aufmerksamkeit, daß Sie da sind.

Wenn Sie es gewohnt sind, den Morgen mit einem kurzen Gebet zu beginnen, so ist dies ein guter Zeitpunkt dafür. Nun sind Sie bereit.

Die Morgenübung

Konzentrieren Sie Ihre Aufmerksamkeit auf den rechten Fuß. Sie werden mit dem rechten Fuß nichts *tun*, sondern in diesem Augenblick nur allen auftauchenden Empfindungen im rechten Fuß Ihre volle Aufmerksamkeit schenken.

Denken Sie daran, daß es keine ›richtigen‹ und ›falschen‹ Empfindungen im rechten Fuß gibt. Was Sie auch empfinden, ist völlig in Ordnung, selbst wenn es Empfindungslosigkeit oder Taubheit ist. Die Empfindungen können stark variieren: Der Fuß kann sich warm oder kalt anfühlen, er kann jucken, er kann prikkeln; vielleicht spüren Sie, wie das Blut darin pulsiert oder ein Muskel sich verkrampft, oder daß er sich entspannt anfühlt. Eine Empfindung kann längere Zeit anhalten, oder die Empfindungen können von Augenblick zu Augenblick wechseln. Weisen Sie keine Empfindung zurück, und versuchen Sie auch nicht, irgendeine festzuhalten. Wie beim Üben der Selbstbeobachtung ist auch hier das ›richtig‹, was *ist*. Sie tun nicht mehr und nicht weniger, als Ihre ungeteilte, wache Aufmerksamkeit auf alles zu richten, was *jetzt* in Ihrem rechten Fuß vor sich geht. Ihr einziger Willensakt besteht darin zu verhindern, daß die Aufmerksamkeit wegtreibt, beispielsweise zu der Arbeit, die Sie heute tun müssen.

Dem rechten Fuß volle Aufmerksamkeit zu schenken bedeutet *nicht*, zähneknirschend jede andere Empfindung oder jeden Gedanken, der zufällig vorübertreibt, niederzukämpfen. Wenn Ihr Arm in diesem Augenblick jucken muß oder wenn Ihr Magen knurren muß, dann fühlen Sie dies einfach. Sie sind ein fühlendes Wesen. Konzentrieren Sie sich nicht auf den Versuch, Ihren Arm vom Jucken oder Ihren Magen vom Knurren abzubringen, oder darauf, Ihre Gedanken über die Arbeit des Tages zu unterdrücken. Das verstärkt diese Ablenkungen nur. Sobald Sie erkennen, daß Sie davon abgekommen sind, Ihrem rechten Fuß die volle Aufmerksamkeit zu schenken, bringen Sie einfach Ihre Aufmerksamkeit zu diesem Fuß zurück.

Das eben Gesagte bezieht sich auf die gesamte Morgenübung. Wenn Sie die Verbindung zu Ihrem rechten Fuß hergestellt haben, schenken Sie ihm einfach eine halbe Minute lang Ihre

Aufmerksamkeit. Manchmal wird es eine Weile dauern, bis Sie den Kontakt mit dem Fuß spüren. Verweilen Sie auf diese Weise etwa eine halbe Minute lang beim rechten Fuß, und gehen Sie dann zum nächsten Schritt über. Ich möchte hier betonen, daß es *ungefähr* eine halbe Minute sein soll: Entscheidend ist, daß Sie in Kontakt mit all dem sind, was gerade im rechten Fuß vorgeht, nicht, daß Sie die Sekunden zählen oder die Erfahrung auf andere Weise ›bewerten‹.

Verlagern Sie nun Ihre Aufmerksamkeit auf alles, was in Ihrem rechten Unterschenkel vorgeht. Sie brauchen die Verbindung zu den Vorgängen im rechten Fuß nicht aufrechtzuerhalten. Konzentrieren Sie sich einfach darauf, den rechten Unterschenkel zu spüren: widmen Sie Ihre Aufmerksamkeit etwa eine halbe Minute lang offen dem Strom der Empfindungen darin.

Dann verlagern Sie den Schwerpunkt der Aufmerksamkeit erneut und empfinden alles, was im Oberschenkel geschieht, auch dies etwa eine halbe Minute lang. Danach verlagern Sie Ihre Aufmerksamkeit auf das Geschehen in Ihrer rechten Hand. So richten Sie die Aufmerksamkeit jeweils etwa eine halbe Minute auf den rechten Unterarm, den rechten Oberarm, dann zur anderen Seite auf den linken Oberarm, dann abwärts zum linken Unterarm, zur linken Hand, zum linken Oberschenkel, zum linken Unterschenkel und schließlich zum linken Fuß. Gehen Sie erst zu einem neuen Körperglied über, wenn ein gewisser Kontakt mit dem vorangehenden hergestellt ist.

Die Dauer dieses Teils der Morgenübung kann von Tag zu Tag variieren. Wenn es Ihnen schwerfällt, Ihre Aufmerksamkeit zu konzentrieren, kann er zehn bis fünfzehn Minuten dauern, wenn Sie Ihre Aufmerksamkeit gut unter Kontrolle haben, fünf bis sechs Minuten.

Empfinden, Schauen und Hören

Nun beginnen Sie damit, den Radius Ihrer Aufmerksamkeit zu erweitern, was direkt zu jener Form des Selbsterinnerns führt, die als ›Empfinden, Schauen und Hören‹ bezeichnet wird.

Wenn Sie Ihrem linken Fuß etwa eine halbe Minute lang Aufmerksamkeit geschenkt haben, dehnen Sie die Aufmerksamkeit aus. Fühlen Sie nun gleichzeitig beide Füße, beide Beine (Ober- und Unterschenkel), beide Hände, beide Unterarme, beide Oberarme. Verbringen Sie etwa eine halbe Minute damit, dem Gesamtmuster der Empfindungen in Armen, Händen, Beinen und Füßen Aufmerksamkeit zu schenken. Der Einfachheit halber werde ich dies im weiteren Verlauf der Darstellung als ›Empfinden der Arme und Beine‹ bezeichnen.

Nachdem Sie etwa eine halbe Minute mit dem Empfinden der Arme und Beine verbracht haben, erweitern Sie Ihre Aufmerksamkeit erneut. Empfinden Sie weiterhin Arme und Beine, und hören Sie gleichzeitig aktiv alle Laute in Ihrer Umgebung. Wie bei den Empfindungen in Armen und Beinen gibt es auch unter den Geräuschen keine ›richtigen‹ oder ›falschen‹, die Sie hören oder nicht hören sollten. Während Sie Arme und Beine empfinden, hören Sie aufmerksam auf alle Geräusche, die zu hören sind. Sie brauchen keine inneren Selbstgespräche über das zu führen, was Sie da tun (etwa: »Da bellt ein Hund in der Ferne«). Nehmen Sie vielmehr die geistige Haltung des ungelenkten, neugierigen Hörens an, und erfassen Sie damit alle Geräusche, die in diesem Augenblick da sind. Tun Sie dies mit der gleichen Art offenherziger Neugier, die Sie auch beim Empfinden der Arme und Beine verwenden.

Wenn Sie während des Empfindens und Hörens in Phantasien abgleiten, so lenken Sie Ihren Geist sanft wieder zurück. Dies soll nicht heißen, daß Sie während des Selbsterinnerns nie über Möglichkeiten nachdenken oder solche simulieren dürfen. Dagegen ist nichts einzuwenden, solange Sie mit dem Selbsterinnern fortfahren. Doch wenn Gedanken und Phantasien sie vom Fortsetzen des Selbsterinnerns abbringen, dann lenken Sie die Aufmerksamkeit wieder auf diese Übung.

Die Übung des gleichzeitigen Hörens und Empfindens der Arme und Beine kann auch gesondert als Meditationsübung praktiziert werden, doch im Rahmen der Morgenübung dauert sie nur etwa eine halbe Minute. Fahren Sie fort mit dem Hören und mit dem Empfinden der Arme und Beine, und dehnen Sie

Ihre Aufmerksamkeit noch weiter aus. Öffnen Sie sanft die Augen, und schauen Sie sich aufmerksam um. Nun üben Sie gleichzeitig Empfinden, Schauen und Hören und damit eine Form des Selbsterinnerns.

Das Sehvermögen ist ein sehr dominierender Sinn; deshalb wird der größte Teil Ihrer Aufmerksamkeit sich auf das Schauen sammeln. Auch der Hörsinn ist ziemlich dominant; der zweitgrößte Teil Ihrer Aufmerksamkeit wird sich auf das Hören konzentrieren. Doch ein gewisser Prozentsatz Ihrer Aufmerksamkeit sollte bei den Empfindungen in Armen und Beinen verweilen. Vernachlässigen Sie aber auch die übrigen Sinneswahrnehmungen wie Geschmack und Geruch nicht. Ich habe Seh- und Hörvermögen als äußere Sinne nur deshalb hervorgehoben, weil es die dominierenden sind. Wenn ein Geruch vorüberschwebt, so nehmen Sie ihn aufmerksam wahr, und empfinden Sie gleichzeitig weiter Arme und Beine. Achten Sie außerdem ebenso wie bei der systematischen Selbstbeobachtung darauf, alle Fähigkeiten einzusetzen, also die emotionalen und körperlich/instinktiven Fähigkeiten ebenso wie die intellektuellen.

Sie praktizieren nun Selbsterinnern. Fahren Sie im weiteren Verlauf des Tages mit dem ›Empfinden, Schauen und Hören‹ fort. Das Ziel ist, darin so geübt zu werden, daß Sie während Ihres gesamten weiteren Lebens damit fortfahren können.

Schwierigkeiten mit dem ›Empfinden, Schauen und Hören‹

Wenn Menschen mit dem ›Empfinden, Schauen und Hören‹ beginnen, erleben sie häufig eine bestimmte Art subtiler Klarheit, ein Gefühl größerer Lebendigkeit und Präsenz für die Realität des Augenblicks. Diese Klarheit ist im Zustand der Konsensus-Trance nicht zu erkennen, und man kann sie auch nicht wirklich adäquat mit Worten beschreiben. Ich zögere sogar ein wenig, das Wort ›Klarheit‹ zu verwenden, da dieses Wort (wie jedes andere dafür verwendete Wort) den Eindruck erweckt, daß es sich um eine statische Erfahrung handelt, die keinen Veränderungen unterworfen ist. Dies trifft nicht zu. Es gibt Veränderungen; doch werden Sie das selbst erkennen, wenn Sie diese Art des Selbsterinnerns praktizieren.

Als ich nach der Lektüre von Ouspenskys *Auf der Suche nach dem Wunderbaren* zum erstenmal Selbsterinnern übte, wußte ich sogleich, daß dies etwas sehr Wichtiges war, etwas, das ich brauchte. *Drei Monate später* merkte ich, daß ich schon wenige Sekunden nach dem ersten Versuch wieder mit dem Selbsterinnern aufgehört hatte! Meine Erfahrungen seither bestätigen, daß dies nicht atypisch ist. Nach den ersten Augenblicken des ›Empfindens, Schauens und Hörens‹ vergessen die Menschen, mit der Übung fortzufahren, obwohl sie beim Üben bemerken, daß sich ihr geistiger Zustand dadurch verbessert.

Der Akt des ›Empfindens, Schauens und Hörens‹ ist nicht leicht. Nicht, daß die Übung besonders viel Mühe erfordert: Ein ziemlich geringer Willensaufwand ist erforderlich, um die Aufmerksamkeit auf mehrere Dinge gleichzeitig zu verteilen. Schwierig ist, die erforderliche Aufmerksamkeit und Bemühung *kontinuierlich* aufrechtzuerhalten. Meiner Erfahrung nach *kann Selbsterinnern nicht automatisiert werden.* Man muß stets eine kleine Menge absichtlicher, bewußter Bemühung und Aufmerksamkeit darauf verwenden, es willentlich zu praktizieren. Einige andere wohltuende Veränderungen können im Laufe der Zeit in Ihrem Geist auftreten und automatisiert werden, aber ›Empfinden, Schauen und Hören‹ muß stets aktiv praktiziert werden, sonst üben Sie nicht im Sinne dieser Übung. Dies ist die Eigenart echten Bewußtseins im Gegensatz zur automatisierten Konsensus-Trance. Eine winzige Menge gerichteter Bewußtheit muß schon vorhanden sein, wenn man mehr von dieser Bewußtheit schaffen will.

Der Umgang mit Angriffen des Über-Ich

Eine (im Zustand des Konsensus-Bewußtseins) häufige Reaktion auf die Entdeckung, daß man mit dem ›Empfinden, Schauen und Hören‹ aufgehört hat, ist ein Angriff des Über-Ich. »Ich hatte mich doch entschlossen, dies zu tun, und nun habe ich bereits versagt. Ich habe nicht einmal die elementarste Kontrolle über meinen eigenen Denkprozeß. Ich bin schwach! Ich bin schlecht!« Es kann sein, daß Sie nur wenig oder gar nichts gegen derartige Angriffe des Über-Ich tun können. Schließlich gehen Sie von einem Teil Ihres Geistes aus, der ja gerade zu dem Zweck geschaffen wurde, außerhalb Ihrer Kontrolle zu fungieren. Wie bei Angriffen des Über-Ich infolge der Selbstbeobachtung müssen Sie sich auch hier möglicherweise damit begnügen, die Angriffe zu beobachten und ihnen nicht mehr Energie als nötig zu schenken. Vielleicht lernen Sie durch dieses Beobachten etwas über die Eigenart Ihres Über-Ich. Zum Beispiel: Wie ist der ›Ton‹ oder die ›Stimme‹ in Ihrem Kopf beschaffen? Wessen Stimme ist es? Damit das Über-Ich hier nicht wie eine unüberwindliche Barriere erscheint, möchte ich hinzufügen, daß Übungen wie das Selbsterinnern es verschwinden lassen können. An seine Stelle tritt dann eine dem Menschen angeborene Moral, die Gurdjieff als ›wahres Gewissen‹ bezeichnete.

Das Wichtigste ist in jedem Fall: Ob Sie einen Angriff des Über-Ich erleben oder nicht, sobald Sie erkennen, daß Sie aufgehört haben mit dem ›Empfinden, Schauen und Hören‹, *fangen Sie wieder damit an.* Sie erlernen das Selbsterinnern, indem Sie es tun, nicht indem Sie sich in einem fort darüber sorgen oder grübeln, warum Sie es nicht tun.

Aufmerksamkeit — ein schlaffer Muskel?

Der folgende Vergleich hilft, die Anfangsschwierigkeiten beim Selbsterinnern zu verstehen. Unsere Aufmerksamkeit gleicht einem Muskel, der kaum benutzt wird, weil unsere geistige Maschinerie automatisiert worden ist. Diese leitet unsere Aufmerksamkeit in automatisierte Bahnen, ohne daß wir uns wirklich bemühen müßten. Nun fangen Sie an, Ihren schlaffen Muskel für die absichtliche Aufmerksamkeit zu benutzen; doch da ihm absichtliche Bemühung ungewohnt ist, ermüdet er leicht.

Sie werden kaum annehmen, daß Sie die Muskeln Ihres Körpers allein durch Nachdenken entwickeln können. Sie müssen stoßen und ziehen, trainieren und Gewichte heben, auch wenn das Schweiß kostet, ermüdend und manchmal auch schmerzhaft ist. Ähnlich verhält es sich mit dem ›Aufmerksamkeitsmuskel‹. Um ihn so stark zu machen, daß wir damit tun können, was wir wollen, müssen wir ihn immer und immer wieder benutzen, in den verschiedensten Situationen. Nur dadurch wird er allmählich stärker.

Hilfen beim Selbsterinnern

Es gibt ein paar Methoden, die Ihnen beim Üben des ›Empfindens, Schauens und Hörens‹ helfen können. Bedenken Sie, daß solche Hilfen kein Selbstzweck sind, sondern eben nur Hilfen zum Selbsterinnern. Irgendwann können sie zu bloßen Gewohnheiten oder auf andere Weise nutzlos werden. Dann wird es Zeit, sie zu modifizieren oder gar nicht mehr zu benutzen.

Scanning

Eine der bekanntesten Methoden zur Induktion der gewöhnlichen Hypnose besteht darin, daß das Hypnosemedium seine Augen auf einen bestimmten Punkt fixiert. Zur Aufrechterhaltung und Stabilisierung des Konsensus-Bewußtseins ist routinemäßiges Überblicken der Umgebung in großem Maße erforderlich.[1] Bei der Induktion der Hypnose wird das Konsensus-Bewußtsein durch jenes Starren ein wenig destabilisiert; ein Teil der Aufmerksamkeit wird vom Schauen auf die äußere Welt abgezogen. Die so freigesetzte Energie kann der Hypnotiseur nutzen.

Wenn Sie ›Empfinden, Schauen und Hören‹ praktizieren, werden Sie wahrscheinlich merken, daß es in der Tat ›Trance induziert‹, die Augen länger als ein paar Sekunden ruhig auf einen Gegenstand zu richten. Die automatisierten Wahrnehmungsgewohnheiten identifizieren und klassifizieren sofort das Objekt, auf das Sie schauen, und erklären es anschließend für unwichtig.

Die Folge ist, daß Sie in gewöhnliches Tagträumen abgleiten und das Selbsterinnern vergessen.

Wenn Sie sehr intensiv ›Empfinden, Schauen und Hören‹ praktizieren oder es schon recht gut beherrschen, können Sie fixiert auf etwas schauen, ohne vom Selbsterinnern abzukommen. Bis Sie soweit sind, sollten Sie die Übung des Selbsterinnerns jedoch mit ›aktivem Überblicken‹ *(Scanning)* verbinden. Schauen Sie *aktiv und absichtlich* einige Sekunden lang auf etwas, verlagern Sie dann den Blick, und schauen Sie ein paar Sekunden lang aktiv auf etwas anderes, und so weiter. Mit *aktivem* Schauen meine ich neugieriges Schauen mit intellektueller, emotionaler und körperlich/instinktiver Offenheit, mit der ›Was ist das?‹-Haltung, die dem passiven Ruhenlassen der Augen auf Objekten ohne echte geistige Offenheit entgegengesetzt ist. Dieses aktive Schauen ist für das ›Empfinden, Schauen und Hören‹ sehr wichtig.

Absichtliches, bewußtes Scanning erleichtert es, jene höhere Aufmerksamkeit aufrechtzuerhalten, die häufig durch ›Empfinden, Schauen und Hören‹ entsteht und die uns vor allem davon abhält, wieder in das Konsensus-Bewußtsein zurückzutreiben. Wenden Sie diese Methode mit Maß und gesundem Menschenverstand an. Vermeiden Sie, daß eine mechanische Sprunghaftigkeit oder ein gewohnheitsmäßiger Rhythmus entsteht. Wenn Sie wirklich aufmerksam Selbsterinnern praktizieren, ist es völlig natürlich, daß einige Dinge einen kurzen Blick erfordern, andere hingegen einen längeren. Selbst wenn ein Gegenstand lange Betrachtung erfordert, könnte es nützlich sein, einige Sekunden lang aktiv darauf zu schauen, dann etwas anderes zu betrachten und anschließend wieder auf den Gegenstand zurückzukommen. Ihre eigene Erfahrung wird Ihnen den Nutzen des Scanning verdeutlichen.

Die Praxis des aktiven Überblickens könnte das Mißfallen von Menschen erregen, die es für einen Ausdruck besonderer Ernsthaftigkeit halten, wenn Gesprächspartner einander unentwegt in die Augen starren. Wenn Sie ein paar Sekunden wegschauen, könnte der andere denken, daß Sie ›abschweifen‹ oder nicht interessiert sind, oder gar, daß Sie etwas zu verbergen haben. Mit einiger Übung können Sie den Eindruck erwecken, als handele es sich beim Scanning um eine gesellschaftlich akzeptable, normale Verlagerung des Blicks. Meine Erfahrung ist, daß man in Wirklichkeit einem Gegenüber mehr Aufmerksamkeit schenken und seinen Zustand und seine Absichten besser wahrnehmen kann, wenn man diese Art des Überblickens sowie ›Empfinden, Schauen und Hören‹ praktiziert, als wenn man ihm ständig in die Augen starrt. Ständiges Starren fördert in starkem Maße Phantasien.

Mikroziele

Ständig ›Empfinden, Schauen und Hören‹ zu praktizieren, bei allem, was man tut, in jedem Augenblick des Tages, ist ein sehr hochgestecktes Ziel. Da Selbsterinnern schwierig ist, entsteht leicht das Gefühl zu versagen, wenn man dieses Ziel auf die falsche Weise angeht oder es mit der Starrheit des Über-Ich anstrebt. Sie brauchen nur einen einzigen Augenblick lang nicht ›Empfinden, Schauen und Hören‹ zu üben, und schon meinen Sie, Sie hätten für den Tag versagt. Der realistische Teil Ihres Geistes weiß, daß es keinen Grund gibt, bei diesem Versagen zu verweilen. Sie verlieren dadurch nur Energie, die andernfalls der Praxis des Selbsterinnerns zugute kommen könnte. Doch Menschen entwickeln nun einmal leicht das Gefühl, versagt zu haben, und verfangen sich leicht darin.

Wenn wir das *Makro*ziel des ›Empfindens, Schauens und Hörens‹ zu jedem Augenblick des Tages in viele kleine *Mikro*ziele aufteilen, so verhilft uns das zu vielen ermutigenden Erfolgserlebnissen. Ich könnte mir beispielsweise zum Ziel setzen, vom Anfang dieses Satzes, den ich gerade schreibe, bis zu seinem Ende ›Empfinden, Schauen und Hören‹ zu praktizieren. Da! Ich habe es geschafft! Nun kann ich mich einem neuen Mikroziel zuwenden.

Kurze Aufgaben mit eindeutigem Anfang (das kann der Augenblick sein, in dem Sie sich zum Selbsterinnern entschließen) und klarem Ende sind ausgezeichnete Mikroziele. Geschirrspülen, durch einen Raum gehen, zur Toilette gehen, jemanden begrüßen, den Sie auf der Straße treffen, sind hervorragende Gelegenheiten. Auch Autofahrten liefern gute Mikroziele zum Selbsterinnern: Ich werde ›Empfinden, Schauen und Hören‹ praktizieren, bis ich an dem Schild in der nächsten Kurve vorübergefahren bin. Gut, ich bin da, ich habe es geschafft. Nun werde ich versuchen, ›Empfinden, Schauen und Hören‹ zu praktizieren, bis ich unter der Autobahnbrücke hindurchgefahren bin, die ich soeben vor mir sehe, und so weiter.

Einschränkung der Aufmerksamkeitsbreite

Manchmal ist es schwierig, das Gesamtmuster der Empfindungen in den Armen und Beinen wahrzunehmen, während man aktiv schaut und hört. Vielleicht ist das Muster zu vielfältig, oder Sie haben einfach Schwierigkeiten, sich darauf zu konzentrieren. Versuchen Sie es mit größerer Intensität; allerdings hilft auch das manchmal nicht weiter. In solchen Fällen sollte man die Aufgabe vereinfachen.

Während Sie aktiv schauen und hören, empfinden Sie gleichzeitig nur das, was in Ihren Armen vorgeht; lassen Sie die Beine eine Weile unbeachtet. Wenn auch das noch zuviel ist, beschränken Sie sich eventuell auf die Empfindungen in Ihren Händen, während Sie aktiv schauen und hören. Wenn Ihnen die Übung später leichter fällt, können Sie allmählich Arme und Beine wieder ganz einbeziehen. Denken Sie daran, daß nur ein geringer Prozentsatz Ihrer Aufmerksamkeit sich auf das Empfinden der Arme und Beine richtet; Sie schauen und hören ohnehin hauptsächlich.

Um Überstrapazierung zu vermeiden, kann man auch das äußere Ziel begrenzen. Wenn es gerade möglich ist, eine Zeitlang die Augen zu schließen, können Sie einfach eine Weile ausschließlich Empfinden und Hören üben. Oder Sie können versuchen, sich darauf zu konzentrieren, Ihre Arme und Beine zu empfinden, während Sie auf die Körperbewegungen der Menschen achten; lassen Sie dabei das Hören jedoch zunächst außer acht. Allerdings sind solche Vereinfachungen nur als zeitweilige Hilfen gedacht, denn wir wollen ja die Fähigkeit verstärken, die Welt uneingeschränkt wahrnehmen zu können, während wir Selbsterinnern praktizieren.

Irgendwann wird sich der körperliche Fokus auf natürliche Weise erweitern. Ich habe das Empfinden der Arme und Beine hervorgehoben, weil dies relativ neutrale Körperregionen sind, deren Empfindungen im Hier und Jetzt existieren, was Ihnen wiederum helfen kann, sich selbst im Hier und Jetzt zu verankern. Empfindungen aus zentralen Bereichen des Körpers wie den Eingeweiden werden zu gegebener Zeit einbezogen. Wenn sie natürlich auftreten, ist es völlig in Ordnung, sie in die auf das Empfinden der Arme und Beine gerichtete Aufmerksamkeit einzubeziehen. Sie können diese Empfindungen auch in den Vordergrund Ihrer Aufmerksamkeit stellen, sie in Gegensatz zu den gleichzeitigen Empfindungen der Arme und Beine stellen, um sie klarer wahrzunehmen. Richten Sie aber zu Anfang Ihrer Übungspraxis die Aufmerksamkeit nicht absichtlich auf zentrale Körperempfindungen! Manchmal haben wir traumatische Erinnerungen im Zusammenhang mit zentralen Körperempfindungen, mit denen wir zu diesem Zeitpunkt noch nicht umzugehen vermögen. Außerdem gibt es psychische und emotionale ›Kontrollpunkte‹ im Zentrum des Körpers, die wir bei gering entwickelter Selbst-Kenntnis nicht versehentlich aktivieren sollten.

Die Universalität des Selbsterinnerns

Selbsterinnern ist wie die Selbstbeobachtung als universell praktizierbare Übung gedacht. Das ›Empfinden, Schauen und Hören‹ kann sich auf *jeden* Aspekt des Lebens beziehen. Das gilt auch für die Selbstbeobachtung. Essen, Gehen, Reden, Schwimmen, Lieben, Argumentieren, Urinieren, Beten, sich gut fühlen, sich schlecht fühlen − all dies ist Material für das ›Empfinden, Schauen und Hören‹.

Sie werden sich versucht fühlen, ›Empfinden, Schauen und Hören‹ selektiv anzuwenden, indem Sie es beispielsweise praktizieren, um Ihren Genuß zu intensivieren, wenn etwas Schönes passiert, oder indem Sie versuchen, in Situationen emotionalen Schmerzes den Schmerz dadurch zu verringern. Dies gilt insbesondere für den Beginn Ihrer Übungspraxis, wenn Ihre Vorstellungen von Ihren Möglichkeiten noch auf niedrige Ziele beschränkt sind. In jedem Fall ist es besser, überhaupt Selbsterinnern zu praktizieren, als es nicht zu tun. Auf die Dauer bei einer so selektiven Art des Übens zu bleiben bedeutet jedoch, daß wir die Suche nach der Wahrheit zugunsten der Suche nach Vergnügen aufgegeben haben und die Praxis auf eine Weise verzerren, die später zu Schwierigkeiten und Leiden führen wird. Erinnern Sie sich noch einmal:

Es gibt keinen Gott außer der Wirklichkeit.
Ihn anderswo zu suchen
ist der Sündenfall.

Wenn Sie nur wissen wollen, was wirklich ist, solange Ihnen das Ergebnis gefällt, fordern Sie Schwierigkeiten geradezu heraus.

Selbstbeobachtung und Selbsterinnern

Ich habe Selbstbeobachtung und Selbsterinnern als unterschiedliche Übungspraktiken beschrieben. Sie unterscheiden sich in mancher Hinsicht, sind einander in anderer Hinsicht aber auch ähnlich. Aus der Selbstbeobachtung kann mit der Zeit Selbsterinnern werden. Beide erfordern die absichtliche Anwendung von Aufmerksamkeit, und beide können Ihnen zu einer klareren Wahrnehmung der Welt und Ihrer selbst verhelfen. Der Hauptunterschied ist die Quelle der Aufmerksamkeit.

Selbstbeobachtung kann von der Ebene der falschen Persönlichkeit aus geübt werden. Ein ›Ich‹ beobachtet Aspekte seines Verhaltens. Wenn die verschiedenen ›Ich‹ teilweise oder völlig bewußt geworden sind — was bei hingebungsvollem Üben geschieht —, kann ein ›Ich‹ einen Teil der Wirkungsweise der anderen ›Ich‹ beobachten. Das gewöhnliche Bewußtsein schenkt dem gewöhnlichen Bewußtsein Aufmerksamkeit. Sie können in diesem Fall klarer sehen als normalerweise, aber Sie sehen vermutlich nicht, wie Sie Ihre Beobachtung begrenzen, oder Sie bemerken nicht, daß Sie sich im Beobachten verlieren.

Selbsterinnern kann die gleichen Inhalte der Welt und des Erlebens beobachten, doch die Ebene oder die Quelle des Beobachtens ist eine andere. Durch den absichtlichen Akt des Teilens der Aufmerksamkeit können Sie wesentlich besser beobachten als gewöhnlich. Wenn Sie Ihre Aufmerksamkeit nicht nur auf das laufende Geschehen, sondern gleichzeitig auch auf etwas anderes richten − etwa auf die Empfindungen in Armen und Beinen −, ermöglicht Ihnen dies, außerhalb Ihres gewöhnlichen Bewußtseins zu funktionieren. Auf diese Weise werden Sie nicht vom Geschehen eingefangen; auf eine bestimmte Weise existieren *Sie* dann unabhängig, wobei mit ›Sie‹ hier etwas wesentlich Umfassenderes gemeint ist als Ihr ›Ich‹.

Rückblickend erscheint es mir nicht besonders befriedigend, wie ich den Unterschied zwischen Selbstbeobachtung und Selbsterinnern beschrieben habe. Aufgrund meiner eigenen Erfahrungen weiß ich zwar, was ich meine, aber unsere Sprache ist nicht in der Lage, dies auf wirklich befriedigende Weise zu vermitteln.

Das Gleichnis vom Pferd, Wagen und Kutscher könnte uns hier noch einmal weiterhelfen. Manchmal bemerkt der Kutscher Eigenschaften des Wagens, oder er merkt, daß seine Kleidung nicht elegant ist und auf andere Kutscher einen schlechten Eindruck macht. Er bemerkt das aus der für ihn typischen Perspektive des Kutschers. Oder das Pferd nimmt bestimmte Aspekte des Kutscherverhaltens wahr − natürlich aus seiner Pferdeperspektive. Dem Körpergeruch des Kutschers könnte das Pferd beispielsweise bestimmte Informationen entnehmen, die der Kutscher selbst nicht einmal bemerkt; hingegen bedeutet der Kleidungsstil des Kutschers dem Pferd nichts. So ist es auch bei der Selbstbeobachtung: Ein großer Teil unserer gewöhnlichen, automatisierten Perspektive der falschen Persönlichkeit im Zustand der Konsensus-Trance spielt dabei eine Rolle. Das soll aber nicht heißen, daß Selbstbeobachtung wertlos wäre. Sie ist sogar sehr wertvoll und als Anfangspunkt auf dem Vierten Weg absolut notwendig.

Selbsterinnern ist so, als würde der Herr des Pferdes, des Wagens und des Kutschers auf der Szene erscheinen und sie beobachten. Der Herr steht außerhalb des Geschehens; er unterscheidet sich von jenem aus Pferd, Kutsche und Kutscher bestehenden Transportsystem, obgleich er es benutzen und davon betroffen sein kann. Der Herr kann es beobachten und sich damit beschäftigen, aber er weiß immer, daß er etwas anderes ist als Pferd, Wagen und Kutscher. Von dieser überlegenen Position des Außenstehenden aus sieht er möglicherweise Dinge, die Pferd, Wagen und Kutscher oder alle zusammen nicht sehen. Beim Selbsterinnern sind Sie stärker Sie selbst als sonst, und dennoch sind Sie auch mehr als Ihr gewöhnliches Selbst und unterscheiden sich eindeutig davon.

Ich bin immer noch nicht zufrieden mit meiner Beschreibung. Jemand, der eine gewisse Erfahrung im Selbsterinnern hat, wird mich dennoch verstehen. Das Wissen, das ich hier zu vermitteln versuche, ist im Sinne des 1. Kapitels teilweise zustandsspezifisch. Entnehmen Sie also der Beschreibung soviel wie möglich, versäumen Sie jedoch nicht, es durch die Praxis des Selbsterinnerns in der Realität zu erproben.

In diesem Kapitel sind die Anfänge des Selbsterinnerns behandelt worden. Arme und Beine zu empfinden und gleichzeitig aktiv die Welt wahrzunehmen ist eine geeignete Methode für den Anfänger. Das Ziel ist letztlich, *alles* zu erinnern. Dieses *Alles* liegt jenseits unseres derzeitigen Wissens, aber der Anfang ist gemacht.

Es mag vielleicht etwas melodramatisch klingen, aber langfristiges Üben der Selbstbeobachtung und des Selbsterinnerns kann Ihr Leben völlig verändern.

19

Höhere Bewußtseinsebenen

Am Anfang dieses Buches stand eine Abhandlung über Bewußtseinszustände. Wir wollen uns das dort Gesagte noch einmal kurz ins Gedächtnis zurückrufen.

Wir haben einen diskreten Bewußtseinszustand eines bestimmten Individuums als einzigartige Konfiguration oder einzigartiges System psychischer Strukturen definiert. Die unterscheidbaren Teile oder Aspekte des Geistes sind dabei nach einem bestimmten Muster oder System arrangiert. Die Funktionsweise des Geistes verändert sich ständig, doch ein solches übergreifendes Muster kann einige Zeit fortbestehen und erkennbar bleiben. Das Muster eines Bewußtseinszustandes erzeugt ein erkennbares ›Gefühl‹ oder einen ›Geschmack‹.

Die Strukturen, die in einem solchen diskreten Bewußtseinszustand wirksam sind, bilden ein System, dessen einzelne Teile einander mit Hilfe von Feedback-Kontrolle in ihrer Funktion stabilisieren, so daß der Zustand sein allgemeines Muster trotz Veränderungen in der Umgebung aufrechterhalten kann. Tauchen in der Umgebung jedoch gewisse Schlüsselreize auf, dann kann das Muster zerbrechen und durch ein anderes ersetzt werden, etwa so, wie eine persönliche Bemerkung eines anderen Menschen bei uns den Wechsel von einem Identitätszustand in einen anderen zur Folge haben kann.

Ein Bewußtseinszustand ist ein *veränderter* Bewußtseinszustand, wenn er sich deutlich von einem so bezeichneten Grundzustand unterscheidet, der uns als Vergleichsmaßstab dient. Da der Vergleichsmaßstab meist das gewöhnliche Wachbewußtsein ist, ist ein Zustand wie der des nächtlichen Träumens ein veränderter Bewußtseinszustand. Andere bekannte Beispiele für veränderte Bewußtseinszustände sind der Zustand der Hypnose, Zustände, die durch psychoaktive Drogen wie Alkohol entstehen, Zustände im Zusammenhang mit starken Emotionen wie Wut, Panik, Depression und freudige Erregung sowie Zustände, die durch meditative Übungen induziert werden.

Meist sprechen wir über den gewöhnlichen Bewußtseinszustand so, als ob er ein Zustand der Einheit wäre. Unter Berücksichtigung des im Kapitel über die Identitätszustände Gesagten ist das gewöhnliche Bewußtsein jedoch als eine Sammlung von Identitätszuständen zu sehen. Da die meisten Identitätszustände innerhalb der zulässigen Grenzen des Konsensus-Bewußtseins operieren, werden sie nicht auf gleiche Weise als veränderte Bewußtseinszustände erkannt wie zum Beispiel der offensichtlich veränderte Zustand der Hypnose. Jeder Identitätszustand ist ein Aspekt der Konsensus-Trance. Das gewöhnliche Bewußtsein als Vergleichsmaßstab zu benutzen und anhand dessen andere Zustände als verschieden oder verändert zu bezeichnen mag das Beste sein, was wir gewöhnlich tun können, doch mangelt es diesem Verfahren erheblich an Präzision.

Die formale Definition der Bewußtseinszustände, die ich im 1. Kapitel gegeben habe (wobei ich mich auf meine frühere wissenschaftliche Arbeit bezog), ist von einer Charakteristik geprägt, die mit dem ursprünglichen Verwendungszweck der Definition zusammenhängt: Sie ist wertfrei. Sie sollte eine genaue und rein wissenschaftliche Beschreibung der geistigen und emotionalen Funktionen des Bewußtseins sein, ganz gleich, ob der beschriebene Zustand beinhaltet, daß jemand ein paar Schuhe kauft, ein Heiliger seine Gebete verrichtet oder ein Depressiver im Sumpf seiner Verzweiflung versinkt.

Weil diese Definition der Bewußtseinszustände ursprünglich das Studium veränderter Bewußtseinszustände in der wissenschaftlichen Welt legitimieren sollte, war eine wertfreie Beschreibung notwendig. Viele Wissenschaftler glauben, die Wissenschaft solle sich nicht mit Werten befassen, da sonst die ›Objektivität‹ leide. Dies ist in vielen Fällen wahr, wird jedoch zu einer gefährlichen Halbwahrheit, wenn es dahingehend interpretiert wird, daß wir uns nie und auf keine Art mit Emotionen oder Werten beschäftigen sollten.

Allerdings dürfen wir keineswegs Bewertungen mit Beobachtungen verwechseln. Wenn Sie glauben, über die tatsächliche Form von Ereignissen zu sprechen, in Wirklichkeit jedoch über Ihre eigenen Gefühle und Werte sprechen, dann betreiben Sie mit Sicherheit miserable Wissenschaft. Man könnte auch sagen, Sie leben ein miserables Leben. Einen ähnlichen Fehler machen Sie, wenn Sie glauben, über Werte zu sprechen, sich aber in Wahrheit mit äußeren Fakten beschäftigen.

Gleichzeitig jedoch gilt, daß Werte nicht ausschließlich subjektiv sind: Sie sind Beobachtungen und Schlüsse des emotionalen Gehirns. Je nach der Funktionsqualität Ihres emotionalen Gehirns kann es sich um neurotische Phantasien oder um die tatsächlich wichtigsten Aspekte einer Situation handeln. Sie zu ignorieren hieße in jedem Fall, Teile der Realität zu ignorieren. Wie im 14. Kapitel besprochen, führt dies zum falschen Arbeiten der drei Gehirne, und es verzerrt unsere Funktionsweise. In der modernen Wissenschaft hat dies zu einer stark verzerrten Sicht des Universums geführt. Da die moderne Wissenschaft die emotionale und die intuitive Seite des Lebens ignoriert und eine Objektivität vorspiegelt, die nicht gegeben ist, ist die moderne Wissenschaft angefüllt mit impliziten, versteckten und häufig kraftraubenden emotionalen Voraussetzungen und Wertungen, die dem menschlichen Geist Gewalt antun. Wenn einer meiner Leser sich mit dieser Thematik befassen will, so sei er auf meine Studien über die stillschweigenden Voraussetzungen der westlichen Psychologie verwiesen.[1]

Eine völlig wertfreie Orientierung, insbesondere, wenn sie auf Angst und schlechtem Verständnis der Funktionsweise des emotionalen Gehirns basiert, ist der reinen, umfassenden Wissenschaft vom Leben nicht dienlich. Sicherlich ist sie im Zusammenhang dieses Buches nicht wünschenswert, das ja letztlich auf die Praxis ausgerichtet ist. Die Darstellung war zwar oft sehr fachspezifisch, doch haben wir uns wiederholt mit der Frage befaßt, wie man im Leben mehr Glück und Erfüllung finden kann. Wie kann ich die Verzerrungen aus meinem Leben beseitigen, aus der

Konsensus-Trance aufwachen, meine kulturellen Beschränkungen überwinden und die Wirklichkeit der Welt und meiner eigenen inneren Essenz erkennen? Wie kann ich effektiver daran mitwirken, diese Welt zu einer besseren Welt zu machen? Wie kann ich statt meiner derzeitigen Fragmentierung in viele ›Ich‹ Einheit erreichen? Solche Ziele anzustreben impliziert Werte: Klare Wahrnehmung ist besser als verzerrte Wahrnehmung, Freiheit ist besser als Zwang. Aus dieser Perspektive sind verschiedene Bewußtseinszustände auch bessere oder schlechtere, hilfreiche oder hinderliche, höhere oder niedrigere. Zumindest könnte der Zustand, in dem sich der Heilige befindet, wesentlich hilfreicher oder höher sein als der des Schuhkäufers oder des Depressiven, wenn er im Sinne des 1. Kapitels angemessen genutzt wird.

Vier Bewußtseinsebenen

Nach Gurdjieff hat das Bewußtsein vier Hauptfunktionsebenen. Auf jeder dieser Ebenen sind verschiedene Zustände möglich. Wir können diese vier Ebenen bezeichnen als: a) gewöhnliches Schlafen und Träumen; b) Konsensus-Bewußtsein oder gewöhnlicher Wachzustand; der Begriff Konsensus-Trance eignet sich hier im Sinne einer Bewertung noch besser; c) echtes Selbst-Bewußtsein, das durch Selbsterinnern gekennzeichnet ist; und schließlich d) objektives Bewußtsein. Diese vier Ebenen stellen unter anderem eine Progression von der Zersplitterung zur Einheit dar.

Gewöhnliches Schlafen und Träumen

Die Ebene des gewöhnlichen Schlafens und Träumens ist genau das, was wir uns darunter vorstellen — unsere geistige Aktivität (oder deren Fehlen) während des nächtlichen Schlafs. Gurdjieff machte sich selten die Mühe, den Schlafzustand vom Zustand des Träumens zu unterscheiden, es sei denn in Form der folgenden Analogie: Wenn wir aus dem Zustand des nächtlichen Träumens in den der Konsensus-Trance erwachen, haben wir im allgemeinen das Gefühl, daß unser Geist wesentlich klarer ist als im Zustand des Träumens. Ähnlich ist der Geist beim Selbsterinnern, also im Zustand echten Selbst-Bewußtseins, um soviel klarer, verglichen mit dem Zustand der Konsensus-Trance, wie die Konsensus-Trance klarer ist als das nächtliche Träumen.

Nächtliches Träumen ist ein Zustand, bei dem sehr hohe Ebenen der Realitätssimulation erreicht werden. Eine ganze Traumwelt wird geschaffen. Verglichen mit der Konsensus-Trance ist unser Erleben im Zustand des nächtlichen Träumens weitaus umfassender. Das ist so, weil der Simulator in seiner Tätigkeit nicht nennenswert durch äußere Stimuli begrenzt wird. Die Augen liefern keine visuellen Muster, die in die Simulation einbezogen werden müssen; folglich kann jede beliebige visuelle Szene simuliert werden. Die einzigen Begrenzungen scheinen innere zu sein, die durch die Charakteristika der falschen Persönlichkeit und durch Abwehrmechanismen bedingt sind. Doch auch diese Beschränkungen sind im Traumzustand wesentlich fließender als im Zustand der Konsensus-Trance. Die Qualität des ›Ich‹ kann im Traum fast allem angeheftet werden, was eine Erklärung für jene ›uncharakteristischen‹ Aktionen sein könnte, zu denen wir manchmal zu unserer eigenen Verwunderung im Traum fähig sind.

Die Konsensus-Trance ist eine Bewußtseinsebene, auf der wir Selbstbeobachtung und Selbsterinnern praktizieren können; insofern steht sie wesentlich höher als die Formlosigkeit des nächtlichen Schlafens oder Träumens.[2] In einem sehr realen Sinne jedoch ist nächtliches Träumen wesentlich sicherer als der Zustand der Konsensus-Trance. Unser Körper führt die Aktionen, von denen wir träumen, nicht aus. Wenn wir im Traum von einer Klippe springen oder wenn wir andere Menschen verletzen, so haben wir nach dem Aufwachen weder gebrochene Knochen noch Feinde.

Die moderne Schlafforschung hat bestätigt, daß im Traumzustand eine Muskellähmung das Ausagieren unserer Träume verhindert. In der Konsensus-Trance hingegen fehlt ein solcher

Schutz. Wie wir gehört haben, orientieren wir uns nur teilweise an der Realität der materiellen Welt, anderer Menschen und unserer eigenen Gefühle. Wir leben in einem Wachtraum. Der Prozeß der Weltsimulation findet in der Konsensus-Trance ebenso statt wie im Zustand des Träumens. Er ist dort allerdings stärkeren Restriktionen unterworfen als im Traumzustand, denn ein starker sensorischer Input muß mit der Simulation in Einklang gebracht werden. Außerdem ist unsere falsche Persönlichkeit sorgfältig kulturell geprägt worden, was die Vielfalt der möglichen Simulationen weiter einschränkt, wohingegen unser Traumselbst nach den Abwertungen in der Kindheit weitgehend in Ruhe gelassen wurde. Doch wir können handeln auf der Grundlage unserer verzerrten Wahrnehmungen, Gedanken und Gefühle und uns selbst und andere auf diese Weise beeinflussen. Die Reaktionen auf unsere Handlungen im Zustand der Konsensus-Trance sind eine wichtige Ursache nutzlosen Leidens.

Konsensus-Trance

Etwa ein Drittel unseres Lebens verbringen wir auf der Bewußtseinsebene des nächtlichen Schlafens und Träumens, die verbleibenden zwei Drittel im Zustand der Konsensus-Trance. Konsensus-Trance ist eine Ansammlung von Identitätszuständen. Wir gehen und reden, machen Versprechungen und brechen sie, lieben und bekämpfen uns und *stellen uns bei alledem vor, daß wir uns im dritten Bewußtseinszustand befinden, dem des echten Selbst-Bewußtseins.*

Wir haben uns bereits detailliert mit den Charakteristika der Konsensus-Trance beschäftigt, doch möchte ich hier noch einen weiteren Aspekt hervorheben: Wir glauben, uns schon im Zustand echten Selbst-Bewußtseins zu befinden; wir meinen zu wissen, was wir tun, glauben, eigenständige Entscheidungen zu treffen, unseren Geist zu verstehen, und außerdem glauben wir auch noch, daß wir eine Einheit sind. Diese Illusionen sind besonders gefährlich, denn da wir nicht wissen, wie sehr uns echte Wesentlichkeit, echtes Selbst-Bewußtsein, Selbst-Verständnis und echter

Wille fehlen, kommen wir natürlich auch gar nicht auf die Idee, uns darum zu bemühen. Wenn wir davon hören, neigen wir dazu, das Gehörte auf das gewöhnliche Denkniveau zu reduzieren und so seine potentielle Transformationskraft zu zerstören.

Manchmal habe ich beim Schreiben dieses Buches gedacht: »Die ganze Mühe lohnt sich nicht. Niemand wird einsehen, daß er sehr hart arbeiten muß, um Fähigkeiten zu entwickeln, die er schon zu haben glaubt.« Dennoch ist es überlebensnotwendig, dies zu tun: Glauben Sie, daß Automaten im Zustand der Konsensus-Trance unserem Planeten den Frieden bringen können? Mit Sicherheit kann eine sprachliche Darstellung allein, ganz gleich, wie gut sie ist, unseren Zustand noch nicht wirklich treffend beschreiben. Wenn ich Sie jedoch dazu verlockt habe, mit der Übung der Selbstbeobachtung und des Selbsterinnerns zu beginnen, dann wird Ihre eigene Erfahrung Ihnen helfen, das Beschriebene zu verstehen.

Echtes Selbst-Bewußtsein

Die dritte Bewußtseinsebene, der Zustand des Selbsterinnerns, ist unser angeborenes Recht. Auf dieser Ebene hätten wir tatsächlich die Eigenschaften, die wir uns im Zustand der Konsensus-Trance irrtümlich zuschreiben. Wir hätten ein echtes Bewußtsein von unserem Handeln und unseren inneren Zuständen, wir würden die Welt klar sehen, alle drei Gehirne würden gut und in Harmonie miteinander arbeiten, wir würden die Wünsche unserer Essenz verstehen und den echten Willen haben zu tun, was wir wünschen. In diesem Zustand wären wir auch endlich eins. Wir könnten mit Recht sagen »Ich bin«, denn ein wahres Selbst wäre vorhanden, das weitaus lebendiger ist als das Kommen und Gehen der Identitätszustände der Konsensus-Trance.

Die meisten Menschen erleben diese dritte Ebene leider nur als äußerst seltene Bewußtseinsblitze, die den Zustand der Konsensus-Trance kurzzeitig unterbrechen und fast augenblicklich wieder vergessen werden, sobald der/die Betreffende in den Schlaf zurücksinkt. Ich hoffe, daß diese Aussage sich für Sie infolge der

Praxis der Selbstbeobachtung oder des Selbsterinnerns als falsch erweisen wird.

Wie Sie nach der Lektüre der vorigen Kapitel und noch mehr durch eigene Versuche in der Selbstbeobachtung und Bemühungen um das Erwachen verstehen werden, ist es für Menschen schwer zu erkennen, daß sie sich im Zustand der Konsensus-Trance befinden. Es gibt sogar eine besonders perverse Reaktion, die uns noch stärker von diesem Wissen trennt: Wenn uns jemand sagt, wir seien nicht wirklich unserer selbst gewahr, so erwachen wir vermutlich für einen kurzen Augenblick teilweise und sind einer Art Selbst-Bewußtsein näher, um dann leugnen zu können, daß wir unbewußt sind. Streß hat manchmal die Auswirkung, daß wir uns wesentlich stärker auf das Hier und Jetzt konzentrieren, Energie von unseren Illusionen abziehen, uns so der Realität näherbringen und uns infolgedessen lebendiger fühlen. Deshalb sind gefährliche Sportarten so beliebt: Besser lebendig und in Gefahr als tot für die Realität und unsere Essenz. Noch besser allerdings ist es, mit Hilfe des Selbsterinnerns zu lernen, lebendiger zu sein.

Unterschieden werden sollte hier zwischen dem Selbsterinnern als Übung und echten Selbst-Bewußtsein als Funktionsebene des Bewußtseins, die zu einem bestimmten Zeitpunkt aus der Praxis des Selbsterinnerns erwachsen kann, aber nicht muß. Selbsterinnern ist ein Prozeß, eine bestimmte Art von geistiger Aktivität. Wir versuchen, eine beobachtende und integrierende Instanz in unserem Geist zu schaffen, damit wir wissen, was wir mit uns selbst anstellen. Wir können hart oder mit weniger Energieaufwand daran arbeiten, und wir können in verschiedenem Maße erfolgreich sein. Der *Zustand* des Selbst-Bewußtseins kann ein Ergebnis unserer *Übung* des Selbsterinnerns sein.[3]

Manchmal erreichen wir bei dem Versuch, uns selbst zu erinnern, sofort den Zustand echten Selbst-Bewußtseins. Wir nehmen dann sowohl die äußere Welt als auch unsere eigenen inneren Prozesse mit besonderer Klarheit wahr und erfahren eine schwer zu beschreibende, neuartige Weise realen, echten Seins. Selbst-Bewußtsein, diese dritte Ebene des Bewußtseins, kann wenige Augenblicke dauern oder längere Zeit. Wenn dieser Zustand immer häufiger auftritt und immer länger bleibt, ist er eindeutiger als eigenständiger Bewußtseinszustand zu erkennen.

Es kann auch sein — und dies ist weitaus häufiger, wenn Sie erst mit dem Selbsterinnern beginnen —, daß die wichtigste Erfahrung nicht die einer neuen und wunderbaren Klarheit ist, sondern die Erkenntnis, wie schwierig es sein kann, klar zu werden. Wir erfahren also die Macht der automatisierten Denkprozesse, die uns durch unser Leben treiben. Dann hat sich zwar die Tiefe der Konsensus-Trance verringert, aber wir befinden uns noch immer *innerhalb* dieses Zustandes. Doch können wir ihn nun klar beobachten, was allerdings nicht gleichbedeutend ist mit dem Erreichen des veränderten und höheren Zustandes echten Selbst-Bewußtseins.

Ein recht passender Vergleich scheint mir hier das Schwimmen unter Wasser zu sein. Es ist so, als wäre mein Geist ein Schwimmer, der in einem Fluß schwimmt. Gedanken, Gefühle, Empfindungen und äußere Ereignisse sind Wellen und Strömungen. Einige davon sind unscheinbar, andere sehr mächtig. Manchmal befinde ich mich in der Nähe der Wasseroberfläche, in der Nähe des Lichtes, das von oben kommt, und kann deshalb klarer sehen. Zu anderen Zeiten befinde ich mich in der Tiefe, wo es sehr heimtückische und mächtige Strömungen gibt und das Wasser schlammig ist.

Selbsterinnern gleicht dem Versuch, auf ein festgelegtes Ziel zuzuschwimmen, statt sich passiv von der Strömung treiben zu lassen. Manchmal zeigen mir meine Versuche, mich selbst zu erinnern, wahrzunehmen, wo ich bin und wohin ich schwimme, nur, daß ich mich im dunklen, schlammigen Wasser am Grund des Flusses befinde, daß ich in mächtigen, trüben Strömungen gefangen bin und kaum in der Lage, dagegen anzukämpfen, geschweige denn näher an mein selbstgewähltes Ziel heranzukommen. Zu anderen Zeiten bin ich besser in der Lage, mich meiner selbst zu erinnern. Dann finde ich mich in klarerem, ruhigerem Wasser wieder, ich vermag auch meine Umgebung besser wahrzunehmen und komme meinem Ziel näher. Und dann gibt es noch die Augenblicke, wo mein Kopf sich aus dem Wasser erhebt und ich meine Lungen mit wundervoller, reiner Luft fülle, mich daran freue, daß ich lebe, mein Ziel klar vor mir sehe und darauf zuschwimme.

Selbsterinnern entspricht in diesem Beispiel dem Schwimmen. Das Licht und die Welt über dem Fluß bilden das Ziel des echten Selbst-Bewußtseins. Schlamm und Flußströmungen stellen unseren automatisierten Geist dar und den Druck der Konsensus-Realität, der bewirkt, daß wir im Zustand der Konsensus-Trance bleiben. Die Augenblicke des Selbsterinnerns, in denen wir nur sehen, wie tief wir im Schlamm stecken und wie wenig wir tun können, können sehr entmutigend sein. Dennoch sind sie äußerst wichtig, denn wir versuchen zu schwimmen, den Willen zum Schwimmen zu entwickeln, schwimmen zu lernen. Es ist genauso wie beim Stärken der Muskeln. Zu Anfang kann man keine Kraftakte von uns erwarten, und das Training ist unangenehm, aber eines Tages sind wir dann plötzlich viel stärker und können Dinge mit Leichtigkeit tun, die zuvor große Anstrengung erfordert hätten.

Diese Analogie stimmt mit einigen meiner eigenen Erfahrungen recht genau überein. Oft habe ich das Gefühl, gegen mächtige, dunkle Ströme des Denkens und Fühlens anzukämpfen, wenn ich mich im Selbsterinnern versuche.

Objektives Bewußtsein

Gurdjieff definierte den vierten Bewußtseinszustand als denjenigen, *in dem man die Dinge so sieht, wie sie wirklich sind.* Dieser Zustand umfaßt alle Eigenschaften der dritten Bewußtseinsebene wie Einheit und Integration der drei Gehirne, doch werden die Errungenschaften in diesem Zustand dauerhafter, da sie auf dieser Ebene einer Veränderung des *Seins* entspringen, nicht nur dem Funktionsmodus des Bewußtseins. Genauer gesagt, nehmen wir dann eine ganz neue Ordnung der Wirklichkeit wahr, weil zwei neue Zentren oder Gehirne zu arbeiten beginnen. Einige Aspekte der vierten Ebene sind von der dritten aus zu verstehen, nur sehr wenig davon auf der zweiten Ebene der Konsensus-Trance. Somit ist das, was Sie im Augenblick lesen, ein Hindeuten auf die vierte Ebene, keine Definition und keine genaue Beschreibung derselben. Verstehen Sie es als Inspiration oder als Hinweise darauf, daß unsere Möglichkeiten weitaus umfassender sind, als allgemein angenommen wird. Nehmen Sie die Darstellung keineswegs wörtlich!

Im 14. Kapitel wurde der Mensch als dreihirniges Wesen beschrieben, das außer dem intellektuellen auch ein emotionales und ein körperlich/instinktives Zentrum oder ›Gehirn‹ hat, mit dem Informationen aufgenommen und verarbeitet werden können. Gurdjieff behauptete, daß wir außerdem noch zwei weitere Zentren besitzen: das höhere Gefühlszentrum und das höhere intellektuelle Zentrum. Diese beiden höheren Zentren sind nach Gurdjieff viel mächtiger und intelligenter als das gewöhnliche Gefühlszentrum und das gewöhnliche intellektuelle Zentrum, und sie operieren auch weitaus schneller als die entsprechenden gewöhnlichen Zentren. Das höhere emotionale Zentrum enthält das, was Gurdjieff ›wahres Gewissen‹ nannte, den Gegensatz zur relativen, konditionierten Moral der Konsensus-Trance. Die beiden höheren Zentren sind uns angeboren; sie sind bereits voll entwickelt und funktionsfähig, doch erfordert es viel Arbeit an der eigenen Entwicklung, bis wir auf der dritten Bewußtseinsebene die Grundlagen dafür geschaffen haben, mit ihnen in Kontakt zu treten und sie zu nutzen. Diese Zentren nehmen zwar stets Informationen über uns selbst und unsere Realität auf und verarbeiten sie, aber unser gewöhnliches Selbst ist von ihrem Output abgeschnitten. Gewöhnlich wissen wir nicht einmal, daß sie existieren. Dies erinnert mich an einen Ausspruch, den Buddha nach seiner Erleuchtung getan haben soll: »Wunder aller Wunder! Alle Menschen sind erleuchtet, doch sie wissen es nicht!«

Die Computeranalogie

Als Menschen des Computerzeitalters verfügen wir über eine ausgezeichnete Analogie für diese Situation. Jeder von uns hat einen eigenen kleinen Personal Computer. Er ist recht langsam, hat nur einen kleinen Datenspeicher, und in diesem sind auch nur sehr wenige Daten gespeichert. Der Computer benutzt für seine Berechnungen drei ziemlich primitive Programmiersprachen: Intellectual Basic, Emotional Basic und Bodily/Instinctive Basic.

Wenn wir diese Sprachen beherrschen, können wir viele unserer alltäglichen Bedürfnisse damit sehr gut erfüllen. Wir lieben und bewundern diesen kleinen Personal Computer zu Recht, denn er ist ein kleines Wunder, obgleich er eine begrenzte Maschine ist. Wir identifizieren uns sogar mit ihm: Wir denken, seine Gedanken seien unsere eigenen.

Jedoch haben wir aufgrund unserer Identifikation mit diesem Personal Computer und bedingt durch unsere Abhängigkeit von ihm vergessen, daß es eine Programmiermethode gibt, die ihn zum Terminal eines großen Computers machen würde: Wir würden so mit dem großen Computer und seinen erweiterten Fähigkeiten verbunden. Der Supercomputer arbeitet weitaus schneller als unser Personal Computer, hat einen riesigen Speicher, angefüllt mit wichtigen Fakten, die uns gewöhnlich unbekannt sind, und er kann mit zwei sehr komplizierten und mächtigen Sprachen alle wichtigen Probleme lösen, die mit Intellectual Basic, Emotional Basic und Bodily/Instinctive Basic nicht adäquat zu lösen sind. Diese Sprachen sind Higher Emotional und Higher Intellectual.

Die wichtigsten Fragen unseres Lebens könnten beantwortet werden, wenn der Supercomputer in Higher Emotional und Higher Intellectual an ihnen arbeiten und seine riesigen Datenbanken nutzen würde. Aber o weh! Wir sind nicht mit ihm verbunden. Wir versuchen, diese wichtigen Probleme auf unserem kleinen Personal Computer zu lösen, was uns jedoch in keiner der uns bekannten Basic-Sprachen gelingt. So wie bestimmte Witze aus einer Fremdsprache nicht in unsere Muttersprache übertragen werden können, ohne daß das Wesentliche, das Komische daran verlorengeht, ergeben bestimmte Phänomene nur in Higher Emotional oder Higher Intellectual einen Sinn. Dies ist die Art von zustandsspezifischem Wissen, um die es im 1. Kapitel ging.

Die Unbeschreibbarkeit des Wissens
höherer Zustände

Das gewöhnliche Wissen der zweiten Bewußtseinsebene über das objektive Bewußtsein ist das wenige, was wir über veränderte Bewußtseinszustände und über jene ungewöhnlichen Augenblicke wissen, die wir vage als ›mystische Erfahrungen‹ bezeichnen und die gelegentlich in veränderten Bewußtseinszuständen auftreten. Dabei können Menschen Einsichten in ihr eigenes Wesen und in das des Universums haben und sie als das Wichtigste auf der Welt erleben. Solche Einsichten können den Verlauf ihres weiteren Lebens völlig verändern. Doch um das Erfahrene anderen vermitteln oder es auch nur sich selbst wieder vergegenwärtigen zu können, nachdem man den Zustand des gewöhnlichen Konsensus-Bewußtseins wieder erreicht hat, muß man gewöhnliche Gedanken und die normale Sprache benutzen. Das führt dann zu Aussprüchen wie »Alles Leben ist eins« oder »Gott ist Liebe« oder »Alle Wirklichkeit ist sowohl leer als auch erfüllt«.

Die besseren unter diesen Berichterstattern sind sich darüber klar, daß ihr Verständnis und ihre Beschreibungen nach ihrer Rückkehr in den Zustand der Konsensus-Trance trotz größter Bemühung nicht besonders gut sind und sogar in hohem Maße irreführend sein können, *insbesondere für Menschen, die selbst noch keine ähnlichen Erfahrungen gemacht haben.* Wissen und Einsichten, die völlig klar sind, wenn sie etwa in Higher Emotional ausgedrückt werden, wirken in Emotional Basic oder Intellectual Basic ziemlich verstümmelt. Die weniger guten Berichterstatter mißverstehen die Einstellungen und Verzerrungen ihrer auf höheren Ebenen erlangten Einsichten durch den Einfluß ihres automatisierten Geistes als buchstäbliche Wahrheiten.

Dies ist gemeint, wenn wir sagen, bestimmtes Wissen sei ›unbeschreibbar‹. Es ist im gewöhnlichen Bewußtseinszustand, im Zustand der Konsensus-Trance, einfach nicht zu verstehen, in einem nichtgewöhnlichen Bewußtseinszustand jedoch durchaus verständlich und sinnvoll. Angesichts der Bedeutung zustandsspezifischen Wissens schlug ich vor einigen Jahren die Schaffung spezieller Wissenschaften vor, die dieses Wissen studieren. Dieser

Vorschlag könnte für psychologisch interessierte Leser und Wissenschaftler von Interesse sein.[4] Gurdjieff behauptete, daß es Menschen gibt, die so weit geschult sind, daß sie verläßlich auf der vierten Bewußtseinsebene funktionieren können: Solche Menschen seien in der Lage, auf dieser Ebene sehr klar miteinander zu kommunizieren.

Das Zustandsspezifische höherer Zentren

Obgleich Gurdjieff jene beiden neuen Zentren als ›höher‹ bezeichnet, läßt mich mein Wissen über veränderte Bewußtseinszustände vermuten, daß sie außerdem auch spezialisiert und zustandsspezifisch sind. Deshalb versagt unsere Computeranalogie uns den Dienst, wenn wir sie zu weit treiben. In der gewöhnlichen Welt könnte man einen großen Mainframe-Computer dazu benutzen, die persönliche Buchhaltung zu erledigen, ebensogut wie man dies mit einem kleinen Personal Computer oder mit einem Taschenrechner machen könnte. Der Mainframe kann alle Funktionen des Personal Computers ausführen, kann aber darüber hinaus noch viel mehr. Hingegen möchte ich bezweifeln, daß ein höheres Bewußtseinszentrum wirklich nützlich wäre, um die persönliche Buchhaltung zu erledigen: Es ist dazu geschaffen worden, sehr komplizierte Probleme zu lösen, die die gewöhnlichen Zentren keinesfalls lösen können, und es entspricht einer völlig anderen Ordnung.

Unser Beharren darauf, daß alles Wichtige in Begriffen der Konsensus-Trance zu verstehen sein muß, ist selbst ein Beispiel für das falsche Funktionieren der Zentren. Gewöhnliche Zentren, selbst wenn sie richtig funktionieren, können bestimmte Probleme wohl gar nicht lösen. Meine Untersuchungen über veränderte Bewußtseinszustände deuten sehr stark darauf hin: Letzte Fragen über den Sinn von Leben und Tod können im gewöhnlichen Bewußtseinszustand nicht adäquat beantwortet werden.

Wenn ein Mensch von Geburt an völlig blind ist, kann er sich zwar über das Sehen Gedanken machen und dadurch zu einigen klugen Teilerkenntnissen kommen; aber die Schönheit eines Sonnenuntergangs wird er niemals völlig begreifen. Bis wir zumindest blitzartige Eindrücke vom objektiven Bewußtsein gewonnen haben, werden wir das Wesen des Lebens nie völlig begreifen.

Es ist verführerisch, ausführlich über veränderte Bewußtseinszustände und über die faszinierenden Möglichkeiten (und auch Fallen) zu schreiben, die sie beinhalten, aber in diesem Buch geht es hauptsächlich um das Erwachen aus der Konsensus-Trance und um das Erreichen der dritten Ebene des Bewußtseins, des echten Selbst-Bewußtseins. Deshalb werde ich hier mit meiner Darstellung enden. Auch ich habe etwas herausgefunden, was schon Gurdjieff gesagt hat: Bis wir die Funktionsweise der drei Gehirne gereinigt und verfeinert und ein gutes Maß an Selbst-Verständnis und echtem Selbst-Bewußtsein erreicht haben, können sowohl die persönlichen Erlebnisse als auch Wissen aus zweiter Hand über veränderte Bewußtseinszustände oder objektives Bewußtsein so stark verzerrt werden, daß es besser wäre, wir hätten gar nichts davon gehört.

Im Idealfall sollten wir sorgfältig vorbereitet sein, bevor wir veränderte Bewußtseinszustände erfahren, und besonders gilt dies natürlich für Zustände der vierten Bewußtseinsebene. Leider ist unsere Kultur jedoch mittlerweile so entseelt und hat sich so sehr in der wissenschaftlichen Weltsicht verloren, daß wir verzweifelt nach Inspiration suchen, nach Blitzen höherer Bewußtseinsebenen, um uns daran zu erinnern, daß es etwas gibt, wofür wir arbeiten. Selbst auf das Risiko hin, daß das Wissen höherer Ebenen verzerrt wird, halte ich eine gewisse Erfahrung mit veränderten Bewußtseinszuständen bei vielen Menschen für eine Grundvoraussetzung für die weitere Entwicklung.

20

Spiritualität, Arbeit und Gebet

Arbeite, als hinge alles von der Arbeit ab.
Bete, als hinge alles vom Gebet ab.

G. I. Gurdjieff

Gurdjieffs Werk enthält so viele nützliche psychologische Ansät-
ze und Techniken, daß es durchaus möglich ist, sich auf rein psychologischer Ebene mit diesen auseinanderzusetzen. Man kann
davon profitieren, ohne das geringste Interesse an ›spirituellen
Ideen‹ zu haben oder solche Gedanken zu akzeptieren — also
Ideen, die besagen, daß wir mehr sind als unser physischer
Körper.

In gewisser Weise ist das gut so. Im Namen der Spiritualität ist
so viel Unsinn verbreitet worden, daß durchaus etwas Gesundes
an der Aversion gegen Spirituelles in unserer Kultur ist. Ich bin
allerdings davon überzeugt, daß es eine spirituelle Wirklichkeit
gibt und daß wir mit unserer ganzen Zivilisation untergehen werden, wenn wir uns mit ihr nicht adäquat befassen und uns spirituell entwickeln. Hingegen wäre es der Gipfel der Torheit, alles und
jedes zu glauben, nur weil es als ›spirituell‹ bezeichnet wird.
Automatisch allem zu mißtrauen, was mit Spiritualität in Zusammenhang gebracht wird, wäre ebenso töricht. Intelligenz, Unterscheidungsvermögen und persönliche Erfahrungen sind erforderlich, nicht blinder Glaube und ebensowenig blindes Mißtrauen.

Ich konzentriere mich in diesem Buch auf die Beschreibung
von Gurdjieffs Lehren als einer Psychologie, weil dies für mich
die beste Möglichkeit ist, diese Lehren zu verstehen. Ich möchte

aber keineswegs den Eindruck erwecken, als sei das alles, was über Gurdjieff zu sagen ist. Seine psychologischen Ideen sind in ein sehr umfassendes und kompliziertes spirituelles System eingebettet. Wie viele andere spirituelle Lehren ist auch Gurdjieffs System eine Weltsicht, die das gesamte Universum als integrierte, sinnvolle und lebendige Manifestation des Absoluten ansieht. Der Mensch hat einen Platz und eine Funktion in diesem lebendigen, sich entwickelnden Universum. Diese Funktion des Menschen ist mit der jener Wesen verbunden, die in der Ordnung des Universums höher stehen, Wesen, die gewöhnlich als ›nichtphysisch‹ oder ätherisch bezeichnet werden. Daß der Mensch in den Wahn der Konsensus-Trance gefallen ist und die Verbindung zu seinen wahren Möglichkeiten und Funktionen verloren hat, ist eine Tragödie. Dem Vierten Weg geht es nicht nur um eine bessere Programmierung des organischen menschlichen Biocomputers, sondern er ist ein Weg des spirituellen Wachstums, der schließlich über das organische, physische Leben, wie wir es kennen, hinauswachsen läßt, wodurch der Mensch das volle Spektrum seiner Fähigkeiten und sein Glück wiedererlangen kann.

Ich werde nicht versuchen, Gurdjieffs kosmologische und spirituelle Ideen näher zu erläutern. Darüber steht viel in den im Anhang aufgeführten Büchern geschrieben, und mein eigenes Verständnis dieser Ideen ist noch nicht besonders weit gediehen; sie sind im alltäglichen Leben nicht so leicht zu verifizieren. Ich muß in diesem Kapitel einige von Gurdjieffs Ideen in der Form von »Gurdjieff sagt, ...« präsentieren, weil sie meinen persönlichen Erfahrungshorizont übersteigen. Dies habe ich in den übrigen Kapiteln weitgehend vermieden, doch wäre das Bild von Gurdjieffs Lehren unvollständig, wenn ich diese Gedanken auslassen würde.

Im vorliegenden Kapitel werde ich ein interessantes Beispiel für Ereignisse beschreiben, die unsere gewöhnliche Funktionsweise tatsächlich übersteigen. Es ist ohnehin an der Zeit, daß wir uns nun nicht länger auf die pathologischen Aspekte der Konsensus-Trance konzentrieren — was aus den bereits angeführten Gründen allerdings notwendig war. Ich werde anhand des folgenden Beispiels die Idee des Gebets illustrieren.

Marys Traum

Im November 1981 begann ich mit einem experimentellen Workshop, um einiges von dem umzusetzen, was ich von Gurdjieff und aus anderen Quellen über das Erwachen gelernt hatte. Der Workshop erhielt den Namen ›Awareness Enhancement Training‹, und ich arbeitete mit einer Gruppe zweieinhalb Jahre nach dieser von mir entwickelten Methode. Im Verlauf des Trainings lernten die Teilnehmer die grundlegenden Techniken der Selbstbeobachtung und des Selbsterinnerns. Es gab abendliche Zusammenkünfte, um die bei der Arbeit aufgetretenen Probleme und Einsichten zu besprechen, und außerdem fand jeden Monat ein Wochenendseminar auf dem Lande zwecks intensiver Gruppenarbeit statt. Die Teilnehmer dieser Wochenendgruppen verrichteten eine Vielzahl von körperlichen Arbeiten (in Verbindung mit Selbsterinnern), die dem praktischen Ziel gewidmet waren, unsere Tagungsstätte auszubauen und instand zu halten.

Mehr als eineinhalb Jahre vor Beginn des ›Awareness Enhancement Training‹ hatte eine der späteren Teilnehmerinnen einen Traum. Der im folgenden beschriebene Traum war ihr zum Zeitpunkt seines Auftretens nicht besonders bedeutungsvoll erschienen, doch hatte sie ihn niedergeschrieben und ihn dann fast drei Jahre lang vergessen. Hier Marys Traum:

Es ist ein heißer Sommertag. Ich fahre mit anderen in einem Auto.

Wir kommen zu einem Gebäude, das auf einer Art Terrasse liegt. Das Gebäude wird renoviert; ein paar Leute sind mit Renovierungsarbeiten beschäftigt. Ein Mann steigt von einer langen Leiter herab, die an einer Außenmauer an der Südseite des Hauses steht. Er trägt einen Farbeimer, und ich mache eine Bemerkung über die kastanienbraune Farbe, da es mir so scheint, als enthalte sie einen Stich Purpur.

Wir werden in eine ziemlich einfache Küche geführt, in der ein alter, verrosteter Herd steht. Auf dem Herd kocht eine Mahlzeit, und der Eigentümer, der in der Küche ist, gestattet es mir, das Essen mit den Fingern zu kosten: Es schmeckt ausgezeichnet!

Der Eigentümer ist nicht zu beschreiben, und er trägt undefinierbare graue Kleidung.

Wir schauen uns in der Küche um: Es gibt allerdings nicht viel zu sehen. Dann gehen wir durch die Hintertür nach draußen. Ich bin ein wenig verwirrt, weil wir zwar im Haus gewesen sind, aber nur eine Küche gesehen haben.

Draußen finden wir üppiges, hohes, sprödes Sommergras, Bäume und wellige Hügel; darüber glüht in einem strahlendblauen Himmel die Sonne. Ich fühle mich sehr wohl.

Dann gehen wir hinter das Haus, wo Schatten ist. Man sagt uns, die Vorbesitzer lägen dort begraben. Eine Frau in der Gruppe wird hysterisch und behauptet, sie lägen nicht in Särgen, sondern seien mumifiziert und nur mit Laub bedeckt. Ich sage ihr, es bestehe kein Grund, sich wegen Toter zu ängstigen, und schaue selbst nach.

Ich finde zwei ›Gräber‹, das eines Mannes und das einer Frau. Ich stehe vor dem Grab des Mannes. Die Umrisse seines Körpers sind durch die dünne Deckschicht hindurch zu erkennen. Ich fühle mich sehr wohl. Auf eine bestimmte Weise kommuniziere ich mit dem Mann, und ich weiß genau, daß er zu mir sprechen wird. Nach einiger Zeit bemerke ich unter der Erde auf seinem Gesicht Atembewegungen. Dann geht eine Wellenbewegung durch das Laub, das den ganzen Körper bedeckt. Der Mann springt auf, schüttelt das Laub ab und lacht. Er behauptet, der Eigentümer habe ihn engagiert, um die Authentizität dieses Ortes zu verdeutlichen, und dies sei der Grund gewesen, weshalb wir hierhergekommen seien.

Mary hatte schon seit mehr als einem Jahr am ›Awareness Enhancement Training‹ teilgenommen, als ihr während einer der Wochenendgruppen plötzlich klar wurde, daß sie sich seit einem Jahr am Ort ihres Traums befand und daran arbeitete, aus dem Zustand des Todes — der Konsensus-Trance — zu erwachen.

Achten Sie auf die auffälligen Parallelen:

Es ist ein heißer Sommertag. Ich fahre mit anderen in einem Auto.

- Obwohl das erste Wochenendseminar im Rahmen des Trainingsprogramms im November stattfand, war es ein warmer, wunderschöner Tag, und an den meisten anderen Wochenenden war es ebenso. Sommertage in diesem Tagungshaus in Mendocino County sind gewöhnlich heiß, im Gegensatz zu typischen Sommertagen in Berkeley, wo Mary lebte.
- Die Teilnehmer kamen häufig gemeinsam in einem Auto zu den Wochenenden.

Wir kommen zu einem Gebäude, das auf einer Art Terrasse liegt. Das Gebäude wird renoviert; ein paar Leute sind mit Renovierungsarbeiten beschäftigt. Ein Mann steigt von einer langen Leiter herab, die an einer Außenmauer an der Südseite des Hauses steht. Er trägt einen Farbeimer, und ich mache eine Bemerkung über die kastanienbraune Farbe, da es mir so scheint, als enthalte sie einen Stich Purpur.

- Das Tagungsgebäude ist ein großer rechteckiger Bau, der auf einer vorspringenden, künstlich angelegten Terrasse am Hang eines Hügels steht.
- Die Gruppe arbeitete zu Anfang des Trainingsprogramms ständig am Haus, sowohl an seiner Instandhaltung wie auch an der noch nicht völlig abgeschlossenen Renovierung.
- An den Außenwänden war viel Arbeit auf Leitern zu tun. Da einige Studenten Angst hatten, auf Leitern zu arbeiten, hatte dieser Teil der Arbeit emotional eine wichtige Bedeutung für die Gruppe; es wurde oft darüber gesprochen und gewitzelt.
- Das auffallendste äußere Merkmal des Hauses ist die lange Südwand mit ihren zahlreichen Milchglasfenstern, die vom Boden bis zum Dach reichen.
- Das Gebäude ist in einem tiefen, kräftigen Braunton gestrichen. Malerarbeiten waren häufig Bestandteil der Gruppenarbeit.

Wir werden in eine ziemlich einfache Küche geführt, in der ein alter, verrosteter Herd steht. Auf dem Herd kocht eine Mahlzeit, und der Eigentümer, der in der Küche ist, gestattet es mir, das

Essen mit den Fingern zu kosten: Es schmeckt ausgezeichnet!
Der Eigentümer ist nicht zu beschreiben, und er trägt undefinier-
bare graue Kleidung.

— Die Küche befindet sich am einen Ende des 6 × 18 Meter großen Gebäudes, das innen keine Wände hat außer der Trenn-
  wand eines kleinen Schlafsaals an der Seite des Raumes, die
  der Küche gegenüberliegt. Verglichen mit einer normalen
  Küche ist die Einrichtung dieser Küche karg. Der Gasofen ist
  eine Antiquität, und er ist ein wenig angelaufen und ver-
  rostet.
— Die Teilnehmer kochten selbst abwechselnd, und es wurden
  meist wahre Festessen. Das Essen war stets so interessant und
  köstlich, daß wir häufig scherzten, dies sei nicht nur ein
  ›Awareness Enhancement Training‹ (AET), sondern auch ein
  ›Eating Awareness Training‹ (EAT).
— Ich, der Eigentümer des Gebäudes, trage auf dem Lande fast
  immer alte, abgetragene Jeans und ein verblaßtes graublaues
  Arbeitshemd, auch wenn ich mit der Gruppe arbeite.

Wir schauen uns in der Küche um: Es gibt allerdings nicht viel
zu sehen. Dann gehen wir durch die Hintertür nach draußen. Ich
bin ein wenig verwirrt, weil wir zwar im Haus gewesen sind, aber
nur eine Küche gesehen haben.

— Das Innere des Gebäudes ist ein offener Raum, vom Boden
  bis zur Decke 4,5 m hoch. Es befindet sich noch fast im Roh-
  zustand. Nach den üblichen Maßstäben hat es keine eindeutige Funktion, außer der klar erkennbaren Küche.

Draußen finden wir üppiges, hohes, sprödes Sommergras, Bäume
und wellige Hügel; darüber glüht in einem strahlendblauen Him-
mel die Sonne. Ich fühle mich sehr wohl.

— Eine ausgezeichnete Beschreibung der Umgebung des Ta-
  gungsgebäudes und der Gefühle, die die meisten Gäste haben,
  wenn sie hier sind.

Bis zu diesem Punkt haben wir es mit einer erstaunlich genauen und ziemlich naturgetreuen Beschreibung des Tagungszentrums und seiner Umgebung zu tun. Wegen dieser auffälligen Parallelen wurde ich auf den Traum aufmerksam. Bei meiner Erforschung hellseherischer Träume habe ich festgestellt, daß diese häufig mit derartig offensichtlichen Parallelen zu einer Situation beginnen, als wollten sie die Aufmerksamkeit auf sich lenken, bevor sie die eigentlich wichtige und emotionalere Botschaft übermitteln.[1] Der Rest des Traums kann leicht als Beschreibung von Marys tiefen Gefühlen gegenüber der Arbeit des Erwachens verstanden werden.

Dann gehen wir hinter das Haus, wo Schatten ist. Man sagt uns, die Vorbesitzer lägen dort begraben. Eine Frau in der Gruppe wird hysterisch und behauptet, sie lägen nicht in Särgen, sondern seien mumifiziert und nur mit Laub bedeckt. Ich sage ihr, es bestehe kein Grund, sich wegen Toter zu ängstigen, und schaue selbst nach.

— Gurdjieff bezeichnet viele Menschen als tot, auch wenn sie gehen und reden können, weil ihre Essenz praktisch tot ist. Das Ziel des ›Awareness Enhancement Training‹ war, die Teilnehmer aufzuwecken, sie neu zu beleben, das Leben wieder auferstehen zu lassen, das begraben worden war, als die Essenz durch die falsche Persönlichkeit ihrer Energie beraubt wurde.

— Die Teilnehmer berichteten häufig über Ängste und Ambivalenzen gegenüber dem Prozeß des Erwachens, bei dem sie die Sicherheit des Bekannten zugunsten des Unbekannten aufgeben müssen.

Ich finde zwei ›Gräber‹, das eines Mannes und das einer Frau. Ich stehe vor dem Grab des Mannes. Die Umrisse seines Körpers sind durch die dünne Deckschicht hindurch zu erkennen. Ich fühle mich sehr wohl. Auf eine bestimmte Weise kommuniziere ich mit dem Mann, und ich weiß genau, daß er zu mir sprechen wird. Nach einiger Zeit bemerke ich unter der Erde auf seinem

*Gesicht Atembewegungen. Dann geht eine Wellenbewegung
durch das Laub, das den ganzen Körper bedeckt. Der Mann
springt auf, schüttelt das Laub ab und lacht. Er behauptet, der
Eigentümer habe ihn engagiert, um die Authentizität dieses
Ortes zu verdeutlichen, und dies sei der Grund gewesen, weshalb
wir hierhergekommen seien.*

— Eine der wichtigsten Funktionen der Wochenendgruppen
   war, daß die Teilnehmer einander als ›Wecker‹ dienten, um
   sich gegenseitig aus dem Zustand der Konsensus-Trance aufzuwecken und einen Zustand größerer Bewußtheit und
   Lebendigkeit zu erreichen.

Was sollen wir nun mit Marys Traum anfangen? Wir wollen zunächst über das Gebet sprechen.

Gebet

Gebet ist in den Kreisen heutiger Intellektueller und Wissenschaftler nicht gerade ein beliebtes Thema. Meditation hingegen,
insbesondere wenn es sich um eine der interessanten und exoti-
schen östlichen Methoden handelt, interessiert manche avant-
gardistische Intellektuelle durchaus. Aber Gebet? Das ist doch
etwas für die Ungebildeten, die solche abergläubischen Praktiken
brauchen, um sich zu trösten!

   Daß die Begriffe *Gebet* und *Meditation* häufig im gleichen
Sinne verwendet werden, erzeugt Konfusion. Ein Atheist kann
meditieren, obgleich er logischerweise nicht zu einem für ihn
nicht existierenden Gott beten kann. Der Begriff ›Meditation‹
bezeichnet innerpsychische Übungen, deren Ziel es ist, die Beschaffenheit des Bewußtseins zu verbessern oder den Bewußtseinszustand zu verändern. Wie wirksam die Meditation ist,
hängt ausschließlich von der Fähigkeit des Meditierenden ab.
Die Wirkung des Gebets jedoch hängt von einer ›übernatür-
lichen‹ oder nichtgewöhnlichen Ordnung des Seins ab, beziehungsweise von einer besonderen Art von Wesen, die auf das

Gebet antworten können. Einige Praktiken, die in der Umgangssprache entweder Meditation oder Gebet genannt werden, haben sowohl die Eigenschaften der Meditation als auch die des Gebets — so wie dieser Begriff hier verstanden wird.

Bittgebet

Das typische Gebet sollte präziser als Bittgebet bezeichnet werden. Es ist eine Bitte, die sich an jemanden richtet, der mächtiger ist als der Betende, an ein Wesen, das die Macht hat, solche Bitten mit Hilfe nichtgewöhnlicher Mittel zu erfüllen, wenn es wohlgesinnt ist. In unserer Kultur ist dieses ›Wesen‹ gewöhnlich Gott, Jesus, ein Heiliger oder ein Engel. Heilige erhalten diesen Titel im Katholizismus erst lange nach ihrem Tode. Somit richtet sich ein Bittgebet fast immer an ein nichtmaterielles Wesen. Da der Szientismus (die zur dogmatischen Religion erhobene Wissenschaft) die Existenz nichtmaterieller Wesen schon vor langer Zeit bestritten hat, kann Gebet nach dieser Anschauung nicht erhört werden. Selbst wenn es im Universum irgendwo Intelligenzen gäbe, die in einer materiellen Form existieren würden, wie sollten sie Gedanken hören können, die nur im Geist des/der Betenden existieren?

Der Szientismus sieht in besonders wohlwollenden Momenten das Gebet als subjektive Bemühung an, die möglicherweise für die Psychologie oder Psychiatrie von Interesse ist, und konzidiert, daß der Betende ja eventuell für sich selbst etwas Nützliches tut. Häufiger jedoch gilt das Gebet als Beispiel für Aberglauben und Unsinn, von dem man die Finger lassen sollte.

Diese Haltung des Szientismus dem Gebet gegenüber basiert nicht gerade auf einer gründlichen und qualifizierten wissenschaftlichen Erforschung des Phänomens. Tatsächlich ist das Gebet fast überhaupt nicht erforscht worden, wenn wir von den Untersuchungen über außersinnliche Wahrnehmung oder Psychokinese absehen. Eine wahrhaft wissenschaftliche Haltung dem Gebet gegenüber wäre, beim jetzigen Stand der Dinge zuzugeben, daß wir praktisch nichts darüber wissen und daß eine dogmatische und voreilige Ablehnung der Möglichkeit, daß Gebete Auswirkungen haben, die über den Bereich des Psychologischen hinausgehen, nicht besonders wissenschaftlich ist.

Eine Technik des Betens

Zwar gibt es fast keine wissenschaftlichen Arbeiten über das Gebet selbst, doch gibt es eine Menge Untersuchungen über PSI — das ist die heute gebräuchliche Bezeichnung sowohl für die Außersinnliche Wahrnehmung (ASW) wie auch für die Psychokinese (PK). Mehr als siebenhundert sorgfältig durchgeführte parapsychologische Experimente haben gezeigt, daß bei Menschen gelegentlich drei Arten von ASW sowie auch PK auftreten. Leider wurden diese Experimente bisher aus weitgehend irrationalen Gründen, die im Rahmen dieses Buches nicht diskutiert werden können, nicht akzeptiert oder ignoriert. Eine der drei Arten von ASW ist die Telepathie, eine Kommunikation von Geist zu Geist. Die zweite Art ist das Hellsehen, die direkte Wahrnehmung einer Situation ohne Gebrauch der physischen Sinne; Hellsehen offenbart Informationen, die zum betreffenden Zeitpunkt niemandem sonst bekannt sind. Die dritte Art von ASW ist Präkognition, die Vorhersage zukünftiger Ereignisse, deren Eintreten noch ungewiß ist. Psychokinese ist der unmittelbare Einfluß des Geistes auf die Materie ohne Intervention bekannter materieller Mittler; Beispiele sind die Beeinflussung des Würfelfalls oder der Vorgänge in einem elektronischen Zufallsgenerator durch bloßes Wünschen.

Besonders interessant und wichtig im Hinblick auf das Gebet ist, daß Menschen PSI-Kräfte benutzen können, ohne es selbst zu wissen. Experimente haben gezeigt, daß ein Mensch unwissentlich eine Situation mittels ASW überschauen und dabei entdecken kann, daß das scheinbar ›zufällige‹ Wählen einer bestimmten Möglichkeit aus einer Vielzahl von Möglichkeiten günstig für ihn wäre.[2] Es gibt so viele Menschen, die im richtigen Augenblick das Richtige tun, daß der Schluß naheliegt, daß eine Art unbewußter ASW häufig angewandt wird.

Wenn wir das Gebet als eine Methode des Kontakts mit ›nicht-physischen‹ (im Sinne unserer heutigen Konzepte des Physischen) Ebenen der Realität oder mit ›nichtphysischen‹ Wesenheiten ansehen, ist ASW offenbar der Kommunikationsmechanismus, und mit Hilfe einer Art von Psychokinese wird die Realität so verändert, daß der Betreffende ›Glück hat‹. In dem Maße, wie wir diese Art von ASW unbewußt nutzen können, verfügen wir unbewußt über eine Technik des Betens, denn unsere Hoffnungen und Ängste können dann auf eine ungewöhnliche und okkulte Weise sowie auch mit herkömmlichen Mitteln die Realität beeinflussen.

Bei Laborexperimenten sind PSI-Manifestationen meist minimal — kleine Abweichungen von den nach der Wahrscheinlichkeit zu erwartenden Ergebnissen —, und meist sind sie ziemlich unzuverlässig. Teilweise mag dies mit der nicht ausgebildeten Fähigkeit zur Benutzung der PSI-Kräfte bei den Versuchsteilnehmern zu erklären sein, doch es könnte auch mit der Wechselhaftigkeit und Inkonsistenz unseres Wünschens zusammenhängen. Gurdjieff behauptete, er habe einige sehr eindrucksvolle okkulte Leistungen vollbracht, weil er gelernt habe, sein Wesen zu integrieren, doch legte er ansonsten keinen besonderen Nachdruck auf okkulte Fähigkeiten. Verglichen mit dem Ziel des Erwachens ist die bewußte Kontrolle über okkulte Fähigkeiten von geringer Bedeutung, und viele merkwürdige Vorstellungen, die wir in unserer Kultur damit verbinden, können das Erwachen zusätzlich behindern. Ich erwähne die PSI-Thematik hier nur, um darauf hinzuweisen, daß die Erforschung der PSI-Phänomene einen Ansatz zum Verständnis des Gebets und von dessen unbewußter Anwendung liefern könnte.[3]

Die Einstellung dem Gebet gegenüber beruht vermutlich sowohl bei Laien als auch bei Wissenschaftlern überwiegend auf persönlichen Erfahrungen. Wir können um etwas beten, das wir unbedingt haben wollen. Manchmal bekommen wir es, manchmal nicht. Wenn wir glauben, Gebete müßten immer wirken — insbesondere glühende Gebete, die starken Wünschen entspringen —, sind wir natürlich schrecklich enttäuscht, wenn wir das Gewünschte nicht bekommen. Es kann sein, daß wir das Gebet danach grundsätzlich ablehnen. Unerfüllte Gebete können tiefe emotionale Wunden hinterlassen und unsere Haltung dem Gebet gegenüber im ganzen weiteren Leben beeinflussen. Erhörte Gebete können in der positiven Richtung ähnlich beeinflussen. Scheinbare Erhörungen oder Nichterhörungen von Gebeten wirken besonders in der Kindheit sehr prägend. In dieser Zeit ist die emotionale Intensität besonders groß, und Erlebnisse hinterlassen häufig einen lebenslangen Eindruck, also eine automatisierte Sicht der Dinge.

Die Wirksamkeit des Bittgebets

Nach Gurdjieff steht die Wirksamkeit des Bittgebets in Relation zur Intensität und Konsistenz der Wünsche eines Menschen, ganz gleich, ob dieser nun ausdrücklich betet oder nicht. Obgleich Gurdjieff die okkulten Mechanismen der Verbindung zu höheren Ebenen der Realität oder zu höheren Wesen nicht ausdrücklich bestätigte, vertrat er die Ansicht, daß unsere Gedanken und Gefühle auf solchen höheren Ebenen Wirkungen erzeugen können. Demnach fungiert ein konsistenter Wunsch als unwissentliches ›Gebet‹, eine Bitte an höhere Ebenen der Realität. Dabei spielt es keine Rolle, ob dieser Wunsch als formelles Bittgebet ausgedrückt wird oder nicht.

Ein Mensch, der ständig darüber nachdenkt, wie er an Geld kommen kann, betet in Wahrheit unbewußt um Geld, ganz gleich, ob er sich für einen religiösen Menschen hält oder nicht, ob er auf die Knie fällt und Gott um Geld bittet oder nicht. Ein Mensch, der sich vorstellt, daß irgendwelche Schicksalsschläge ihn treffen könnten, betet damit praktisch um dieselben. Unsere habituellen Haltungen beeinflussen unser Leben natürlich auf viele psychologisch erklärbare Arten, doch auch unbewußtes Beten vermag unser Leben zu beeinflussen, manchmal mit tragischen Konsequenzen (selbst wenn diese unbewußt herbeigewünscht wurden). Gurdjieff hat häufig gesagt, unser Wesen ziehe ein ihm gemäßes Leben an. Unser Leben wird natürlich auf vielfältige Weise beeinflußt, doch die Haltungen und Identitäten eines Menschen prägen seine Welt sehr stark und haben die Tendenz, Spiegelungen ihrer selbst zu erzeugen.

Wirksames Bittgebet ist für Gurdjieff daher intensives und konsistentes Wünschen und Denken. Die meisten Bittgebete jedoch, formelle wie unbewußte gleichermaßen, haben fast keinerlei Wirkung. Das hat folgende Gründe:

Erstens ist ein gewöhnlicher Mensch von wechselnden Identitäten heimgesucht, die verschiedene und oft einander widersprechende Wünsche haben. Deshalb widersprechen die unbewußten Gebete der verschiedenen Identitäten einander häufig und heben sich im großen und ganzen gegenseitig auf. Durch die ständigen unsteten Wechsel von »Ich wünsche X!« zu »Ich bin nicht an X interessiert, gib mir Y!« und weiter zu »Ich hasse X!« erhalten die höheren Ebenen des Universums keine konsistente Botschaft.

Hinderlich für wirksames Gebet ist zweitens unsere Unfähigkeit, *bewußt intensiv zu sein*. Gewöhnliche Emotionen, die durch äußere Ereignisse ausgelöst werden und vorhersehbar und mechanisch den Strukturen unserer falschen Persönlichkeit entsprechen, können zeitweilig starke Wünsche erzeugen, starke formelle oder unbewußte Gebete. Doch sobald die äußere Situation sich verändert, verschwinden die antreibenden Wünsche.

Ein Mensch betet in einer lebensgefährlichen Situation ehrlich und intensiv: »Guter Gott, rette das Leben dieses geliebten Menschen, dann werde ich niemals mehr sündigen!« Der oder die Betreffende wird gerettet (was mit dem Gebet in Zusammenhang stehen mag oder nicht), der Streß vergeht, und das Versprechen, niemals mehr zu sündigen, löst sich in Nichts auf. Wir erinnern uns nicht (vollständig) unserer selbst. Dieser Mangel an Kontrolle über unsere Emotionen hängt natürlich mit den Veränderungen in unserer falschen Persönlichkeit zusammen, denn die meisten falschen Persönlichkeiten haben einen stark emotionalen Kern.

Wirksames Bittgebet wäre für einen Menschen, der wahrhaft bewußt ist, in wesentlich höherem Maße möglich, wenn er willentlich und über längere Zeiträume hinweg die intellektuelle und emotionale Intensität aufbieten würde, bewußt und ohne Ablenkung zu beten. Wenn er von seinen integrierteren und konstruktiveren Teilpersönlichkeiten aus oder aus seiner Essenz heraus beten würde, wäre das noch besser. Von der dritten Ebene des Bewußtseins aus zu beten, also Selbsterinnerung zu praktizieren, während man betet, ist die wirksamste Art des Betens überhaupt.

Wer oder was ist Gebet?

Überdenken Sie noch einmal Gurdjieffs etwas paradox klingende Äußerung:

Arbeite, als hinge alles von der Arbeit ab.
Bete, als hinge alles vom Gebet ab.

Gurdjieff bestand ausdrücklich darauf, daß wir am Verständnis und an der Transformation unserer selbst ohne jede Hoffnung auf äußere Hilfe natürlicher oder übernatürlicher Art arbeiten müssen. Nur *Ich* kann mich selbst transformieren, nur *meine* Bemühungen zählen. Ich kann keine stärkeren Muskeln entwikkeln, indem ich mir das nur wünsche, und auch niemand anders kann durch irgendwelche magischen Akte meine Muskeln stärken. Ich selbst muß üben und mich anstrengen, mich selbst immer wieder bis an meine Grenzen und sogar ein wenig darüber hinaus treiben. Warum sollte es beim inneren Wachstum anders sein? Bei einer ausschließlich psychologischen Betrachtungsweise scheint es offensichtlich, daß Wünschen und Beten Phantasien sind, die uns von dem ablenken, was wir wirklich tun müßten. Besser wäre, wenn wir uns gleich an die Arbeit machen würden.

Doch Gurdjieff hat auch gesagt, daß wir beten sollen, als hinge alles vom Gebet ab. Wir müssen um Hilfe von einer höheren Ebene bitten, aus der Erkenntnis heraus, daß unsere eigenen Bemühungen zu nichts führen, wenn uns nicht von ›oben‹ geholfen wird.

In seinen praktischen Unterweisungen betonte Gurdjieff die Arbeit, nicht das Gebet. Seine Schüler hatten meist so viele verzerrte und unzutreffende Vorstellungen über ›Höheres‹, wozu auch das Gebet zu zählen ist, daß es keinen Sinn gehabt hätte, sie viel darüber zu lehren. Sie mußten erst eine Menge psychischer Arbeit an sich selbst verrichten, um jene Aspekte der falschen Persönlichkeit zu reinigen, die die meisten Anstrengungen beim echten Gebet zunichte gemacht hätten.

Zustandsspezifische Ansichten vom Gebet

Das Paradox der Aufforderung zu arbeiten, als hinge alles von der Arbeit ab, und zu beten, als hinge alles vom Gebet ab, ist in unserem gewöhnlichen Bewußtseinszustand nur teilweise aufzulösen. Eine umfassendere Erklärung erfordert meiner Ansicht nach Betrachtungen, die nur in veränderten Bewußtseinszuständen möglich sind.

Als ich vor einigen Jahren für die Schaffung zustandsspezifischer Wissenschaften eintrat, tat ich das, weil ich erkannt hatte, daß der gewöhnliche Bewußtseinszustand in vieler Hinsicht begrenzt und willkürlich ist.[4] Im gewöhnlichen Bewußtseinszustand haben wir keinen Zugang zum vollständigen Spektrum der menschlichen Wahrnehmungen, Logiken, Emotionen und Handlungsmöglichkeiten, sondern nur zu einer kleinen Auswahl davon. Diese genügt im allgemeinen, um das tägliche Überleben und ein zufriedenes Dasein in einer bestimmten Kultur zu sichern. Für menschliche Belange, die über die alltäglichen Notwendigkeiten hinausgehen, ist diese Auswahl weniger geeignet. Wir haben diese Begrenzungen in früheren Kapiteln schon ausführlicher behandelt.

Aus dem Blickwinkel meines Konsensus-Bewußtseins ist es völlig klar, daß alles von meinen eigenen Bemühungen abhängt. Realistischerweise erkenne ich auch, daß die Auswirkungen meiner Bemühungen durch die Wünsche anderer Menschen, durch Naturgesetze und durch den Zufall modifiziert werden. Ich kann darum beten, daß sich mitten im Raum auf dem Boden eine Million Dollar materialisieren möge, damit ich mein nächstes Forschungsprojekt finanzieren kann. Es ist ein wichtiges Projekt, da bin ich mir ganz sicher! Doch nichts geschieht. Besser sollte ich mich gründlich darüber informieren, wie man mit gewöhnlichen Mitteln Forschungsgelder auftreibt. Manchmal geschehen merkwürdige Dinge, doch ich kann sie als Glück (was immer das sein mag) oder als Zufall abtun. Auch wenn ich ernsthaft an die Möglichkeit der Intervention höherer Ebenen glaube, muß ich doch einsehen, daß diese nur selten eingreifen und dann oft nicht in meinem Sinne. Für das gewöhnliche Bewußtsein sind wir ganz offensichtlich abgetrennte, endliche, unerleuchtete Wesen, die sich besser nur auf ihre eigenen Bemühungen verlassen sollten.

Die Sicht der veränderten Bewußtseinszustände

Während ich dies in meinem gewöhnlichen Bewußtseinszustand schreibe, kann ich mich schwach und rudimentär an gewisse Einsichten und Augenblicke des Verstehens erinnern, die ich in veränderten Bewußtseinszuständen erlebt habe. Manchmal war es völlig klar für mich, daß wir keine abgetrennten, isolierten Wesen sind, sondern Teil eines göttlichen Plans, daß unser Gebet aus unserem innersten Selbst stammt, welches ebenfalls Teil jenes Plans ist, und daß unsere Gebete so erhört werden, wie es für unsere eigene Evolution am besten ist. Das Ausbleiben von Antworten auf Gebete aus der Sicht eines Aspektes der falschen Persönlichkeit kann aus der Gesamtperspektive gesehen die bestmögliche Antwort sein. Aus der Perspektive der veränderten Bewußtseinszustände weiß ich, wie begrenzt die Perspektive meines gewöhnlichen Bewußtseinszustands ist und wie dumm es ist, daß ich mich völlig mit der Perspektive meines gewöhnlichen Bewußtseins identifiziere, als sei sie die ganze Wahrheit.

Ich betone, daß dies *schwache* Erinnerungen sind. Wenn ich mich völlig mit der Perspektive meines gewöhnlichen Bewußtseins identifiziere, kann ich diese Einsichten leicht beiseite schieben: Es waren seltsame Ideen in Zuständen zeitweiliger ›Verrücktheit‹, die ich am besten ignorieren sollte. Wie kann ich beispielsweise glauben, daß ein von Liebe bestimmter Sinn hinter einer Welt steht, in der Konzentrationslager möglich waren?

Dennoch weiß ich, daß diese Ideen, wenn ich mich wieder einmal in einem veränderten Bewußtseinszustand befinden werde, keineswegs undeutlich sein werden. Vielmehr werden sie so klar und offensichtlich wahrheitsgemäß sein wie die Gedanken, die ich jetzt in meinem gewöhnlichen Bewußtseinszustand habe. So habe ich gelernt zu versuchen, mich daran zu erinnern, daß sie Teil meines allgemeinen Verstehens sind und daher nicht einfach ignoriert werden sollten, selbst wenn ich sie nicht unmittelbar auf mein alltägliches Leben anwenden kann und selbst wenn Paradoxa Teil der Realität zu sein scheinen, in der ich leben muß.

Damit will ich nicht sagen, daß das Wissen veränderter Bewußtseinszustände immer unbedingt wahr sein muß, sondern nur, daß es Teil des umfassenden Wissensvorrats vollständig entwickelter menschlicher Wesen ist. Denken Sie daran, daß wir Bewußtseinszustände als unterschiedliche, jedoch nicht unbedingt ›bessere‹ oder ›schlechtere‹ Konfigurationen des Bewußtseins definiert haben. Jeder Bewußtseinszustand hat seine Stärken und Schwächen. Man kann in jedem Bewußtseinszustand einsichtig oder verblendet sein, und der Grad, in dem dies der Fall ist, ist die Qualität des zustandsimmanenten Erleuchtetseins, von der im 1. Kapitel die Rede war. Außerdem kann Wissen von einer höheren Bewußtseins*ebene* nicht immer auch auf dieser Ebene anwendbar sein. Das Wissen veränderter Bewußtseinszustände und anderer Ebenen muß genauso wie gewöhnliches Wissen ständig überprüft, verfeinert und weiterentwickelt werden. »Ja, dies erscheint mir wie eine Offenbarung, und es gefällt mir. Nun muß ich es als *mögliche* Wahrheit ansehen und schauen, wie gut es zu meinen sämtlichen anderen Erfahrungen paßt und wie gut ich es nutzen kann.«

Das Paradox, daß Arbeit und Gebet gleichermaßen alles sein sollen, ist nur aus dem begrenzten Blickwinkel eines einzigen Bewußtseinszustandes ein Paradox. Wenn ich meine Intelligenz entweder in meinem gewöhnlichen oder in einem veränderten Bewußtseinszustand gebrauche, um mich daran zu erinnern, daß es auch noch andere Blickwinkel gibt und daß alle diese Blickwinkel vermutlich bruchstückhaft sind, daß keiner davon ›wahrer‹ ist als irgendein anderer, dann löst sich das Paradox auf.

Bewußtes Gebet

Gurdjieff hat einen Prozeß des ›bewußten Gebets‹ beschrieben. Es handelt sich um eine jener Praktiken, denen sowohl die Eigenschaften des Gebets wie auch die der Meditation eigen sind. Bewußtes Gebet ist ein psychischer Prozeß der *Rekapitulation*, bei dem wir uns bewußt an unsere Absichten und an unser Wissen erinnern. Die Wirksamkeit solcher Rekapitulation ist abhängig vom Bewußtseinsgrad, mit dem die Übung ausgeführt wird. Die besten Resultate sind im Zustand des Selbsterinnerns zu erzielen.

Diese Gebete sind sozusagen Rekapitulationen: Indem ein Mensch sie laut oder im Geist wiederholt, strebt er danach, mit seinem Denken und seinem Gefühl das zu erleben, was in ihnen ist, ihren ganzen Inhalt. Und ein Mensch kann immer neue Gebete für sich aufstellen. Zum Beispiel kann er sagen: »Ich will ernst sein.« Aber das Wesentliche ist, wie er es sagt. Wenn er es zehntausendmal am Tage wiederholt und dabei nur daran denkt, schnell damit fertig zu werden, oder was es zum Essen geben wird und derartiges, dann ist es kein Gebet, sondern einfach Selbsttäuschung. Aber es kann ein Gebet werden, wenn ein Mensch ein Gebet auf folgende Weise verrichtet: Er sagt ›Ich‹ und versucht gleichzeitig an alles zu denken, was er über ›Ich‹ weiß. In Wirklichkeit besteht es nicht, er hat nicht ein ›Ich‹, sondern eine Menge kleiner, lärmender, streitsüchtiger ›Ich‹. Aber er möchte ein ›Ich‹ sein, ›der Herr‹. Er erinnert sich an den Wagen, das Pferd, den Kutscher und den Herrn. ›Ich‹ ist der Herr. ›Will‹ — dabei denkt er über die Bedeutung von ›ich will‹ nach. Kann er wollen? Mit ihm ›will es‹ oder ›es will nicht‹; so geht es immer. Aber diesem ›es will‹ und ›es will nicht‹ sucht er sein eigenes ›ich will‹ entgegenzusetzen; dieses ›ich will‹ hängt mit den Zielen der Arbeit an sich selbst zusammen... ›Sein‹ — der Mensch denkt darüber nach, was ›Sein‹ bedeutet. Das Sein eines mechanischen Menschen, in dem alles geschieht. Das Sein eines Menschen, der tun kann. Es ist möglich, auf verschiedene Weise ›zu sein‹. Er möchte nicht nur im Sinne des einfachen Daseins ›sein‹, sondern im Sinne der ganzen Größe der Macht, die er haben kann. Das Wort ›sein‹ erwirbt ein Gewicht, eine neue Bedeutung für ihn.

›Ernst‹ — der Mensch denkt nach, was es heißt, ernst zu sein. Welche Antwort er sich darauf gibt, ist sehr wichtig. Wenn er versteht, was dies bedeutet, wenn er sich richtig klarmacht, was es heißt, ernst zu sein, und fühlt, daß er es wirklich wünscht, dann kann sein Gebet ein Ergebnis in dem Sinne zeitigen, daß er an Stärke gewinnt, daß er es öfter bemerken wird, wenn er nicht ernst ist, daß er sich leichter dazu bringt, ernst zu sein.[5]

Die Themen für das bewußte Gebet unterscheiden sich natürlich meist sehr von dem, worum wir von einem Aspekt der falschen Persönlichkeit aus beten. Je mehr Verständnis von unserer wahren Natur und von unseren echten Bedürfnissen wir erlangen, um so angemessener kann unser Gebet werden.

In vieler Hinsicht entspricht Gurdjieffs Beschreibung des bewußten Gebets eher der Definition der Meditation zu Beginn dieses Kapitels als der des Bittgebets. Gurdjieff behauptete, daß konzentrierte, bewußte Aufmerksamkeit und Rekapitulation beim bewußten Beten einer Anrufung wie »Gott erbarme sich meiner!« durchaus zu dem Beistand führen könne, um den Gott hier gebeten wird. Dies wirft uns wieder auf unser Paradox zurück: Arbeite, als hinge alles von Anstrengung ab, bete, als hinge alles vom Gebet ab. Aus psychologischer Sicht ist es völlig verständlich, daß die Bemühung des bewußten Betens zu positiven Ergebnissen führt — wozu auch gehören kann, daß eine Verbindung zu höheren Ebenen unserer selbst hergestellt wird. Aus einer anderen Sicht könnte man sagen, daß unsere Bemühungen höheren Aspekten des Seins ›angenehm‹ sind oder mit ihnen ›in Einklang sind‹ und Hilfe anziehen. Wahrscheinlich sind beide Anschauungen wahr und unwahr, je nachdem, in welchem Bewußtseins- und Seinszustand man sich gerade befindet.

Was wollen Sie?

Meine persönliche Erfahrung hat mich von der Realität höherer Seinsebenen überzeugt und auch davon, daß diese höheren Ebenen uns helfen können. Sie jedoch als Entschuldigung dafür zu benutzen, nicht an sich zu arbeiten, wäre töricht.

Denken Sie an Marys Traum zurück. Über ein Jahr, bevor sie anfing, im Sinne des Vierten Weges zu arbeiten, träumte sie erstaunlich genau von dem Ort, an dem diese Arbeit später stattfand, und dem folgten Bilder, die für das Streben nach Glück, die Überwindung des Todes und die Verwirklichung der Authentizität standen. Hatte ihr Wunsch zu erwachen etwas Höheres angerufen, etwas, das außerhalb der Zeit, wie wir sie uns gewöhnlich vorstellen, liegt? Ist dieses ›Etwas‹ ein höherer Aspekt von Marys Selbst, der präkognitive Fähigkeiten besitzt − der Herr? Ist es etwas jenseits ihres Selbst? Ist es auf jener Ebene überhaupt sinnvoll, zwischen Selbst und Nicht-Selbst zu unterscheiden? Gab dieses Etwas irgendeine Art von Beistand? Gurdjieff sprach von einem ›magnetischen Zentrum‹, das dem Menschen angeboren ist und das ihn auf nützliche Lehren hinlenkt, wenn er ernsthaft danach sucht. Hat das in diesem Kapitel Beschriebene etwas mit der Funktionsweise eines solchen magnetischen Zentrums zu tun?

Ich werde nicht versuchen, diese Frage zu beantworten. Ich möchte dieses Beispiel für die Möglichkeiten unseres Bewußtseins einfach so stehen lassen, während wir uns der Funktion der Gruppenarbeit für das Erwachen zuwenden. Damit möchte ich eine wichtige Frage in Ihrem Geist offenlassen: Wenn Ihr Wesen ein ihm gemäßes Leben anzieht, was ist dann das, was Sie anziehen? Was sind Ihre konsistentesten Wünsche, die bewußten und die unbewußten? Was sind Ihre dauerhaftesten Anschauungen über sich selbst und über Ihre Welt? Möchten Sie wirklich das bekommen, was Sie sich im Zustand der Konsensus-Trance wünschen? Eine ständige Überprüfung unserer Wünsche und Anschauungen ist notwendig.

21

Gruppenarbeit und spirituelle Lehrer

Viele Leser von Gurdjieffs und Ouspenskys Werken fühlen sich von der Idee der Selbstbeobachtung und der des Selbsterinnerns angesprochen und entschließen sich sofort, mit der Arbeit an sich zu beginnen. Wenn sie nach wachem Gewahrsein streben, danach, in der Realität des Augenblicks präsent zu sein, kann es vorkommen, daß sie sogleich eine gewisse Klarheit erleben, die den Sinn dieser Art von Übung unmittelbar demonstriert.

Wie ich bereits erwähnte, habe ich dies selbst erlebt, als ich 1965 Ouspenskys Buch *Auf der Suche nach dem Wunderbaren* las. Eine augenblickliche Klarheit trat ein, ein teilweises Erwachen, das meinen Entschluß stärkte, mit der Praxis des Selbsterinnerns zu beginnen. Drei Monate später merkte ich, daß ich schon wenige Minuten nach diesem Entschluß mit dem Selbsterinnern wieder aufgehört hatte. Ich hatte mich seitdem praktisch nicht mehr meiner selbst erinnert, *obgleich ich auch weiterhin darüber gelesen hatte.*

Unsere gewöhnlichen Absichten halten dem Ansturm der automatisierten geistigen und emotionalen Prozesse, die charakteristisch für die Konsensus-Trance sind, oft nicht stand. Eine Teilpersönlichkeit hat die Absicht, sich ihrer selbst zu erinnern, doch diese Absicht ist im Nu verflogen, wenn die Macht der Umstände in Verbindung mit unseren konditionierten geistigen Mustern eine andere Teilpersönlichkeit zum Zuge kommen läßt. Die Absicht, Selbsterinnern zu üben, ist dann praktisch so lange tot, bis das blinde Spiel der Umstände zufälligerweise jenes Teil-Selbst wiederbelebt, das ursprünglich die Absicht hatte.

Es kann sogar noch schlimmer kommen. Gewöhnliche Absicht tendiert dazu, Gewohnheiten zu erzeugen, die die Aufmerksamkeit sowie spezielle Vorstellungen und Erinnerungen auf automatisierte Weise benutzen. Auch wenn die Absicht, Selbsterinnern zu üben, später wieder aktiviert wird, kann sie leicht zum automatischen Wiederkäuen von Gedanken über das Selbsterinnern degenerieren. Genauso war es mir ergangen. Nach den Maßstäben meines gewöhnlichen, in der Konsensus-Trance befangenen Bewußtseinszustands hatte ich die Idee des Selbsterinnerns ›verstanden‹. Mein Geist war infolgedessen befriedigt und legte den Gedanken daraufhin *ad acta*. So abstrahierte ich eine neuartige Erfahrung zu einer Idee, statt mich ihrer Realität zu stellen.

Viel später, als ich mehr Erfahrung im Selbsterinnern gesammelt hatte, entdeckte ich, daß der Prozeß des Selbsterinnerns auch dann abgewürgt wird, wenn man automatisch versucht, eine Empfindung zurückzurufen, die man einmal in Zusammenhang mit dem Selbsterinnern gehabt hat. Das ist dann kein Selbsterinnern mehr, bei dem wir der Aufmerksamkeit Aufmerksamkeit schenken. Echtes Selbsterinnern ist ein umfassendes Gewahrsein des gegenwärtigen Augenblicks, eine absichtliche Aufmerksamkeit der Aufmerksamkeit gegenüber. Es kann nie zu einer ›Gewohnheit‹ oder automatisiert werden und erfordert *immer* einen kleinen, aber eindeutigen Willensakt, ein wenig Bewußtheit, die absichtlich eingesetzt wird, um mehr Bewußtheit zu produzieren.

Daß es so schwierig ist, Selbsterinnern zu üben, mag Ihnen entmutigend erscheinen, aber ich beschreibe diese Situation nicht, um Sie zu entmutigen, sondern um den typischen Hintergrund zu skizzieren, vor dem echte Arbeit an der inneren Entwicklung stattfindet. Zu entdecken, wieviel von dem oben Dargestellten für Ihren *eigenen* geistigen Prozeß charakteristisch ist, ist eine wichtige Aufgabe der Selbstbeobachtung.

Der automatisierte Charakter des alltäglichen Lebens ist der Hauptfeind der Selbstbeobachtung und des Selbsterinnerns. Ein automatisiertes Leben kann unsere gesamte Aufmerksamkeit/Energie verbrauchen. Das Üben der Selbstbeobachtung und des

Selbsterinnerns kann Sie erkennen lassen, wie dieser Energieverlust bei Ihnen persönlich zustande kommt. So können Sie riesige Energiemengen wiedergewinnen, die Ihnen dann zur Verwirklichung Ihres wahren Wesens zur Verfügung stehen.

Wecker

Ouspensky, der von Gurdjieffs Idee ausging, daß der gewöhnliche Bewußtseinszustand eine Form des Schlafs ist, behauptete, daß wir ›Wecker‹ benötigen, die uns aus diesem Schlaf herausreißen. Ein Wecker in Ouspenskys Sinn ist ein plötzlicher Reiz, der sich vom normalen sensorischen Input so stark unterscheidet, daß er uns aus dem Schlaf reißt, so wie das Geräusch eines realen Weckers, der plötzlich durch ein ruhiges Schlafzimmer schrillt.

Zur Unterstützung Ihrer Bemühungen um das Selbsterinnern können Sie tatsächlich einen realen Wecker benutzen. Ich selbst habe eine Weile meine Digitaluhr dazu benutzt, mir mit ihrem stündlichen Piepton »Wach auf!« zu sagen. Sie können auch bestimmte Ereignisse als Wecker benutzen: »Jedesmal, wenn ich einkaufen gehe, will ich mich meiner selbst erinnern!«

Diese Nutzung realer Ereignisse als Weckruf ist jedoch immer nur eine Zeitlang sinnvoll. Wie jemand, der einen sehr tiefen Schlaf hat, den Ton des Weckers in seinen Traum einbauen kann und dann möglicherweise sogar noch tiefer schläft, können wir unsere Weckrufe habitualisieren, so daß wir nicht mehr dadurch aufwachen und uns unserer selbst erinnern, sondern nur über das Wachsein phantasieren. Dann gibt meine Uhr zwar die volle Stunde mit einem Piepton an und fordert mich zum Wachsein auf, doch bei mir stellt sich sogleich der selbstgefällige Gedanke ein, »Ich übe eine esoterische Disziplin« oder »Ich bin jetzt wach«, ohne daß ich wirklich Selbsterinnern praktizierte oder mir meiner Umgebung bewußter würde. Wenn ich mich tatsächlich meiner selbst erinnere, so ist das etwas völlig anderes, als wenn ich nur darüber nachdenke.

Gewöhnung kann man vermeiden, indem man das Alarmsignal häufig wechselt. Tun Sie dies, sobald sich Anzeichen für

Gewöhnung einstellen. Das Wechseln kann nützlich sein, verliert jedoch irgendwann ebenfalls seine Wirkung. Wir brauchen eine wirksamere Art von Weckruf, als es physische Ereignisse sind, die wir selbst auswählen. Gurdjieff sagte häufig, ein Mensch könne nichts auf sich selbst gestellt tun. Eine Gruppe ist erforderlich, die Ihnen bei der Arbeit an sich selbst helfen kann.

Funktionen der Arbeitsgruppe

Eine ›Arbeitsgruppe‹ im Sinne Gurdjieffs ist eine Gruppe von Menschen, die versuchen, Selbstbeobachtung und Selbsterinnern mit dem Ziel zu praktizieren, lebendiger und wacher zu werden. Eine wichtige Funktion einer Arbeitsgruppe ist, als Wecker für ihre Mitglieder zu fungieren. Dies kann auf vielfältige Weise geschehen. Wir werden in diesem Kapitel einige der grundlegenden Funktionen der Arbeitsgruppe untersuchen.

Weil die geistigen Prozesse anderer Menschen gewöhnlich weniger leicht vorhersehbar sind als unsere eigenen und weil sie außerdem mit unseren automatisierten Wünschen kollidieren können, wirken sie als Alarmsignale, an die man sich nur schwer gewöhnen kann. Menschen, deren Äußerungen uns häufig irritieren, sind manchmal gerade die besten Partner für uns in einer Arbeitsgruppe. Sie stimulieren ständig unsere falsche Persönlichkeit und hindern uns so, in einen tiefen, angenehmen Schlaf zu verfallen. Wir werden uns nun in diesem Sinne mit den positiven Funktionen der Arbeitsgruppe beschäftigen.

Erinnern durch sozialen Gegensatz

Weil unser sozialer Instinkt uns nach Zugehörigkeit streben läßt, nach Akzeptiertwerden, neigen wir dazu, die Menschen unserer Umgebung automatisch und unbewußt zu imitieren. Da auch sie ein Bedürfnis nach Zugehörigkeit und Akzeptiertwerden haben, bestätigen sie uns, wenn wir so sind wie sie. Wir befinden uns also in einer Situation wechselseitigen positiven Feedbacks.

Gewöhnlich sind wir von schlafenden Menschen umgeben, die über die Idee des Erwachens nichts wissen und sich auch nicht dafür interessieren. Wir werden also automatisch dafür belohnt, unseren Schlaf fortzusetzen und im Zustand des Konsensus-Bewußtseins zu verbleiben. Schon allein, weil eine dem Erwachen verpflichtete Arbeitsgruppe eine besondere Art von Gruppe ist, kann die automatisierte Macht der üblichen sozialen Normen in diesem Rahmen geringer sein. Sie bewegen sich in einer Gruppe von Menschen, die nicht aus den üblichen sozialen Gründen zusammen sind, und auch Sie selbst sind nicht aus solchen Gründen dabei.

Erinnern durch Beispiel

Selbsterinnern bedeutet unter anderem, der unmittelbaren Umwelt wache Aufmerksamkeit zu schenken. Wenn Sie am Treffen einer Arbeitsgruppe teilnehmen, bedeutet dies zunächst, daß die Menschen, mit denen Sie dort zusammentreffen, ein wichtiger Bestandteil Ihrer unmittelbaren sensorischen Umgebung sind. Wenn diese Menschen nun ebenso wie Sie an der Selbstbeobachtung und am Selbsterinnern arbeiten, so manifestiert sich dies manchmal in beobachtbaren Aspekten ihres Verhaltens. Wenn Sie diese Manifestationen beobachten, so kann Ihnen das helfen, sich an Ihre eigenen Ziele zu erinnern.

Dies bedeutet nicht, daß die Mitglieder einer Arbeitsgruppe auf irgendeine offensichtliche Weise seltsam agieren müssen. Sie tragen weder Turbane noch wallende Gewänder und praktizieren auch keine mysteriösen rituellen Gesten oder geheime Arten des Handschlags. Möglicherweise gibt es einen gruppenspezifischen Jargon, doch das ist normal für eine Gruppe von Menschen, die über längere Zeit zusammenarbeitet. Meist geht die Gruppe ziemlich alltäglichen Aktivitäten nach. Die Mitglieder unterhalten sich und trinken Kaffee, streichen ein Haus an, stutzen das Buschwerk, fegen den Boden, planen einen Ausflug und dergleichen mehr. Man muß schon sehr genau hinschauen, wenn man entdecken will, daß all dieses Alltägliche auf eine subtil andere Weise getan wird, was auf die innere Arbeit hinweist, die da vor sich geht.

Nehmen wir das Fegen des Bodens als Beispiel. Gewöhnlich denkt man beim Fegen über etwas anderes nach, etwas ›Wichtigeres‹. Das Fegen selbst wird hastiger erledigt als nötig, manchmal sogar mit einer Spur Wut. Der Fegende hat häufig einen leicht verschleierten Blick, weil sein Geist anderswo weilt.

Wenn ein Mensch, der Selbsterinnern praktiziert, den Boden fegt, würde ein guter Beobachter einen gewissen ›präsenten‹ Blick bei ihm bemerken. Er würde erkennen, daß der andere aufmerksam den Boden anschaut, den er fegt, was darauf hindeutet, daß sein Geist bei der Sache ist. Er könnte die Kraft, die er auf das Fegen verwendet, genau dosieren. So könnte er beispielsweise den Besen bei der Rückbewegung um neunzig Grad drehen, um weniger Staub aufzuwirbeln. Oder er könnte die Kehrbewegung variieren, um mit verschiedenen Möglichkeiten der Körperbenutzung zu experimentieren. Alles in allem könnte der Eindruck entstehen, daß dieser Mensch bei seiner absichtlichen und bewußten Tätigkeit des Fegens wirklich präsent ist.

Körperliche Arbeiten werden häufig in Arbeitsgruppen des Vierten Wegs genutzt. Sie sind sehr wichtig, um den Schülern Gelegenheit zu geben, einander in einer großen Vielfalt von Situationen zu beobachten. Außerdem dienen sie der Schulung des körperlich/instinktiven Gehirns. Nur zu oft im Leben sehen wir einander hauptsächlich still sitzend oder in Interaktionen mit sehr eingeschränktem Bewegungsradius, was durch die verschiedenen beruflichen Tätigkeiten und Rollen bedingt ist, an die wir gewöhnt sind. Vielfältige physische Aufgaben zeigen den Körper in Bewegung, was sehr aufschlußreich und sehr erzieherisch für unser körperlich/instinktives Gehirn ist. Das breite, ungewohnte Spektrum von Aufgaben, bei denen Zusammenarbeit erforderlich ist, kann sich ähnlich auswirken. Was sagt die Körpersprache beispielsweise, wenn Sie jemanden bitten, auf eine Leiter zu steigen und eine Ladung Dachziegel hinaufzubringen? Welche Reaktionen treten in Ihrem Körper auf? Oder was sagt der Körper des Mannes, der die Küche reinigen soll, und der Frau, die den Rasenmäher reparieren soll, über ihren Identitätszustand?

Wenn Sie sich die anderen Mitglieder Ihrer Arbeitsgruppe anschauen und gleichzeitig daran arbeiten, Ihre Sensibilität für die subtileren Aspekte des Verhaltens zu entwickeln, werden Sie Details erkennen, die einem gewöhnlichen Beobachter entgehen. Derjenige, der den Tisch abwischt, hat einen bestimmten Blick, der mich erkennen läßt, daß er Selbsterinnern praktiziert, was mich wiederum daran erinnert, daß ich dies im Augenblick gerade nicht tue, *also tue ich es jetzt.* Die Mitglieder einer Arbeitsgruppe dienen einander als Erinnerung, als Wecker.

Nicht nur die ›guten‹ Dinge, die Menschen tun, dienen uns durch ihr Beispiel als Erinnerung an unsere Ziele, sondern auch das ›Schlechte‹. Es ist wesentlich einfacher, die negativen Manifestationen bei anderen zu sehen als bei sich selbst. Wenn Sie sich der Selbstbeobachtung verpflichtet haben, werden Sie, nachdem Sie solche Züge bei anderen beobachtet haben, diese auch bei sich selbst sehen, was Ihre Selbsterkenntnis fördert.

Wachsein wird bestärkt

Es ist äußerst befriedigend und lohnend, mit einem relativ wachen Menschen zu interagieren. Intuitiv fühlt man, daß es sich hier um eine realistische Wahrnehmung handelt. Wir spüren ebenso, ob der andere uns echte Aufmerksamkeit schenkt, wie wir spüren, ob wir selbst anderen und uns selbst echte Aufmerksamkeit schenken. Gewöhnliche Aufmerksamkeit anderer Menschen hingegen gibt das Gefühl, als sei man nur ein peripherer Reiz für den Phantasieprozeß des anderen.

Außerdem hat diese Art von Aufmerksamkeit gewöhnlich eine ›reine‹ oder ›saubere‹ Qualität. Sie ist frei von versteckten Implikationen: *Sie* werden stärker so wahrgenommen, wie Sie wirklich sind, so gut es der andere vermag. Diese Art der Aufmerksamkeit ist äußerst wohltuend. Man hat das Gefühl, daß statt der falschen Persönlichkeit die Essenz genährt wird. Dies ist überaus wertvoll.

Es gibt noch einen weiteren fördernden Aspekt der Interaktion in den Arbeitsgruppen. Eine der wichtigsten Regeln für die Mitglieder solcher Gruppen ist, absolut ehrlich zueinander und zum Leiter der Gruppe zu sein. Das ist natürlich nicht leicht, doch der Kampf um absolute Ehrlichkeit in der Interaktion mit anderen (als ob man wach wäre, selbst wenn man sich nicht vollständig seiner selbst erinnern kann) liefert eine Menge Material für die Selbstbeobachtung und führt zu einer wesentlich erfüllenderen Qualität der Interaktion, als es jene automatische Unehrlichkeit ist, die den größten Teil der Konsensus-Trance kennzeichnet. Eine Möglichkeit, diese Regel einzuführen, die ich in meinem ›Awareness Enhancement Training‹ erfolgreich erprobt habe, besteht darin, die Teilnehmer häufig daran zu erinnern, daß sie aus ihrer Erfahrung heraus sprechen sollen, nicht vom Intellekt aus. Wenn jemand auch beim Sprechen Selbsterinnern praktizieren kann, verschwindet eine Menge von dem Unsinn und den Phantasien der gewöhnlichen Konversation wie von selbst.

Je intensiver Sie Selbsterinnern praktizieren, um so wacher sind Sie und um so deutlicher können Sie Manifestationen des Wachseins (oder deren Fehlen) bei anderen feststellen. Dann wird auch die Interaktion mit anderen immer befriedigender. Auf diese Weise wird die Arbeit des Selbsterinnerns in der Gruppe sehr verstärkt.

Wir haben uns bisher mit den positiven Auswirkungen eines höheren Grades von Wachsein auf die Interaktion des einzelnen beschäftigt. Außerdem hat die Gruppenarbeit auch noch eine gruppendynamische Auswirkung: Die Arbeit des Selbsterinnerns jedes einzelnen Teilnehmers hebt auch den Tonus der gesamten Gruppe, was wiederum Rückwirkungen auf den einzelnen hat. Dieser Effekt sollte jedoch nicht mit einem anderen Effekt der gewöhnlichen Bewußtseinsebene verwechselt werden, nämlich dem guten Gefühl, das entsteht, wenn man sich mit einer Gruppe identifiziert. Dieser Effekt tritt bei jeder Gruppierung auf, in der man akzeptiert wird, und erfüllt ein menschliches Grundbedürfnis. In einem begrenzten Maße kann auch das helfen, die Energie in einer Arbeitsgruppe zu mobilisieren, doch muß diese Ebene überwunden werden, wenn die Arbeitsgruppe nicht auf das Niveau einer gewöhnlichen, Geselligkeit pflegenden Gruppe absinken soll.

Methoden des Mitteilens, Probleme und Triumphe

Es gibt viele kleine ›technische Tricks‹, die bei der Selbstbeobachtung und beim Selbsterinnern helfen können. Die Technik der ›Mikroziele‹ ist ein Beispiel dafür. Wenn alle Mitglieder einer Arbeitsgruppe ihre individuellen Arbeitsmethoden den anderen mitteilen, wird das Repertoire jedes einzelnen ständig erweitert.

Natürlich ist dabei auch Unterscheidungsvermögen erforderlich. Was für den einen eine nützliche Methode ist, hilft einem anderen möglicherweise nicht oder kann für ihn sogar eine Behinderung sein. Die Experimente, die notwendig sind, um dies zu klären, können zu wertvollen Erkenntnissen führen.

Diskussionen der Schüler über ihre Probleme mit der Anwendung der Arbeit des Vierten Wegs in ihrem Leben sind häufig äußerst wertvoll. Wir alle neigen dazu zu denken, daß unsere Probleme ziemlich einzigartig und oft beschämend sind — als wären wir die einzigen, die unter solch ›schlechten‹ oder ›beschämenden‹ oder ›dummen‹ Verirrungen litten. Wenn man von den Problemen und Kämpfen anderer Menschen hört, so stellt das oft solche Trugschlüsse richtig. Die Erkenntnis »Ich bin nicht komisch und verrückt; viele Menschen sind genauso« setzt Energie frei. Wenn andere die gleichen Probleme lösen, so ist dies für uns ermutigend.

Angst als Erinnerungshilfe

Abgesehen von der positiven Funktion der Gruppenarbeit, uns daran zu erinnern, daß wir Selbsterinnern üben wollen, gibt es Erinnerungshilfen, die auf niedrigeren menschlichen Funktionen wie der Angst basieren. Bei richtigem Umgang damit können sie hilfreich sein, aber sie sind etwas riskant, und letztlich muß man auch ohne sie auskommen.

Ein geringes Maß an Angst ist in den meisten sozialen Situationen präsent. Sie könnten etwas Dummes oder Peinliches sagen, die anderen mögen Sie vielleicht nicht oder könnten Sie zurückweisen. Selbst wenn Sie die Angst nicht ausdrücklich fühlen, als Potential ist sie da. Auch in Arbeitsgruppen des Vierten Weges kann Angst ein ständig präsentes Element sein. Wir fürchten uns vor dem Zustand der Konsensus-Trance, in dem wir uns befinden, wir haben Angst, wie Automaten zu sein, befürchten, daß wir nicht lernen, Selbsterinnern zu praktizieren, und daß wir damit unser Ziel verfehlen, oder wir haben Angst davor, daß andere merken, wie schlecht wir unsere Sache machen, und uns deshalb ablehnen.

Wenn solche Ängste gelegentlich auftreten oder nur schwach sind, können sie zur Motivation für die Arbeit am Selbst genutzt werden. Etwa so: »Ich habe Angst, daß ich mich nicht intensiv genug meiner selbst erinnere: Ich bestreite diese Angst nicht, doch jetzt benutze ich sie als Erinnerung daran, daß ich *jetzt* Selbsterinnern üben will!« Oder: »Ich fürchte, daß die anderen Gruppenteilnehmer, die mich beobachten, mich ablehnen könnten, weil ich nicht so aussehe, als würde ich Selbsterinnern üben. Ich leugne nicht, daß ich Angst erlebe, aber ich werde diese Angst als Erinnerung benutzen, um *jetzt* Selbsterinnern zu praktizieren.« Im zweiten Fall ist es wichtig, daß man die Angst tatsächlich als Anregung zum Selbsterinnern benutzt, nicht dazu, äußerlich so zu wirken, als ob man Selbsterinnern praktizieren würde, ohne es tatsächlich zu tun.

Beachten Sie, daß es für eine positive Nutzung negativer Emotionen wie der Angst wichtig ist, deren Realität nicht zu leugnen. Selbsterinnern schließt Selbstbeobachtung ein. Wenn Sie also Angst leugnen, obwohl Sie sie empfinden, so ist das das Gegenteil von Selbsterinnern. Außerdem hat das aktive Leugnen einer Emotion manchmal die Auswirkung, daß ihr mehr Energie zufließt. Das Ziel jedoch ist, Energie für die Selbstbeobachtung und das Selbsterinnern freizusetzen, statt sie durch den Kampf mit der eigenen Angst zu binden.

Selbsterinnern infolge eines Angststimulus kann die betreffende Angst sogar vermindern oder zum Verschwinden bringen. Wenn Sie die Angst weder niederkämpfen noch leugnen, investieren Sie Ihre Energie absichtlich in das Selbsterinnern, so daß weniger Energie zur Nährung der Angst zur Verfügung steht. Die Einsicht in die konkrete Natur der Angst, die Sie durch Beobachtung erlangen, kann auch zur Auflösung der Angst und dadurch zu einem dauerhaften Zuwachs an Energie führen.

Was hier über die Angst gesagt wurde, ist auch auf andere Emotionen wie Wut und Neid übertragbar.

Erinnern durch Schweigen

In Gruppen des Viertes Weges gilt häufig die Regel, daß der Schüler nicht mit Außenstehenden über die gruppeninternen Vorgänge sprechen darf. Diese Regel hat unter anderem die Funktion, uns zu zeigen, was für Plappermäuler wir sind. Wir wollen aus der Gruppe rennen und gleich allen über die aufregenden Dinge erzählen, die wir gelernt haben. Wenn wir uns verpflichten, dies nicht zu tun, sind wir gezwungen, uns selbst zu beobachten, damit wir nicht automatisch anfangen, über die Arbeit zu reden. Außerdem ermöglicht es die Regel, die eigenen Motive zu beobachten, aus denen heraus man über die Arbeit sprechen möchte. Stört der Gedanke der Geheimhaltung Sie, oder erscheint er Ihnen falsch? Gut. Beobachten Sie *im Detail* alles, was Sie daran stört. Wollen Sie andere Menschen damit beeindrukken, daß Sie anders sind? Wollen Sie auf andere herabschauen, weil sie nicht tun, was Sie tun? Verspüren Sie das Bedürfnis, jede Seele zu retten, mit der Sie in Kontakt kommen?

Eine weitere Funktion der Schweigeregel ist, einen sicheren Raum für die Mitglieder der Gruppe zu schaffen, in dem sie über ihre Gefühle und Erfahrungen sprechen können. Niemand wird seine tiefsten Gefühle mitteilen, wenn er damit rechnen muß, daß diese schon bald in der ganzen Stadt bekannt sein werden. Diese Art von Vertraulichkeit ist für fast alle Gruppen notwendig, die sich dem inneren Wachstum widmen.

Die Schweigeregel wird auch angewendet, weil die Gruppenmitglieder meist die wahren Ziele und Prozesse der Arbeit insbesondere zu Anfang nur sehr schlecht verstehen. Und das ist natürlich gleichzeitig die Zeit, in der man am liebsten mit jedem über die Arbeit reden möchte. Wenn das Reden mit Außenstehenden in der Anfangsphase unterbleibt, wird verhindert, daß verzerrte Versionen des Geschehens in Umlauf kommen, was es anderen Menschen erschweren könnte, selbst jemals von der Arbeit zu profitieren. Bei meinem eigenen Training bat ich die Teilnehmer, die Übungen und Vorgänge in der Gruppe zeitweilig geheimzuhalten. Wenn klar war, daß sie einen Aspekt der Arbeit in einem tiefen Sinne verstanden hatten, wenn er zu ihrem eigenen empirischen Wissen geworden war — also nicht mehr nur etwas äußerlich Erlerntes —, gestattete ich ihnen, frei mit anderen darüber zu sprechen, sofern es für diese von Nutzen wäre. Das zu erkennen setzt natürlich ein beträchtliches Maß an Selbstbeobachtung voraus.

Geheimhaltung ist auch nützlich, weil die meisten Menschen an solchen Ideen gar nicht interessiert sind. Denken Sie daran, daß wir im Zustand der Konsensus-Trance fest daran glauben, die Einheit schon erreicht zu haben, eine permanente Identität, Selbstbewußtheit und einen echten Willen zu besitzen. Die Idee des Erwachens Menschen aufzudrängen, die noch nicht aus eigener Erfahrung einen echten Wunsch danach entwickelt haben, ist generell sinnlos.

Erinnern durch direkte Aufforderung und durch Infragestellen

Schließlich können andere Gruppenmitglieder Sie auffordern: »Beobachte die Prozesse in deinem Innern!« — »Wach auf!« — »Schenke gleichzeitig dir selbst und der Welt Aufmerksamkeit!« Oder: »Erinnerst du dich gerade jetzt deiner selbst?«

Gefährlich wird es, wenn solche Aufforderungen zu gewöhnlicher, unbewußter Manipulation werden. Wenn ich Sie fragen muß, ob Sie wach sind, sage ich damit praktisch auch: »Ich habe in meiner überlegenen Position wahrgenommen, daß du geschlafen hast.« Gewöhnlich werden solche direkten Aufforderungen oder Befragungen in Gruppen des Vierten Weges nur vom Lehrer oder von fortgeschritteneren Schülern ausgesprochen.

Wir wollen uns nun mit den Funktionen des Lehrers beschäftigen.

Die Notwendigkeit eines Lehrers

Gurdjieff glaubte, daß wir so sehr in die Phantasien der Konsensus-Trance verstrickt sind, daß es für uns als einzelne fast unmöglich ist, ohne Hilfe eines Lehrers, der erheblich wacher ist als seine Schüler, aufzuwachen. Wegen dieses höheren Maßes an Wachheit kann ein Lehrer oft erkennen, wenn ein Schüler sich in Phantasien über das Erwachen verloren hat, und ihm dann spezifische Methoden empfehlen, mit deren Hilfe er sich aus dieser Sackgasse befreien kann. Einen wirklich kompetenten Lehrer zu finden ist ein großes Glück, denn solche Lehrer sind in einer Welt schlafender Menschen rar.

Widerstand gegen die Idee des Lehrers

Ich beschäftigte mich in meinen Universitätskursen in Humanistischer und Transpersonaler Psychologie einige Semester lang mit Gurdjieffs Lehren. Dabei löst die Idee, daß wir einen Lehrer brauchen, um zu erwachen, bei den Studenten jedesmal starken Widerstand aus. Häufig verfangen sie sich so sehr darin, daß ihnen auch der Zugang zu anderen Ideen Gurdjieffs versperrt wird.

Eine wichtige Quelle des Widerstandes ist unsere amerikanische Enkulturation: Wir glauben, daß wir ausgeprägte Individualisten sind und alles, was wir tun, auf unsere eigene Art tun müssen. Als guter Amerikaner sympathisiere ich mit diesen Gefühlen und empfinde oft selbst so. Außerdem kommt bei meinen Kursen auch häufig zur Sprache, daß die Studenten von niemandem abhängig werden wollen, nicht einmal zum Zweck psychischen oder spirituellen Wachstums. Dies ist für die meisten College-Studenten ein besonders heikles Thema, da sie ihren persönlichen Kampf um die Unabhängigkeit vom Elternhaus noch nicht abgeschlossen haben.

Eine dritte wichtige Quelle des Widerstandes ist das Elitedenken, das in der Idee enthalten ist, daß eine Entwicklung ohne Lehrer nicht besonders weit führen kann. Amerikaner lehnen gewöhnlich auf eine automatische, oberflächliche Weise alles ab, was auch nur entfernt mit Elitedenken zu tun haben scheint. Meist sind meine Studenten äußerst verblüfft, wenn ich ihnen vor Augen halte, daß sie als Studenten einer angesehenen Universität unweigerlich zu einer Elite gehören. Sie haben im Laufe ihrer Schulzeit eine ganze Reihe von Ausleseprozessen durchlaufen, die es ihnen ermöglichten, Studenten einer der besten Universitäten des Landes zu werden. Dennoch können sie sich meist nicht für den Gedanken begeistern, daß sie einen Lehrer brauchen, um wachsen zu können, und auch nicht dafür, daß solche Lehrer nicht leicht zu finden sein sollen.

Eine vierte Quelle des Widerstandes ist das Wissen der Studenten über die Führergestalten verschiedener Kulte und über all die schrecklichen Dinge, die sie Menschen angetan haben, obgleich sie behaupteten, erleuchtete Lehrer zu sein. Natürlich ist es durchaus berechtigt, aus diesen Gründen vorsichtig zu sein. Viele Menschen nennen sich selbst spirituelle Meister oder werden von ihren Schülern so genannt. Dennoch sind einige von ihnen regelrechte Scharlatane, andere sind Verrückte, andere gefährliche Neurotiker und wieder andere wohlmeinende, aber unfähige Nachahmer. Ein Mensch, der die Rolle eines Lehrers spielt, jedoch nicht über genügend authentisches Wissen verfügt, vergeudet im besten Fall die Zeit anderer Menschen, im schlimmsten Fall täuscht und schädigt er sie.

Eine weitere Quelle des Widerstandes ist der Gedanke, einen Lehrer bezahlen zu müssen. Im Bereich des Spirituellen geht es um Liebe und Geben, deshalb sollte alles, was mit dieser Welt zu tun hat, umsonst sein — oder etwa nicht?

Eine sechste mögliche Quelle des Widerstandes wird nur selten erwähnt: Wenn man mit einem echten Lehrer arbeitet, könnte dies dazu führen, daß man sich tatsächlich verändert, statt nur darüber zu reden.

Widerstand oder nicht, wir sind soziale Wesen. Es ist ungeheuer hilfreich (und ziemlich gefährlich, wie wir im nächsten Kapitel hören werden), in einer Gruppe zu arbeiten und einen Lehrer zu haben. Deshalb wollen wir uns einige der Funktionen eines Lehrers des Vierten Weges anschauen.

Die Beispielfunktion

Eine der wichtigsten Funktionen des Lehrers ist, seinen Schülern Beispiel für ein wacheres Dasein zu sein. Ein Teil der Bemühungen der Schüler, die Welt um sich herum genau zu beobachten, richtet sich darauf, ihren Lehrer zu studieren und so eine gewisse Vorstellung davon zu entwickeln, wie ein wacherer Mensch handelt und wie er von außen gesehen wirkt. Wie gebraucht er seinen Körper? Wie steht und geht und redet er? Wie reagiert er unter Streß? Wie reagieren andere Menschen auf ihn?

Dies soll nicht heißen, daß es ein festumrissenes, erlernbares Verhalten erwachter Menschen gibt. Ein wacherer Mensch müßte im Gegenteil flexibler und weniger vorhersehbar reagieren als jemand im Zustand der Konsensus-Trance, obgleich die Unterschiede häufig sehr subtil sind. Wenn man jedoch das Verhalten des Lehrers im Zusammenhang des Selbstbeobachtens und Selbsterinnerns studiert, kann man lernen, in Situationen neue Möglichkeiten zu sehen, die sich von den immer gleichen, mechanischen Winkelzügen der falschen Persönlichkeit unterscheiden. Dies ermöglicht es, die eigene Persönlichkeit noch eingehender zu studieren und sich ein gewisses ›Gefühl‹ für flexibles, bewußteres Funktionieren anzueignen.

Im Idealfall sollte der Lehrer jemand sein, der vollständig erwacht ist, der in jedem Augenblick Selbsterinnern praktiziert, der die höchstmögliche Stufe der menschlichen Evolution erreicht hat und der sich permanent auf der vierten Bewußtseinsebene befindet. Jede Aktivität eines solchen Lehrers wäre eine Lektion, und sein einfaches, natürliches Sein wäre seine Lehre. In unserer höchst unvollkommenen Welt jedoch sind solche Lehrer selten, und die Wahrscheinlichkeit, einen von ihnen zu treffen, ist besonders zu Beginn der Arbeit gering — wobei wir hier die Funktion jenes magnetischen Zentrums außer acht lassen, von dem bereits die Rede war. Wenn Sie glauben, den perfekten Lehrer gefunden zu haben, ist höchstwahrscheinlich Ihre Wahrnehmung stark verzerrt. Die Gründe dafür werden im folgenden Kapitel behandelt.

Ein Lehrer, der für seine Schüler von Nutzen sein soll, muß im

Verhältnis zu ihnen wesentlich wacher und entwickelter sein. Wenn Ihr Kind Nachhilfe im Buchstabieren braucht, findet es in seiner Umgebung sicher viele Menschen, die gut buchstabieren können. Keineswegs muß es unbedingt vom Leiter des Germanistischen Seminars der angesehensten Universität Ihres Landes persönlich Nachhilfeunterricht bekommen. Ebenso kann schon ein einigermaßen wacher Mensch durchaus ein geeigneter Lehrer für Menschen sein, die noch ziemlich fest schlafen, vorausgesetzt, der Betreffende hat selbst ein ausreichendes Verständnis von dem, was er lehren soll, und seine eigene Psychodynamik und seine Persönlichkeitsmuster gut genug unter Kontrolle, um keine ernsten Störungen bei denen hervorzurufen, die sich ihm anvertrauen.

Wie schon bei der Darstellung der Alarmfunktion der Arbeitsgruppe erwähnt wurde, wirkt der Umgang mit anderen Menschen, die an ihrem Erwachen arbeiten, ›ansteckend‹ oder katalytisch. Dies gilt auch für die Lehrerrolle. Allein die Nähe eines Lehrers und die Tatsache, daß er in seinen Aktionen und Interaktionen erheblich wacher ist als seine Schüler, erzeugen eine Art ›Feldwirkung‹, die Bemühung und Erfolg der Schüler fördern kann.

Verständnis der Schüler

Eine weitere wichtige Funktion des Lehrers ist, seine Schüler zu beobachten und zu verstehen. Der Lehrer möchte sein Wissen auf wirksame Weise übermitteln und die Schüler anregen. Um effektiv wirken zu können, muß ein Lehrer des Vierten Weges feste Formen überwinden. Einfach auf traditionelle Weise in altehrwürdigen Worten zu lehren oder Demonstrationen von Übungen so zu geben, ›wie es schon immer gemacht worden ist‹, ist oft gleichbedeutend mit einem erheblichen Verlust an Effektivität. Menschen können sehr verschieden sein. Die allgemeine Struktur des Konsensus-Bewußtseins bei den Menschen einer Kultur kann von Generation zu Generation stark variieren. Eine Formulierung oder Übung, die für den Lehrer selbst sehr wirksam war, kann für andere Menschen völlig ineffektiv oder sogar irreführend sein.

Viele spirituelle Traditionen sind versteinert, weil sie rigide Formen entwickelt haben, die sich nicht mehr den aktuellen Erfordernissen der Zeit, des Ortes und der Menschen anzupassen vermögen. Gurdjieff meinte, der Vierte Weg sei eine Methode, die zu einer Zeit und an einem Ort auftauche, wo Menschen und Umstände für diese Methode geeignet seien. Wenn die Lehre nicht mehr wirke, werde sie wieder verschwinden. Diejenigen, die das Essentielle der Lehre nicht begriffen hätten, blieben dann zurück und erhielten oft deren äußere Formen aufrecht, ohne ihren Kern verstanden zu haben.

Der Lehrer muß seine Schüler ständig im Auge behalten und verschiedene Methoden erproben, um festzustellen, welche die wirksamsten sind. Dabei schlagen natürlich immer einige Experimente fehl. Gurdjieff selbst experimentierte mit Sicherheit auf diese Weise. Es ist durchaus möglich, daß einige Methoden, die heute von den Anhängern Gurdjieffs benutzt werden, solche Fossile sind.

Der Lehrer muß aber nicht nur den einzelnen Schüler, sondern auch die Arbeitsgruppe als Ganzes studieren. Erzeugen seine Interaktionen mit den Schülern eine Atmosphäre, die für die Selbstbeobachtung und für das Selbsterinnern förderlich ist? Unterstützen die Interaktionen der Schüler das Streben nach diesem Ziel? So kann beispielsweise ein gewisses Angstniveau bei einigen Schülern eine Art ›Brennstoff‹ für ihre Selbstbeobachtung sein. Die Angst kann aber auch zu stark sein und die Arbeit behindern. Der Lehrer muß die Dynamik in der Gruppe beobachten und sie eventuell beeinflussen.

Motivieren und Antreiben

Eine weitere Funktion des Lehrers ist, die Schüler zu motivieren. Natürlich kommen sie mit einer starken Motivation, sich selbst zu verstehen und aufzuwachen, zu ihm. Doch leider wird die Teilpersönlichkeit, die so stark motiviert ist, häufig bald durch andere Teilpersönlichkeiten abgelöst, die keinerlei Interesse an der Arbeit haben oder sie vielleicht sogar verabscheuen oder versuchen, sie für Zwecke zu mißbrauchen, die mit innerem Wachstum nichts zu tun haben.

Der Lehrer muß versuchen, die echte Motivation zum Wachstum zu stärken. Gurdjieff betonte, daß es wichtig sei, die Teilpersönlichkeiten, die an der Arbeit interessiert seien, auf Kosten der uninteressierten zu stärken.

Manchmal wird eine wichtige Stufe im Verständnis des Selbst erreicht, und dann bleibt der Schüler stecken. Widerstand gegen das Wissen und andere Abwehrmechanismen werden aktiviert, und der Schüler vermeidet auf diese Weise, Wichtiges in seinem eigenen Inneren zu sehen, oder er hält sich von Situationen fern, die ihn zwingen könnten, sich diesen Fakten zu stellen. Der Lehrer kann dann warten, bis der Schüler bereit ist, doch manchmal könnte er den Eindruck gewinnen, daß der Schüler diese Bereitschaft niemals aus freien Stücken entwickeln wird: Die am inneren Wachstum interessierten Teilpersönlichkeiten sind einfach nicht stark genug, um das Hindernis zu überwinden. Der Lehrer hingegen fühlt sich der oder den Teilpersönlichkeiten verpflichtet, die trotz des Widerstandes anderer Teile der falschen Persönlichkeit wachsen wollen. In diesem Fall muß der Lehrer den Schüler trotz seines Widerstandes antreiben.

Dies ist ein heikler und manchmal auch gefährlicher Augenblick. Wenn der Lehrer weise und verständig ist, wenn er das Problem des Schülers und seinen Widerstand klar versteht und einen guten Einfall hat, wie eine bestimmte Art von psychologischem Druck dem Schüler über die Hürde helfen könnte, selbst wenn das schmerzhaft ist, dann wird er ihn hinübertreiben können. Ich möchte allerdings bezweifeln, daß solches psychologisches ›Pushen‹ je eine sichere Sache ist. Das Risiko, daß der Lehrer die Situation nicht richtig begriffen hat oder daß der Stoß nicht wirksam ist und sogar nach rückwärts losgeht und den Widerstand noch verstärkt, ist immer gegeben. Auch kann der durch den Stoß ausgelöste Schmerz zu groß für den Schüler sein; dann wendet er sich möglicherweise von der Arbeit ab, statt die Situation durchzustehen.

Gurdjieff hielt die Risiken des Antreibens für gerechtfertigt, da der/die Betreffende ansonsten möglicherweise sein Leben lang im Zustand der Konsensus-Trance verbliebe. Er ging sehr rauh mit Menschen um, wenn er der Ansicht war, dies sei erforderlich. Es war ihm lieber, jemanden gegen sich aufzubringen. Er riskierte sogar, ihn nach den Maßstäben der Konsensus-Trance für immer zu schädigen und ihn als Schüler zu verlieren, statt ihm eine Gelegenheit zu echtem Wachstum vorzuenthalten. Gurdjieffs Haltung war sinnvoll vor dem Hintergrund seiner Anschauung, daß der gewöhnliche, mechanische Mensch wie ein Hund stirbt, wenn er nur seinen niedrigsten Funktionen entsprechend lebt. Außerdem war er sehr wachsam gegenüber seinen Schülern und wußte stets genau über ihren Zustand Bescheid. Trotzdem ist zweifelhaft, ob sein Antreiben immer gerechtfertigt und wirksam war.

Das Vermitteln von Wissen

Wir werden uns jetzt mit dem beschäftigen, was gewöhnlich zuerst behandelt wird, wenn es um das Thema des Lehrers geht: mit der Aufgabe des Lehrers, zu lehren. Er muß Ideen erläutern, Fragen beantworten, Aufgaben stellen, auf verschiedenste Art ›testen‹, um zu erfahren, was seine Schüler verstanden oder mißverstanden haben. Doch wegen der oben erwähnten Faktoren ist es in unserem Fall unmöglich, einen völlig festen Lehrplan zu erstellen. Um Wissen so effektiv wie möglich zu vermitteln, ändert der Lehrer den Lehrstoff ständig und experimentiert damit.

Manche Ideen müssen einzelnen Schülern vorenthalten werden, bis sie eine bestimmte Entwicklungsstufe erreicht haben. Wenn sie zu früh damit konfrontiert würden, könnten sie sie nicht verstehen oder mißverstehen und falsche Schlußfolgerungen ziehen. Ein guter Lehrer versucht außerdem, den ›Schockwert‹ einer Idee zu maximieren, indem er sie in einer Form vorstellt, die maximale Aufmerksamkeit von seiten des Schülers garantiert, nämlich dann, wenn sie mit seinen automatisierten Gewohnheiten des Denkens und Fühlens kollidiert.

Ich habe nun die Grundfunktionen der Gruppenarbeit darge-stellt: Die Schüler sollen in der Selbstbeobachtung und im Selbsterinnern gefördert werden; sie sollen dabei soziale Unter-stützung erhalten. Sowohl die Essenz als auch die höheren Be-strebungen sollen gefördert werden, indem auf die Interaktions-qualität innerhalb der Gruppe geachtet wird. Und schließlich sol-len nützliche Techniken ausgetauscht sowie auch Probleme und Erfolge gemeinsam besprochen werden.

Auch vorbereitende Arbeitsgruppen ohne Lehrer haben ihren Sinn: Wenn eine Gruppe von Schülern sich trifft, über diese Ideen spricht und das Verständnis derselben einander mitteilt, kann das für alle Beteiligten hilfreich sein. Besonders wichtig ist es zu versuchen, in einer solchen Gruppe so ehrlich wie möglich zu sein und aus der persönlichen Erfahrung heraus zu sprechen, nicht aus intellektuellen Erwägungen. Leider können Gruppen ohne Leiter nicht sehr weit kommen.

Wenn ein Lehrer, also jemand, der in der Verwirklichung der Ideen Gurdjieffs fortgeschritten ist, eine solche Gruppe leitet, kommt wesentlich mehr dabei heraus. Da er erheblich wacher ist als die Schüler, kann der Lehrer Vorschläge machen, wenn ihm die Zeit günstig erscheint, er kann als Modell eines erwachten Menschen dienen und die Schüler motivieren und antreiben, Schritte zu tun, die sie aus eigenem Antrieb nie wagen würden. *Wenn* ein wirklich erwachter Lehrer da ist…

Gruppenarbeit ist kein einfacher Prozeß. Sie ist wertvoll und unverzichtbar, birgt aber auch ihre Risiken. Mit diesen Risiken werden wir uns im nächsten Kapitel beschäftigen. Damit will ich jedoch nicht von der Gruppenarbeit abraten. Vielmehr möchte ich, indem ich die möglichen Fallgruppen beschreibe, das Risiko vermindern, daß der Prozeß der Gruppenarbeit verzerrt wird.

22

Probleme bei der Arbeit am Erwachen

Der Arbeitsprozeß des Vierten Weges hat sehr hohe Ziele. Dazu gehören ein stark erweitertes Selbst-Verständnis, eine ausgewogene Entwicklung von Geist, Emotionen und körperlich/instinktiver Intelligenz, die Entwicklung der Essenz, so daß sie anstelle der falschen Persönlichkeit die dominierende Rolle übernimmt, das Erwachen, die Entwicklung eines permanenten höheren Bewußtseinszustands durch Selbsterinnern sowie weitere Ziele, die über die psychologische Perspektive dieses Buches hinausgehen.

Der Arbeitsprozeß geht jedoch unter sehr schwierigen Bedingungen vonstatten. Einerseits befinden sich die Übenden in ihrer persönlichen Form der tiefen Trance des Konsensus-Bewußtseins; außerdem ist ihr Verständnis von dem, was zu tun ist, unvollständig und oft in gefährlicher Weise verzerrt; und weiterhin fördert die Kultur, in der wir leben, die Konsensus-Trance, nicht das Erwachen. Andererseits sind ›perfekte‹ Lehrer sehr schwer zu finden und haben möglicherweise auch Besseres zu tun, als mit uns in unserem gegenwärtigen Zustand zu arbeiten. Deshalb fungieren menschliche Wesen, die selbst Schwächen wie wir haben, als unsere Lehrer. Es kann sein, daß sie unabsichtlich einige ihrer eigenen Probleme in die Arbeitssituation hineinbringen.

Im besten Fall führt der Arbeitsprozeß zumindest bei einigen Schülern zu echtem Fortschritt im Sinne seiner hohen Zielsetzungen. Im schlimmsten Fall kann er die Trance noch vertiefen und die Psychopathologie der Schüler oder die des Lehrers verstärken. Abgesehen von diesen Extremfällen kann der Arbeitsprozeß auch ganz einfach ineffektiv sein: Erhabene Gedanken werden diskutiert, Übungen routinemäßig ausgeführt, doch wirkliche Veränderung findet nicht statt — im Grunde wird die Zeit totgeschlagen. Auf solche Weise die Zeit zu verbringen ist vielleicht nicht schädlich, doch in jedem Fall werden die Schüler gegenüber der Idee der Arbeit desensibilisiert, und das kann ihre Chancen verringern, in Zukunft einmal von einer effektiveren Arbeitssituation zu profitieren. In diesem Kapitel geht es um die Probleme, die den Erfolg von Gruppenarbeit mit dem Ziel des Erwachens beeinträchtigen.

Konflikte zwischen höheren und niederen Bedürfnissen

Ein Sicherheitsbedürfnis, das wir alle haben, ist das Bedürfnis nach Stabilität: Das Leben erscheint sicherer, wenn nur Dinge passieren, die vorhersehbar sind. Dann gibt es keine Überraschungen, keine Veränderungen. Tatsächlich finden wir uns oft lange Zeit lieber mit unangenehmen Dingen ab (manchmal ein Leben lang), als dem Unbekannten eine Chance zu geben. Dieses konservative Sicherheitsbedürfnis ist oft mit spezifischen Ängsten in Hinsicht auf mögliche Katastrophen gekoppelt oder mit halbbewußten oder unbewußten Traumata im Zusammenhang mit Veränderungen.

Das Bedürfnis nach Stabilität und die Angst vor Veränderung befinden sich in Konflikt mit unserer essentiellen Neugier, unserem inhärenten Wunsch nach Selbstverwirklichung. Wie kann ich mich selbst oder meine Welt genau und objektiv beobachten, wenn ich nicht bereit bin zu sehen, was da ist, ob ich es nun mag oder nicht? Wie kann ich aufwachen, wenn ich nicht sehen *will* und die Verantwortung für meine Realität nicht übernehme? Abraham Maslow sprach vom ständigen Konflikt zwischen unseren Sicherheitsbedürfnissen und unseren Bedürfnissen zu wachsen, die zusammen eine Pendelbewegung ergeben. Wenn die Sicherheitsbedürfnisse überwiegen, können wir von Wachstum *reden,* ergreifen jedoch in Wahrheit keine Gelegenheiten zum Wachstum und stärken statt dessen unsere Abwehrmechanismen. Wenn unsere niederen Bedürfnisse einigermaßen befriedigt sind, können unsere Wachstumsbedürfnisse stärker werden; dann nutzen wir Gelegenheiten und wagen uns ins Unbekannte. Dies ist eine verallgemeinernde, keine absolute Beschreibung: Manchmal ist *gerade* das Unbefriedigtsein unserer niederen Bedürfnisse die Kraft, die die höheren Bedürfnisse aktiviert.

Wegen dieses Konflikts zwischen Sicherheits- und Wachstumsbedürfnissen beharrte Gurdjieff darauf, der Vierte Weg beginne auf dem Niveau eines (nach allgemeinen Maßstäben) halbwegs erfolgreichen Lebens in der gewöhnlichen Welt. Der gute Hausvater, der erfolgreiche Unzufriedene hat zwar im absoluten Sinne auch eine Menge Unvollkommenheiten und Verrücktheiten, doch nach den allgemeinen gesellschaftlichen Maßstäben hat er erfolgreich die Aufgabe gelöst, seinen Lebensunterhalt zu verdienen, und er führt ein einigermaßen angenehmes Leben. Er (oder sie) hat eine solide Grundlage geschaffen. Diese Befriedigung der niederen Bedürfnisse ermöglicht, daß sich nun die essentielle Neugier und der Wunsch nach Selbstverwirklichung entfalten können.

Immer wenn eine Gruppe von Menschen Zeit miteinander verbringt, ergibt sich die Möglichkeit, normale Bedürfnisse nach Gemeinschaft zu befriedigen. Als soziale Wesen brauchen wir die Aufmerksamkeit anderer Menschen, wir müssen uns sicher sein können, daß andere uns nicht angreifen oder uns zurückweisen. Positiv ausgedrückt brauchen wir das Gefühl der Zugehörigkeit, das Gefühl, Freunde zu haben und akzeptiert zu werden. Wenn diese Bedürfnisse halbwegs erfüllt sind, können die höheren Bedürfnisse sich entfalten. Eine der Funktionen eines Lehrers besteht darin, Schüler für eine Arbeitsgruppe zusammenzustellen, die sich auf diesem Niveau eines relativ erfolgreichen Lebens befinden, damit die höheren Bedürfnisse überhaupt die Chance haben, die Oberhand zu gewinnen.

Im Idealfall sollten alle gewöhnlichen sozialen Bedürfnisse außerhalb der Arbeitsgruppe erfüllt werden, so daß in der Arbeitssituation nur die höheren Ziele der Arbeit selbst gefördert zu werden brauchen. Dieses Ideal ist jedoch bestenfalls annähernd zu erreichen, denn wir alle beziehen zeitweise nicht genügend Aufmerksamkeit oder Anerkennung aus unserer normalen sozialen Interaktion, und in diesen Fällen sind wir natürlich innerhalb der Arbeitsgruppe auf Aufmerksamkeit oder Akzeptiertwerden aus, obgleich die Arbeit der Gruppe eigentlich auf etwas Höheres gerichtet ist. *Wenn wir uns genügend unserer selbst bewußt sind, um zu wissen, daß wir dies tun,* kann es eine sehr nützliche Erfahrung sein, denn wir haben dann die Gelegenheit, diese Bedürfnisse zu beobachten und mehr über ihre genaue Funktionsweise in uns selbst zu lernen, als es in einer gewöhnlichen Gruppe möglich wäre.

Wenn die sozialen Bedürfnisse zu stark und/oder wir nicht in der Lage sind, sie adäquat zu beobachten oder zu kontrollieren, kann die eigentliche Funktion der Arbeitsgruppe ins Hintertreffen geraten. Möglicherweise imitieren wir dann die Arbeitspraxis äußerlich, verzerren jedoch ständig ihren inneren Sinn. Wenn wir beispielsweise merken, daß Menschen, die an der Selbstbeobachtung oder am Selbsterinnern arbeiten, eine bestimmte Art haben, sich zu bewegen, könnten wir diesen Verhaltensstil imitieren, *damit andere Menschen denken, daß wir unseren Vorbildern gleichen.* Dies könnten wir tun, um akzeptiert zu werden, statt uns auf die inneren Übungen zu konzentrieren, die zu jenen äußeren Manifestationen führen könnten.

Die Gruppe als Minikultur

Immer wenn Menschen in einer Gruppe viel Zeit miteinander verbringen, ganz gleich, aus welchen Gründen, interagieren ihre sozialen Bedürfnisse miteinander; eine solche Gruppe ist halbunabhängig von größeren Gruppen und der Kultur, in deren Einflußbereich sie sich befindet. Eine solche Gruppe entwickelt die Tendenz, sich selbst, ihre Mitglieder und die ›äußere‹ Welt auf eine eigene Weise wahrzunehmen; außerdem entwickelt sie eigene Werte und Normen.

Bei einer Arbeitsgruppe im Sinne Gurdjieffs treten diese Effekte besonders leicht auf, weil in solchen Arbeitsgruppen ausdrücklich gelehrt wird, daß die Konsensus-Realität und unser gewöhnlicher Bewußtseinszustand eine Art Schlaf oder Trance sind.

Natürlich sollte diese Anschauung von den Gruppenmitgliedern nicht einfach geglaubt werden, sondern als Fokus für die Selbstbeobachtung dienen. Die Idee sollte *geprüft,* nicht einfach akzeptiert werden. Dennoch wirkt diese Aussage wie die implizite Erlaubnis einer Autorität, viele oder alle kulturellen Normen zurückzuweisen, an denen wir uns normalerweise im Leben orientieren, und neue zu entwickeln, die besser geeignet erscheinen.

Dies ist gesellschaftlich gesehen ungewöhnlich. Wenn man beispielsweise einem Sportclub, einem Berufsverband, einem Literatur-Diskussionskreis oder einer politischen Partei beitritt, so erscheint es jedermann selbstverständlich, daß sich für die Zeit des Zusammenseins in der Gruppe ein Gruppenjargon entwickelt sowie eine spezielle Weltsicht, doch von solchen Veränderungen nimmt man gewöhnlich an, daß sie unbedeutend und *der allgemeinen Weltsicht der herrschenden Kultur untergeordnet* sind. Wenn dies nicht der Fall ist, nennt die Kultur solche Gruppen gewöhnlich ›Sekten‹ oder ›Kulte‹. Die Gruppen ihrerseits lehnen meist die in ihrem Umfeld maßgebende Kultur ab, indem sie sie offen angreifen oder bewußt andere Verhaltensweisen pflegen und sich anders kleiden.

Gurdjieff forderte, alles Kulturelle müsse in Frage gestellt werden, doch gleichzeitig plädierte er dafür, tiefgreifende Veränderungen in der äußeren Lebensweise zu vermeiden. So könne man sich jahrelang sorgfältig in den Situationen beobachten, in denen die falsche Persönlichkeit sich gebildet habe und durch die sie aufrechterhalten werde, und so zu einem *genauen* Verständnis der Funktionsweise des eigenen Geistes gelangen, bevor man irgend etwas zu verändern versuche. Selbst noch nachdem man die eigene Situation genau verstanden habe, könne man dann frei wählen, ob man sein Leben äußerlich verändern wolle oder nicht: Wenn die essentiellen Ziele in angemessener Weise *in* einem konventionellen Leben zu erreichen seien, sei es töricht, durch unkonventionelles Handeln Störungen im sozialen Umfeld heraufzubeschwören.

Allerdings impliziert die Aufforderung, alles in Frage zu stellen, da ein großer Teil unserer bisherigen automatischen Lebensführung falsch ist, einerseits zwar eine enorme Freiheit, enthält andererseits aber auch eine große Gefahr für Arbeitsgruppen des Vierten Weges. Trotz all ihrer Unzulänglichkeit und Verrücktheit ist unsere Kultur ein integraler Bestandteil unseres psychologischen Stützsystems und der Ursprung jener Werte, die garantieren, daß unser Leben einigermaßen angenehm verläuft.

Man lehrt uns beispielsweise, anderen Menschen gegenüber höflich zu sein, und ganz abgesehen davon, ob das eine geistlose Konditionierung ist oder nicht, spiegelt es das grundlegende Prinzip der Achtung anderer Menschen und übt einen regulierenden Einfluß auf das soziale Verhalten aus. Die Aufforderung, alles in Frage zu stellen, kann zu der fixen Idee werden: »Ich muß nicht zu jedermann höflich sein. Ich kann auch gemein sein, und das ist manchmal ehrlicher, da es sich gegen meine Konditionierung richtet.«

Als *zeitlich begrenztes Experiment* kann es sehr wertvoll für das eigene innere Wachstum sein, konditionierte Höflichkeitsnormen bewußt zu mißachten. Zu beobachten, was im eigenen Inneren und außen passiert, wenn man sich unhöflich verhält, den Widerstand gegen Veränderung zu beobachten, wenn er aufkommt, zu sehen, wie man mit den feindseligen Reaktionen anderer fertig wird, wenn man zu ihnen unhöflich gewesen ist, kann sehr lehrreich sein. Wenn Sie die echte Fähigkeit entwickeln, *nicht* höflich zu sein, und wenn Sie dann *bewußt wählen,* aus Rücksicht auf andere *doch* höflich zu sein, so ist das ein höchst moralischer und bedeutungsvoller Akt. Konditionierte Höflichkeit hat, wie wir schon besprochen haben, keinerlei moralische Bedeutung.

Denken Sie nun zurück an das, was schon über die Arbeitsgruppe als Minikultur gesagt worden ist. Es ist durchaus möglich, daß jemand im Zusammenhang mit der Selbstbeobachtung mit Nicht-Höflichsein experimentiert; andere jedoch imitieren dies nur, weil sie in der Arbeitsgruppe akzeptiert werden wollen. Nicht-Höflichsein kann zu einer automatisierten Gewohnheit werden, zum Bestandteil eines neuen Zustandes innerhalb der Konsensus-Trance, der auf dem durch die Gruppenarbeit verbreiteten impliziten Konsensus basiert. Nicht-Höflichsein kann zu einer Gruppennorm werden, statt Werkzeug zu bleiben. Damit ist ein wichtiger Aspekt der Arbeit verzerrt worden und verliert seine Effektivität.

Solche Vorgänge gibt es natürlich auch in anderen Gruppen. Es kann zu einer Mode werden, schnippisch zu sein und ›die Dinge beim Namen zu nennen‹. Wenn sich jedoch Gruppennormen bilden, die von den allgemeinen sozialen Normen abweichen, fühlen sich die Gruppenmitglieder unwohl. Sie wollen nicht so ›anders‹ sein, daß sie innerhalb der Kultur zu Außenseitern werden. Die Abweichungen in einer Gruppe sind gewöhnlich durch das allgemeine normative System der Kultur beschränkt. Diese Restriktionen bleiben jedoch manchmal in Arbeitsgruppen des Vierten Weges nicht erhalten, da alle kulturellen Normen in Frage gestellt werden. Hier gelten die mächtigen Standards nicht, die besagen, daß geringfügige Abweichungen akzeptabel sind, daß man jedoch gewisse klare Grenzen nicht überschreiten sollte. Auf diese Weise kann die Subkultur der Arbeitsgruppe immer weiter von den Standards der ›Normalität‹ wegtreiben und schließlich wirklich zu einer Gruppe von Abweichlern werden.

Wenn die Mitglieder der Arbeitsgruppe sich völlig dessen bewußt sind, daß sie aus dieser Situation lernen können, brauchen sie nichts weiter zu tun, als die Konsequenzen aus Reaktionen sozialer Ablehnung verantwortlich zu akzeptieren. Je mehr bei den Mitgliedern niedere Bedürfnisse nach gesellschaftlicher Anerkennung gegenüber dem wahren Bewußtsein überwiegen, um so größer ist die Gefahr, daß eine neue Form der Konsensus-Trance entsteht, die lediglich anders ist als die gesellschaftlich dominierende, jedoch als ›Erwachen‹ bezeichnet wird. Die Trance in diesem neuen Zustand kann noch tiefer sein als zuvor.

Eine wichtige Funktion des Lehrers besteht darin zu verhindern, daß eine Arbeitsgruppe zu einer Kultur mit einem eigenen, anderen Trancezustand wird. Manchmal ist ein Lehrer selbst nicht wach genug, um dies völlig zu verhindern, oder er erkennt die Gefahren der Situation nicht in ausreichendem Maße. Das gilt insbesondere, wenn (wie an anderer Stelle besprochen) die Schwächen des Lehrers selbst durch eine positive Feedback-Schleife verstärkt werden.

Positive Feedback-Schleifen

In den Ingenieurswissenschaften gibt es ein sehr nützliches Konzept vom Feedback. Wenn man bei einem Gerät mit einem Input und einem Output einen Teil des Outputs wieder als Input zurückleitet, so beeinflußt dies die Arbeitsleistung des Geräts. Statt den Input einfach von einem Ende des Geräts geradewegs zum Output am anderen Ende zu leiten, wird ein Teil des Flusses abgezweigt und wieder neu eingespeist. Das System speist sich auf diese Weise selbst.

Psychologisch entspricht positives Feedback dem Belohnungsprinzip beim Lernen. Wenn Sie etwas tun und dafür belohnt werden, tun Sie es wahrscheinlich in Zukunft lieber und häufiger. Ein klassisches Beispiel hierfür, das gleichzeitig zeigt, daß zum Lernen kein Bewußtsein erforderlich ist, wird seit langem in vielen Klassenzimmern praktiziert. Die Schüler verabreden, einen bestimmten Tick des Lehrers zu verstärken, etwa eine weitausholende Bewegung des rechten Arms, mit der er seiner Rede besonderen Nachdruck verleihen will. Vielleicht vollführt der Lehrer diese Bewegung gewöhnlich vier- oder fünfmal während einer Unterrichtsstunde. Die Schüler nicken und lächeln nun jedesmal, wenn die Armbewegung erfolgt. Schon bald vollführt der Lehrer in jeder Stunde Dutzende solcher Armbewegungen. Belohnung, positives Feedback.

Auch in technischen Geräten wie Verstärkern wirkt zu starkes positives Feedback destruktiv: Es macht aus dem Verstärker einen Oszillator. Jeder, der einmal bei einem Life-Konzert eine Verstärkeranlage gehört hat, die zu laut eingestellt war und plötzlich in ein schreckliches Gejaule ausbrach, weil die Töne aus den Lautsprechern wieder vom Mikrophon aufgefangen wurden, weiß, wie sich zu starkes positives Feedback auswirkt. Wenn das Feedback nicht unterbrochen wird, kann der Verstärker schwer beschädigt werden. Im psychologischen Bereich gibt es einen ähnlichen Vorgang. Eine seltene, aber angemessene Aktion wird plötzlich dominierend und unangemessen und stört den Handlungsfluß, statt ihn zu fördern.

Lehrer aller spirituellen Gruppen, seien das Gurdjieff-Gruppen oder andere, können sich in positive Feedbackschleifen verfangen, die sehr gefährlich werden können.

Weil ein Lehrer einer spirituellen Disziplin im Verhältnis zu seinen Schülern generell weit fortgeschritten sein sollte, besteht bei den Schülern die Tendenz, jede seiner Handlungen als Lehre zu interpretieren. Wenn der Lehrer tatsächlich wacher ist als seine Schüler, kann das Studium seiner Verhaltensweisen (einschließlich ihrer bewußten experimentellen Imitation) eine ergiebige Quelle der Einsicht sein. Was ißt der Lehrer? Wie kleidet er sich? Welche Art von Witzen erzählt er, oder vermeidet er zu scherzen? Wie behandelt er ›Außenseiter‹? Wie schaut er Menschen an? Ein Lehrer ist somit niemals ›privat‹.

Wäre der Lehrer ein vollkommen entwickelter und erwachter Mensch und würde er in seinen Handlungen auch nicht die geringste Spur von Konsensus-Trance, Dummheit, Ignoranz oder Neurose zeigen, dann könnte kaum etwas passieren, wenn der Schüler den Lehrer studiert und imitiert. Da es jedoch unrealistisch ist, von einem realen Lehrer völlige Perfektion zu erwarten, sehen die Schüler bei ihm Verhaltensweisen, die auf Ignoranz, unreflektierten Gewohnheiten, Konsensus-Trance und Neurose beruhen, sowie andererseits auch Verhaltensweisen, die aus dem Zustand des Wachseins und der geistigen Reife hervorgegangen sind. Wenn die Schüler diese Unterschiede nicht zu sehen vermögen, führt die Tendenz, *jede* Aktion des Lehrers als Lehrsituation anzusehen, zu vielen verzerrten und falschen Vorstellungen. Nehmen wir an, der Lehrer mag Kartenspiele nicht, weil er es noch nicht verwunden hat, daß er als Kind beim Kartenspielen ständig verlor. Wenn seine Schüler nun beobachten, daß er Einladungen zum Kartenspielen ablehnt, könnten einige von ihnen schließen, daß Kartenspiel nach seiner Lehre unmoralisch ist.

Durch solche Fehlinterpretationen seiner Handlungen kann sich ein Lehrer in einer gefährlichen positiven Feedback-Schleife verfangen. Wir alle brauchen und mögen Aufmerksamkeit und Beifall. Der Lehrer erhält eine Menge Aufmerksamkeit, und zwar nicht nur für seine absichtliche und sachkundige Lehrtätigkeit, sondern für alles, was er tut, auch für seine Fehler. Auf diese

Weise können die Fehler und Schwächen des Lehrers verstärkt werden, und ein Lehrer, der nicht ganz über der Situation steht, kann so ruiniert werden.

Denken Sie an einige der östlichen Lehrer, die in den Westen kamen und ihren westlichen Schülern zunächst sehr wertvolle spirituelle Lehren vermittelten; die Gruppen ihrer Anhänger degenerierten schließlich zu ›Kulten‹. Positives Feedback bedeutet hier, die Schüler belohnen den Lehrer für alles, Tag für Tag. Die ›Lautsprecheranlage‹, die zuvor wichtige Lehren vermittelt hat, produziert schließlich nur noch ohrenzerreißendes Quietschen.

Unrealistische Wahrnehmung des Lehrers

Durch die Lehrerrolle entsteht ein Problem, das im Prozeß der Arbeit sehr mächtig und gleichzeitig gefährlich werden kann: Der Lehrer wird für die Schüler leicht zum LEHRER, obwohl er es in Wirklichkeit nicht ist.

Ein Lehrer ist ein Mensch, der sachkundig auf einem Gebiet ist, das auch Sie gern meistern möchten. Sie respektieren sein Wissen, sind bereit, zu bezahlen oder ihn anders für seinen Zeit- und Arbeitsaufwand zu entschädigen. In einem vernünftig erscheinenden Maß akzeptieren Sie außerdem unerwartete und möglicherweise schmerzhafte Lehrmethoden, wenn Ihnen versichert wird, diese seien notwendig. Wenn Sie beispielsweise eine Fremdsprache erlernen wollen, wählen Sie einen Lehrer, der diese Sprache spricht und außerdem als Lehrer einen gewissen Ruf hat. Natürlich muß er sein Brot verdienen, also bezahlen Sie ihm einen angemessenen Lohn dafür, daß er Ihnen seine Fähigkeit zur Verfügung stellt. Es kann sein, daß er Sie Aussprache üben läßt, obgleich Sie eigentlich etwas ganz anderes tun wollten, doch sind Sie davon überzeugt, daß Sie von seinem Unterricht um so mehr lernen, je mehr Energie Sie auf das Lernen verwenden, und daß der Lehrer besser weiß als Sie, was notwendig ist.

Ob ein gewöhnlicher Lehrer versagt, ist leicht festzustellen. Wenn Sie nach jahrelangen Sprachstudien noch immer nicht mit

Menschen reden können, deren Muttersprache Sie lernen wollten, und Sie wissen, daß Sie eine gewisse Begabung für Sprachen haben, dann sind Zweifel an den Fähigkeiten Ihres Sprachlehrers berechtigt. Wenn Ihr Sprachlehrer Sie eines Abends zu einem ›speziellen Unterricht‹ einlädt, die Türe abschließt und Sie auffordert, die Kleider abzulegen, dann wissen Sie, daß er nicht vorhat, Ihnen Sprachunterricht zu erteilen, einmal abgesehen davon, ob Ihnen dieses sexuelle Angebot nun gelegen kommt oder nicht. Wenn Ihnen die Leistungen Ihres Lehrers unzulänglich erscheinen, brauchen Sie seine Dienste nicht mehr in Anspruch zu nehmen.

Man kann ungeheuer viel von einem Lehrer lernen. Wieviel mehr könnten Sie von einem LEHRER lernen?

Es mag sein, daß es wirklich LEHRER gibt, Menschen, die sich selbst so weit gemeistert und im Reich der Psyche beziehungsweise der Spiritualität solche Höhen erreicht haben, daß sie sich tatsächlich von gewöhnlichen Menschen stark unterscheiden. Gurdjieff sagte, es gebe tatsächlich solche Menschen, die uns in jeder Beziehung weit überlegen sind und auf der dritten und vierten Bewußtseinsebene leben. In der Welt der Schlafenden und der im Trancezustand Lebenden ist der völlig Erwachte ein König, und aufgrund seiner Perspektive hat er die Kraft, Illusionen und Irrtümer sogleich zu durchschauen, die uns restliche Menschen blind machen und fesseln. Wer von einem solchen erwachten Menschen geführt wird, wer einen solchen LEHRER hat, kann sich zu Recht sehr glücklich schätzen.

Übertragung und Gegenübertragung

Eine der wichtigsten Leistungen der Psychoanalyse war die Entdeckung und Erforschung der Übertragung. Unsere Eltern erscheinen uns in unseren ersten Lebensjahren absolut, mächtig und gottähnlich. In diesen prägenden Jahren automatisieren wir die Haltung, unsere Eltern als unglaublich wissend und mächtig anzusehen, und viele Emotionen und andere Verhaltensweisen werden hiermit verbunden. Auch andere einflußreiche Menschen nehmen wir in der Kindheit manchmal fast als mythische Wesen wahr.

Der Begriff Übertragung bezieht sich auf die Tatsache, daß wir später im Leben oft unbewußt diese Haltung, die wir unseren Eltern oder anderen Kindheitsgestalten gegenüber hatten, auf andere Menschen übertragen. Dies stattet sie in den unbewußten Bereichen unseres Geistes mit starker emotionaler Energie aus und läßt sie so wesentlich mächtiger erscheinen, als sie tatsächlich sind. Ungelöste Probleme mit den Eltern können durch den Mechanismus der Übertragung auf andere projiziert werden. So hat beispielsweise die Wut, die Sie Ihrem Chef gegenüber empfinden, möglicherweise nur wenig mit dem zu tun, was Ihr Chef Ihnen tatsächlich angetan hat; in Wirklichkeit geht es hier um ein unverarbeitetes Gefühl, das Sie Ihren Eltern gegenüber hatten. Übertragungsreaktionen halten uns in tiefem Schlaf gefangen, tief in unserer individuellen Version der Konsensus-Trance, denn sie verbrauchen Energie, die ansonsten für konstruktive Zwecke genutzt werden könnte, und verzerren außerdem unsere Realitätswahrnehmung stark.

Einige Interaktionen im Leben enthalten kaum oder keine Übertragungselemente. Übertragung ist wahrscheinlicher, wenn der Mensch mit dem, oder die Situation, mit der Sie zu tun haben, irgendwelche Erinnerungen an Ihre Eltern oder an unverarbeitete Situationen weckt, bei denen Ihre Eltern eine Rolle gespielt haben. Wenn Ihr Chef äußerlich ein wenig Ihrem Vater ähnelt oder sich so ähnlich verhält wie dieser, ist Übertragung wahrscheinlicher, als wenn er Sie nur wenig oder überhaupt nicht an Ihren Vater erinnert. Wenn Sie etwas wollen, das aus Ihrer gewöhnlichen Sicht als von einer magischen Aura umgeben erscheint, etwa erwachen oder von einem LEHRER gelehrt werden, so kann auch dies zu Übertragungsreaktionen führen.

Gegenübertragung ist eine Übertragung, die gleichzeitig eine Reaktion auf eine andere Übertragung ist: Sie behandeln Ihren Chef unbewußt so, als sei er Ihr Vater; ihm ist dies nicht bewußt, aber unbewußt reagiert er, indem er Sie wie sein Kind behandelt. Die Folge ist, daß Sie zusammen in einen wesentlich tieferen Schlaf verfallen, in eine *folie à deux.*

Jeder Lehrer jeglicher Disziplin, vom Baseball bis zur Automechanik, ist potentiell in einem gewissen Maße Übertragungen seitens seiner Schüler ausgesetzt. Schließlich waren Ihre Eltern Ihre ersten Lehrer, deshalb werden alle Lehrer leicht zu Opfern von Übertragungsreaktionen. Die Intensität und Macht einer Übertragungsreaktion ist ein zweischneidiges Schwert, denn eine starke positive Übertragung gibt dem Lehrer ungeheuer viel Macht, den Schüler zu beeinflussen.

Ohne Übertragung ist eine Aufforderung des Lehrers, eine bestimmte, etwas unangenehme körperliche oder geistige Übung regelmäßig zu praktizieren, nichts als ein Vorschlag. Dieser wird intellektuell bewertet und wahrscheinlich wegen der zu erwartenden Unannehmlichkeiten oder aus anderen realen Gründen ignoriert. Im Fall der Übertragung erhält die gleiche Aufforderung im Unbewußten eine magische Qualität. Sie ist ein Befehl von einem allwissenden und allmächtigen Gott oder einer Göttin. Verborgene emotionale Kräfte verstärken dies, und der Schüler führt die Übung dann wahrscheinlich mit Elan und unbeirrbar aus und erreicht infolgedessen vermutlich auch tatsächlich etwas, das er sonst nie erreicht hätte. Anfangserfolge im Lernen können besonders eindrucksvoll sein, wenn die Kraft der Übertragung im Spiel ist. Es kann dann so scheinen, als würde der Schüler seine natürlichen Grenzen und Widerstände überwinden. Er sieht den Lehrer dann als den LEHRER und ist folglich ein enthusiastischer und loyaler Schüler. Der LEHRER ist ja so weise, so verständnisvoll und so mächtig! Die Realitätssimulation des Schülers ist in hohem Maße verzerrt.

Solche Übertragungen können auf einen Lehrer oder einen LEHRER projiziert werden, ganz gleich, ob dieser das nun will oder nicht.

Wenn andererseits die negativen Aspekte der Übertragungsreaktionen vorherrschen, kann es sein, daß der Schüler die Arbeit, die ihm empfohlen wird, sabotiert und sich ihr widersetzt, selbst wenn er sie auf der bewußten Ebene verrichten will und sie für gut und hilfreich hält. Ein freimütiger, offensichtlich einfühlsamer Vorschlag des Lehrers wird auf der unbewußten Ebene zum Befehl einer verhaßten Elternfigur. Wenn Ihr Verhaltensmuster war, keinen direkten Widerstand zu leisten, sondern zu sabotieren, so akzeptieren Sie den Vorschlag bewußt und sabotieren ihn unbewußt. Sie ›vergessen‹ zu üben, oder Sie verstehen die Anweisungen ›falsch‹ und führen sie unkorrekt aus.

Übertragung ist tückisch, weil (für das normale Bewußtsein) unerklärliche Umkehrungen eintreten können. Eine scheinbar unbedeutende Situation löst eine mächtige unbewußte Reaktion aus, und ein weiser und (aus Gründen der Übertragung) tief geliebter Lehrer, der wundervolle Dinge für Sie tut, erscheint Ihnen plötzlich als hinterhältiger, manipulativer Scharlatan. Ihr gesamtes Wachstum kann plötzlich wieder verloren sein, weil es auf eine falsche Grundlage gebaut war, und vielleicht haben Sie das Gefühl, als ob es Ihnen danach schlechter ginge als vor dem Beginn der Arbeit an Ihnen selbst. Bei alldem hat sich das Verhalten und die Haltung des Lehrers möglicherweise nicht im geringsten verändert.

Wenn der Lehrer eine Gegenübertragung in bezug auf mehrere seiner Schüler entwickelt, kann die Situation sehr unheilvoll und verrückt werden. In Verbindung mit dem schon zuvor behandelten Problem der positiven Feedback-Schleife, in die ein Lehrer sich mit seinen Schülern verfangen kann, können Übertragung und Gegenübertragung jede spirituelle Gruppe erfassen und alle Beteiligten völlig verrückt machen. Kulte blühen natürlich durch derartige Phänomene auf, echte Arbeit jedoch nicht.

Wenn ein Schüler anfängt, an sich selbst zu arbeiten, jedoch noch nicht viel Wissen erworben hat, ist eine gewisse Übertragung auf den Lehrer vielleicht unvermeidbar. Auf die Dauer jedoch ist Übertragung lähmend, in keinem Fall positiv, denn sie hält den Schüler im Zustand der Abhängigkeit. Die Essenz muß sich zu einem Zustand intelligenten, unabhängigen Erwachsenseins entwickeln, sie darf nicht im Reich der kindlichen Phantasien und Abhängigkeiten fixiert bleiben, auch wenn dieses Reich wundervoll erscheint. Ein Lehrer, der langzeitige Übertragungsbeziehungen zu seinen Schülern akzeptiert oder sie sogar fördert, ist wahrscheinlich in eine Gegenübertragungsreaktion verfangen. Die Folge kann sein, daß seine gesamten Bemühungen als Lehrer zunichte gemacht werden.

Ich halte das Verständnis der Übertragung für eines der größten Geschenke, die die westliche Psychologie den spirituellen Traditionen gemacht hat. Besonders in einigen östlichen spirituellen Systemen kann man starke Manifestationen von Übertragung feststellen; sie wird dort als Verehrung des Guru bezeichnet.

Dabei sind zweifellos echte Liebe und echter Respekt vor den höheren Lehren, die sich in der Gestalt des Guru manifestieren, und auch für die Person des Guru im Spiel. Dennoch ist die Übertragung, die damit einhergeht, eine starke Verzerrung der Realität.

Einige Systeme scheinen den Übertragungsaspekt dieser Situation zu ignorieren und auch keine Veranlassung zu sehen, die Übertragung aufzulösen, während andere anzunehmen scheinen, das Erleben höherer Bewußtseinszustände würde automatisch alle diesbezüglichen Probleme beseitigen. Die *ständige* Praxis der Selbstbeobachtung und des Selbsterinnerns, wie Gurdjieff sie lehrte, enthüllt den Schülern, wenn sie gut üben, die Manifestation der Übertragung ziemlich klar. Trotzdem kann psychologische Hilfe zur Auflösung von Übertragungsmanifestationen notwendig sein.

Daniel Goleman, ein Psychologe mit beträchtlichen Kenntnissen in der spirituellen Entwicklungsarbeit, hat einige sehr eindeutige Anzeichen für Probleme, die in der Gruppenarbeit auftauchen können, zusammengestellt.

Spirituelle Gruppen sind — wie Familien, Vereine, Therapiegruppen und Ehen — anfällig für das gesamte Spektrum menschlicher Schwächen. Eitelkeit, Machtstreben und Orientierung am Leithammel stellen sich in spirituellen Organisationen mit ebenso großer Wahrscheinlichkeit ein wie in jeder anderen Gruppe. Die Eigenart spiritueller Gruppen macht es allerdings besonders schwierig, zu bemerken oder sich einzugestehen, daß etwas nicht in Ordnung ist.

Gruppenübereinkünfte wie »All das ist Bestandteil der Lehre« dienen oft als Alibi für geistige Niederträchtigkeiten und Kleinlichkeiten.

Wenn wir einen spirituellen Pfad gehen, so schützt uns das keineswegs vor der normalen Dosis Torheit, die auch jede andere menschliche Bestrebung begleitet. Wahrscheinlich ist die spirituelle Arbeit wesentlich anfälliger für Torheiten, weil die Selbsttäuschung dem Mißbrauch des ›Spirituellen‹ im Dienste des Ich, der Libido und des Geldbeutels einen ausgezeichneten Deckmantel bietet.

Als langjähriger Wanderer auf spirituellen Pfaden habe ich mich sowohl im Zentrum als auch an der Peripherie vieler verschiedener spiritueller Gruppen bewegt, und ich hatte reichlich Gelegenheit, einige der typischen, weiter unten angeführten Fallgruben zu studieren oder ihnen zum Opfer zu fallen. Natürlich kann im einen oder anderen Zusammenhang jedes dieser Symptome relativ harmlos sein — ein ›gutartiges‹ Symptom, dem keine unsichtbare Pathologie zugrunde liegt. Öfter jedoch zeigen die beschriebenen Merkmale an, daß eine vorurteilslose, skeptische Untersuchung der Vorgänge angeraten ist.

Folgende Anzeichen sollten Warnsignale sein:

— Tabu-Themen: Fragen, die man nicht stellen darf, Zweifel, die man nicht äußern darf, Befürchtungen, die nicht ausgesprochen werden dürfen. Zum Beispiel: »Wo geht das ganze Geld hin?« oder »Schläft der Guru mit seiner Sekretärin?«
— Geheimnisse: die Unterdrückung von Informationen, die gewöhnlich von einem inneren Kreis streng kontrolliert werden. Beispielsweise die Unterdrückung der Antworten: »Schweizer Bankkonten« oder »Ja, das tut er — deshalb hat sie eine Abtreibung vornehmen lassen müssen.«
— Spirituelle Klone: in der schwächeren Form stereotypes Verhalten; etwa Menschen, die genauso gehen, reden, rauchen, essen und sich kleiden wie ihr Führer; in der ernsteren Form handelt es sich um psychologische Stereotypisierung, bei der eine ganze Gruppe von Menschen in den verschiedenartigsten Situationen nur ein sehr begrenztes Spektrum von Gefühlen ausdrückt: Sie sind immer glücklich oder fromm, oder sie reduzieren alles auf eine einzige Erklärung, oder sie sind zynisch, und so weiter.

- Gruppendenken *(Groupthink):* eine offizielle Linie, die rücksichtslos darüber hinweggeht, wie die einzelnen sich wirklich fühlen. Meist ist dies der Stoff, der die Gruppe verbindet: »Du bist gefallen, und Christus ist die Antwort« oder »Du bist in Samsara verloren, und Buddha ist die Antwort« oder »Du bist unrein, und Shiva ist die Antwort«.
- Auserwähltsein: eine gemeinsame Selbsttäuschung der Erhabenheit; es gibt keinen anderen Weg außer diesem einen. Der Folgesatz lautet dann: Du bist verloren, wenn du die Gruppe verläßt.
- Keine Graduierten: die Mitglieder werden niemals der Gruppe entwöhnt. Oft in Verbindung mit dem im vorigen Punkt erwähnten Folgesatz.
- Fließbandverfahren: alle werden identisch behandelt, ungeachtet irgendwelcher Unterschiede; z. B. werden Mantras auf der Grundlage eines demographischen Fragebogens vergeben.
- Loyalitätsprüfungen: die Mitglieder werden aufgefordert, ihre Loyalität der Gruppe gegenüber zu beweisen, indem sie etwas tun, das ihrer persönlichen Ethik widerspricht, beispielsweise eine Organisation gründen, die ein geheimes Plansoll zur Rekrutierung neuer Mitglieder hat, sich jedoch öffentlich als Dienstleistungsinstitution darstellt.
- Janusköpfigkeit: das Gesicht, das die Gruppe der Öffentlichkeit präsentiert, zeigt nicht ihre wahre Natur; siehe voriges Beispiel.
- Patenterklärungen: eine einzige Weltsicht wird dazu benutzt, alles und jedes zu erklären; anderslautende Erklärungen werden unterdrückt. Zum Beispiel: Wenn du Durchfall hast, ist das eine »Gnade des Guru«. Wenn der Durchfall aufhört, ist es ebenfalls eine »Gnade des Guru«. Und wenn du Verstopfung bekommst, ist es immer noch eine »Gnade des Guru«.
- Mangel an Humor: Respektlosigkeiten sind tabu, obwohl Lachen über heilige Kühe gut für die Gesundheit ist. Denken Sie zum Beispiel an Gurdjieffs Ausspruch: »Wenn du deinen Glauben verlieren willst, dann freunde dich mit einem Priester an.«[1]

Gruppenarbeit ist ein mächtiger Verstärker individueller Ziele und Energien. Im positiven Fall kann sie individuelle Bemühungen wesentlich unterstützen. Durch ungelöste psychologische Probleme wie Übertragung verzerrt, wird sie zu einer anderen Form von Trance und ist dann nicht mehr der Weg zum Erwachen. Es erfordert ständige Wachsamkeit, Selbstbeobachtung und ständiges Selbsterinnern sowohl von seiten des Lehrers als auch des Schülers, um zu verhindern, daß bei diesem Prozeß der gemeinsamen Arbeit Verzerrungen auftreten. Daß dies erforderlich ist, dagegen ist nichts einzuwenden, denn es erzeugt zusätzlichen Druck und zusätzliche Motivation zu erwachen.

Ich habe in diesem Buch die Fallgruben auf dem Pfad so ausführlich behandelt, weil diese Fallgruben tatsächlich vorhanden sind und weil sie an Gefährlichkeit verlieren, wenn man sie kennt. Wir wollen uns jetzt der positiven Seite des Umgangs mit Fallgruben zuwenden — der Kunst, Erbarmen* zu entwickeln. Nicht nur Erbarmen für andere, sondern auch für uns selbst, denn das ist ebenso wichtig.

---

* Das englische Wort *compassion* wird hier mit ›Erbarmen‹ übersetzt, da die Übersetzungen ›Mitgefühl‹ oder ›Mitleid‹ eher passive ›Gefühlsregungen‹ bezeichnen. Der Autor benutzt *compassion* weiter unten ausdrücklich im Sinn des buddhistischen *Karuna,* und das beinhaltet nicht nur ein Mitempfinden, sondern ein aktives Wirken in dem Bestreben, das Leid anderer zu mindern. ›Erbarmen‹ ist als Ausdruck nicht nur ›stärker‹, sondern trifft diesen Aspekt der *tätigen* Liebe besser. (Anm. d. Übers.)

23

Erbarmen mit anderen und
mit uns selbst

Ich habe einige Jahre lang versucht, die Art von Gewahrsein zu praktizieren, die für Gurdjieffs Selbsterinnern charakteristisch ist. Obgleich ich nicht so weit damit gekommen bin, wie ich es mir gewünscht hätte, war es eine sehr wertvolle Erfahrung für mich, da ich mir mit Hilfe dieser Methode umfassender und zutreffender meiner Umwelt und der Funktionsweise meines Geistes bewußt geworden bin. Der größte Mangel der Praxis des Selbsterinnerns war für mich, daß sie sich nicht unmittelbar an das Herz richtet.

Zwar leuchtet mir intellektuell ein, daß das Beseitigen von Hindernissen auf lange Sicht die natürliche Entwicklung von Liebe und Erbarmen mit sich bringt, und ich habe auch ein gewisses Wachstum in dieser Richtung bei mir selbst beobachten können. Ich halte mich jedoch für übermäßig intellektuell und bin der Meinung, daß es mir vor allem an Liebe und Erbarmen mangelt. Deshalb bin ich ungeduldig in dieser Hinsicht und habe schon seit langem das Bedürfnis, diese Aspekte bei mir stärker zu fördern.

Der größte Teil der Arbeit im Sinne Gurdjieffs ist nicht der aktiven Entwicklung von Liebe und Erbarmen gewidmet; erst nach etlichen Jahren grundlegender Arbeit wird dies zum Thema der Arbeit des Vierten Weges. Die Begründung dafür lautet: Wenn Liebe und Erbarmen kultiviert würden, bevor man ein intensiveres Verständnis des eigenen Geistes und der eigenen Gefühle erworben hat, so würden sich wahrscheinlich neue Illusionen entwickeln und die falsche Persönlichkeit stärken.

Im Vorwort habe ich das Gleichnis von einem Menschen benutzt, der in seinem Garten wunderschöne Blumen und nahrhaftes Gemüse ziehen will. Er hat von einem ›sehr wirksamen Dünger‹ gehört und will sich diesen kaufen. Sein Garten ist aber bereits von Unkraut überwuchert. Deshalb ist es in diesem Fall sinnlos, Dünger und Saatgut zu kaufen: Zuerst muß das Unkraut gejätet werden. Einen Menschen über Düngemittel zu informieren, bevor er das Unkraut beseitigt hat, wäre schlimmer, als gar nichts zu tun. Der ›Dünger‹ spiritueller Übungen wirkt anregend, aber leider nicht nur auf unsere Essenz, sondern auch auf viele Teile unserer falschen Persönlichkeit. Dünger würde auf dieser Entwicklungsstufe das Unkraut nur noch schlimmer wuchern lassen.

Diese Argumentation erscheint mir völlig einleuchtend, und zwar sowohl intellektuell als auch aus der Sicht meiner persönlichen Erfahrung. In meinem Leben habe ich nur zu oft gedacht, bestimmte Aktivitäten würden Liebe und Güte entspringen, und habe sie deshalb weiterentwickelt; doch dann stellte sich heraus, daß sie das Unkraut meines Unbewußten förderten, also die automatisierten Teile meiner falschen Persönlichkeit. Aufmerksamkeit, Selbst-Kenntnis und Selbsterinnern sind eindeutig notwendig. Außerdem ist die gleichmäßige Entwicklung aller drei Hauptaspekte unseres Seins — des körperlich/intuitiven, des intellektuellen und des emotionalen Geistes — wichtig. Die Art von Selbstbeobachtung und Selbsterinnern, die Gurdjieff lehrte, sowie eine bestimmte Art von Körperarbeit ermöglichen die unmittelbare Entwicklung des körperlich/intuitiven und des emotionalen Geistes, und da Einsicht Energie vom automatisierten Wirken der falschen Persönlichkeit abzieht, wird somit gleichzeitig das Wachstum des Herzens gefördert. Dennoch habe ich immer das Gefühl gehabt, daß in der grundlegenden Gurdjieff-Arbeit, mit der ich persönlich in Berührung gekommen bin, ein Mangel an Übungen zur unmittelbaren Entwicklung des Herzens bestand.

Im Jahre 1984 hatte ich das Glück, zwei Vorträgen des ehrwürdigen Sögyal Rinpoche beizuwohnen, eines der führenden Meister des Tibetischen Buddhismus im Westen. Sögyal Rinpoche legte in seinen Vorträgen großen Nachdruck auf die Achtsamkeit, und zwar nicht nur als eine spezielle meditative Praxis. Vielmehr betonte er, daß Aufmerksamkeit im alltäglichen Leben noch wichtiger sei. Die Parallelen zu Gurdjieffs Konzentration auf die Selbstbeobachtung und das Selbsterinnern waren klar erkennbar, doch von noch größerem Interesse war für mich, daß dieser Lehrer besonderen Wert darauf legte, innerhalb des allgemeinen Kontextes der Kultivierung der Achtsamkeit auch das Erbarmen aktiv zu entwickeln. Ich verstehe die Gedanken, die er im umfassenden Zusammenhang der tibetischen Tradition darstellte, nicht völlig, aber ich möchte hier versuchen, sie so wiederzugeben, wie ich sie in Verbindung mit meinen psychologischen Kenntnissen begreife. Ich hoffe, daß diese Darstellung auch für andere Menschen von Wert ist.

Beachten Sie, daß diese Ideen und Übungen im Zusammenhang der allgemeinen Übung der Aufmerksamkeit gesehen werden sollten. Ich vermute, daß sie nicht die gleiche Wirkung haben würden, wenn sie unabhängig von einer persönlichen Verpflichtung zur ständigen Erweiterung der Aufmerksamkeit sich selbst und der Welt gegenüber praktiziert würden. Es könnte sein, daß sie dann weniger wirksam sind, oder sie könnten so wirken, als würde man Dünger auf Unkraut geben. Gehen Sie also vorsichtig damit um.

Was ist Erbarmen? Englische Standardwörterbücher leiten das Wort für Erbarmen, *compassion,* von den lateinischen Wurzeln *com,* ›mit‹, und *pati,* ›ertragen‹ oder ›leiden‹, ab und definieren die Bedeutung des Wortes als »mitfühlendes Bewußtsein des Leidens anderer und der Wunsch, ihnen zu helfen«. Es scheint mir auf traurige Weise bezeichnend für unsere Zeit, daß in einem bedeutenden enzyklopädischen Wörterbuch der Psychologie, in dem ich nachschlug, um mir über die Bedeutung noch klarer zu werden, das Wort *compassion* nicht einmal aufgeführt war. In den meisten Einführungswerken zur Psychologie ist es übrigens auch nicht zu finden.

Der Begriff Erbarmen kann natürlich nicht exakt definiert werden. Erbarmen ist in erster Linie eine Eigenschaft der emotionalen Intelligenz, und Worte beziehen sich hauptsächlich auf die intellektuelle Intelligenz. Wir können aber versuchen, seine Bedeutung mit einigermaßen zutreffenden Umschreibungen verwandter Gefühle einzukreisen.

Die Bandbreite der Selbst-Kenntnis

Erbarmen erfordert die Entwicklung mehrerer Eigenschaften. Eine davon ist möglichst umfassende Selbst-Kenntnis: Wenn Sie nicht ein großes Spektrum menschlicher Erfahrungen selbst erlebt haben, die Sie deshalb wiedererkennen können und verstehen, wird es Ihnen schwerfallen, diese bei anderen zu erkennen und zu verstehen. Wenn Sie beispielsweise Wut bei sich selbst stets leugnen, können Sie kaum verstehen, was Wut ist und wie sie sich bei einem anderen Menschen auswirkt. Sie können dann auch nicht nachempfinden, auf welche Weise Wut andere Inhalte des Geistes so arrangieren kann, daß sie als Rechtfertigung für die anfängliche Wut erscheinen und diese noch schüren.

Einfühlungsvermögen

Außerdem ist für die Entwicklung des Erbarmens Einfühlungsvermögen erforderlich. Einfühlungsvermögen ist das Erkennen eines Gefühls- beziehungsweise Bewußtseinszustandes in einem anderen Menschen *in Kombination* mit der Fähigkeit, diesen Zustand zumindest teilweise in sich selbst zu erfahren. Daher ist Einfühlungsvermögen eng mit Selbst-Kenntnis verbunden. Daß jemand ›deprimiert‹ ist, kann man auf eine kalte, intellektuelle Weise erkennen. Man kann feststellen, daß ein bestimmter Gesichtsausdruck, eine bestimmte Körperhaltung und eine bestimmte Art zu sprechen gewöhnlich bedeuten, daß ein Mensch ›deprimiert‹ ist. Wenn man jedoch außerdem auch emotional erlebt hat, wie es ist, sich deprimiert zu fühlen, so ist das Einfühlungsvermögen. Dies bedeutet jedoch nicht unbedingt, daß man sich ebenso deprimiert fühlen muß wie der Depressive, in den man sich einfühlt; aber das grundlegende emotionale Wissen über Depression muß dem Bewußtsein des Beobachters leicht zugänglich sein.

Die moderne Psychologie betrachtet die Empathie als eine Funktion, die sich relativ spät entwickelt, doch neuere Untersuchungen deuten eher darauf hin, daß ihre Entwicklung schon in den ersten Lebensjahren einsetzt. Man könnte sie als einen angeborenen Bestandteil unseres wahren Wesens ansehen. Empathie hat auch eine Verbindung mit der körperlich/instinktiven Intelligenz. Deshalb kann es uns helfen, uns in andere einzufühlen, wenn wir ihre Haltung und ihren Ausdruck nachahmen.

Der Wunsch, anderen zu helfen

Eine dritte Voraussetzung für Erbarmen ist der Wunsch, leidenden Wesen zu helfen, damit sie Linderung ihrer Leiden erfahren. Meinem Gefühl nach tritt dieser Wunsch natürlicherweise auf, wenn man die Leiden anderer mit Empathie wahrnimmt. Die Abwehrmechanismen, die wir um uns errichtet haben, hindern uns jedoch oft daran, uns dieses Wunsches bewußt zu werden.

Effektives Erbarmen und Intelligenz

Eine Voraussetzung für die *Effektivität* von Erbarmen ist, daß es in Einklang mit Intelligenz stehen sollte. Erbarmen ist nicht nur ein übertriebenes Mitgefühl, bei dem man die negativen Emotionen eines anderen Menschen sehr stark spürt. Wenn das alles wäre, würde Erbarmen schwächen, da es den eigenen Leiden nur noch die der anderen hinzufügen würde. Dies würde uns wahrscheinlich in eine jener Leiden verursachenden Verhaltensweisen verstricken, die bei Leidenden häufig sind und durch die sie ihre Leiden verlängern und verschlimmern. Intelligentes, effektives Erbarmen erfordert somit:

— Selbst-Kenntnis und Reife, aufgrund derer Sie aus eigener Erfahrung ein großes Spektrum menschlichen Leidens (und menschlicher Fähigkeiten) kennen;

- Einfühlungsvermögen, das ermöglicht, die Natur des Leidens anderer Menschen korrekt wahrzunehmen;
- eine grundlegende fürsorgliche Haltung anderen gegenüber, verbunden mit der Motivation und einem Gefühl der Verpflichtung, zur Linderung ihres Leidens beizutragen;
- die Anwendung von (geistiger, emotioneller) Intelligenz, um die *Ursache* des Leidens eines anderen Menschen zu beseitigen, statt nur die Symptome zu lindern. Dieser letzte Aspekt ist besonders wichtig, wenn man wirklich etwas erreichen will.

Ein Beispiel: Sie stehen am Ufer eines Gewässers und sehen jemanden ertrinken. Nehmen wir an, Sie sind ein guter Schwimmer und könnten den Ertrinkenden retten. Dann würde Ihr Erbarmen Sie veranlassen, ins Wasser zu springen und den Mann ans rettende Ufer zu bringen. Nehmen wir nun an, Sie wären sich nicht ganz sicher, ob Ihre Schwimmfähigkeiten für die Rettungsaktion ausreichen. Einfach ohne Bedenken ins Wasser zu springen wäre zwar edel, aber auch dumm; vielleicht würden auf diese Weise gleich zwei Menschen ertrinken. Wenn Sie Erbarmen mit Intelligenz verbänden, würden Sie sich vor dem Springen zunächst umschauen, ob vielleicht ein Rettungsring oder ein anderes schwimmfähiges Objekt in der Nähe ist, das Sie dem Ertrinkenden zuwerfen könnten. Sie könnten sich auch den Ring vor dem Hineinspringen umlegen und so den Ertrinkenden über Wasser halten. Vielleicht ist ja auch ein besserer Schwimmer in der Nähe, den Sie zu Hilfe holen könnten.

Angenommen, Sie springen ins Wasser und retten den Ertrinkenden. Er ist Ihnen sehr dankbar, und natürlich fühlen Sie sich großartig wegen Ihrer edlen und barmherzigen Tat. Eine Woche später sehen Sie den Mann wieder im Wasser um Hilfe schreien, und wieder retten Sie ihn. Vielleicht finden Sie danach heraus, daß dieser Mensch oft vor dem Ertrinken gerettet wird, weil er sich einfach nicht die Mühe macht, richtig schwimmen zu lernen, beziehungsweise immer wieder sein ›Glück‹ herausfordert. Ist es wirklich barmherzig, ihn immer wieder zu retten, wenn er auf diese Weise nie die Konsequenzen seiner Torheit realisiert?

Unmittelbare Ursachen und Wurzeln des Leidens

Die unmittelbare Ursache des Leidens ist im Fall dieses Schwimmers, daß er sich im Wasser befindet und in der Gefahr schwebt zu ertrinken; die Wurzel seines Leidens ist, daß er nicht einsieht (oder sich weigert einzusehen), welche gefährlichen Konsequenzen das Risiko hat, als schlechter Schwimmer ins tiefe Wasser zu gehen. Wenn Sie ihn ständig retten, zeigen Sie damit zwar Erbarmen, doch auf einer anderen Ebene halten Sie den Ertrinkenden davon ab, sich mit der Wurzel seines Leidens zu beschäftigen. Wenn er dies nicht tut, besteht die Gefahr, daß er eines Tages ein Risiko eingeht, wenn niemand in der Nähe ist, der ihn retten kann, und dann tatsächlich ertrinkt. Wäre es deshalb nicht barmherziger, ihm zu eröffnen, beim nächstenmal würden Sie *nicht* mehr versuchen, ihn zu retten − er solle daher besser schwimmen lernen und/oder sich nicht immer wieder in Gefahr begeben? Oder Sie retten ihn beim nächstenmal zwar wieder, lassen ihn jedoch erst einmal zappeln. Wenn er ein paarmal untertaucht und Angst und Schmerz erlebt, veranlaßt ihn das vielleicht dazu, sich in Zukunft etwas intelligenter zu verhalten und die tiefere Ursache seines Leidens zu beseitigen.

Ist es sinnvoll, aus Erbarmen das Risiko einzugehen, daß der Unbelehrbare ertrinkt?

Solche Fragen sind nicht einfach zu beantworten. Ich möchte anhand dieses Beispiels zeigen, daß intelligentes und gleichzeitig *effektives* Erbarmen es manchmal erforderlich machen kann, Menschen leiden zu lassen, wenn das die einzige Möglichkeit ist, sie mit den Wurzeln ihres Leidens zu konfrontieren.

Was dem Erbarmen im Wege steht

Barmherzig zu sein ist sowohl natürlich wie auch befriedigend, und doch ist menschliches Verhalten leider nur selten von Erbarmen geprägt. Warum ist das so?

Wir wollen uns nun mit einigen Faktoren beschäftigen, die Erbarmen behindern können.

Zurückweisung unserer Liebe in der Kindheit

Wir alle haben erlebt, daß wir jemanden liebten und versuchten, ihm etwas zu geben, und daß unsere Liebe und unsere Großmut dann zurückgewiesen wurden. Solche Erfahrungen verbittern uns sehr, besonders, wenn wir noch Kinder sind. Wir alle haben durch solche Erfahrungen emotionale Wunden davongetragen und ängstigen uns, wenn wir offen aus Liebe und Großmut heraus zu handeln versuchen. Um den Schmerz zu vermeiden, den die Zurückweisung dieses zärtlichen, lebensnotwendigen, liebenden Teils unserer selbst erzeugt, verschanzen wir uns oft hinter Abwehrmechanismen.

Die Verletzlichkeit des Offenseins

Wenn ein Mensch aus seiner Essenz heraus gibt, ist er offen und verletzlich. Er ist dann eins mit seinem tiefen Selbst. Wenn sein Geben zurückgewiesen wird, fühlt sich der Betreffende zutiefst zurückgewiesen. Angenommen, als Kind haben Sie Ihre Mutter so sehr geliebt, daß Sie ihr eines Tages plötzlich Ihren allerwichtigsten Besitz schenken wollten, um ihr zu zeigen, wie sehr Sie sie lieben. Zufälligerweise war dies ein toter Frosch, den Sie seit einer Woche in Ihrem Schlafzimmer in einer Schublade aufbewahrt hatten. Dieser Frosch war Ihnen wirklich wertvoll, und Sie waren Ihrer Mutter gegenüber ganz offen und handelten aus reiner Liebe. Für Ihre Mutter jedoch war der halbverweste Frosch scheußlich und ekelhaft; deshalb sagte sie zu Ihnen: »Bring auf der Stelle das scheußliche Ding aus dem Haus und wirf es in den Abfall! Und dann wasch dir sofort die Hände! Du ekelhafter Bub, wann wirst du endlich lernen, dich zu benehmen!«

Solche Erlebnisse können sich verheerend auswirken. Aus Ihrer heutigen Perspektive eines Erwachsenen können Sie verstehen, warum Ihre Mutter damals so reagierte, und Sie können Ihr vergeben. Doch zum Zeitpunkt des Geschehens waren Sie eben nicht erwachsen, und als Kind verstanden und lernten Sie aus dieser Situation etwas völlig anderes, nämlich daß spontanes

Handeln aus Liebe Sie in Schwierigkeiten bringen kann. Sie lernten, daß Sie mit Ihrem damaligen Verständnis von Liebe wohl falsch lagen, sonst hätte ja ein Mensch, von dem Sie glaubten, daß er Sie liebt, nicht so reagiert. Weiterhin lernten Sie, daß Sie sich in wichtigen Dingen nicht auf Ihr eigenes Urteil verlassen können, daß Sie ein ekelhafter kleiner Junge sind, daß Sie dumm sind, weil Sie nicht schnell genug begreifen, wie man sich richtig verhält. Außerdem lernten Sie, daß spontanes Handeln zu vehementer Ablehnung, zu Schmerz und Verwirrung führt und daß Spontaneität generell gefährlich ist.

Viele unserer Kindheitserlebnisse sind tatsächlich so dramatisch; andere sind zwar nicht ganz so dramatisch, wirken aber wegen ihrer häufigen Wiederholung ebenso verheerend wie die dramatischen Erlebnisse. Ist es da verwunderlich, daß Sie Ihr essentielles Selbst abgeschottet haben, daß Sie die Verbindung zu Ihrer Essenz verloren haben und nun ›sichere‹ Verhaltensweisen, Gewohnheiten und erlernte Gefühle bevorzugen? Die ›Sicherheit‹ Ihrer Abwehr ist natürlich eine Illusion, denn wenn Sie verhindern, daß Sie erfahren, was wirklich in Ihrer Welt geschieht, führt dies zu unangemessenen Verhaltensweisen. Außerdem ist Ihr Leben nun ständig von einer untergründigen Angst gekennzeichnet, da Sie mit einer neuen Sorge fertig werden müssen: Was passiert, wenn die Abwehrmechanismen versagen?

Versuche, sich unverletzlich zu machen

Sie versuchen, sich unverletzlich zu machen, um nicht so viel Schmerz empfinden zu müssen. Zu Ihrem eigenen Unglück gelingt Ihnen dies gewöhnlich auch sehr gut, und Sie schaffen es, Ihre natürliche Liebe und Ihr Erbarmen so gut abzuschotten, daß Ihr Leben leblos und öde wird. Die vielen Abwehrmechanismen, das, was Gurdjieff ›Puffer‹ nannte, tun ihre Wirkung. Sie stehlen Ihnen Ihre natürliche Vitalität und kanalisieren sie automatisch in die habituellen Wahrnehmungen, Gedanken, Gefühle und Körperbewegungen der falschen Persönlichkeit. Als Erwachsene wollen Sie dann barmherzig und liebevoll sein, doch wenn Sie versuchen, so zu sein, empfinden Sie nichts dabei. Noch schlimmer ist, daß Sie auf den subjektiven Pfaden der falschen Persönlichkeit in die Irre geführt werden. Sie erleben die pathologisch verzerrten Versionen von ›Liebe‹, die zu akzeptieren Sie in Ihrer Kindheit konditioniert wurden. Dadurch sind wahres Erbarmen und wahre Liebe nicht mehr erreichbar. Daß dies zu einem sterilen Leben mit viel nutzlosem, törichtem Leiden führt, ist gelinde ausgedrückt.

Den Schmerz der Inkompetenz vermeiden

Es gibt noch einen anderen wichtigen Grund dafür, in der Abwehrhaltung zu verharren und verschlossen zu bleiben. Als Kinder und auch als Erwachsene haben wir erlebt, daß wir barmherzig waren, daß wir das Leiden eines anderen Menschen empfanden und versuchten, ihm zu helfen, und daß uns das *nicht gelang.* Da uns die notwendigen Fähigkeiten mangelten, war unsere Hilfe von keinerlei Nutzen, und alles, was dabei herauskam, war, daß auch wir litten, ohne etwas damit zu erreichen.

Wie leicht entsteht daraus die Haltung: »Nur nicht hinsehen, nicht fühlen, dann wirst du auch nicht verletzt.« Leider ist die Haltung, sich um keinen Preis einzumischen, heute sehr weit verbreitet.

Abbau des ›Ich‹ als Weg zum Erbarmen

In früheren Kapiteln wurde der psychologische Prozeß der Identifikation behandelt, die Art, wie das unbewußte und gewohnheitsmäßige Anhängen des Gefühls des ›Ich‹ oder ›Das bin ich‹ an Inhalte des Geistes diesen erheblich stärkere psychische und emotionale Macht verleiht. Über Selbstsucht kann man beispielsweise wesentlich effektiver und objektiver nachdenken, wenn es um die Selbstsucht eines Fremden geht, nicht um die eigene.

In unserem Geist ist eine riesige Menge von Informationen gespeichert. Einigen dieser Informationen ist das ›Ich‹ angeheftet, etwa »Das ist *mein* wertvolles Verständnis des Heiligen« statt »Dies ist die übereinstimmende Ansicht vieler Menschen über das Heilige«. Unsere Abwehrmechanismen wurden ursprünglich entwickelt, um unser lebenswichtiges, essentielles Selbst zu schützen, doch im Laufe der Jahre fingen sie an, automatisch fast alles zu verteidigen, dem die ›Ich‹-Qualität angehängt wurde. Was anfangs der Versuch eines relativ machtlosen Kindes war, seine Essenz zu schützen, ist zu einem automatisierten (und weitgehend unbewußten) Stil emotionalen und geistigen Verhaltens geworden, der unser Sein unnötig einengt.

Als Erwachsener wollen Sie dann offen und barmherzig sein, wissen aber nicht, wie Sie das anstellen sollen. Unsere Ängste und unsere eingewurzelten Gewohnheiten mentalen und emotionalen Verhaltens schneiden uns von den Teilen unseres essentiellen Selbst ab, die Liebe und Erbarmen hervorbringen. Zwar kann man an der offensichtlichen, bewußten Angst vor Offenheit arbeiten, doch ist es schwer, zu den tief verwurzelten Gewohnheiten und zu den unbewußten Ängsten vorzustoßen. Dazu sind Aufmerksamkeit, Offenheit, psychotherapeutische Hilfen und die Einschränkung des Identifikationsprozesses erforderlich.

Achtsamkeit

Wenn Sie achtsam werden und Selbstbeobachtung und Selbsterinnern praktizieren, wenn Sie in zunehmendem Maße sensibel für die genauen Charakteristika Ihrer Reaktionen auf die Umwelt werden, so ermöglicht dies wachsende Einsicht in die Funktionsweise der falschen Persönlichkeit sowie größere Sensibilität für Ihr wahres, essentielles Selbst. Solche Aufmerksamkeit löst mit der Zeit einiges von dem auf, was dem Erbarmen hinderlich ist: Viele unserer automatisierten Einschränkungen und Abwehrmechanismen verflüchtigen sich, wenn man sie dem Licht gesteigerten Bewußtseins aussetzt. Außerdem können so andere Aspekte hervortreten, die spezifischerer Arbeit bedürfen. Aufmerksamkeit wurde schon an anderer Stelle in diesem Buch ausführlich behandelt.

Verletzlichkeit

Verletzlichkeit scheint uns kaum wünschenswert und ist doch absolut notwendig, damit unser essentielles Selbst vollständig genesen kann. Als kleine Kinder waren wir tatsächlich in einem sehr realen Sinne äußerst verletzlich. Unser physisches und psychisches Überleben hing von unseren Eltern ab. Unser Mangel an Lebenserfahrung verlieh allem, was unsere Eltern sagten und taten, eine *absolute* Qualität. Dies vergrößerte ihre Macht, uns lieben und (bewußt oder unbewußt) verletzen zu können. Da unsere eigenen Möglichkeiten so gering und die unserer Eltern so groß waren, ist es kaum verwunderlich, daß es so ungeheuer schlimm für uns war, wenn unsere Eltern uns weh taten. Es war so schlimm, daß wir manchmal glaubten, wir würden an unseren seelischen Schmerzen sterben. Auch Freunde und Fremde, die mit wesentlich weniger Liebe beziehungsweise Wut agieren, als es unsere Eltern getan haben, verletzen uns manchmal sehr. So ist es keineswegs verwunderlich, daß die Abwehrmechanismen, die wir damals schufen, so mächtig sind: Wir glaubten ja, um unser Leben kämpfen zu müssen − und in mancher Hinsicht war es tatsächlich so. Auf der psychischen Ebene haben wir auch heute noch die Gewohnheit, um unser Leben zu kämpfen. Es ist so, als hätten wir Schläge von Giganten erhalten und uns deshalb zum Schutz in einen dicken Panzer eingeschlossen. Diesen dicken Panzer tragen wir noch heute mit uns herum, doch sind wir mittlerweile selbst zu solchen Giganten geworden. Die Folge ist ein Gefühl der Enge in unserem Inneren.

Angenommen, Sie gehen eines Tages mit einem geliebten Menschen durch einen Wald und sehen einen toten Frosch, der Sie fasziniert. Sie begeistern sich nun einmal für Biologie und hatten das Glück, nicht das weiter oben beschriebene Kindheitstrauma zu erleiden. Sie heben also den Frosch auf und zeigen ihn Ihrer/Ihrem Geliebten − eine spontane Geste. Sie wollen sich in einem der für Sie faszinierenden Bereiche der Welt mitteilen. Wenn Sie in dieser Situation eine Reaktion erleben, wie: »Geh mir augenblicklich mit dem dreckigen Ding aus den Augen! Schmeiß es weg und wasch dir danach die Hände! Du bist abscheulich, wie ein kleines Kind! Wann wirst du endlich erwachsen?«, dann wird sich in dem Maße, wie die automatisierten Abwehrmechanismen der falschen Persönlichkeit bei Ihnen wirken, die Panzerung ein wenig enger um das schließen, was von Ihrem essentiellen Selbst noch übrig ist. Vielleicht blaffen Sie zurück und fangen an zu streiten, oder Sie entziehen sich kalt und fühlen sich verletzt und/oder wütend. Die Tatsache ist: a) Sie sind jetzt kein kleines Kind mehr, sondern ein Erwachsener, b) Sie sind ein Erwachsener, der für sich selbst sorgen kann, und Sie brauchen sich durch einen solchen Angriff nicht mehr als leicht irritiert zu fühlen. c) In Relation zu Ihren derzeitigen Möglichkeiten als Erwachsener war das nur ein geringfügiger Angriff, und Sie können die Zurückweisung direkt erleben. Wenn Sie verletzlich sind, brauchen Sie nicht zu leugnen, was Sie fühlen. Es ist zwar nicht gerade angenehm, aber Sie verkraften es. Sie könnten sogar wesentlich stärkere Angriffe als diesen verkraften. Panzerung und Abwehrmechanismen sind nicht erforderlich. d) Durch Einfühlungsvermögen, Intelligenz und Erbarmen können Sie verstehen, wie sich Ihr(e) Geliebte(r) fühlt, Sie können nachempfinden, warum er/sie sich so fühlt (gesellschaftliche Konditionierung und/oder traumatische persönliche Erlebnisse), und ohne die Realität seiner/ihrer Gefühle zu leugnen, können Sie erkennen, daß er/sie nichts daran ändern kann. Es besteht kein Grund, sich zutiefst angegriffen zu fühlen, da sich der Angriff eigentlich ebensowenig gegen Sie *persönlich* richtet, wie ein Regenfall ein persönlicher Angriff der Natur auf Sie ist. Ihr(e) Geliebte(r) reagiert mechanisch infolge von Konditionierung.

Intelligentes Erbarmen würde Ihnen ermöglichen, sich in Ihre(n) Partner(in) einzufühlen, den Frosch wegzunehmen, um die unmittelbare Quelle der Aufregung zu beseitigen, und vielleicht dem/der Partner(in) verstehen zu helfen, warum ihn/sie tote Frösche so sehr entsetzen. Vielleicht kann auf diese Weise die Wurzel dieses speziellen Leidens beseitigt werden.

Wenn Sie sich selbst gestatten, verletzlich zu sein, machen Sie damit einen großen Teil Ihrer automatischen Abwehr überflüssig und ermöglichen sich selbst größere Offenheit und größeres Mitgefühl anderen Menschen gegenüber.

Therapeutische Hilfe zum inneren Wachstum

Manchmal genügen Aufmerksamkeit und Verletzlichkeit nicht. Bestimmte Arten von Angriffen verursachen, obgleich sie eigentlich relativ geringfügig sind, so intensiven Schmerz, daß wir unsere Aufmerksamkeit nicht mehr auf die Realität richten oder Mitgefühl praktizieren können. Wir müssen uns entweder zurückziehen oder angreifen, weil wir nicht verhindern können, daß unsere Abwehrmechanismen die Oberhand gewinnen. Manchmal können uns Hilfe und Verständnis eines Freundes über solche Blockierungen hinweghelfen, aber nicht immer. In solchen Situationen kann westliche Psychotherapie nützlich sein.

Ein guter Therapeut lernt in seiner Ausbildung, ›außerhalb‹ unserer Täuschungen und Probleme zu bleiben, was ihm eine objektivere Sicht derselben ermöglicht. Mit Hilfe eines solchen einfühlsamen und intelligenten Experten können Sie lernen, Dinge zu sehen und zu fühlen, die Ihnen sonst verschlossen blieben. Als Gegenleistung dafür, daß wir den unmittelbaren Schmerz ertragen, uns einer Situation zu stellen, die wir für unerträglich halten, gelangen wir an die Wurzel des Schmerzes und verhindern so jahrelanges Leiden.

Reduzieren des ›Ich‹-Gefühls

Weil unsere Abwehrmechanismen dann in Aktion treten, wenn das ›Ich‹ angegriffen wird, führt die Reduzierung der Intensität und Häufigkeit der ›Ich‹-Identifikation zu einer geistig/emotionalen Entspannung, die unseren natürlichen Kräften des Erbarmens, der Liebe und der Intelligenz bessere Entfaltungsmöglichkeiten eröffnet.

Methoden, unser ›Ich‹-Gefühl zu reduzieren, sind das Selbsterinnern und viele Arten der Meditation.

Selbsterinnern schwächt die Intensität des Identifikationsprozesses ab. Unter gewöhnlichen Umständen steht einem Menschen nur eine bestimmte Menge Aufmerksamkeit zur Verfügung. Wenn Sie wenig willentliche Kontrolle über Ihre Aufmerksamkeit haben, wandert diese größtenteils dahin, wohin die Umstände des jeweiligen Augenblicks sie locken. Darauf reagiert dann die falsche Persönlichkeit in vorhersehbarer und automatischer Weise. Wir werden ›von Außenreizen gesteuert‹, um einen Begriff der akademischen Psychologie zu verwenden, sind also eher reaktiv als wirklich aktiv.

Wenn Sie Selbsterinnern praktizieren, richten Sie Ihre Aufmerksamkeit willentlich so, daß Sie sich gleichzeitig aktiv dem zuwenden, was außen, und dem, was in Ihnen selbst geschieht. Außerdem bleiben Sie sich eines Bezugsobjekts (etwa Ihrer Arme und Beine) bewußt. Durch den simplen Akt, *willentlich* die Aufmerksamkeit dorthin zu lenken, wo Sie sie haben wollen, bleibt weniger Energie für Ihre falsche Persönlichkeit und für Ihre Identifikationsprozesse und Abwehrmechanismen übrig. Ganz abgesehen von Veränderungen in der Funktionsweise des Geistes, reduziert dies die überhöhte automatische Abwehrbereitschaft, die durch ein Zuviel an ›Ich‹ entsteht. Außerdem entstehen so größeres Einfühlungsvermögen und Erbarmen anderer Menschen gegenüber. Die traditionelle buddhistische Praxis, mit einem Teil der Aufmerksamkeit ständig den Atem zu beobachten, auch im alltäglichen Leben, reduziert auf ähnliche Weise das ›Ich‹-Gefühl durch Ablenkung der Energie vom Identifikationsprozeß.

Meditation zu bestimmten, vom alltäglichen Leben klar abgegrenzten Zeiten kann ebenfalls zeitweilig den Identifikationsprozeß abschwächen. Wenn Sie fünfzehn Minuten damit verbringen, nur Ihren Atem zu beobachten und dabei still zu sitzen, dann ist Ihr Geist in diesen fünfzehn Minuten mit der einfachen, emotional neutralen Erfahrung des Atmens erfüllt, statt den sonst für ihn typischen geistig/emotionalen Aktivitäten nachzugehen, die die falsche Persönlichkeit und ihre vielfältigen Identifikationen stärken. In seinen Vorträgen betonte Sögyal Rinpoche, daß die Zeit unmittelbar nach einer Meditation am besten dazu geeignet sei, Erbarmen zu üben. Für den Anfänger (und das sind wir praktisch alle) könnte dies einer der wenigen Zeitpunkte überhaupt sein, zu denen er erfolgreich Erbarmen zu praktizieren vermag.

Kultivieren des Erbarmens

Wir haben recht ausführlich betrachtet, was Offenheit und Erbarmen im Wege steht, denn wenn man diese Hindernisse versteht, so offenbaren sich dadurch auch Möglichkeiten, sie zu umgehen oder zu beseitigen. Wenn wir auf eine Weise zu meditieren lernen, die unser ›Ich‹-Gefühl reduziert, so ermöglicht diese Methode indirekt, daß sich auf natürliche Weise mehr Erbarmen manifestiert.

Wenn Sie lernen, im Alltag aufmerksamer zu sein, wenn Sie sich selbst genug vertrauen, um offener und damit verletzlicher zu sein, und wenn Sie zur Arbeit an der Beseitigung mentaler und emotionaler Blockaden psychotherapeutische Hilfe in Anspruch nehmen, so fördern Sie damit auch die freie Entfaltung des Erbarmens.

Was sonst könnten Sie tun?

Es wäre wunderbar, wenn Sie einfach beschließen könnten: »Ich will von jetzt ab barmherzig und offen sein.« Doch wie Sie wissen, geht das leider nicht so einfach. Deshalb benutzte Sögyal Rinpoche den Ausdruck ›dem Mitgefühl den Hof machen‹. Sie werden mehr erreichen, wenn Sie versuchen, allmählich barmherziger zu werden, als wenn Sie dieses Ziel sofort erreichen wollen.

Liebe erinnern: eine vorbereitende Übung

Eine der Übungen, die Sögyal Rinpoche empfahl, versucht das Erbarmen durch Anknüpfen an frühere Erlebnisse zu stärken, bei denen Sie von jemandem geliebt wurden, und baut dann darauf auf. Es folgt die umrißhafte Beschreibung dieser Übung. Wie schon erwähnt, ist es am besten, sie zu praktizieren, wenn der Identifikationsprozeß nicht so aktiv ist, etwa direkt im Anschluß an eine Meditationsübung, bei der es Ihnen gelungen ist, einen ruhigen Geisteszustand zu erreichen (Meditation verläuft nicht immer erfolgreich); ebenso geeignet ist die Zeit nach einem erfolgreichen Versuch des Selbsterinnerns.

1. Denken Sie an jemanden, der Sie einmal sehr geliebt hat. (Eltern eignen sich hierfür nicht besonders gut, da viele von uns unaufgelöste psychische Spannungen in bezug auf ihre Eltern haben.) Denken Sie darüber nach, wie diese Person Sie geliebt hat und nett zu Ihnen war.
2. Vergegenwärtigen Sie sich, daß Sie ein wertvoller Mensch sein müssen, wenn ein anderer Mensch Sie einmal geliebt hat. Konzentrieren Sie sich darauf statt auf Ihre Selbstzweifel.
3. Erleben Sie, wie es ist, geliebt zu werden, und versuchen Sie nachzuempfinden, was jener Mensch fühlte, der Sie liebte.
4. Erleben Sie das Gefühl des Liebens. Stellen Sie sich dann andere Menschen bildlich vor, und schenken Sie ihnen Ihre Liebe und Ihr Mitgefühl.
   a) Visualisieren Sie zunächst Bilder von Menschen, die gut zu Ihnen gewesen sind.
   b) Ist Ihnen dies gelungen, so schenken Sie Ihre Liebe auch solchen vorgestellten Menschen, die sich Ihnen gegenüber neutral verhalten haben.
   c) Nach einigem Üben können Sie Ihre Liebe auch auf bildlich vorgestellte Menschen ausdehnen, von denen Sie schlecht behandelt worden sind.
   d) Nachdem Sie die bisherigen Übungsschritte bewältigt haben, dehnen Sie die Liebe in Ihrer Visualisation auf Menschen aus, zu denen Sie eine ambivalente und belastete Beziehung hatten, etwa auf Ihre Eltern.
   e) Schließlich dehnen Sie Ihre Liebe auf alle Lebewesen aus.

Es kann sein, daß Sie am Anfang über den zweiten Schritt nicht hinauskommen, oder Sie kommen ohne Schwierigkeiten vorwärts bis Übungsschritt 4 a. Versuchen Sie sich nicht an den schwierigsten Schritten, wenn Sie die davorliegenden Schritte noch nicht gemeistert haben; das könnte zu einem Versagenserlebnis führen und all die Widerstände verstärken, deretwegen Sie sich verschlossen haben. Sie brauchen zwar nicht jeden Schritt perfekt zu beherrschen, bevor Sie zum nächsten übergehen, dennoch rate ich Ihnen zu warten, bis sich ein gewisser Erfolg eingestellt hat.

Der Dalai Lama empfiehlt zur Entwicklung des Erbarmens eine ähnliche Übung.[1] Die Übungsvariante, die Seine Heiligkeit beschreibt, beginnt damit, daß wir erkennen, welche ungeheure Güte unsere Mutter übte, indem sie uns das Leben schenkte und uns aufzog. Anschließend versuchen wir, alle Wesen als Mütter zu sehen und ihnen gegenüber Güte und Nähe zu fühlen.

Ich verstehe das Prinzip, das bei dieser Übung wirksam ist, doch aufgrund meiner psychologischen Fachkenntnisse weiß ich um die Problematik der Mutter-Kind-Beziehung und ziehe persönlich die Version von Sögyal Rinpoche vor. Vielleicht übertragen Sie diese Übung auf einen Menschen, der sich eindeutiger positiv Ihnen gegenüber verhalten hat, als es die Mütter vieler Menschen getan haben — es sei denn, Ihr Modell eines liebenden Menschen ist generell mit negativen unbewußten Assoziationen verbunden.

Tong Len

Tong Len ist eine tibetische Übung, die Sögyal Rinpoche beschrieb. Sie soll Offenheit und Erbarmen fördern. Mit ihrer Hilfe kann man unangenehme und problematische Ereignisse des Tages vorüberziehen lassen, um zu üben, den Geist in kommenden Situationen für das Mitgefühl zu öffnen.

Wie bei der weiter oben beschriebenen vorbereitenden Übung ist es auch in diesem Fall gut, die Übung direkt an eine erfolgreich verlaufene Meditation oder erfolgreiches Selbsterinnern anzuschließen.

1. Rufen Sie sich das spezifische Problem oder die unangenehme Situation in Erinnerung, auf die diese Tong-Len-Übung sich konzentrieren soll.
2. Betrachten Sie die verschiedenen Aspekte der Problemsituation, ihre Atmosphäre sowie ihre genauen Einzelheiten. Akzeptieren Sie das Problem, verleugnen Sie nichts davon. Sehen Sie die vielen Seiten der Situation, die positiven Aspekte ebenso wie die negativen.

3. Während Sie die positiven und negativen Aspekte sowie die Menschen betrachten, die in der Situation eine Rolle spielen, bleiben Sie, während Sie ›die Situation einatmen‹, gleichzeitig mit dem Gleichmut, dem Glücksgefühl und dem Erbarmen in Verbindung, die Sie in der Meditation in einem gewissen Maße erfahren haben, und schenken Sie diese positiven Gefühle der Problemsituation und den daran beteiligten Menschen. Mit dem Ausatmen geben Sie Ihr Glücksgefühl diesen Menschen und Umständen als *vorbehaltloses* Geschenk. Sie verleugnen damit nicht das Negative, sondern lieben einfach alles und jeden in der Problemsituation.
4. Betrachten Sie Ihre eigenen Reaktionen auf die Situation. Wir alle sind erstaunlich komplexe, vielseitige Wesen. Schauen Sie sich an, wie die verschiedenen Teile von Ihnen auf die Situation reagieren. Leugnen Sie nichts von dem, was Sie bei sich sehen, auch wenn es beängstigend oder beschämend ist. Akzeptieren Sie all diese verschiedenen Aspekte Ihrer selbst, die ›guten‹ ebenso wie die ›schlechten‹ Seiten, und geben Sie ihnen Ihr Glücksgefühl als bedingungsloses Geschenk.
5. Erzwingen Sie keine Veränderungen, doch wenn sich Aspekte Ihrer selbst infolge des Zusammenbringens von Positivem und Negativem (und weil Sie Ihre Liebe nach allen Seiten gegeben haben) verändern, dann akzeptieren Sie diese Veränderung.

Meiner Ansicht nach können die Tong-Len-Übung und ähnliche Übungen den Geist in beträchtlichem Maße restrukturieren. Statt ständig den Speicher negativer Erinnerungen an Situationen zu vergrößern, in denen Sie kein Erbarmen gezeigt haben — was natürlich Ihre Überzeugungen weiter bestärkt, daß das Leben unangenehm ist und daß Sie kein barmherziger Mensch sind und es auch nicht sein können —, haben Sie durch diese Übung Ihre Erinnerungen so aufbereitet, daß Erbarmen möglich wird. Die Negativität wird nicht verleugnet — das wäre pathologisch. Vielmehr wird sie in einen Kontext gestellt, in dem Möglichkeiten sichtbar werden, in denen Erbarmen wirksam wird.

Der letztlich wichtigste Effekt ist natürlich, daß Sie sich selbst für solche Möglichkeiten sensibilisieren, damit diese im Augenblick des Geschehens zugänglich sind, wenn die nächste unangenehme Situation eintritt, und nicht erst danach.

Und jetzt kommt das Schwierigste...

Wie man sich seiner selbst erbarmt

Oft ist es schon schwierig, bloße Toleranz anderen Menschen gegenüber zu entwickeln, von Erbarmen ganz zu schweigen. Die Leute können ja so schwierig sein! Es ist schon eine echte Leistung, die negativen Verhaltensweisen anderer zu ertragen, ohne ständig zu versuchen, sie zu korrigieren, und ohne sich unnötig dabei aufzuhalten. Es ist jedoch durchaus möglich, eine umfassende und realistische Toleranz zu erlernen und sogar die Fähigkeit zum Erbarmen zu entwickeln.

Weitaus schwieriger ist es, *sich selbst* zu akzeptieren und Erbarmen sich selbst gegenüber zu entwickeln.

Ich habe Schülern zum Zweck ihrer inneren Entwicklung häufig schwierige und unangenehme Aufgaben gestellt, wobei sie oft ihre negativen Seiten beobachten mußten, was sehr unangenehm sein kann. Ich bin immer wieder beeindruckt, wie hartnäckig sich Menschen solchen Aufgaben widmen können. Gelegentlich habe ich auch einmal die Aufgabe gestellt, nett zu sich selbst zu sein, da das für die Selbstentwicklung ebenso wichtig ist. Dabei ging es um nichts Großartiges, nur um Kleinigkeiten, wie in einen Spiegel zu schauen und sich einen Augenblick lang selbst anzulächeln oder fünf Minuten am Tag etwas Nettes über sich selbst zu denken.

Der Widerstand dagegen, nett zu sich selbst zu sein, erwies sich als ungeheuer stark! Die Schüler vergaßen oft sogar völlig, die Übung überhaupt auszuführen. Selbst wenn sie eindringlich und wiederholt daran erinnert wurden, brachten sie die unterschiedlichsten Gründe vor (Rationalisierungen), warum sie keine Zeit hätten, täglich fünf Minuten lang nett zu sich selbst zu sein. Wenn man die Hintergründe dieser Widerstände zutage fördert, zeigt sich gewöhnlich, daß die Betreffenden tief innen das Gefühl haben, sie verdienten es nicht, daß auch nur *irgend jemand* nett zu ihnen ist. ›Irgend jemand‹ schließt sie selbst ein, oft sie selbst ganz besonders, weil sie ein mangelndes Selbstwertgefühl haben. Bei manchen Menschen sind diese Gefühle besonders stark ausgeprägt, doch fast jeder hat sie in einem gewissen Maße.

Daß wir eine starke Abneigung gegen Zurückweisung haben, ist nicht überraschend, wenn wir an das zurückdenken, was in diesem Buch über den Enkulturationsprozeß gesagt wurde. Wir alle haben Zurückweisungen erlebt, die wir nicht verstehen konnten. Unsere essentiellen Gefühle sind viele Male abgewertet worden, und wir haben gelernt, uns mit sozial wünschenswerten Aspekten unserer selbst zu identifizieren und diejenigen abzuspalten, die nicht in die Konsensus-Realität hineinpaßten. Dabei entstand natürlicherweise das allgemeine Gefühl: »Grundsätzlich bin ich einfach nicht viel wert, sondern schlecht. Ich kann nur akzeptiert und geliebt werden, wenn ich immer das Richtige tue und wenn ich nicht spontan handle.« Dieses allgemeine negative Gefühl interagierte mit spezifischen negativen Gefühlen gegenüber speziellen Aspekten unserer selbst, die wir als schlecht empfanden. Gegen gewisse wichtige Teile unserer essentiellen Natur sind wir gut abgeschottet.

Auch Gurdjieff beobachtete diese Art von Widerstand, die sich dagegen richtet, die Scheinsicherheit der falschen Persönlichkeit und der Konsensus-Trance loszulassen. Er berichtete, daß seine Schüler freudig die unangenehmsten Aufgaben übernähmen, die heroische Anstrengungen erforderten, daß sie freiwillig und bewußt Leiden auf sich nähmen, da sie hofften, auf diese Weise zu wachsen. Doch sie aufzufordern, ihr Leiden loszulassen, sei etwas völlig anderes!

Bei der Darstellung der falschen Persönlichkeit und der Essenz wurde gesagt, daß die Essenz genährt und fürsorglich behandelt werden muß, damit sie wieder anfangen kann zu wachsen. Die Praxis der Selbstbeobachtung ermöglicht es, mit den vernachlässigten Aspekten der Essenz Verbindung aufzunehmen und zu lernen, sie von der falschen Persönlichkeit zu unterscheiden. Wenn Sie diesen Aspekten dann bewußt Energie und Aufmerksamkeit schenken, werden sie wachsen. Sie müssen nett zu sich selbst sein! Wenn Widerstand auftaucht, muß dieser beobachtet, verstanden und so schließlich überwunden werden.

Die Praktiken der Selbstbeobachtung und des Selbsterinnerns sind eine allgemeine Methode, der Essenz Aufmerksamkeit zu schenken. Aufmerksamkeit ist Energie, und wenn Sie Ihrem essentiellen Selbst Aufmerksamkeit schenken, so nähren Sie es. Schließlich schenken Sie nur dem Aufmerksamkeit, was wertvoll ist; folglich müssen Sie *wertvoll* sein, wenn Sie sich selbst Aufmerksamkeit schenken.

Erbarmen sich selbst gegenüber zu haben ist äußerst wichtig. Selbstbeobachtung in ihren verschiedenen Formen führt zu einer Tiefe des Verstehens, von der wir nicht einmal träumen. Ein wichtiger Teil jenes Verstehens bezieht sich darauf zu sehen, wie rein und wundervoll wir in unserem innersten Wesen sind. Auf dem Weg zu diesem Sich-selbst-Verstehen tritt häufig Widerstand auf, wenn wir negative Teile unserer selbst sehen, doch der gesamte Prozeß ist der Mühe wert.

Bis Sie gelernt haben, sich selbst zu verstehen und Erbarmen gegenüber sich selbst zu entwickeln, steht all Ihre Toleranz, Ihre Liebe und Ihr Erbarmen anderen gegenüber auf schwankendem Boden.

Nähren der Essenz

Ich werde nicht versuchen, detaillierte Anweisungen für die emotionale Entwicklung zu geben, da ich ein Mensch bin, bei dem der Intellekt eine zu große Rolle spielt. Ich werde nun jedoch ein paar grundlegende, aber sehr wirksame Übungen vorschlagen, die Ihnen helfen können, Ihre Essenz zu nähren, indem sie Ihre Liebe zu sich selbst fördern.

Diese Übungen sollten gelegentlich praktiziert werden, etwa einmal in der Woche. Sie führen im allgemeinen zu recht angenehmen Erfahrungen. Das ist völlig in Ordnung, doch denken Sie daran, daß das Ziel das *Erwachen* ist, das Erreichen echter Selbst-Bewußtheit. Dies erfordert lange Selbstbeobachtung und lange Praxis im Selbsterinnern. Da es dabei oft darum geht, unangenehme Aspekte Ihrer selbst und der Wirklichkeit anzuschauen, sollten Sie das Angenehme an den Übungen weder ablehnen noch es als Ersatz für authentisches Wissen nehmen. Denken Sie noch einmal daran:

Es gibt keinen Gott außer der Wirklichkeit.
Ihn anderswo zu suchen
ist der Sündenfall.

Der musikalische Körper

Diese Übung wird am besten im Liegen an einem warmen, einigermaßen dunklen, angenehmen und ungestörten Ort ausgeführt.

Die Übung kann starke Emotionen erzeugen. Greifen Sie nötigenfalls in den Verlauf der Übung ein und ändern Sie sie so ab, daß sich alle emotionalen Reaktionen innerhalb eines Spektrums bewegen, in dem Sie aus dem Erlebten lernen können.

Wählen Sie eine Musikaufnahme aus, die fünfzehn bis fünfundzwanzig Minuten dauert. Vokalmusik ist in diesem Fall ungeeignet, da der Text ablenken könnte. Fließende, friedliche, relativ ausgeglichene Musik eignet sich am besten.

Schalten Sie die Musik ein, und versuchen Sie eine oder zwei Minuten lang einfach, sich zu entspannen.

Hören Sie dann die Musik in beiden Füßen. Richten Sie Ihre Aufmerksamkeit auf jegliche Empfindung in den Füßen, und lassen Sie die Musik sanft ebenfalls dort sein. Erzwingen Sie nichts: Es gibt keine spezifische Empfindung, nach der Sie streben oder die Sie produzieren müßten. Wie bei der oben beschriebenen Morgenübung lenken Sie auch hier einfach den Geist sanft in Ihre Füße. Empfinden Sie, was immer dort ist, und ›hören‹ Sie die Musik in den Füßen.

Kümmern Sie sich nicht um kritische Gedanken wie den, daß Sie doch in Wahrheit mit den Ohren hören, nicht mit den Füßen, denn auch das ist genaugenommen nicht die Wahrheit: Sie hören mit Ihrem *Geist*. Wenn Sie in einem spezifischen Teil Ihres Körpers zu hören wünschen, können Sie dort die Erfahrung des Hörens/Empfindens machen, und darum geht es hier. Die Musik hilft Ihnen, die Aufmerksamkeit zu konzentrieren und ein angenehmes, positives Gefühl in dem Teil Ihres Körpers zu entwickeln, in dem Sie hören. Genießen Sie die Musik und die Empfindungen in Ihren Füßen.

Nach etwa einer Minute verlagern Sie die Aufmerksamkeit in die Waden, von den Knöcheln bis zu den Knien. Achten Sie auf alle Empfindungen dort, und hören Sie die Musik ebenfalls dort. Genießen Sie die Musik und die Empfindungen in Ihren Waden.

Nach etwa einer weiteren Minute (die genaue Zeitspanne ist hier unwichtig) verlagern Sie die Aufmerksamkeit auf Ihre Oberschenkel und empfinden und hören dort.

In Abständen von etwa einer Minute bewegen Sie sich dann in der folgenden Reihenfolge durch Ihren Körper: Genitalien; Becken, mit besonderer Betonung des Bereichs etwa zwei Fingerbreit unter dem Nabel und etwa drei Fingerbreit nach innen; Bauch; Brust und Rücken (konzentrieren Sie sich aber nicht zu stark auf die Herzregion); Schultern; Oberarme; Unterarme; Hände; Nacken; schließlich Gesicht und Kopfhaut.

Danach konzentrieren Sie sich etwa eine Minute lang auf das Innere Ihres Kopfes.

Anschließend lauschen Sie der Musik in Ihrem Herzen. Dort werden wahrscheinlich starke positive Gefühle auftreten, insbesondere, wenn die Musik, die Sie gewählt haben, sich gut für die Übung eignet. Vertiefen Sie sich in diese Gefühle, und genießen Sie sie.

Dehnen Sie schließlich das Empfinden und das Hören der Musik und jegliche positiven Gefühle, die mit dem Herzen in Verbindung stehen, im gesamten Körper aus. Nach einer oder zwei Minuten entspannen Sie Ihre Aufmerksamkeit und treiben einfach einige Minuten lang in einem entspannten Zustand, bis die Musik endet.

Stehen Sie langsam auf, denn wenn Sie aus einem entspannten Zustand zu plötzlich aufspringen, kann es passieren, daß Sie in Ohnmacht fallen. Beginnen Sie erneut damit, Selbstbeobachtung und Selbsterinnern zu praktizieren. Leben Sie!

Die obige Sequenz zur Schulung des Hörens mit dem ganzen Körper ist nicht die einzige Möglichkeit. Nehmen Sie sich also die Freiheit, auch andere Sequenzen zu erproben. Beziehen Sie dabei jedoch immer den gesamten Körper ein.

Wenn Sie eine genauere Anleitung zu dieser Übung wünschen, können Sie eine Tonbandkassette mit passender Musik und Anleitung erwerben, die ich eigens zu diesem Zweck produziert habe. Informationen hierüber finden Sie auf Seite 432.

Eine Morgenübung, um zu lernen, sich selbst zu lieben

Dies ist eine Modifikation der im 18. Kapitel beschriebenen Morgenübung. Sie sollte etwa einmal wöchentlich praktiziert werden. Es ist äußerst nützlich, jeglichen Widerstand zu registrieren, den Sie gegen diese Morgenübung haben.

Denken Sie, bevor Sie mit der Morgenübung beginnen, »Ich mag mich«. Fühlen Sie dies ein wenig. Gönnen Sie Ihrem Gesicht ein sanftes Lächeln.

Bewahren Sie während der gesamten Morgenübung dieses sanfte Lächeln. Lächeln Sie Ihren Körperteilen zu, während Sie sich in sie einfühlen. Wie bei der Körperübung mit Musik ist es auch hier wichtig, nichts zu erzwingen oder zu übertreiben. Nur ein leichtes Lächeln des Körpers und gleichzeitig des Gefühls, ein sanftes Sich-Mögen, weiter nichts.

So viele von uns mögen sich so wenig, daß es tatsächlich ziemlich schwierig sein kann, ein paar Minuten absichtlich damit zu verbringen, sich selbst Aufmerksamkeit zu schenken und sich selbst zu mögen; dennoch ist es sicherlich jedem Menschen möglich, sich zumindest *ein wenig* zu mögen — irgendwann vielleicht auch ein wenig mehr.

Sowohl die Morgenübung wie auch die Körperübung mit Musik können wesentlich wirkungsvoller sein, wenn die Aufgabe lautet, sich selbst zu *lieben,* statt sich nur zu mögen. Doch das könnte zuviel Widerstand heraufbeschwören. Begnügen Sie sich also erst einmal damit, sich nur zu mögen. Wenn Sie diese Übungen so ausführen können, daß Sie sich selbst dabei lieben, dann haben Sie auf dem Weg, Erbarmen für sich selbst und andere zu entwickeln, schon einen beachtlichen Fortschritt erzielt.

Die Entwicklung von Erbarmen für sich selbst und andere hilft wesentlich zu verstehen, daß die falsche Persönlichkeit sterben muß.

24

Die Wahl eines spirituellen Pfades

Wenn ein Mensch den ganzen Schrecken des Lebens der durchschnittlichen Menschen verstehen könnte, die sich in einem Kreis unbedeutender Interessen und unbedeutender Ziele bewegen, wenn er verstehen könnte, was sie verlieren, dann würde er einsehen, daß es nur eine Sache gibt, die wichtig für ihn ist — dem allgemeinen Gesetz zu entfliehen, frei zu werden. Was kann für einen Menschen wichtiger sein, der, zum Tode verurteilt, im Gefängnis sitzt? Nur eines: wie er sich retten, wie er fliehen kann; nichts anderes ist wichtig für ihn.

G. I. Gurdjieff[1]

Wenn Menschen mit der Suche nach psychologischen und spirituellen Wahrheiten jenseits des Gewöhnlichen beginnen, ist es verständlich, wenn sie annehmen, daß es Pfade des Wissens oder Lehrer und Beispiele solchen Wissens gibt, die ihnen Antworten auf viele Fragen geben können. Wir erhoffen uns von unseren Vorgängern auf dem Pfad wertvolle Hilfe.

Am Anfang unserer Suche stellen wir fest, daß es eine Vielzahl von Lehrern und Pfaden gibt, von denen viele einander zu widersprechen oder sinnlos zu sein scheinen. Welcher ist im Besitz der Wahrheit? Besitzen alle jene Wahrheit, die wir kennen müssen? Kennen einige einen Teil der Wahrheit, während wichtige Teile derselben fehlen? Haben einige Lehrer gefährliche Irrtümer unter das gemischt, was ihnen von der Wahrheit bekannt ist? Was ist das kleinste akzeptable Quantum an Wahrheit im Verhältnis zum Irrtum, das einen Pfad gehenswert macht? Welcher

Pfad ist der *beste?* Noch wichtiger ist: Welcher Pfad ist *für mich* der beste?

Im gewöhnlichen Leben erhalten wir häufig ziemlich verläßliche Antworten auf ähnliche Fragen, wenn es um Alltägliches geht. Wenn Sie zum Beispiel die Dienste eines Elektrikers beanspruchen müssen, können Sie einen Elektrikermeister beauftragen und ziemlich sicher sein, daß er zumindest eine gewisse Kompetenz hat, die wahrscheinlich ausreicht, die von Ihnen gewünschte Arbeit erfolgreich auszuführen. Wenn ich lernen möchte, einen Computer zu programmieren, und zu diesem Zwecke einen Kurs an einer angesehenen Universität besuche, kann ich relativ sicher sein, daß jemand, den die Universität mit der Durchführung dieses Kurses beauftragt hat, weiß, wovon er redet. Vielleicht bekomme ich auf diese Weise nicht den *besten* Unterricht, aber gewisse Grundkenntnisse kann ich so mit Sicherheit erwerben. Wenn ich eine neue Waschmaschine kaufen will, kann ich Verbraucherinformationen lesen, um objektive Daten über die Schwächen und Stärken der verschiedenen Modelle zu erhalten. Wenn ich anschließend diese Informationen mit meinen eigenen Bedürfnissen vergleiche, bin ich in der Lage, eine intelligente Entscheidung zu treffen.

Wenn es doch nur auf dem ›spirituellen Markt‹ ähnlich wäre! Wo ist die Zulassungskommission, die spirituelle Lehrer prüft und garantiert, daß sie ein gewisses grundlegendes Maß an Kompetenz haben? Wo ist der ›Spirituelle Konsumentenschutz‹, der nach objektiven Tests Aussagen wie die folgende macht:

»Für Suchende mit extrovertiertem Charakter und den Persönlichkeitsmerkmalen A, B, Q und T führt Zen-Meditation zu Erfolgen in Richtung Erleuchtung. *Nicht* zu empfehlen ist diese Form der Meditation bei den Charakterzügen C oder R. Suchende mit Merkmal C sollten es mit dem neuen Gestalt-Sufismus versuchen. Leider wurde für Menschen mit dem Charakterzug R bisher noch kein geeigneter spiritueller Pfad gefunden; sie sollten sich in diesem Leben besser einer künstlerischen Berufung widmen.«

Eine erleuchtetere Wissenschaft könnte unter anderem für die verschiedenen spirituellen Pfade eine Art ›spiritueller Konsumentenberatung‹ entwickeln. An einem solch umfassenden Projekt müßten mehrere Forschergenerationen arbeiten. Man könnte die Charakteristika vieler verschiedener Menschentypen einschätzen, sie verschiedene spirituelle Pfade begehen lassen und dann prüfen, welche Resultate die verschiedenen Typen auf den verschiedenen Pfaden erzielen. Das wäre zwar erst ein Teil der Antwort, aber hilfreich wäre es sicherlich.

Auswahlkriterien

Die beste unter vielen Möglichkeiten zu finden ist sehr schwierig; das gilt schon beim bloßen Lesen über spirituelle Themen. Wenn jemand bereit ist, ernsthaft mit dem Praktizieren spiritueller Übungen zu beginnen, wird es noch wichtiger. Zunächst gibt es einander widersprechende Zielsetzungen; außerdem sehen die Anhänger vieler Pfade andere Pfade implizit oder explizit als minderwertig an. Andererseits gibt es keine objektive Autorität, die man um Rat fragen könnte. Was kann ein intelligenter Mensch da tun?

Zunächst müssen wir erkennen, daß die Wahl eines spirituellen Pfades nicht allein mit verbaler, intellektueller Intelligenz zu bewältigen ist; Gefühle und Instinkte spielen dabei eine ebenso wichtige Rolle. Wir müssen alle drei Gehirne dazu benutzen. Bei den meisten Menschen unserer Kultur ist die intellektuelle Intelligenz hochentwickelt, die Instinkte und Gefühle hingegen wurden stark vernachlässigt und sind oft unterdrückt und in ihrer Funktion gestört, so daß ein großer Teil der vermeintlichen Rationalität in Wahrheit Rationalisierung ist. Die Suche nach einem spirituellen Pfad besteht daher teilweise in der ständigen Bemühung, unsere emotionale und körperlich/instinktive Natur zu verstehen und reifen zu lassen.

Ich möchte in diesem Zusammenhang ein persönliches Problem erwähnen, das wohl kaum einzigartig sein dürfte. Einer der Gründe, warum ich mich in der Vergangenheit zu verschiedenen spirituellen Pfaden hingezogen fühlte, war, daß ich das (von innerer Unreife zeugende) Bedürfnis hatte, mich anderen Menschen überlegen zu fühlen, um Minderwertigkeitsgefühle verbergen zu können. Das war natürlich *mein* Problem, keines, das notwendigerweise in Verbindung mit einem jener Pfade auftaucht. Doch einige Lehrer und Lehrsysteme, die die Verbindung zu ihrer ursprünglichen spirituellen Quelle verloren haben, schmeicheln solchen unreifen Emotionen. Die ständige Erweiterung unserer Selbst-Kenntnis ist für die Suche unabdingbar. *Warum* bin ich an einem bestimmten Pfad oder Lehrer interessiert?

Zweitens fordert die Intelligenz von uns, unsere derzeitigen Begrenztheiten zu erkennen und Bescheidenheit zu üben. Obgleich es mir sicherlich sehr recht wäre, wenn ich die wahre Qualität verschiedener spiritueller Pfade erkennen könnte, weiß ich doch, daß das einfach nicht so ist. Wir alle können einige Scharlatane erkennen, und manchmal erkennen wir auch (intellektuell und/oder emotional und/oder instinktiv) authentische höhere Ideen und Aktivitäten. Deshalb können wir bei der Wahl unser Bestes versuchen, doch Fehler lassen sich kaum ganz vermeiden. Wenn wir aus unseren Fehlern lernen, haben wir objektiv wenig Grund, etwas zu bereuen.

Drittens ist zu hoffen, daß die Wahl eines spirituellen Pfades mehr als eine ›rationale‹ Wahl ist, selbst wenn sie auch emotional, also nicht nur intellektuell begründet ist. Im 20. Kapitel wurde erwähnt, daß Gurdjieff von einem ›magnetischen Zentrum‹ sprach, das einem inneren Kompaß vergleichbar ist, der uns bei der Navigation hilft. Die Analogie bezieht sich auf etwas Essentielles in uns, etwas, das unserer Essenz oder höheren Aspekten von uns angehört, das die Wahrheit erkennen kann, wenn es ihr begegnet. Authentischen höheren Lehrern ist eine gewisse Anziehungskraft über die Rationalität hinaus und jenseits von ihr eigen.

Die Idee des magnetischen Zentrums ist jedoch gefährlich, da sie sich leicht zu der Vorstellung pervertieren läßt, daß alles Mysteriöse und emotional Anziehende immer auch eine höhere Lehre sein muß. Dem *A*rationalen muß Beachtung geschenkt werden, doch wird es leicht mit dem *Ir*rationalen und mit dem Irrtum verwechselt. Daher die Notwendigkeit der Selbsterkundung. Wir müssen lernen, exakt zu erkennen, wie die Maschinerie unseres Geistes funktioniert, welchen Illusionen sie unterliegt und wie diese von arationalen, aber zutreffenden Eingebungen zu unterscheiden sind, die wir ebenfalls haben können.

Ich bin Pragmatiker und Wissenschaftler und außerdem jemand, der an spirituellem Wachstum interessiert ist. Ich möchte immer wissen, was bei einer Sache tatsächlich herauskommt, unabhängig von allem Gerede und allen Theorien im Umfeld des Phänomens. Wenn ich ein spirituelles Lehrsystem kennenlerne, versuche ich mit meinem Geist, mit meinem Herzen und mit meinen Instinkten zu ›hören‹. Ich verlasse mich dabei auf das, was ich zu wissen glaube, und erinnere mich daran, daß ich in der Vergangenheit Fehler gemacht habe und vermutlich auch in Zukunft wieder welche machen werde. Komme ich zu der Überzeugung, daß ich von einem System oder einem Lehrer lernen kann oder daß ich etwas Nützliches für mich oder andere tun kann, wenn ich mich darauf einlasse, dann lasse ich mich darauf ein.

Sind Gurdjieffs Ideen überholt?

G. I. Gurdjieff war einer der ersten, die systematisch versuchten, Wissen und Weisheit östlicher Lehren in eine Form zu übertragen, die für die Menschen der westlichen Welt seiner Zeit geeignet war. Er erkannte, daß etwas, das für eine bestimmte Kultur eine effiziente Formulierung psychologischen und spirituellen Wissens ist, für eine andere ungeeignet sein kann. Deshalb experimentierte er mit Formen des Lehrens, um sein Wissen auf eine möglichst geeignete Weise übermitteln zu können. Ebenso kann das, was für einige Menschen unseres Kulturkreises ein sinnvoller Pfad ist, für andere ungeeignet sein. Ich habe wenig Verständnis für Menschen, die glauben: »Dieser Weg ist der einzig wahre Weg«, ganz gleich, ob es sich dabei um eine Gurdjieff-Gruppe oder um irgendeine andere Gruppierung handelt. Natürlich halte ich persönlich Gurdjieffs Ideen für sehr nützlich, sonst hätte ich nicht ein ganzes Buch darüber geschrieben. Doch müssen Sie einen Pfad finden, der *für Sie* geeignet ist.

Mir ist eine Vielzahl von Aussagen darüber bekannt, welcher Pfad der höchste ist. Darunter befindet sich auch die aus Sufi-kreisen (um Idries Shah) stammende Behauptung, Gurdjieffs Ideen seien einmal nützlich gewesen, jedoch heute überholt.[2] Einige Anhänger Gurdjieffs verbreiten die entgegengesetzte Ansicht, nämlich daß Idries Shahs Sufi-Geschichten zwar nützlich, aber in ihrem Nutzen begrenzt sind. Oscar Ichazo, der Begründer des Arica-Trainings, behauptet angeblich, das Arica-Training leite sich von einer geheimen Schule her, die sowohl hinter Gurdjieff als auch hinter dem Sufismus gestanden habe, und es mache daher beide Richtungen überflüssig.[3]

Ich habe großen Respekt vor den Lehren Gurdjieffs, Shahs und Ichazos: Alle diese Lehrsysteme sind für mich und meine Freunde von großem Wert gewesen. Ich empfehle Shahs Bücher mit ihren Lehrgeschichten ständig, unter anderem *Tales of the Dervishes*. Da mir jedoch die Adresse des ›spirituellen Lizenzbüros‹ unbekannt ist, kann ich nicht nachprüfen, wer wirklich legitime Empfehlungsschreiben hat und wer nicht. Ich habe auch noch nicht die Ausgabe der ›Zeitung für spirituelle Konsumentenberatung‹ gelesen, die eine ›objektive‹ Beurteilung dieser Systeme enthält. Als begrenztes menschliches Wesen kann ich nur davon ausgehen, daß alle diese (und viele andere) Systeme wahrscheinlich zumindest *einigen* Menschen etwas zu geben haben, und ich hoffe, daß die richtigen Leute sich auf den für sie richtigen Pfad einlassen werden.

Obgleich ich mich mit mehreren spirituellen Traditionen gründlicher befaßt habe, konzentriert sich das vorliegende Buch auf Gurdjieffs Ideen. Warum Gurdjieff? Weil er ein Genie darin war, östlichen spirituellen Ideen und Übungen eine für westliche Menschen nutzbringende Form zu geben. Sein Einfluß auf die westliche Kultur war gewaltig, obwohl dieser weitgehend hinter den Kulissen stattfand, und das heutige spirituelle Interesse großer Kreise ist in starkem Maße auf sein Wirken zurückzuführen. Seine grundlegenden Formulierungen psychologischer und spiritueller Ideen zählen auch heute noch zu den besten und behandeln wichtige Gebiete, die von anderen Traditionen oft gar nicht berührt werden.

Sind Gurdjieffs Ideen für Sie geeignet?

Wenn Sie dieses Buch bis hier gelesen haben, erscheint Ihnen meine Darstellung der psychologischen Ideen Gurdjieffs wahrscheinlich recht interessant, und vielleicht wollen Sie sich eingehender damit befassen. Die Ratschläge weiter oben sind auf die Suche nach spirituellen Gruppen jeder Art einschließlich der Gruppen des Vierten Weges anwendbar. Nun soll etwas Spezifisches über Gurdjieffs Ideen gesagt werden.

Zunächst möchte ich erneut auf meinen Appell am Anfang dieses Buches verweisen: Glauben Sie das hier Beschriebene nicht, sondern prüfen Sie, ob es *für Sie* wahr ist. Das ist natürlich nicht leicht. Einige der dargestellten Ideen können Sie ohne Schwierigkeiten direkt durch Beobachtung verifizieren. Andere können Sie nur durch langwierige Arbeit und Beobachtung prüfen, und Sie müssen dazu außerordentlich konzentrationsfähig sein. Wieder andere werden Sie aus unbewußten Gründen akzeptieren oder zurückweisen. Und schließlich gibt es noch die, die Sie nach Praktizieren einer Art ›experimentellen Glaubens‹ akzeptieren oder zurückweisen müssen. Etwas zeitweilig als Glaubenshypothese zu akzeptieren ist in Ordnung, solange Sie dabei nicht vergessen, den Inhalt des Geglaubten immer wieder daraufhin zu untersuchen, ob etwas von dem, was Sie geglaubt haben, mittlerweile prüfbar ist.

Hier stoßen wir auf ein anderes wichtiges Problem: Inwieweit können Sie die Ideen und Übungen, die in diesem Buch beschrieben wurden, auf sich selbst gestellt erproben und praktizieren? Sollten Sie sich nicht angesichts der Ausführungen im 21. Kapitel über die Bedeutung der Gruppenarbeit und der Arbeit mit einem Lehrer einer Gruppe anschließen und sich einen Lehrer suchen, wenn Sie sich mit dem Beschriebenen wirklich eingehend auseinandersetzen wollen?

Ich meine, das sollten Sie, obwohl ich das nicht gerne zugebe. Ich selbst lerne gern aus Büchern und in einsiedlerischer Reflexion und habe sicherlich noch nicht alle Lektionen in bezug auf den Umgang mit anderen Menschen gelernt. Deshalb habe ich einigen Widerstand gegen die Vorstellung, eine Gruppe zu brauchen. Ich kann mir theoretisch einen Menschen vorstellen, der wach genug ist und gut genug beobachten kann, um mit diesen Ideen ein großes Stück des Weges alleine zu gehen. In der Realität jedoch werden wir so stark durch unsere Interaktionen mit anderen beeinflußt, daß wir die Unterstützung, die Anregung, die Frustration und die Herausforderung der Arbeit mit einer Gruppe und mit einem Lehrer brauchen. Das gibt uns große Kraft und verschafft uns einen erheblichen Vorteil. Dennoch gilt natürlich, daß wir uns damit in eine andere Art von Gefahr begeben, die sich von den Gefahren des alltäglichen Lebens stark unterscheidet, wie im 22. Kapitel erläutert wurde. Doch der potentielle Vorteil kann dieses Risiko durchaus rechtfertigen.

Gruppen des Vierten Weges

Gurdjieff war zweifellos ein Genie und ein Mensch, der wesentlich wacher war, als wir es sind. Wenn er heute leben würde, würde ich versuchen, ihn als Lehrer zu akzeptieren und in einer Gruppe unter seiner Leitung zu üben. Ich würde bestimmt viele persönliche Konflikte mit ihm haben!

Wenn ein Genie stirbt, das den Weg zu etwas Neuem erschlossen hat, scheint eine bestimmte Entwicklung unvermeidlich: Seine Schüler verspüren ein großes Bedürfnis, seine Arbeit fortzuführen. Gewöhnlich geschieht das eine Zeitlang in einer Atmosphäre der Harmonie — die manchmal nur ein paar Tage lang anhält, manchmal aber auch Jahre. Irgendwann beginnen die Spaltungen, insbesondere dann, wenn der Gründer nicht eindeutig einen Nachfolger bestimmt hat. Nun gibt es zwei oder mehr Zweige innerhalb der ursprünglichen Gruppierung. Im besten Fall behauptet jeder Zweig maßvoll und einigermaßen um Objektivität bemüht, er habe sich auf einen speziellen Aspekt der Arbeit konzentriert. Im schlimmsten Fall behauptet jede Teilgruppe, sie allein vertrete die einzig wahre Version der Lehren des Gründers und die übrigen Teilgruppen seien bestenfalls unwissende Imitatoren, im schlimmsten Fall jedoch unverantwortliche Scharlatane. Die verschiedenen Richtungen können sich dabei in Streitereien über bestimmte Doktrinen verstricken, einander ignorieren, ihre Arbeit wechselseitig unterminieren oder gar einander vor Gericht verklagen.

Als Gurdjieff im Jahre 1949 starb, hatte er niemanden so eindeutig zu seinem Nachfolger bestimmt, daß alle seine Studenten die Entscheidung akzeptiert hätten. Jemand, der sich heute für Gurdjieffs Lehren interessiert, findet viele Gruppen vor, die alle behaupten, die authentische Lehre Gurdjieffs zu vertreten. Einige weisen auf ihre direkte Verbindung zu Gurdjieff mit der Begründung hin, seine ältesten Schüler seien Mitglieder dieser Gruppe gewesen. Andere behaupten, insgeheim von Gurdjieff autorisiert worden zu sein; die ältesten Schüler hätten zwar tatsächlich lange Zeit bei Gurdjieff studiert, jedoch die Lehre nie richtig verstanden − ganz im Gegensatz zum Begründer ihrer eigenen Richtung. Wieder andere haben zwar eindeutig nicht bei Gurdjieff oder einem seiner ältesten Schüler studiert, behaupten aber, von Gurdjieff spirituell inspiriert worden zu sein, manchmal im metaphorischen, manchmal im wörtlichen Sinne.

Was die Sache noch schwieriger macht: Gurdjieffs Ideen sind für autoritäre Interpretationen anfällig, was zur Entstehung von Kulten (im schlimmsten Sinne des Wortes) führen kann, die einem charismatischen Führer große Macht geben. Einige der Probleme der Gruppenarbeit, die bereits besprochen wurden (insbesondere das Problem der Übertragung), sind in diesem Zusammenhang wichtig.

Einige jener charismatischen Führer täuschen sich über die Stufe ihrer eigenen Entwicklung, verstehen es aber ausgezeichnet, andere Menschen zu beeinflussen. Andere sind ganz einfach Scharlatane, die es sich mit den Dienstleistungen und dem Geld ihrer ergebenen Anhänger gutgehen lassen.

Was soll man angesichts dieser Situation tun?

Es *ist* gefährlich, sich mit einer der Gruppen einzulassen, die Gurdjieffs Ideen lehren. Die Gruppe könnte von einem Scharlatan geleitet werden, es könnte sich um eine rein gesellige Gruppe handeln, die keine echte Entwicklungsarbeit leistet, oder die Gruppe könnte durch eine pathologische Gruppendynamik unterminiert sein, die ihren Mitgliedern schadet. Andererseits könnte es sich aber auch um eine effektiv arbeitende Gruppe handeln: Die Methoden, die bei weitem über die in diesem Buch beschriebenen hinausgehen, sind oft sehr wirksam und können Veränderungen trotz Widerstandes erzwingen. Das heißt, die Arbeit kann auch gefährlich sein, *weil* sie wirksam ist, nämlich dann, wenn Sie trotz Ihrer Widerstände gezwungen werden zu wachsen.

Ebenso gefährlich ist es, sich *nicht* auf irgendeine Art von spiritueller Suche einzulassen, ob diese nun an Gurdjieff orientiert ist oder an anderen Pfaden. Das gewöhnliche Leben ist auch nicht besonders sicher. Am Gewöhnlichen zu hängen, zu versuchen, keine Fragen zu stellen und nichts zu verändern, ist keineswegs sicher. Denken Sie an das Wettrüsten, an die ungeheure Zahl geistiger Erkrankungen, an das Problem der Übervölkerung, an die Umweltverschmutzung, an die große Zahl der Selbstmorde, an die vielen Menschen, die nur unter ständiger Einnahme von Beruhigungsmitteln weiterleben können. *Das gewöhnliche Leben ist nicht sicher!* Und das gewöhnliche Leben liefert uns von einem bestimmten Punkt an auch nicht mehr genügend Sinn: Wir müssen uns um Selbstverwirklichung bemühen, um spirituelles Wachstum, oder wir erfahren den Tod bei lebendigem Leibe.

Es gibt viele an Gurdjieff orientierte Gruppen in der ganzen Welt sowie auch viele andere Gruppen, die sich der spirituellen Entwicklung gewidmet haben. Eine Garantie dafür, welche dieser Gruppierungen gut, welche schlecht und welche indifferent sind, gibt es nicht. Einige der Gruppen machen Werbung und sind daher leicht zu finden; andere vermeiden jede Werbung, und man muß seine Intelligenz benutzen, um sie zu finden. Wie man eine solche Gruppe findet, davon handelt Anhang B.

Sich bei vielen spirituellen Pfaden ein wenig umzuschauen, ist völlig legitim. Lesen Sie über die Pfade X, Y und Z. Nehmen Sie an einem Wochenendworkshop bei C teil; praktizieren Sie mit Q ein paar Sonntage lang Meditation; treffen Sie sich mit Leuten, die mit P zu tun haben, und schauen Sie, was für einen Eindruck Sie dabei erhalten. Spricht einer dieser Pfade etwas Wichtiges in Ihnen an?

Eine Wahl treffen

Irgendwann jedoch ist es nicht mehr sinnvoll, ein wenig von diesem und jenem miteinander zu vermischen. Die meisten Pfade sind in direkter Relation zu der Energiemenge wirksam, die man auf sie verwendet. Deshalb müssen Sie sich wirklich ernsthaft auf *einen* Pfad konzentrieren und diesem eine große Menge Energie zukommen lassen. Sie können nicht gleichzeitig in verschiedene Richtungen gehen, wenn Sie einen langen Weg zurücklegen wollen.

Wählen Sie deshalb einen Pfad, der Ihr Herz berührt, ob dies nun eine Gurdjieff-Gruppe ist, eine Zen-Gruppe oder was auch immer. Akzeptieren Sie die Tatsache, daß Sie Ihre Wahl in relativer Unwissenheit treffen und im Zustand der Konsensus-Trance, denn das ist in Ordnung. Sie können nicht anders, als von dem Punkt aus zu wählen, an dem Sie stehen. Erkennen Sie: Für Ihren derzeitigen Stand treffen Sie die bestmögliche Wahl. Bedenken Sie aber auch, daß Sie sich verändern können. Neue Tatsachen können ans Licht kommen, die Realität verändert sich, deshalb braucht Ihre ernsthafte und beste Wahl in diesem Augenblick in Zukunft nicht mehr unbedingt die beste zu sein. Glauben Sie an die Wahl, die Sie treffen, damit Sie Ihr Energie schenken können, aber akzeptieren Sie Ihren Glauben als Teil eines Experiments.

Alle echten Experimente müssen ausgewertet werden, um zu einem neuen Niveau des Wissens zu führen. Schenken Sie Ihre treue Hingabe und Ihre Zeit dem Pfad Ihrer Wahl, doch bevor Sie auf diesem Pfad zu reisen beginnen, empfehle ich Ihnen dringend, mit sich selbst zu verabreden, daß diese Wahl ein Experiment ist. Da unser Gedächtnis ziemlich unzuverlässig sein kann, schlage ich vor, daß Sie mit sich selbst einen schriftlichen Vertrag abschließen, etwa nach dem unten folgenden Muster. Der Vertrag soll Sie verpflichten, Ihr Bestes zu geben, begrenzt dies jedoch auf eine bestimmte Zeitspanne (sechs Monate können beim ersten Pfad viel sein, zwei Jahre sind für jeden Pfad viel) und verbindet es mit der Verpflichtung, das Experiment am Ende dieser Zeitspanne einer Prüfung zu unterziehen.

Vertrag zur spirituellen Verpflichtung

Ich, _____, möchte so weit wie möglich über meine derzeitigen Begrenzungen hinauswachsen. Insofern ich meine eigene Natur und meine Möglichkeiten verstehen kann, sind die Ziele, auf die ich hinarbeiten möchte, und die Dinge, die ich wirklich wertschätze:

(Hier folgt eine Liste Ihrer eigenen Ziele und Werte.)

Ich erkenne, daß ich glaube, zum Erreichen der obigen Ziele auch von den Lehren und der Hilfe von jemandem profitieren zu können, der darin weiter fortgeschritten ist als ich. Ich kann auch davon profitieren, zu einer Gruppe zu gehören, die mich beim Erreichen dieser Ziele unterstützt. Um meine Ziele zu erreichen, verpflichte ich mich hiermit mir selbst gegenüber, mich bei _____ (Name des Lehrers) und seiner Gruppe _____ (Name der Gruppe) für die begrenzte Zeitspanne von _____ (zeitliche Verpflichtung) zu schulen.

Während der Zeitspanne, für die ich mich hiermit verpflichte, werde ich so viel von mir selbst, wie ich kann, dem Lernen und Verstehen dessen widmen, was mir angeboten wird, und ich werde auch nach Kräften anderen helfen, selbst wenn die Anleitung, die ich erhalte, nicht dem entsprechen sollte, was ich mir vorher vorgestellt habe, oder wenn sie in mir Widerstände heraufbeschwören sollte. Ich werde dies innerhalb der weitgefaßten Grenzen tun, weder mir selbst noch anderen zu schaden, weil mir klar ist, daß das, was ich erhalten kann, in einem Verhältnis zu dem steht, was ich selbst gebe.

Auch ist mir klar, daß mein unvollkommenes Verständnisvermögen zum gegenwärtigen Zeitpunkt die Auswirkung haben kann, daß ich einen Pfad, eine Gruppe oder einen Lehrer wähle, der in Wahrheit nicht die beste Wahl für mich ist. Ich könnte auch etwas oder jemanden wählen, das oder der nur eine Zeitlang von Nutzen für mich ist. Ebenso könnte das oder der Gewählte Elemente haben, die mir oder anderen schaden können.

Deshalb hat diese Verpflichtung, mich mit ganzem Herzen dem von mir Gewählten zu widmen, den Charakter eines Experiments. Ganz gleich, wie das Experiment sich entwickelt, ich werde daraus lernen, wenn ich es ehrlich prüfe und auswerte.

Mir ist klar, daß die Vertiefung in einen Pfad dazu führen kann, daß ich die Perspektive verliere und meine Ziele vergesse. Um diese experimentelle Verpflichtung bewerten zu können, verspreche ich deshalb, mich nach Ende der ＿＿＿＿＿ Verpflichtungszeit für mindestens zwei Monate aus der Gruppe und/oder von meinem Lehrer zurückzuziehen, damit der unmittelbare Einfluß der Gruppe und ihrer Gewohnheiten reduziert wird. Dann werde ich das Experiment im Licht der Ziele und Werte prüfen, die ich zu Anfang dieses Vertrages aufgeführt habe.

Weil ich diese Verpflichtung vergessen könnte, habe ich eine Kopie dieses Vertrages in einem versiegelten Umschlag meinem guten Freund ＿＿＿＿＿ übergeben, der versprochen hat, sie mir am Ende der Verpflichtungszeit auszuhändigen, selbst wenn wir dann keine Freunde mehr sind.

Wahrscheinlich werde ich mich am Ende der Verpflichtungszeit verändert haben. Die Frage ist, ob mir in Anbetracht der oben aufgeführten Ziele und Werte diese Veränderung gefällt. Helfen die Gruppen und der Lehrer mir, meine Ziele zu erreichen, oder behindern sie mich? Bin ich zu der Ansicht gekommen, daß einige meiner früheren Ziele und Werte nicht wichtig oder falsch waren? Ist dies eine echte Wahrnehmung meines tiefsten Selbst, oder entspricht es nur den Ansichten, die in der Gruppe oder bei dem Lehrer, mit denen ich gearbeitet habe, *en vogue* sind. Habe ich mich auf unvorhergesehene Weise verändert? Möchte ich, daß sich diese unerwarteten Veränderungen noch fortsetzen oder nicht? Bin ich infolge meiner Arbeit ein besserer Mensch geworden, oder fühle ich mich einfach nur deshalb überlegen, weil ich einer ›besonderen‹ Gruppe angehöre? Bekomme ich von alten Freunden, die nicht zu der Gruppe gehören, positives Feedback im Hinblick auf meine Veränderungen? (Hüten Sie sich aber, Freunde unter Druck zu setzen und ihnen die Aussage zu entlocken, daß Sie sich zu Ihrem Vorteil verändert hätten, um so die Zeit und Energie vor sich selbst zu rechtfertigen, die Sie in das Experiment investiert haben!) Bin ich besser in der Lage, meinen Mitmenschen zu helfen? Habe ich mich von meinen Mitmenschen isoliert, da ich sie als meinen Freunden in der Gruppe unterlegen ansehe?

Möchte ich nach längerer Reflexion über diese und ähnliche Fragen weiterhin mit diesem Lehrer und dieser Gruppe arbeiten, oder möchte ich nach etwas anderem suchen? Wenn ich auf diesem Pfad weitergehe oder auf einem anderen, werde ich wieder einen Vertrag wie den vorliegenden mit mir selbst abschließen.

Ich bitte die höchsten Mächte des Universums, mir beizustehen und mich auf meiner Reise zu geleiten.

Wir haben dieses Buch mit einem Überblick über die Möglichkeiten der Erleuchtung begonnen, einem großen Spektrum von Wahrnehmungsmöglichkeiten und Fähigkeiten, die helfen würden, das Leben sinnvoller, effektiver, liebevoller und friedlicher zu gestalten. Die Realität unserer Situation erforderte, daß wir uns intensiv mit den Hindernissen beschäftigten, die unseren erleuchteten Fähigkeiten im Wege stehen. Es sind viele, doch sind sie nicht unüberwindbar. Aus der Konsensus-Trance zu erwachen ist nicht leicht, und der Versuch ist tatsächlich mit Gefahren verbunden, doch ist andererseits der Lohn für Sie selbst und Ihre Mitmenschen sehr groß. Ich hoffe, daß Ihnen die Anstrengung der Mühe wert erscheint und daß Sie das Licht finden. Ich wünsche Ihnen viel Glück auf Ihrer Entdeckungsreise!

25

Gott und die Wirklichkeit

Es gibt keinen Gott außer der Wirklichkeit.
Ihn anderswo zu suchen
ist der Sündenfall.

Danksagung

Dieses Buch ist allen gewidmet, die sich selbst und andere besser verstehen und aus jenem beengenden und verzerrenden Traum erwachen wollen, der das ›gewöhnliche Bewußtsein‹ genannt wird.

Mein besonderer Dank gilt G. I. Gurdjieff und seinen Schülern, deren Schriften und Übungen die wichtigsten Anregungen zum vorliegenden Buch lieferten.

Die Idee zu diesem Buch stammt von Henry Rolfs vom Institute of Noetic Sciences. Er interessierte sich schon lange für Gurdjieff und suchte jemanden, der sich an einer modernen Interpretation von Gurdjieffs Arbeit versuchen wollte. Seine Wahl fiel auf mich, da ich mich seit Jahren mit dieser Thematik beschäftigt hatte. Henry Rolfs und das Institute of Noetic Sciences gewährten mir großzügige finanzielle Unterstützung, so daß ich mir die zum Schreiben notwendige Zeit nehmen konnte; ich bin dafür sehr dankbar.

Meine Schüler Christie Atkinson-Meyers, Etzel Cardena, David Gabriel und John Price haben mir wichtige Hilfe geleistet, indem sie anhand einer frühen Version des Buches Erweiterungs- und Klärungsvorschläge machten. Meine Frau Judy gewährte mir unentbehrliche Unterstützung, ermutigte mich und half mir außerdem sehr bei der Überarbeitung des Manuskripts. Mein besonderer Dank gilt darüber hinaus David Daniels, Henry Korman, Claudio Naranjo, Kathy Speeth und anderen, von denen ich viel über die Arbeit Gurdjieffs lernte.

Ich freue mich, daß dieses Buch in einer neuen Reihe erscheint, die vom Institute of Noetic Sciences betreut wird. Dieses

Institut, in seinem Bereich ein Pionier in Forschung und Lehre, hat schon erheblich zum immer umfassenderen Verständnis des menschlichen Potentials und zur allgemeinen Anerkennung dieser neuen Erkenntnisse beigetragen. Die Arbeit des Institute of Noetic Sciences wird teilweise durch finanzielle Beiträge seiner Mitglieder getragen. Wenn Sie an der Arbeit des Instituts interessiert sind oder es unterstützen wollen, so schreiben Sie an folgende Adresse: 475 Gate Five Road, # 300, Sausalito, CA 94965.

Anhang

Anmerkungen

(Im gesamten Buch werden gelegentlich die männliche und weibliche Form nebeneinander benutzt, um zu verdeutlichen, daß sowohl Frauen als auch Männer gemeint sind.)

Einführung

1. Wordsworth, William: ›*Ahnungen der Unsterblichkeit durch Erinnerungen an die früheste Kindheit.*‹ Original:

There was a time when meadow, grove and stream,
The earth and every common sight
Did seem to me
Appareled in celestial light,
The glory and the freshness of a dream.
It is not as it hath been of yore.
Turn whereso'er I may,
By night or day,
The light which I have seen
I now can see no more.

1. Bewußtseinszustände und Erleuchtung

1. C. Tart: *States of Consciousness.*
2. Tart: *States of Consciousness,* S. 58.
3. Schwache Emotionen können in verschiedenen Bewußtseinszuständen auftreten, doch wenn die Intensität eine gewisse Stärke erreicht hat, kommt es zu einer Reorganisation des Bewußtseins, die zu einem diskreten emotionalen Bewußtseinszustand führt, welcher sich von demjenigen unterscheidet, in dem die Emotion entstand.

4. Wenn Sie an einer detaillierteren wissenschaftlichen und präziseren Definition der Bewußtseinszustände sowie einiger anderer Themen aus dem ersten Kapitel dieses Buches interessiert sind, möchte ich Ihnen mein Buch *States of Consciousness* empfehlen.

5. Tart: *States of Consciousness.*

6. Siehe Tart: *States of Consciousness,* 7. Kapitel; dort sind die allgemeinen Prinzipien zur Induktion aller veränderten Bewußtseinszustände beschrieben.

2. Gott und die Wirklichkeit

1. Eine mündliche Überlieferung, die der (möglicherweise mythischen) Sarmouni-Bruderschaft zugeschrieben wird.

6. Das Leben in einem Weltsimulator

1. Die heute allgemein akzeptierte wissenschaftliche Sicht ist, daß der Geist aus nichts weiter als den Aktivitäten unseres Gehirns besteht, die unsere Welt simulieren. Der Fachbegriff für diese Hypothese ist ›psychoneurale Identität‹. Diese Theorie kann uns helfen zu verstehen, auf welche Weise wir schlafen. Jedoch möchte ich auch anmerken, daß eine völlige Gleichsetzung des Bewußtseins mit neuraler Aktivität meiner Meinung nach falsch ist. Die Ergebnisse der parapsychologischen Forschung zeigen schlüssig, daß der Geist weitaus mehr ist als neurale Aktivität. Aus pragmatischen Gründen müssen wir dualistisch verfahren und den Geist teilweise als neurale Aktivität, teilweise aber auch als etwas anderes ansehen. Ich habe eine entsprechende Theorie an anderer Stelle entwickelt: ›An Emergent-Interactionist Understanding of Human Consciousness‹, in B. Shapin und L. Coly (Hrsg.): *Brain/Mind and Parapsychology,* New York, (Parapsychology Foundation) 1979, S. 177 – 200. Im vorliegenden Buch werde ich (abgesehen von Kapitel 20) die Thematik der Parapsychologie ausklammern, denn sie würde bei einigen Lesern unnötig Widerstände heraufbeschwören und die Übermittlung wichtiger Informationen behindern. Denjenigen unter meinen Lesern, die etwas gegen parapsychologische Ideen haben, kann ich versichern, daß der größte Teil der Informationen in diesem Buch auch sinnvoll ist, wenn Sie ein Anhänger der Hypothese der psychoneuralen Identität sind.

7. Emotionen als Hilfe und Hindernis

1. Tart, *States of Consciousness,* 8. Kapitel.

9. Hypnose — Die suggerierte Wirklichkeit

1. Tart: *States of Consciousness.*
2. R. Shor: ›Hypnosis and the Concept of the Generalized Reality Orientation‹, in *American Journal of Psychotherapy,* 13: 582–602; R. Shor: ›Three Dimensions of Hypnotic Depth‹, in *International Journal of Clinical and Experimental Hypnosis,* 10: 23–38; auch in C. Tart (Hrsg.): *Altered States of Consciousness.*
3. Die Darstellung ist auch insofern selektiv, als ich auf die Darstellung der Konsensus-Trance im 10. Kapitel vorbereite. Leser, die an einer umfassenderen Darstellung der Hypnose interessiert sind, seien auf mein Buch *States of Consciousness* und die entsprechenden Kapitel in *Altered States of Consciousness* verwiesen.

10. Die alltägliche Trance

1. Der Prozeß der Induktion der Konsensus-Trance beginnt wahrscheinlich schon vor der Geburt. Der neuro-chemische Zustand im Körper der Mutter kann den Fötus in bestimmten Fällen beeinflussen, indem er emotionale Zustände spiegelt. Neuere Untersuchungen haben weiterhin gezeigt, daß Sprechgeräusche im Uterus sehr gut zu hören sind. Ebenso können emotionale Zustände, die sich durch Wutausbrüche, freudige Erregung usw. äußern, den Fötus beeinflussen.
2. Manchmal projiziert eine Versuchsperson in der gewöhnlichen Hypnose kindliche Verhaltensweisen auf den Hypnotiseur. Dies ist die Übertragungsdimension der Hypnose, die wir im 9. Kapitel behandelten. Sie vergrößert eindeutig die Möglichkeiten des Hypnotiseurs, die Realität des Hypnotisierten zu verändern und sein Verhalten zu beeinflussen.
3. Der Leser wird bemerken, daß sich in diesem und anderen Beispielen meine Konditionierung als Angehöriger der weißen Mittelklasse widerspiegelt. Der Einfachheit halber lasse ich Klassenunterschiede, ethnische, rassische und subkulturelle Besonderheiten innerhalb der Vereinigten Staaten in diesem Kapitel unberücksichtigt.
4. Hier ein interessantes Beispiel für die halbwillkürliche Qualität unserer Realitätssimulation: Ich habe einmal mehrere begabte Hypnosemedien darin trainiert, ihren persönlichen Raum auf eine andere Art zu simulieren als gewöhnlich. Nachdem ich den Versuchspersonen im hypnotisierten Zustand den Sachverhalt erklärt hatte, suggerierte ich ihnen, sie würden den persönlichen Raum von jetzt ab auf eine Weise fühlen oder wahrnehmen, die für sie persönlich besonders bedeutungsvoll sei. Diese Art zu fühlen bzw. wahrzunehmen würde auch nach der Beendigung der Hypnose, nach Rückkehr in

den Zustand des Konsensus-Bewußtseins erhalten bleiben, und sie würden in ihrem Alltag eine Art Tagebuch über die Beobachtung bezüglich ihres persönlichen Raums führen.

Das Ergebnis war faszinierend. Einige Versuchspersonen erlebten das Eindringen in den persönlichen Raum wie ein echtes Gefühl der Berührung, andere nahmen diesen Raum als schwaches Licht oder Nebel um den eigenen Körper wahr. Das gewöhnlich amorph Mitempfundene, das Automatisierte und Unbewußte, wurde zu einer ›direkten sensorischen‹ Erfahrung. Natürlich war es keine wirkliche sensorische Erfahrung, doch wurden die Wahrnehmungen nun auf eine Weise simuliert, die der inneren Realität der jeweiligen Versuchsperson entsprach.

5. Dieses und das vorherige Beispiel für unbewußte Gleichsetzungen ist stark vereinfachend, doch das Unbewußte arbeitet häufig auf eine so ›buchstäbliche‹, stark vereinfachende Weise.

6. Wir werden uns nicht mit den sogenannten Halluzinationen beschäftigen, die eine gewisse Realität enthalten können, etwa jene, die auf paranormale oder intuitive Weise erhaltene Informationen übermitteln.

7. J. Lilly und J. Hart: ›The Arica Training‹ in C. Tart (Hrsg.): *Transpersonal Psychologies;* in der deutschen Ausgabe ist dieser Aufsatz nicht enthalten.

8. C. Tart: ›The Hypnotic Dream: Methodological Problems and a Review of the Literature‹, *Psychological Bulletin,* 63: 87 – 99.

11. Identifikation − Die Macht der ›Ich‹-Empfindung

1. Tart, *States of Consciousness,* S. 130.

12. Identitätszustände − Viele Seelen in einer Brust

1. P. D. Ouspensky: *Auf der Suche nach dem Wunderbaren,* S. 84.

2. Ernest R. Hilgard: *Divided Consciousness: Multiple Controls in Human Thought and Action,* New York (Wiley Interscience) 1977, und ›The Problem of Divided Consciousness: A Neodissociation Interpretation‹, in *Annals of the New York Academy of Sciences,* 296: 1977, S. 48 – 59.

3. Tart: *States of Consciousness.*

13. Abwehrmechanismen oder Wie man sich eine Festung baut

1. Lilly und Hart in Tart: *Transpersonal Psychologies* (nur in der amerikanischen Ausgabe).

2. Für viele Menschen kann es eine sehr wachstumsfördernde Übung sein, eine Zeitlang absichtlich und bewußt zu lügen. Es ist jedoch auch ziemlich schwierig. Bei mehreren Gelegenheiten stellte ich Teilnehmern meines ›Awareness Enhancement Training‹ eine ›einfache‹ Aufgabe: Sie sollten zwei Wochen lang jeden Tag fünf kleine Lügen erzählen. Die Lügen sollten harmlos sein und für die Menschen, denen sie erzählt wurden, keine realen Konsequenzen haben. Dennoch erlebten die Teilnehmer gewöhnlich außerordentlich große Schwierigkeiten und Spannungen, wenn sie diese Übung ausführen wollten, oder ihr Widerstand äußerte sich, indem sie vergaßen, es zu versuchen.

3. Lilly und Hart in Tart: *Transpersonal Psychologies.*

14. Gleichgewicht und Ungleichgewicht in dreihirnigen Wesen

1. Obgleich die neurophysiologische Forschung neuerdings Hinweise auf die anatomische und funktionelle Verschiedenheit dieser drei Gehirne entdeckt hat, spielen im vorliegenden Buch nur die beobachtbaren funktionellen Eigenschaften eine Rolle. Ich werde weiterhin das Wort ›Gehirn‹ benutzen, werde jedoch nicht auf die Anatomie des physischen Gehirns eingehen. Gurdjieff benutzte manchmal anstelle von ›Gehirn‹ den Begriff ›Zentrum‹; er sprach auch von anderen Zentren und von feineren Unterteilungen dieser Zentren. Dieses Unterscheidungsniveau werden wir hier jedoch nicht ansprechen.

2. Ouspensky: *Auf der Suche nach dem Wunderbaren,* S. 64.

3. In der Parapsychologie liegen keine Testergebnisse vor, die zeigen, daß die willentliche Entwicklung intensiver Emotionen die paranormalen Fähigkeiten verstärkt, doch dramatische, spontane paranormale Ereignisse treten gewöhnlich infolge tragischer Ereignisse auf, die starke Emotionen heraufbeschwören. Siehe Tart: *Das Übersinnliche: Forschungen über einen Grenzbereich psychischen Erlebens.*

15. Falsche Persönlichkeit und Essenz

1. Siehe C. Tart: *On Being Stoned: A Psychological Study of Marijuana Intoxication.*

16. Der Weg zum Erwachen

1. Diese Sicht der Psychopathologie ist zwar sehr begrenzt, doch für die Zwecke dieses Buches ausreichend.

18. Selbsterinnern — Die Rückkehr zur Essenz

1. Eine detaillierte Darstellung der Stabilisationsprozesse finden Sie in Tart: *States of Consciousness.*

19. Höhere Bewußtseinsebenen

1. Tart: *Transpersonale Psychologie.* Siehe auch *Hidden Shackles: The Assumptions of Western Psychology,* als Tonbandkassette bei Psychological Processes, Box 37, El Cerrito, CA 94530, zu beziehen.

2. Bestimmte Arten der Arbeit mit nächtlichen Träumen können als Teil des inneren Wachstumsprozesses sehr wertvolle Dienste leisten. Die genaue Analyse der Träume kann beispielsweise zu Einsichten in die Mechanismen und in die Dynamik der falschen Persönlichkeit führen. Auch ist es möglich, in nächtlichen Träumen eine bestimmte Art von Luzidität zu kultivieren, die dem Selbsterinnern in der Konsensus-Trance ähnelt; dies kann zu sehr interessanten Entwicklungen führen. Das vorliegende Buch ist nicht der geeignete Ort, um diesen Gedanken zu entwickeln, doch in einigen Kapiteln des Buches *Altered States of Consciousness* geht es um die Thematik. Auch habe ich in den Folgen 1, 2 und 3 des I. Jahrgangs der Zeitschrift *The Open Mind* darüber geschrieben. Und Stephen LaBerge veröffentlichte kürzlich ein ausgezeichnetes Buch zum gleichen Thema: *Hellwach im Traum — Höchste Bewußtheit in tiefem Schlaf,* Paderborn (Junfermann) 1987.

3. Sehr selten im Leben überkommt uns ein Zustand wie der des objektiven Selbst-Bewußtseins, ohne daß wir uns zuvor im Selbsterinnern geübt haben. Diese Zustände sind ein Segen, wenn man sie richtig nutzt. Sie können sehr inspirierend wirken, oder sie werden schnell vergessen, je nachdem, wie man sich dazu verhält. Seien Sie dankbar, wenn solche Zustände auftreten, und versuchen Sie, dadurch zu lernen, doch machen Sie sich von solchen spontanen Ereignissen nicht abhängig. Es ist erfreulich, wenn man auf der Straße Geld findet, doch sich darauf zu verlassen, ist eine sehr unzuverlässige Art des Broterwerbs.

4. Tart: ›States of Consciousness and State-Specific Sciences‹, in *Science,* 176: 1972, S. 1203 – 1210; Tart: *States of Consciousness;* Tart: *Transpersonale Psychologie.*

20. Spiritualität, Arbeit und Gebet

1. Tart: »A Possible ›Psychic‹ Dream, with Some Speculation on the Nature of Such Dreams«, in *Journal of the Society for Psychical Research,* 42: 1963, S. 283 – 298; C. Tart und J. Fadiman: ›The Case of the Yellow Wheat Field:

A Dream-State Explanation of a Broadcast Telepathic Dream‹, in *Psycho-analytic Review,* 61: 1974, S. 607 – 618.

2. R. Stanford: ›An Experimentally Testable Model for Spontaneous Psi Events: I. Extrasensory Events, II. Psychokinetic Events‹, in *Journal of the Society for Psychical Research,* 68: 1974, S. 34 – 57 und S. 321 – 356.

3. Weitere Informationen über PSI finden Sie in C. Tart, *Das Übersinnliche,* oder im sehr umfassenden *Handbook of Parapsychology* von Wolman et al.: New York (Van Nostrand Reinhold) 1977.

4. C. Tart: ›States of Consciousness and State-Specific Sciences‹ in *Science,* 176, S. 1203 – 1210.

5. Ouspensky: *Auf der Suche nach dem Wunderbaren,* S. 441 f.

22. Probleme bei der Arbeit am Erwachen

1. Daniel Goleman: ›Early Warning Signs for the Detection of Spiritual Blight‹, in *Newsletter,* Association for Transpersonal Psychology, Sommer 1985, S. 11. Siehe auch Dick Anthony, Bruce Ecker und Ken Wilber (Hrsg.): *Spiritual Choices: Recognizing Authentic Paths to Inner Transformation,* New York (Paragon House) 1986.

23. Erbarmen mit anderen und mit uns selbst

1. T. Gyatso (Dalai Lama): *Kindness, Clarity and Insight,* Ithaca, N. Y. (Snow Lion Publications) 1984.

24. Die Wahl eines spirituellen Pfades

1. Zitiert in Ouspensky, *Auf der Suche nach dem Wunderbaren,* S. 535.
2. I. Shah, *Die Sufis,* Düsseldorf/Köln (Diederichs) 1976.
3. Lilly und Hart in Tart: *Transpersonal Psychologies.*

Anhang A:

Literaturempfehlungen

Literatur, die den Prozeß des Erwachens hilfreich begleiten kann

In diesem Anhang finden Sie einige wichtige Bücher über Gurdjieffs Ideen sowie einige Schriften von mir, die die Thematik dieses Buches ergänzen und erweitern. Es wurde nur eine kleine Auswahl berücksichtigt. Wenn Sie sich mit dieser Literatur intensiv beschäftigen, werden Sie beim Lesen weitere Hinweise finden.

Ich möchte aber hier noch einmal betonen, daß *Lesen* nur in begrenztem Maße zum Prozeß des Selbst-Verstehens und Erwachens beitragen kann. Ein gewisser intellektueller Rahmen kann eine Hilfe sein, allerdings nur als zeitweiliges Werkzeug zur Arbeit an den grundlegenderen, durch *Erfahrung* gesammelten Daten. Die Landkarte kann als Führer durch die Landschaft einen nützlichen Dienst leisten, doch ist sie natürlich nicht selbst die Landschaft. Es ist sogar gefährlich, eine gute Landkarte zu haben, wenn man zu weit von dem darauf beschriebenen Gebiet entfernt ist, denn von einer guten Landkarte lassen wir uns leicht zu dem Glauben verführen, wir wüßten schon viel.

Denken Sie daran, daß für Gurdjieffs Arbeit der direkte Kontakt zwischen Lehrer und Schüler wesentlich war. Deshalb sind Bücher über diese Arbeit häufig absichtlich unvollständig.

Ich habe im Verlauf dieses Buches mehrmals ausdrücklich betont, daß Sie sich hüten sollten, die Ideen in diesem Buch schon deshalb zu akzeptieren, weil sie Ihnen klar oder klug oder ansprechend erscheinen oder weil sie von Menschen stammen, die im Bereich des Bewußtseins angeblich Autoritäten sind. Prüfen Sie das Geschriebene selbst, modifizieren Sie es, falls nötig, und akzeptieren Sie nur das, was sich mit Ihrer eigenen Erfahrung vereinbaren läßt. Und selbst dann sollten Sie das Ergebnis nur als vorläufiges akzeptieren: Wenn Ihre späteren Erfahrungen nicht mehr damit übereinstimmen, müssen Sie es notfalls revidieren. Seien Sie besonders wachsam, wenn Sie merken, daß Sie eine Idee vehement verteidigen, denn das ist oft ein Hinweis darauf, daß Sie sich auf einer tieferen Ebene keineswegs sicher sind, sondern sich davor fürchten, Ihrem Zweifel klar ins Auge zu sehen.

Der gleiche Rat gilt in bezug auf alle hier angeführten Schriften.

Bücher über die Gurdjieff-Arbeit

Für die meisten von uns ist es leichter, mit Büchern über Gurdjieffs Ideen und Übungen zu beginnen als mit Gurdjieffs Schriften selbst. Doch gibt es sehr unterschiedliche Meinungen über die Authentizität und Nützlichkeit der Bücher verschiedener Autoren, die für Gurdjieffs Ideen eintreten. Für manche Kritiker ist das wichtigste Kriterium, ob der Autor unmittelbar von Gurdjieff gelernt hat. Dies wird als unabdingbare Voraussetzung dafür angesehen, daß jemand ein adäquates Buch über Gurdjieffs Ideen schreiben kann. Später erschienene Bücher werden hinsichtlich ihrer Übereinstimmung mit den Schriften direkter Schüler und mit Gurdjieffs eigenen Schriften beurteilt. Das ist durchaus sinnvoll und verständlich. Andere Kritiker sind der Meinung, diese Haltung tendiere zum Dogmatismus und versuche, eine ›ideologische Reinheit‹ zu erhalten, was die Gefahr in sich berge, daß die ehemals lebendige Lehre erstarre. Auch diese Position scheint mir berechtigt.

Bei meiner Literaturauswahl gehe ich davon aus, daß fast jedes Buch (einschließlich meiner eigenen und der Gurdjieffs) eine Mischung aus Weisheit und Irrtum darstellt. Die Aufgabe des Lesers ist es, Wahrheit und Irrtum zu unterscheiden. Die unten aufgeführten Bücher enthalten meiner Meinung nach mehr Weisheit als Irrtum. Außerdem muß ich erwähnen, daß ich Bücher über Gurdjieff mit psychologischer Orientierung gegenüber denen mit kosmologischer Orientierung bevorzuge, da ich die ersteren besser verstehe und sie demzufolge auch besser beurteilen kann. Die aufgeführten Werke sind mir selbst nützlich gewesen und werden es hoffentlich auch für Sie sein.

Auf der Suche nach dem Wunderbaren von P. D. Ouspensky (O. W. Barth Verlag, Bern, München, Wien, 1985) gilt allgemein als die beste und umfassendste Einführung in viele von Gurdjieffs Ideen. Gurdjieff bezeichnete das Buch als akkurate Darstellung der Ideen, die er zu der Zeit lehrte, als Ouspensky sein Schüler war. Ich habe dieses Werk oft konsultiert, um bestimmte Fragen zu klären. Es ist nicht leicht zu lesen und zu verstehen, doch sicherlich lohnt sich der Versuch. Es enthält auch Gurdjieffs kosmologische Theorien; ob diese zutreffend oder unzutreffend sind, kann ich allerdings nicht beurteilen.

Wenn Sie dieses Buch lesen, sollten Sie wissen, daß Ouspensky mit Gurdjieff später brach und insofern Fragmente seiner Lehre präsentiert, wie er allerdings auch ehrlich im Untertitel des Originals erwähnt (›Fragments of an Unknown Teaching‹). Ouspensky war ein brillanter Intellektueller, und zwar vermutlich im Sinne der im 14. Kapitel beschriebenen Unausgewogenheit. Ich vermute, daß es zum Bruch zwischen ihm und Gurdjieff kam, weil er die emotionalen Implikationen der Arbeit Gurdjieffs nicht mehr ertragen konnte. Versuchen Sie, den übermäßig intellektuellen Grundtenor des Buches beim Lesen zu kompensieren.

Ouspensky schrieb auch eine wesentlich kürzere Einführung in Gurdjieffs Arbeit, *Die Psychologie der möglichen Evolution des Menschen* (Plejaden, Berlin 1987). Ich empfehle Ihnen, dieses Werk zu lesen, bevor Sie mit *Auf der Suche nach dem Wunderbaren* beginnen. Wenn Sie diese beiden Werke kennen, könnte es interessant sein, Ouspenskys *Der Vierte Weg* (Sphinx, Basel 1983) zu lesen.

Eine andere kurze Einführung in Gurdjieffs Gedanken ist ein Kapitel von Kathleen Riordan (Speeth) in meinem Buch *Transpersonale Psychologie* (Walter, Olten 1978). Sie hat diese Darstellung später zu einem kleinen Buch mit dem Titel *The Gurdjieff Work* (And/Or Press, Berkeley, 1976) erweitert.

John Benett war eine Zeitlang Schüler Gurdjieffs und studierte auch andere psychologische und spirituelle Lehren. Seine Bücher haben mich beeindruckt als intelligente und ehrliche Versuche, Gurdjieff zu verstehen, statt nur Gurdjieffs Ideen zu wiederholen. *Gurdjieff: der Aufbau einer neuen Welt* (Aurum, Freiburg i. Br. 1976) stellt einige von Gurdjieffs Ideen dar und verbindet dies mit der Beschreibung des historischen Hintergrunds dieser Ideen sowie mit Spekulationen über deren Bedeutung.

Robert deRopps *Das Meisterspiel* (Droemer-Knaur, München 1983) ist eine gute Einführung in Gurdjieffs Ideen im Zusammenhang mit der psychedelischen Revolution der späten sechziger Jahre. Hier wird ein größerer Zusammenhang beschrieben als in den meisten Büchern über Gurdjieff. In deRopps Schriften werden ›gewöhnliche Menschen‹ deutlich negativ bewertet, was man beim Lesen herausfiltern muß. Als ich deRopps Autobiographie *Warrior's Way: The Challenging Life Games* (Delacorte, New York, 1979) las, begriff ich die Wurzeln seiner Haltung und bewundere seither seinen persönlichen Triumph über die immensen Schwierigkeiten, die das Leben ihm in den Weg legte.

Maurice Nicoll, ein Psychologe, war von C. G. Jung ausgebildet worden, bevor er anfing, sich mit Gurdjieffs Lehren zu beschäftigen. Sein fünfbändiges Werk *Psychological Commentaries on the Teachings of Gurdjieff and Ouspensky* (Shambhala, Boston 1984) ist äußerst lesenswert und voller anregender Gedanken. (Bisher liegt nur der 1. Band deutsch vor: *Psychologische Kommentare zur Lehre von Gurdjieff und Ouspensky,* Plejaden, Berlin 1986). Nicoll interessierte sich auch für die Beziehung zwischen Gurdjieffs Ideen und dem frühen, esoterischen Christentum. Einige seiner genialen Gedanken hierüber hat er in seinen Büchern *The Mark* (Shambhala, Boston 1985) und *Vom neuen Menschen*. Die Deutung einiger Gleichnisse und Wunder Christi (Plejaden, Berlin 1982) niedergelegt.

Michel Waldbergs Buch *Gurdjieff: An Approach to His Ideas* (Routledge and Kegan Paul, London 1981) ist eine gute, kurze Einführung in Gurdjieffs Ideen. Dies gilt ebenso für Kenneth Walkers Buch *A Study of Gurdjieff's Teaching* (Samuel Weiser, New York 1974) und Jean Vaysses *Toward Awakening: An Approach to the Teaching Left by Gurdjieff* (Harper & Row, San Francisco 1979).

Für Leser, die alles Material kennenlernen wollen, das jemals über Gurdjieff geschrieben wurde, ist das geeignete Nachschlagewerk *Gurdjieff: An Annotated Bibliography* von J. Walter Driscoll und der Gurdjieff Foundation of California (Garland Publishing, New York 1985). Mit 1146 englischen, 581 französischen und vielen weiteren Quellen in anderen Sprachen ist dies eine erfreuliche umfassende Literatur. Viele der darin aufgeführten Quellen enthalten nur kurze Hinweise auf Gurdjieff, doch die Liste umfaßt auch alle wichtigen Quellen. Daß der Autor einige Quellen als irreführend oder wertlos beurteilt, ist teilweise mit seinem Anliegen zu erklären, wissenschaftliche Neutralität wahren zu wollen.

Gurdjieffs Schriften

Gurdjieff gab einer Serie von drei Büchern den übergeordneten Titel *All und Alles*. Dieses Gesamtwerk sollte seine wichtigsten Lehren enthalten. Der erste Band erhielt den Namen *Beelzebubs Erzählungen für seinen Enkel* (Sphinx, Basel ³1987). Das Buch ist in Form einer Allegorie geschrieben. Eine sehr hochstehende kosmische Persönlichkeit, der ›Teufel‹/Engel Beelzebub, erzählt seinem Enkel Geschichten, um ihm zu erklären, wie das Universum funktioniert, wobei insbesondere die Menschheit auf der Erde berücksichtigt wird.

Beim Schreiben dieses Werks experimentierte Gurdjieff mit dem Grundsatz: Je härter man für etwas arbeiten muß, um so mehr lernt man es zu schätzen. Er schrieb ein Kapitel und las es dann seinen Schülern vor. Wenn sie es verstanden hatten, schrieb er es um und machte die Darstellung schwieriger. Das Buch ist angefüllt mit von Gurdjieff selbst erfundenen schwierigen vielsilbigen Wörtern. Ich habe gehört, daß Gurdjieff später meinte, dieses Experiment sei fehlgeschlagen. Die Schüler gelangten nicht unbedingt zu einem besseren Verständnis, weil das Buch zu schwierig war. Ich bin nicht sicher, ob ich Ihnen empfehlen sollte, sich durch dieses Buch hindurchzukämpfen. In einigen Gurdjieff-Gruppen wird es wie eine Bibel behandelt, deren Worte die absolute Wahrheit enthalten. Die negative Auswirkung davon ist, daß diejenigen, die den Inhalt nicht klar verstehen, sich schuldig und unzulänglich fühlen.

Der zweite Band der Serie *Begegnung mit bemerkenswerten Menschen* (Aurum, Freiburg i. Br. 1984) ist sehr gut lesbar. Man kann dieses Buch wie einen spannenden Roman verschlingen. Es ist ein allegorischer Bericht über Gurdjieffs Reisen. Das Buch hat jedoch auch tiefere Bedeutungsebenen.

Das Leben ist nur dann wirklich, wenn ›Ich bin‹ (Sphinx, Basel 1987) ist der dritte Band dieser Serie, ein sehr provozierendes Buch. Ich empfehle, es erst zu lesen, wenn Sie schon ein wenig mit der Arbeit Gurdjieffs vertraut sind.

Aus der wirklichen Welt: Gurdjieffs Gespräche mit seinen Schülern (Sphinx, Basel 1982) ist eine Sammlung von Vorträgen Gurdjieffs, aufgezeichnet nach den Erinnerungen seiner Schüler.

The Herald of Coming Good: First Appeal to Contemporary Humanity (Samuel Weiser, New York 1971) beeindruckte mich als eines von Gurdjieffs Experimenten, die er schnell wieder beendete, sobald er merkte, daß sie nicht nach seinen Vorstellungen verliefen. Er zog das Buch fast unmittelbar nach seinem Erscheinen wieder zurück. Dieses Werk ist hauptsächlich von historischem Interesse.

Verwandte Literatur

Die folgenden Bücher handeln von unseren psychologischen Möglichkeiten, die mit dem Thema des Erwachens in Zusammenhang stehen.

Wenn Ihnen die Art der Darstellung in diesem Buch gefällt, haben Sie vielleicht Interesse, die von mir herausgegebene Vierteljahresschrift *The Open Mind* zu abonnieren. Ich werde darin auch weiterhin über die Thematik des Erwachens schreiben, außerdem über veränderte Bewußtseinszustände, Parapsychologie und verwandte Themen. Weiterhin enthält diese Zeitschrift die Termine meiner Vorträge und Workshops. Wenn Sie interessiert sind, *The Open Mind* zu abonnieren, so schreiben Sie an: Box 37, El Cerrito, CA 94530.

Eine wissenschaftliche Darstellung meines Verständnisses vom menschlichen Geist, insbesondere über seine Manifestation in Form der verschiedenen Bewußtseinszustände, finden Sie in meinem Buch *States of Consciousness* (ursprünglich bei Dutton, New York 1975, Neuauflage bei Psychological Processes, El Cerrito, Cal., 1983). Dieses Buch ist besonders für Psychologen und Wissenschaftler interessant. Mein Buch *Altered States of Consciousness* (Doubleday, New York 1971) ist eine Aufsatzsammlung über Themen wie Hypnose, Träume, luzides Träumen, Meditation und über die Wirkungen psychedelischer Drogen. Hier finden Sie eine Menge zusätzliches Hintergrundmaterial. *Transpersonale Psychologie* (Walter, Olten 1978) entwickelt den parapsychologischen Background für eine ernsthafte Betrachtung der spirituellen Entwicklung und enthält außerdem Kapitel, in denen die Psychologien verschiedener spiritueller Systeme wie Buddhismus, Yoga, Gurdjieff, Arica-Training (leider nur in der englischen Originalausgabe), Sufismus, Christentum und Magie des Westens von Fachleuten dargestellt werden. Diese Bücher sind, soweit sie nur im englischen Original vorliegen, bei Psychological Processes, Box 37, El Cerrito, CA 94530, erhältlich, ebenso gilt dies für die im 23. Kapitel erwähnte Tonbandkassette zur dort beschriebenen Übung ›Der musikalische Körper‹.

Auf meiner Suche beschäftige ich mich im Augenblick intensiv mit einem dreibändigen Werk, *A Course in Miracles* (Foundation for Inner Peace, Tiburon, Cal., 1975). Gurdjieff hat gesagt, irgendwann in unserem Leben müßten wir alle mit der Religion unserer Kindheit ›reinen Tisch machen‹. *A Course in Miracles* zwingt mich dazu, dies zu tun. Die Inspiration/Urheberschaft dieses Buches wird dem Christus-Bewußtsein zugeschrieben, das sich gewöhnlicher Beurteilung entzieht − eine Einschätzung, die sicherlich viele Widerstände heraufbeschwört. Diese Lehren stammen jedoch eindeutig von einer Ebene, die wir, um einen unvorbelasteteren Begriff zu verwenden, als höheres emotionales Zentrum bezeichnen könnten. Das Werk ist psychologisch äußerst feinsinnig und spricht gleichzeitig direkt aus dem Herzen. Hier ein Beispiel:

Die Wahrnehmung kann jedes Bild schaffen,
das der Geist zu sehen wünscht.
Bedenke dies.
Darin liegt Himmel oder Hölle,
ganz wie du wählst.

Oder:

Wenn ich mir selbst vergeben habe
und mich erinnert habe, wer ich bin,
segne ich jeden und alles, was ich sehe.

Ich stehe im Verständnis dieses Kurses noch ganz am Anfang und habe enorme Widerstände dagegen, ihn zu akzeptieren (was etwas über meine unbewußten Überzeugungen aussagt). Einige Aspekte dieser Lehren stimmen mit dem Inhalt des vorliegenden Buches überein und erweitern viele der hier behandelten Gedanken; andere kann ich bisher noch nicht mit den Inhalten dieses Buches in Einklang bringen. Wenn Sie bereit sind, sich mit Ihrem jüdisch-christlichen Erbe auseinanderzusetzen, kann ich Ihnen *A Course in Miracles* nur empfehlen.

Allgemeine Bibliographie über Bewußtsein und Transpersonale Psychologie

Als ich im Jahre 1969 *Altered States of Consciousness* publizierte, waren verläßliche, wissenschaftlich orientierte Informationen über die darin dargestellten drastischen, faszinierenden und wichtigen Veränderungen in der Funktionsweise unseres Geistes nur schwer erhältlich. Ich hatte die Hoffnung, daß mein Buch als zentrale Informationsquelle über veränderte Bewußtseinszustände fungieren und helfen würde, die Thematik der veränderten Bewußtseinszustände zu einem ernst zu nehmenden Gegenstand psychologischer Forschung zu machen. Die Entwicklungen seit jener Zeit sind sehr ermutigend. Der Fortschritt hat allerdings nicht das Ausmaß, das ich mir erhofft hatte. Ich hatte geglaubt, mein Buch *Altered States* würde innerhalb eines Jahrzehnts überholt sein, doch ist es immer noch die wichtigste Quelle auf diesem Gebiet. Zwar sind noch viele Fragen offen, doch wissen wir heute wesentlich mehr als damals.

Eine ausführliche Bibliographie über ältere Literatur zu den Themen Veränderte Bewußtseinszustände, Transpersonale Psychologie und ähnliche Themen ist in *Altered States of Consciousness* zu finden, doch diese Literaturliste ist natürlich nur bis zum Jahre 1969 repräsentativ. Ich freue mich, daß die Literatur auf diesem Gebiet heute sehr umfangreich geworden ist; allerdings wäre es zu zeitaufwendig, zu diesem Buch eine umfassende Bibliographie zu erstellen. Die nachfolgende Liste enthält Bücher, die seit Ende der sechziger Jahre zu den Themen Veränderte Bewußtseinszustände, Transpersonale Psychologie und zu ähnlichen Themen erschienen sind. Diese Bücher stehen in meiner eigenen Bibliothek, und ich kann sie ohne Vorbehalte empfehlen. Die Liste ist nach der alphabetischen Reihenfolge der Autorennamen geordnet. Einige, die besonders ›technisch‹ in ihrer Darstellungsweise sind, habe ich mit einem ›t‹ versehen.

Ajaya, Swami: *Psychotherapy East and West: A Unifying Paradigm,* Honesdale, Pa. (Himalayan Publishers) 1984.

Barber, T. (Hrsg.): *Advances in Altered States of Consciousness and Human Potentialities,* Bd. 1., New York (Psychological Dimensions) 1976.

Cade, C., und Coxhead, N.: *The Awakened Mind: Biofeedback and the Development of Higher States of Awareness,* New York (Delacorte) 1979.
Carrington, P.: *Das große Buch der Meditation,* Bern, München, Wien (O. W. Barth) 1982.
Castaneda, C.: *Die Lehren des Don Juan,* Frankfurt/M. (Fischer TB 1457) 1987.

ders.: *Eine andere Wirklichkeit*, Frankfurt/M. (Fischer TB 1616) 1986.
ders.: *Die Reise nach Ixtlan*, Frankfurt/M. (Fischer TB 1809) 1986.
ders.: *Der Ring der Kraft*, Frankfurt/M. (Fischer TB 3370) 1986.
ders.: *Der zweite Ring der Kraft*, Frankfurt/M. (Fischer TB 3035) 1986.
ders.: *Die Kunst des Pirschens*, Frankfurt/M. (Fischer TB 3390) 1986.
ders.: *Das Feuer von innen*, Frankfurt/M. (Fischer TB 5082) 1987.

Davidson, J. und R. (Hrsg.): *The Psychobiology of Consiousness*, New York (Plenum) 1980.
Davidson, R.; Schwartz, G.; Shapiro, D. (Hrsg.): *Consciousness and Self-Regulation: Advances in Research and Theory*, Bd. 3, New York (Plenum) 1983. (t)
Deikman, A.: *Personal Freedom: On Finding Your Way to the Real World*, New York (Grossman) 1976.
ders.: *Therapie und Erleuchtung*, Reinbek (Rowohlt TB) 1986.
Dixon, N.: *Subliminal Perception: The Nature of a Controversy*, New York (Macmillan) 1971. (t)
Dychtwald, K.: *Körperbewußtsein*, Essen (Synthesis) 1981.

Ellwood, R.: *Religious and Spiritual Groups in Modern America*, Englewood Cliffs, N. J. (Prentice-Hall) 1973.
Emmons, M.: *The Inner Source: A Guide to Meditative Therapy*, San Luis Obispo, Cal. (Impact Publishers) 1978.

Ferguson, M.: *Die sanfte Verschwörung*, München (Droemer-Knaur) 1984.
Furst, P.: *Hallucinogens and Culture*, San Francisco (Chandler & Sharp) 1976.

Garfield, P.: *Kreativ Träumen*, München (Droemer-Knaur) 1986.
dies.: *Der Weg des Traum-Mandala*, Interlaken (Ansata) 1981.
Galyean, B.: *Mind Sight: Learning through Imaging*, Long Beach, Cal. (Center for Integrative Learning) 1983.
Goleman, D., und Davidson, R. (Hrsg.): *Consciousness: Brain, States of Awareness, and Mysticism*, New York (Harper & Row) 1979.
Grinspoon, L., und Bakalar, J.: *Psychedelic Drugs Reconsidered*, New York (Basic Books) 1979.
dies. (Hrsg.): *Psychedelic Reflections*, New York (Human Sciences Press) 1983.
Grof, S.: *Das Abenteuer der Selbstentdeckung*, München (Kösel) 1987.
ders.: *Geburt, Tod und Transzendenz*, München (Kösel) 1985.
ders.: *LSD Psychotherapie*, Stuttgart (Klett-Cotta) 1983.
ders.: *Die Schmerzen des Geborenwerdens*, München (Droemer-Knaur) 1987.

ders.: *Topographie des Unbewußten,* Stuttgart (Klett-Cotta) 3. Aufl., 1985.

ders. und Grof, Ch.: *Jenseits des Todes,* München (Kösel) 2. Aufl., 1986.

ders. und Halifax, J.: *Die Begegnung mit dem Tod,* Stuttgart (Klett-Cotta) 1980.

Halifax, J.: *Die andere Wirklichkeit des Schamanen,* Bern, München, Wien (O. W. Barth/Scherz) 1984.

Hampden-Turner, C.: *Maps of the Minds,* New York (Macmillan) 1981.

Harner, M.: *Der Weg des Schamanen,* Reinbek (Rowohlt TB) 1986.

ders. (Hrsg.): *Hallucinogens and Shamanism,* London/Oxford (University Press) 1973.

Hendricks, G., und Weinhold, B.: *Transpersonal Approaches to Counseling and Psychotherapy,* Denver (Love Publishing) 1982.

Hillman, J.: *Revisioning Psychology,* New York (Harper & Row) 1975.

Hoffer, A., und Osmond, H.: *The Hallucinogens,* New York (Academic Press) 1967. (t)

Hoffman, E.: *The Way of Splendor: Jewish Mysticism and Modern Psychology,* Boulder (Shambhala) 1981.

Houston, J.: *Der mögliche Mensch,* Basel (Sphinx) 1984.

John, Da Free: *The Transmission of Doubt: Talks and Essays on the Transcendence of Scientific Materialism through Radical Understanding,* Clearlake, Cal., (Dawn Horse Press) 1984.

Johnson, D.: *Body,* Boston (Beacon) 1983.

Johnson, W.: *Riding the Ox Home: A History of Meditation from Shamanism to Science,* London (Rider) 1982.

Larsen, S.: *The Shaman's Doorway: Opening the Mythic Imagination to Contemporary Consciousness,* New York (Harper & Row) 1976.

Lee, P., Ornstein, R., Galin, D., Deikman, A.: *Symposium on Consciousness,* New York (Viking) 1976.

Leonard, G.: *The Transformation: A Guide to the Inevitable Changes in Humankind,* Los Angeles (J. P. Tarcher) 1972.

Lilly, J.: *Das Zentrum des Zyklons – Eine Reise in die inneren Räume,* Frankfurt/M. (Fischer TB 1768) 1984.

Mann, R.: *The Light of Consciousness: Explorations in Transpersonal Psychology,* Albany, N. Y., (State University of New York Press) 1984.

Master, R., und Houston, J.: *The Varieties of Psychedelic Experience,* New York (Holt, Rinehart & Winston) 1966.

Naranjo, C.: *The One Quest,* New York (Viking) 1972.

ders. und Ornstein, R.: *Psychologie der Meditation,* Frankfurt/M. (Fischer TB 1811) 1988.

ders.: *Die Reise zum Ich,* Frankfurt/M. (Fischer TB 3381) 1987.
Needleman, J.: *The New Religions,* New York (Doubleday) 1970.
ders. und Baker, G. (Hrsg.): *Understanding the New Religions,* New York (Seabury Press) 1978.

Ornstein, R.: *The Psychology of Consciousness,* San Francisco (W. H. Freeman) 1972.
ders. (Hrsg.): *The Nature of Human Consciousness: A Book of Readings,* New York (Viking) 1973.

Owens, C.: *Zen and the Lady,* New York (Baraka Books) 1979.

Parker, A.: *States of Mind: ESP and Altered States of Consciousness,* New York (Taplinger) 1975.
Pearce, J.: *The Crack in the Cosmic Egg,* New York (Julian Press) 1971.
ders.: *Magical Child: Rediscovering Nature's Plan for Our Children,* New York (Dutton) 1977.

De Riencourt, A.: *The Eye of Shiva: Eastern Mysticism and Science,* New York (Morrow) 1981.
Ring, K.: *Den Tod erfahren – das Leben gewinnen,* Bern, München, Wien (Scherz) 1987.

Savary, L.; Berne, P., und Williams, S.: *Dreams and Spiritual Growth: A Christian Approach to Dreamwork,* New York (Paulist Press) 1984.
Schwartz, G., und Shapiro, D. (Hrsg.): *Consciousness and Self-Regulation: Advances in Research,* Bd. 1, New York (Plenum) 1976. (t)
Siegel, R., und West, L. (Hrsg.): *Hallucinations: Behavior, Experience and Theory,* New York (Wiley) 1975.
Shapiro, D.: *Prescision Nirvana,* Englewood Cliffs, N. J., (Prentice-Hall) 1978.
ders.: *Meditation: Self-Regulation Strategy and Altered States of Consciousness,* New York (Aldine) 1980.
Sugarman, A., und Tarter, R.: *Expanding Dimensions of States of Consciousness,* New York (Springer) 1978. (t)

Tart, C.: *On Being Stoned: A Psychological Study of Marijuana Intoxication,* Palo Alto, Cal., (Science and Behavior Books) 1971.
ders.: *States of Consciousness,* El Cerrito, Cal., (Psychological Processes) 1983.
ders. (Hrsg.): *Altered States of Consciousness,* New York (Doubleday) 1971.
ders. (Hrsg.): *Transpersonale Psychologie,* Olten (Walter) 1978.

436

Taylor, J.: *Dream Work: Techniques for Discovering the Creative Power in Dreams,* New York (Paulist Press) 1983.

Tulku, Tarthang (Hrsg.): *Reflections of Mind: Western Psychology Meets Tibetan Buddhism,* Emeryville, Cal., (Dharma Publishing) 1975.

Valle, R., und von Eckartsberg, R. (Hrsg.): *The Metaphors of Consciousness,* New York (Plenum) 1981.

Vaughan, F.: *Awakening Intuition,* New York (Anchor) 1979.

Walsh, R., und Vaughan, F. (Hrsg.): *Psychologie in der Wende,* Bern, München, Wien (Scherz) 1987.

Wavell, S., Butt, A., und Epton, N.: *Trances,* New York (Dutton) 1967.

Weil, A.: *The Natural Mind: A New Way of Looking at Drugs and Higher Consciousness,* Boston (Houghton Mifflin) 1972.

White, J. (Hrsg.): *The Highest States of Consciousness,* New York (Doubleday) 1972.

ders. (Hrsg.): *Frontiers of Consciousness: The Meeting Ground between Inner and Outer Reality,* New York (Julian Press) 1974.

Wilber, K.: *Halbzeit der Evolution — Der Mensch auf dem Weg vom animalischen zum kosmischen Bewußtsein,* Bern, München, Wien (O. W. Barth/Scherz) 1987.

ders.: *Das Spektrum des Bewußtseins — Ein metapsychologisches Modell des Bewußtseins und der Disziplinen, die es erforschen,* Bern, München, Wien (O. W. Barth/Scherz) 1987.

ders. (Hrsg.): *Das holographische Weltbild,* Bern, München, Wien (O. W. Barth/Scherz) 1987.

ders., Engler, J., und Brown, D. P.: *Psychologie der Befreiung — Perspektiven einer neuen Entwicklungspsychologie,* Bern, München, Wien (O. W. Barth/Scherz) 1988.

Zinberg, N. (Hrsg.): *Alternate States of Consciousness: Multiple Perspectives on the Study of Consciousness,* New York (Free Press) 1977.

Zukav, G.: *Die tanzenden Wu-Li-Meister,* Reinbek (Rowohlt TB) 1981.

Anhang B:

Wie man eine Gurdjieff-Gruppe findet

Dieser Anhang richtet sich an die Leser, die die Gedanken in diesem Buch so ansprechend finden, daß sie eine Gruppe suchen, die sich speziell der Arbeit im Sinne Gurdjieffs widmet. Natürlich bin ich nicht der Meinung, daß dies die einzige Möglichkeit zur Förderung der persönlichen und spirituellen Entwicklung ist, doch zweifellos ist das Lehrsystem Gurdjieffs sehr wirksam und kann für einige von uns sehr hilfreich sein.

Ich würde hier gern eine lange Liste mit Adressen von Gurdjieff-Gruppen aufführen, um Ihnen die Suche zu erleichtern, doch kann ich das aus verschiedenen Gründen nicht tun.

Erstens könnte so der Eindruck entstehen, daß ich die Gruppen auf der Liste positiv bewerte und meine, daß sie Gurdjieffs Ideen und Methoden akkurat und praktisch übermitteln. Da jedoch mein eigenes Verständnis von Gurdjieffs Ideen begrenzt ist, wäre es reine Voreingenommenheit meinerseits, wenn ich Gruppen, die diese Ideen lehren, empfehlen oder von ihnen abraten würde.

Zweitens habe ich überzeugende Argumente dafür gehört, daß *niemand* Gurdjieffs Ideen akkurat lehren kann, da Gurdjieff nie irgend jemanden eindeutig zum Nachfolger in seiner Rolle als Lehrer bestimmt hat. Vielleicht sollte man alle Gruppen, die behaupten, seine Ideen zu lehren, bestenfalls als teilweise qualifiziert, schlimmstenfalls als reine Nachplapperer ansehen. Demzufolge wäre *keine* zu empfehlen. Andererseits war Gurdjieff auch ein Meister in der Nutzung von Ambiguität, der Projekte gern absichtlich scheitern ließ, um Erwartungen zu durchkreuzen und Menschen zu zwingen, aus eigener Kraft zu erwachen, wahrzunehmen und zu denken. Deshalb könnte die Tatsache, daß Gurdjieff niemandem öffentlich eine Schriftrolle ausgehändigt hat mit den Worten: »X ist erwacht und mein offizieller Nachfolger; nehmt Anordnungen von X an!«, auch als großer Vorteil angesehen werden. Das Fehlen einer klaren Nachfolgeregelung ist in solchen Gruppen kein Problem, die nur behaupten, von Gurdjieffs Ideen inspiriert zu sein, und nicht beanspruchen, in einer direkten Übermittlungslinie zu stehen. Solche Gruppen sollte man aufgrund der Früchte ihrer Arbeit beurteilen.

Drittens besteht bei jeder Gruppe zur Förderung der inneren Entwicklung, deren Leiter stirbt, die Gefahr der Erstarrung; die Gründe dafür wurden im 21. Kapitel ausführlich behandelt. Verhaltensweisen, die auf Übertragung basieren und den Lehrer zu einem Idol machen, verbieten es, irgend etwas von dem, was er getan hat, zu verändern. Außerdem müssen bestimmte soziale Bedürfnisse erfüllt werden, um die Struktur der Gruppe aufrechtzuerhalten. Dies und ähnliches führt leicht dazu, daß die Gruppe die Vergangenheit reproduziert, statt wach in der Gegenwart zu leben. Einige Gruppen haben einen Lehrer, der ein unmittelbarer Schüler Gurdjieffs oder eines Gurdjieff-Schülers war. Doch ist dies eine Gewähr für authentische Übermittlung der Lehre, die der Gruppenarbeit zusätzliche Kraft verleiht, oder macht es die Erstarrung noch wahrscheinlicher? Ist Mangel an Innovation ein Zeichen dafür, daß innerhalb der Gruppe Wert darauf gelegt wird, die Essenz von Gurdjieffs Ideen zu erhalten, oder ist es eher ein Zeichen eines mangelhaften Verständnisses dieser Ideen, was zur Folge hat, daß sie nicht den zeitgenössischen Bedürfnissen angepaßt werden? Ich fühle mich nicht kompetent, diese Fragen für andere zu beantworten.

Es gibt Gruppen, deren Leiter von Gurdjieffs Ideen ›inspiriert‹ sind, ohne je direkten Kontakt mit den orthodoxen Gurdjieff-Gruppen gehabt zu haben. Diese Lehrer stehen nicht in der ›direkten Übermittlungslinie‹ — gewisse spirituelle Systeme betonen, daß die direkte Übermittlung von Lehrer zu Schüler äußerst wichtig ist. Sind solche Gruppen weniger gefährdet zu erstarren und sind sie deshalb lebendiger, oder hat derartige ›Gurdjieff-Arbeit‹ mehr mit Imagination und inadäquatem Verständnis zu tun als mit Gurdjieffs Ideen? Einige Gurdjieff-Gruppen existieren schon seit langer Zeit, andere sind ziemlich jung, doch in beiden Fällen stellen sich die gleichen Fragen. Es gibt Gruppen, die sehr ernst und ›orthodox‹ sind und — wie ich vermute — erstarrt. Dennoch kann man sicherlich eine Menge lernen, wenn man ernsthaft mit ihnen arbeitet. Keiner meiner eigenen Lehrer, ganz gleich, ob er in der Tradition Gurdjieffs oder in einer anderen Tradition stand, war, soweit ich dies erkennen konnte, völlig erwacht. Manchmal hatten diese Lehrer sogar recht offensichtliche Charakterschwächen. Und doch habe ich ungeheuer viel von ihnen gelernt. Es gibt auch Gruppen, deren Leiter wahrscheinlich Scharlatane sind, die Gurdjieffs Ideen und seinen rauhen Stil mißbrauchen, um andere Menschen auszubeuten.

Im Idealfall sollte jede Gruppe, deren Zielsetzung die spirituelle Entwicklung ihrer Mitglieder ist, anhand ihrer Früchte beurteilt werden. Stellen Sie sich eine Universität vor, die ein imposantes Gebäude und hervorragend ausgestattete Forschungseinrichtungen und Bibliotheken besitzt und deren Professoren immer sehr würdig dreinschauen; auch die Lehr- und Forschungsziele sind absolut vorbildlich. Beurteilen wird man eine solche äußerlich ideale Einrichtung letztlich aufgrund der wissenschaftlichen und praktischen Leistungen ihrer Fakultäten und ihrer Wissenschaftler, nicht anhand ihrer äußeren Erscheinung, ihrer Pläne und ihres Selbstverständnisses. Die Gesellschaft schenkt der wissenschaftlichen Gemeinschaft ein gewisses Vertrauen und traut ihr ein gewisses Urteilsvermögen in dieser Hinsicht zu. Einige Leute, die sich für spirituell entwickelt halten, haben die Gurdjieff-Arbeit als veraltet, andere als wichtig beurteilt. Da jedoch keine übereinstimmende Meinung darüber existiert, wer in diesen Fragen kompetent ist, nützen uns solche Urteile nicht viel. Ich kenne viele Menschen, die die verschiedensten spirituellen Wege begehen, und habe festgestellt, daß einige von ihnen dadurch tatsächlich wacher und reifer geworden sind, andere hingegen diese Traditionen benutzen, um sich selbst zu täuschen.

Wenn wir zu erwachen versuchen, müssen wir selbst lernen, solche Gruppen einzuschätzen, und dann entscheiden, ob wir ihnen unsere Energie geben. Dabei muß uns klar sein, daß unser Urteil verzerrt und inadäquat sein kann. Wir können die Ansichten anderer zwar berücksichtigen, doch die letzte Entscheidung liegt immer bei uns selbst. Wenn wir richtig urteilen und durch die Arbeit mit einer bestimmten Gruppe wachsen − gut. Wenn wir schlecht urteilen und nicht wachsen oder durch die Arbeit mit der Gruppe sogar verletzt werden − auch gut. Wir haben das Bestmögliche getan und können nun zu verstehen versuchen, *warum* unser Urteil so schlecht war. Daraus können wir lernen. Der im 24. Kapitel vorgeschlagene Vertrag zur spirituellen Verpflichtung kann bei diesen Fragen hilfreich sein.

Ich empfehle also keine bestimmte Gurdjieff-Gruppe und warne auch vor keiner. Wenn Sie eine solche Gruppe finden wollen, so gebrauchen Sie Ihren gesunden Menschenverstand: Schreiben Sie an Verlage und Autoren wichtiger Bücher, sprechen Sie mit Menschen in spirituell orientierten Buchhandlungen. In den meisten größeren Städten gibt es eine oder mehrere Gruppen, die sich zumindest an Gurdjieffs Ideen orientieren. Wenn Sie eine potentielle Gruppe gefunden haben, dann beherzigen Sie die Ratschläge aus diesem Buch, um festzustellen, ob die Gruppe Ihr Herz anspricht.

Wie schon früher gesagt, sind Gruppen zweifellos gefährlich. Da wir soziale Wesen sind, kann die Macht, die andere über uns haben, leicht unseren Schlaf vertiefen. Die anderen fungieren dann als Ko-Hypnotiseure der Kultur statt als Helfer beim Erwachen. Viele von uns sind daher versucht, den Weg allein zu gehen, um so die Gefahr von Fremdeinflüssen zu vermeiden; doch das ist nicht möglich. Wir stehen schon unter dem Einfluß der kulturellen Hypnotiseure und vieler anderer Gruppierungen. Psychologisch betrachtet, gehören wir vielen ›Kulten‹ an. Die Arbeit mit jeder neuen Gruppe birgt Gefahren, eröffnet jedoch auch die Möglichkeit, gegenüber Gruppeneinflüssen wachsam zu werden, so daß die negativen Gruppeneinflüsse, denen wir bereits ausgesetzt waren, auf diese Weise neutralisiert werden können. Denken Sie auch daran, daß es uns nicht etwa ein sicheres Leben garantiert, wenn wir *nicht* in irgendeiner Gruppe an der inneren Entwicklung arbeiten.

Viel Glück auf Ihrer Entdeckungsreise!

Register